सीता–राम

(राम राज्य)

(व्दितीय संस्करण)

पं. जनार्दन राय नागर

ISBN
Paperback 979-8-89632-844-5
Hardcase 979-8-89699-904-1

आमुख

मनीषी पण्डित श्री जनार्दन राय नागर द्वारा जगद्गुरू शंकराचार्य पर एक विस्तृत उपन्यासों की श्रृंखला सृजित करने के पश्चात् भी जब अन्तर्मन में शान्ति नहीं हुई तो प्रेरणा हुई, ''राम-राज्य'' लिखा जाये। एक के पश्चात् एक रामायण कालीन विभिन्न चरित्रों को लेकर 'हनुमान', 'सुग्रीव', 'भरत', 'राम', लक्ष्मण-शत्रुघ्न' एवं अन्त में 'सीता-राम' नामक उपन्यासों का लेखन किया है। इन समस्त शीर्षकों के अनुसार प्रत्येक उपन्यास में नायक के चरित्रों को उनकी विशिष्टता लिए हुए उकेरा गया है।

'सीता-राम' उपन्यास के दोनों चरित्र 'राम' एवं 'सीता' के वनवास समाप्ति के पश्चात् अयोध्या लौटने का प्रसंग अत्यधिक मार्मिक है। लेखक की अपनी लेखनी द्वारा राजमहल में रह रहे अपने सभी परिजनों के साथ नन्दीग्राम से लेकर अयोध्या तथा उसके पास के समस्त पुरजनों के उत्साह का चित्रात्मक वर्णन कुछ इस प्रकार का है- कि पाठक स्वयं को वहीं उपस्थित पाता है। सम्पूर्णतया मार्मिक एवं जीवन्त परिदृष्य के साथ भावनात्मक अभिव्यक्ति अत्यधिक जीवन्त बन पड़ी है।

इस उपन्यास के प्रत्येक राजकीय घटना क्रम में 'श्री राम'- मर्यादा पुरूषोत्तम राम के रूप में ही दृष्टव्य हैं- वे भरत को ही राजा के रूप में स्वीकारते हैं जबकि भरत-त्यागी भरत, महात्मा भरत के रूप में राम की चरण पादुकाओं के सहारे अयोध्या के राज को देखते रहे हैं- राम को जिम्मेदारी देने के लिए उतावले हैं किन्तु राम को राजा बनने का तनिक भी आकर्षण नहीं। वे अपने पिता द्वारा दिये गये आदेश को ही सर्वोपरि मानते हैं।

राम के चरित्र के विभिन्न पक्षों को सम्मुख लाते हुए लेखक ने पिता के वचनों की पालना, राज-काज की मर्यादा, राज को सम्पूर्ण रूप से लोकतान्त्रिक विधियों से संचालित करने की अनूठी भावना से राम को मर्यादा पुरूषोत्तम राम के रूप में प्रतिष्ठित करने में कहीं कमी नहीं रखी है। प्रजा का ही राज है- उसी की इच्छा एवं सुख-सुविधा अनुसार सभाओं का आयोजन तथा उनकी कामना के साथ आनन्दमयी राज्य की स्थापना के प्रयास अत्यन्त श्रेयस्कर बने हैं- गहराई में उतरें तो वर्तमान भारत की राज्य व्यवस्था हेतु मार्ग दर्शक भी है, प्रेरणास्पद

है- प्रजा के अन्तर्मन को विश्वसनीय सूत्रों द्वारा जानो तथा उन्हें प्रसन्न रखो। राज सर्व सम्मति से चले- राजा के एक छत्र राज्य की तरह नहीं। इस प्रकार राजनीति में पारंगत राम के चरित्र को अत्यधिक अनुठापन प्राप्त है।

दूसरी ओर भारतीय संस्कृति के आदर्श रामचन्द्र जी तथा जनक नन्दिनी सीता के विशिष्ट दाम्पत्य जीवन को भी अत्यधिक बारीकी से उकेरा गया है। सीता को पुनः प्राप्त कर जहां राम कुछ निश्चिन्त होने लगे हैं- वहीं सीता का अन्तर्मन जैसे महलों में लगता ही नहीं। बार-बार चित्रकूट तथा पंचवटी को याद कर वन गमन की बात को सीता जी दोहराती रहती हैं। यहां ऐसा प्रतीत होता है कि नागर जी ने सीता के व्यक्तित्व को एक ओर तो अपने प्रिय राम को खोने की शंका में उलझा हुआ तथा दूसरी ओर आध्यात्मिकता के शिखर पर पहुंचाया है। जिसका राजा राम को भी आभास नहीं हो रहा किन्तु सीता जी का मन बार-बार वन-गमन की अभिव्यक्ति कर रहा है। मानो उन्हें अपने अन्तर्मन से समाज द्वारा परित्याग की चाहत का आभास हो रहा हो, आर्य संस्कृति की मर्यादा के अनुरूप मानो उनका राज भवन में इक्ष्वाकु वंश के परिवार से सम्बद्ध रहना, राजमहल में रहना- जैसे मर्यादा के अनुकूल नहीं प्रतीत हो रहा और वे बार-बार वन गमन के लिए अनुमति चाहती हैं।

इस प्रकार इस सम्पूर्ण उपन्यास में आर्य राजनीति के राज्य प्रशासन की विशेषताएं बनाए रखते हुए 'राजा राम', श्री राम को जीवन्त बनाए रखा गया है। दूसरी ओर अत्यन्त ही सहज दाम्पत्य जीवन का अद्त वर्णन प्राप्त होता है जो राम के महात्म्य को ओर भी बढ़ाता है। साथ ही उपन्यास की नायिका 'सीता' जी वंश की मर्यादाओं का पालन करते हुए, राज परिवार के समस्त सदस्यों की भावनाओं का सम्मान करते हुए आर्य संस्कृति को ऊपर उठाए रखती है। रामायण अथवा राम के जीवन से सम्बन्धित समस्त प्रचलित घटनाक्रमों को सम्पूर्ण उपन्यास में तो सम्मिलित किया ही गया है किन्तु एक धोबी के सहज भाव की अभिव्यक्ति को जानने का प्रसंग भी अत्यधिक स्वाभाविकता लिए हुए है। न धोबी पर किसी प्रकार का आरोप है न उसकी अभिव्यक्ति द्वारा सीता जी पर ही लांछन है- आर्य संस्कृति परम्परा को इतनी सहजता एवं स्वाभाविक रूप से सम्मुख लाना- यह नागर जी की लेखनी का ही कमाल हो सकता था। कहीं भी भावनाओं को नीचे गिरने नहीं दिया गया है। यह लेखकों के लिए अत्यधिक

अनुकरणीय हो सकता है तथा सुधि पाठक जन भी इस कौशल की अवश्य ही प्रशंसा करेंगे।

इस उपन्यास के प्रथम संस्कारण के प्रकाशन के समय साहित्यकार श्री अनन्त भटनागर ने इसका अत्यधिक प्रभावकारी विश्लेषण किया है- ''लेखक ने सीता व राम के जीवन के प्रचलित प्रसंगों को अपने विराट कल्पना शक्ति द्वारा इतने स्वाभाविक रूप से प्रस्तुत किया है कि ये पात्र अत्यन्त सजीव एवं लौकिक जान पड़ते हैं।''

उन्होंने इस उपन्यास का विश्लेषण करते हुए स्पष्ट लिखा कि- ''उपन्यास के सम्पूर्ण फलक पर राजा-राम तथा राघव राम का अन्तर्द्वन्द्व व्याप्त है।'' सत्युत है, क्योंकि कहीं तो राम भाई भरत के प्रति भावुक हैं, अपनी सीता के प्रति विशेष आन्तरिक सम्बन्धों तथा जन्मों-जन्मों के सम्बन्ध की कल्पना करते हैं- और सीता के वियोग के प्रसंग में विरहाग्नि में जलते हुए भावुक मानवीय धरातल पर व्यवहार करते हैं तो दूसरी ओर आर्य संस्कृति की मर्यादा का पालक, प्रजा-संरक्षक तथा मर्यादा पुरूषोत्तम बन जाते हैं।

सीता जी के चरित्र में भी यहीं उहापोह दृष्टव्य है। कहीं राम के प्रति भारा आसक्ति है- उनसे विरह की कल्पना कर ही वे आन्तरिक कष्ट पाती हैं तो कहीं संस्कृति के रक्षण के लिए राजमहल छोड़ने के प्रति तत्पर रहती हैं। अत्यधिक सुन्दर लिखा है कि- ''सीता त्याग के प्रश्न को विविध दृष्टिकोणों से उकेरते हुए यह उपन्यास राम एवं सीता के मन में झांकने की कोशिश करता है तथा तात्कालिक परिस्थितियों के मत-विमत को प्रस्तुत करता है।

इस उपन्यास की भाषा अत्यन्त सहज है- सुन्दर है। विभिन्न प्रकार के घटनाक्रमों का सहज ही सातत्य बना हुआ है। यह आध्यात्मिक एवं धार्मिक रूचि रखने वालों के लिए तो प्रिय होगा ही किन्तु तात्कालीन इतिहास एवं सामाजिक व्यवस्थाओं को समझने के लिए भी एक दर्पण प्रतीत होता है। मनोविज्ञान का धरातल भी कम महत्वपूर्ण नहीं है- समाज एवं परिवार के अन्तर्द्वन्द्वों के साथ परस्पर व्यवहार का अत्यधिक प्रखर एवं प्रभावी तत्व इसमें सहज रूप से सम्मिलित है।

इस सर्वकालिक मान्य राम कथा को पुनः पाठकों के सम्मुख रखते हुए नागर ट्रस्ट को अत्यधिक प्रसन्नता हो रही है।

सादर

'जय सीता राम'

दिव्य प्रभा नागर

पूर्व कुलपति

जनार्दनराय नागर राजस्थान विद्यापीठ

उदयपुर (राज.)

ज्योतिर्मय यह देश हमारा।

धवल हिमालय के ललाट पर अरूण-तिलक अति न्यारा-ज्योतिर्मय...

कोटि-कोटि संवत्सर से यह

चलता पथिक सनातन।

अन्धकारमय पतन-निशा में,

दीप्तिमान सपनों से पावन।।

पुण्य श्लोक यह श्रेय पंथ का कोटि-कोटि जनगण का प्यारा-ज्योतिर्मय...

महिमामय स्मृतियों से जगमग,

अजर-अमर यह चिर-चिर सुन्दर।

जगत वंद्य विश्रुत गरिमामय,

अगणित गुण गाथा से मनहर।।

यह पुराण नित-नूतन गतिमय, जीवन मरण सहारा-ज्योतिर्मय...

घोर मूर्च्छना में स्पन्दनमय,

जागृति में कम्पित पीड़ामय।

प्रतिभामय संघर्ष काल में,

आलोकित निर्माण काल में।।

सिंधु तरंगों सा गुंजनमय भारतवर्ष हमारा-ज्योतिर्मय...

उद्यत एक अखण्ड तेजमय,

अमित ओज में सदा शीलमय।

नित ही मति, धृति, कृति में प्रभुमय

गहन निराशा में आशामय।।

स्वर्ग-भूमि से भी बढ़कर यह नन्दन-विपिन हमारा-ज्योतिर्मय...

रचयिता- पं. जनार्दनराय नागर

आभार
(Acknowledgement)

मनीषी पण्डित श्री जनार्दन राय नागर द्वारा

रचित साहित्य के पुनर्प्रकाशन के लिए

श्री प्रशान्त देवव्रत नागर परिवार द्वारा

प्रोत्साहन एवं सहयोग हेतु

जनार्दन राय नागर

एज्युकेशनल डवलमेन्ट चेरिटेबल ट्रस्ट,

उदयपुर (राजस्थान)

की ओर

से हार्दिक आभार !

सम्पादक मण्डलः-

दिव्य प्रभा नागर, पुरूषोत्तम शर्मा, प्रफुल्ल नागर,

आवरणः-

विशाल साहू

दिनांक : 02-12-2024

गगन के गगन पैर तथा व्योमों को चीरकर पुष्पक विमान आकाश मार्ग से श्री राम की इच्छानुसार चलने लगा। दिशाएं जैसे सुदूर–दूर–दूर काल-रेखा सी हो गईं और दिक् शून्य अवकाश के प्रतीक हो गये। मेघ गगनों में ही बिला गये और व्योम स्वयं ही विलहर कर शून्य हो गये। श्रीराम ने आकाश के अनाहत में प्रसन्न वदन से देखा और बोले– "सीते! हम गगन छोड़ चुके हैं; व्योम भी हमने पार कर लिये और यह अनन्त आकाश है– और.... और केवल सूर्यनारायण हैं– स्वयं प्रकाशमान भगवान आदित्य।"

"हाँ, राम!"– सीता ने श्रीराम के पार्श्व में तनिक दुबकते हुए कहा – "सूर्य! नारायण।"

"इक्ष्वाकु वंश के इष्ट देव! हम सूर्यवंशी हैं– परमात्मा की क्षात्र प्रतिभा सूर्य और चन्द्र से विसृत हैं। सूर्यवंशी और चन्द्रवंशी क्षत्रिय नरेशों की यह पृथ्वी है– रही है और किसी भी रूप में सही रहेगी।"

"प्रजा, प्रभो!" महाराज विभीषण बोले।

"प्रजा के अन्तःकरण में सूर्य और चन्द्र दोनों ही हैं।" श्रीराम ने कहा– "ज्योतिषाम् ज्योति वह भगदिव प्राणियों में सूर्य और चन्द्र ज्योतियों में ही व्यक्त होता है। इस पृथ्वी और चौदह भुवनों को प्रकाशित करने वाला केवल सूर्यनारायण है– भर्गो देवस्य धीमहि धियोयोनः प्रचोदयात्–गायत्री, महाराज!"

"राक्षसों को कौनसा मन्त्र अभीष्ट है, रामजी?" विभीषण ने पूछा।

"गायत्री" श्रीराम ने कहा।

लक्ष्मण ने जैसे न चाहते हुए भी कहा– "किष्किन्धा हनुमन्ते! किष्किन्धा ही तो– वह।"

हनुमान ने सहर्ष कहा– "मेरी जन्मभूमि! किष्किन्धा!"

श्रीराम ने कहा – "हमें हनुमान! महामात्य केसरी के विमान का संकेत करो पुष्पक! पता ही नहीं चला, किष्किन्धा जैसे पलक में आ गई।"

लक्ष्मण ने हँसते हुए कहा– "भ्रम! किष्किन्धा नहीं, पुष्पक ही किष्किंधा आ गया। यह भ्रम ही तो।"

"भ्रम–ज्ञान लक्ष्मण!" श्रीराम ने कहा– "रज्जु में सर्पवत्। गुरुदेव वशिष्ठ इसी को भ्रम – ज्ञान कहते हैं। यह भ्रम–विभ्रम अज्ञान ही की संज्ञान–वीचियाँ हैं।"

"वेदान्त"– महाराज विभीषण बोले।

"वेद, वेदान्त, वैदिक वर्णाश्रम धर्म, यही, यही है मानव का मोक्ष–मार्ग।"– रामजी बोले– "प्राणियों की आत्मा ज्ञानमय है। ज्ञाता, महाराज! आप–हम ज्ञाता हैं महाराज! जगत ज्ञाता का ज्ञेय है तथा ज्ञान? जीवन संज्ञान है। गुरुदेव वशिष्ठ ने मुझे वेदान्त के सारे पाठ पढ़ा दिये हैं। अयोध्या पहुँचकर मैं स्वयं नन्दीग्राम में रहूँगा तथा योग–वशिष्ठ का अनुशीलन करूँगा। राज्य तो भरत का ही है– चलाएगा।"

"किष्किन्धा।"– महाराज सुग्रीव बोले।

"पुष्पक, कृपया ठहरो, थमो।"– श्रीराम ने कहा।

पुष्पक ठहरा, थमा–मानो विश्राम ही करने लगा। किष्किन्धा में वानर–श्रेष्ठ केसरी के विमान की आकाशी के ठीक ऊपर पुष्पक ठहर गया। हनुमान उछले– "माँ! प्रभो! रामजी! वह ध्यानस्थ रहती हैं।"

श्रीराम– "तुम जाओ; हमारे आगमन की सूचना दो और निवेदन करो–सीता के साथ अयोध्या का राजकुमार राघव राम श्री चरणों के दर्शन करना चाहते हैं।"

हनुमान अचकचाये – "किन्तु....।"

"किन्तु– परन्तु नहीं, हनुमान!"– राम ने कहा– "माता अंजना तुम्हारी माँ हैं, वानर–श्रेष्ठ महामात्य केसरी की जीवन–संगिनी हैं और तुम्हारी पूज्या हैं।"

हनुमान ने उछलकर कहा– "मेरी माँ! ..... जननी!"

"हाँ, केसरीनन्दन, वायुपुत्र हनुमान!" लक्ष्मण ने कहा– "अब माँ को श्रीरामजी का सन्देश दो।"

"सन्देश नहीं; प्रार्थना।" श्रीराम बोले– "स्वर्ग की पुंजिका स्थली अप्सरी एवं पृथ्वीतल की श्रेष्ठतम वानर महिला देवी अंजना, देवताओं की आराध्या अंजना जी हमारी भी मातुश्री हैं। पुत्र माँ को सन्देश नहीं देता; प्रार्थना ही करता है।"

वायु–वेग से बात किष्किन्धा महानगरी में फैल गई। प्रधानामात्य महाशय केसरी के विमान की आकाशी पर ठहरा हुआ पुष्पक विमान गगन में कमल

और हँसों की कारीगरी का भव्य स्वरुप था– अटका और सटका, स्थिर था। वानरों की भीड़ मानो दिशाओं से उभरकर पलक में ही जमा हो गई। "विमान! यान! अरे यह तो कुबेर का पुष्पक है, विख्यात पुष्पक! वाह! कौन आया है?" किसी का प्रश्न। "दशरथ नन्दन राम, उनकी भुक्त भार्या सीता, महाबाहु लक्ष्मण आये हैं। क्यों? क्यों? क्यों?" प्रश्न-ही-प्रश्न। उत्तर; पवनपुत्र हनुमान की माँ का दर्शन करने। हाँ, राम जो ठहरे। रावणारि राम विनय की मूर्ति हैं। हनुमान जी को अपना वत्स मानती हैं सीताजी। सीताजी? कहाँ हैं......? अरे वह हैं। दिव्य ज्योति की अरुण आभा की भव्य छवि। सीताजी! प्रणाम, भगवती!"

केसरी भागे– भागे आये और श्रीराम को प्रणाम कर बोले– "अहोभाग्य! महाभाग्य मेरे-हमारे, जो दर्शन दिये रघुनन्दन। अब हम वानर जान गये हैं– आप क्या हैं? आर्य क्या हैं? और अयोध्या और उसका राजवंश-सूर्यवंश क्या है? आपने दर्शन देकर हमारा भाग्य सदैव के लिए मंगलमय कर दिया है। आर्ये! सीताजी, महाबाहु लक्ष्मण जी, स्वागत!"

हनुमान अपनी माँ के ध्यान कक्ष की ओर लपके– "माँ! माँ....... ओ माँ! मैं आंजनेय हनुमान प्रणाम करता हूँ।"

अंजना ने ध्यान भंग करते हुए कहा– "तू हनु? क्यों? क्या बात है?"

"राम आये हैं, माँ।"– हनुमान ने कहा– "साथ में भगवती सीता, वीरवर लक्ष्मण भी हैं। हम अयोध्या लौट रहे हैं।"

अंजना हड़बड़ाकर खड़ी हो गयीं– "राम आये हैं! अहोभाग्य! हनुमान, तू मेरा सच्चा सपूत है जो राम को ले आया है।"

हनुमान ने झेंपते हुए कहा– "रामजी स्वयं ही आये हैं।"

"अच्छा! तो तू नहीं लाया है?" अंजना ने कहा– "तू तो राम के साथ, पास निकट बना रहता है और मुझे उनके दर्शन कराना नहीं चाहता। परन्तु देख मरकट! रामजी ने स्वयं मेरी गुह्य भावना को जान लिया है। दीनबन्धु हैं राम। श्री हरि के मनुजावतार! चल, कहाँ हैं रामजी!"

"मैं ही उनको ले आता हूँ।"– हनुमान ने कहा और फिर किलकारी कर बोले– "राम! माँ जाग गई हैं।"

श्रीराम ने सन्तोषपूर्वक कहा– "शुभ है, हनुमान! शुभ है। माँ को सन्तान के लिए जागना ही होता है। माँ सन्तान की अन्तरात्मा है, वत्स!"

हनुमान आगे–आगे और राम पीछे–पीछे अंजना देवी के कक्ष की ओर बढ़े! अंजना तनिक कम्पित सी श्रीराम की अगवानी के लिए आगे बढ़ीं। "राम!" अंजना ने आर्द्र किन्तु जलद– गम्भीर स्वर में कहा– "तेरा ही नाम! तेरा ही ध्यान! हाँ, राम! हनुमान ने ही नहीं, किन्तु ऋषि–मुनियों ने हमें बता दिया है कि तुम, राम! घट–घट व्यापी हो। मुनियों के चित्त में रमे हुए हो।"

श्रीराम ने अंजना देवी के चरणों में झुकते हुए प्रणामपूर्वक कहा– "माँ! मैं मुनियों के चित्त में रम रहे राम–सा राम नहीं हूँ– मैं राघव राम हूँ। यह तो ऋषि–मुनियों का अनुग्रह है कि वे मुझे ऐसा समझते हैं। राणियों की रग–रग में माँ ही भरी हुई है– माँ! मेरे आपको शत–शत प्रणाम! माँ अंजने तुम्हारी जय हुई है। तुम्हारे सपूत हनुमान के असाधारण अद्वितीय पुरुषार्थ से ही मैं रावण को परास्त कर सका हूँ। महाराज सुग्रीव की सीख , महाराज विभीषण की सलाह तथा सभी वानर–श्रेष्ठ सामन्तों के पराक्रम से ही रावण रणभूमि में खेत रहा है। हाँ, माँ!"

प्रधानामात्य केसरी ने कहा– "धन्य, रघुवीर!"

लक्ष्मण बोले– "धन्य तो भाभी भगवती सीता हैं। इन्हीं की साधना का यह पुण्य फल है– राम की रावण पर विजय।"

श्रीराम ने कहा– "जय प्रभु की ही होती है , माते! राम – रावण युद्ध का पुण्य समस्त श्रेय मैं आपके श्री चरणों में समर्पित करता हूँ।"

अंजना ने गद्गद् कण्ठ से कहा– "तुम–तू राम! कुछ भी श्रेय, पुण्य स्वयं के लिए नहीं रखेगा। राम! यह क्या? रावण जैसे पराक्रमांक महारथी, राक्षस–चक्रवर्ती को हराकर तुमने ही राम सारी पृथ्वी को शान्ति और अभय दिया है– ऋषि–मुनियों को निर्भय किया है। वेद मन्त्रों की ध्वनि से आकाश पुनः प्रसन्न हुआ है। ज्योति और प्रकाश की पगडण्डियां निर्विघ्न हुई हैं– यह तो जगद्कल्याण का अखिल पुण्य है। राघव! राम मेरे, यह केवल तुम्हारा ही पुण्य है, मेरा नहीं और किसी का नहीं।"

केसरी बोले– "अंजना सत्य कह रही है, रामजी!"

श्रीराम ने कहा– "मुझे हमारी श्री, सुकृति, लक्ष्मी, कमला, सीता जो पुनः प्राप्त हुई है– यही मेरा अपना पुण्य फल है। सीता मुझे परमात्मा का वरदान है, माँ अंजने! सीते! माँ को प्रणाम करो। सीता को आशीर्वाद दो, माँ अंजने!"

सीता ने अंजना के चरणों में प्रणाम किया। अंजना ने सीता जी को उठाकर सिर सूँघते हुए कहा– "सौभाग्यवती भव! पुत्रवती भव! कल्याण शोभने भव!"

लक्ष्मण ने रसपूर्वक कहा– "सुना, भाभी! अयोध्या जाकर अब भैया राम की गृहस्थी में फलना–फूलना ही होगा। हनुमान की माँ का आशीर्वाद अमोघ है– ऐसा मैंने सुना है।"

सीताजी ने कहा– "तो मेरा भी तुमको आशीर्वाद है कि तुम भैया लक्ष्मण अब सखी उर्मिला को सफल–धन्य करो।"

हनुमान ने सीताजी के चरणों में झुकते हुए कहा– "वाह! क्या बात कही है! वाह, सीताराम, वाह!"

केसरी जी ने कहा– "तुमको आशीर्वाद नहीं चाहिए, हनुमान?"

"जी, पिताजी"– हनुमान ने कहा– "मुझे रामजी की करुणा ही प्राप्त हो गयी है, अब आशीर्वाद लेकर क्या करूँगा? राम-राम, राम पूज्य! अनादि शाश्वत जीवन का आशीर्वाद राम की करुणापूर्ण कृपा का होना ही है।"

श्रीराम ने कहा– "हनुमान मेरा हृदय है।"

अंजना ने सहसा पूछा– "रावण को किसने मारा? हनुमान। तूने मारा न? बोल?"

हनुमान ने कहा– "राम ने रावण को मारा , माँ! मैंने नहीं, मैंने तो मैया सीताजी को खोज निकाला।"

"तूने राम को रावण मारने का कष्ट होने दिया?" अंजना ने क्रोधपूर्वक कहा– "तू मर क्यों न गया– तेरे होते हुए रामजी को रावण मारने का कष्ट उठाना पड़ा। अयोग्य! अपदार्थ!!"

श्री हनुमान ने माँ के चरण पकड़ लिए– "क्षमा, माँ! रामजी! अभय! मैं माँ की अप्रसन्नता सह नहीं सकता– नहीं, प्रभो!"

सहसा श्रीमती सीताजी ने शान्तिपूर्वक कहा– "माँ! इसमें हनुमान का कोई दोष नहीं है। वत्स हनुमान तो मेरा पता लगाने को आया, तब ही इस दुष्ट, अधर्मी, आततायी को मारकर मुझे राम के पास ले जाना चाहता था; परन्तु मैंने ही मना किया। मैंने ही हनुमान से आश्वासन लिया था कि उस नराधम राक्षस को राम ही मारेंगे। रावण को मारने का अक्षय यश राम को ही मिलना चाहिए था, माँ!"

“परन्तु क्यों पुत्री?” अंजना ने हतप्रभ होते हुए पूछा।

श्री सीताजी ने कहा– “इसलिए माँ! कि मैं राघव राम की अर्द्धांगिनी, जीवन संगिनी, धर्मपत्नी हूँ। मेरा हरण राक्षसराज द्वारा किया गया– छल-बल से ही सही; किन्तु मेरा हरण हुआ। अतः इस बन्दी अवस्था से मुझे मुक्त कराने का कर्तव्य मेरे स्वामी श्रीराम का ही था और किसी भी नर का नहीं हो सकता था। फिर मुझे जो हरकर ले गया, वह त्रिभुवन-प्रसिद्ध राक्षस-सम्राट था; घोर पापी तथा दुष्ट आततायी था– वानर, आर्य, पक्षी, नाग सभी जातियों का स्वाभाविक वैरी था। त्रिजटा अम्मा ने मुझे सब विगत बता दी है। वानर व आर्य-दोनों से पृथ्वी को विहीन कर क्रूर राक्षसों से पाट देना चाहता था। वह अमृत की संस्कृति तथा सत्य ज्ञान की मानव सभ्यता को नहीं चाहता था। उसका नाश तो अयोध्या कुमार क्षत्रिय राघव सूर्यवंश-शिरोमणि को ही करना था। सूर्यवंश सत्य, ज्ञान, शौर्य तथा वैदिक वर्णाश्रम धर्म का ही राज्य रहा है। भूमि में नहीं, किन्तु वर्चस्व में यह आर्यों का चक्रवर्ती राज्य रहा है, माते!”

अंजना ने सीताजी के दोनों हाथ थाम लिए– “पृथ्वीपुत्री! तेरी जय हो। तूने मेरे नयन खोल दिये, अब मैं जान गयी हूँ, समझ गयी हूँ, देख गयी हूँ।”

केसरी ने पूछा– “क्या री?”

अंजना ने कहा– “यही-राघव राम मानव स्वरुप तो हैं, परन्तु श्री हरि के अवतार हैं। रावण को समाप्त करने के लिए गौ, सन्त, भक्त, सज्जन तथा दुखियारों की आर्त पुकार को सुनकर ही धराधाम पर अवतरित हुए हैं।”

श्रीराम ने माता अंजना के चरण स्पर्श करते हुए कहा– “माते! तेरी जय हो! किन्तु मैं इक्ष्वाकुवंश का एक राजकुमार हूँ। तापसी वनवासी राघव रामचन्द्र भर हूँ। श्री हरि? वह तो सभी प्राणियों के हृदय में विराजमान हैं– घट-घट में हैं। निर्गुण होते हुए भी जगत् स्वरुप सगुण हैं; अचिन्त्य होते हुए भी जगद्चिन्त्य हैं। यह राम आदि है; अनादि है– अनादि का आदि है। वह नित्य ही है, किन्तु अनित्य कालगति में स्वयं के चिदाकाश में भ्रमण करता ही रहता है। वह विश्व का कवीश्वर है, जगत् का ईश तथा सृष्टि का रसनिधि है। वह सत् चित् आनन्द परम ब्रह्म-परम शिव है। वह राम मैं नहीं हूँ। उसका मानव जीववत् अंशी हूँ, माँ!”

हनुमान ने सहसा चिल्लाकर कहा– "नहीं प्रभो! तुम ही राम हो, राघव राम तो दिखते हो। मेरे हृदय से पूछो, राम कि तुम क्या हो! राम तुम ही सीता हो, तुम ही राम हो–तुम ही विभु हो, ईश हो, कवि हो–सत् चित् आनन्द धाम राम हो।"

✦✦✦

किष्किन्धा की वानर प्रजा को सम्बोधित करते हुए महाराज सुग्रीव ने गम्भीर किन्तु हर्ष भरे स्वर में कहा– "धन्य भाग्य हमारे, लोगों! आज अयोध्या महाराज्य के ज्येष्ठ राजपुत्र श्रीमान् राघव रामचन्द्र जी अनुज वीरशिरोमणि महाबाहु, शेषनाग की शक्ति तथा फुत्कार से भरपूर लक्ष्मण जी तथा हमारी राघव जीवनसंगिनी सती चूड़ामणि भगवती सीता जी के साथ किष्किन्धा पधारे हैं। राघव राम पधारे तो श्रीमती महिला अंजना देवी के दर्शनार्थ तथा श्रेष्ठतम केसरी जी का अभिवादन करने के लिए हैं, किन्तु आपको वे स्नेहशील दर्शन भी दे रहे हैं। इसके पूर्व कि श्रीराम आपको सम्बोधित करें; मैं बता दूँ की राघव राम हमारे मित्र हैं, श्रद्धेय हैं। वानर जाति अयोध्या के राज्य राजकुल, सूर्यवंश के सदैव आभारी रहेंगे कि राक्षसों के लड़ाकों से एक ही रामबाण में परित्राण कर दिया। हमारे पूर्व वानर नरेशों की नीति राक्षस राज्य को तुष्ट करने की रही है। बाहुबली बालि ने तो रावण को मित्र और फिर संगी बना लिया था, किन्तु रावण इस पृथ्वीतल पर राक्षस को ही चाहता था, अन्य किसी को भी नहीं। तब हम वानर आज सामाजिक–सांस्कृतिक बदलाव के काल–प्रवाह में हैं। हम सार्वभौम मैत्री तथा सत्य, ज्ञान तथा अमृत की पियूष सभ्यता से मण्डित होना चाहते हैं। हम जगत् के ही भोग के लिए नहीं, केवल राजसत्ता हथिया कर अन्याय, अधर्म तथा अत्याचार करने के लिए नहीं–हम पृथ्वी की पूजा, आकाश की आराधना तथा प्राणिमात्र के योगक्षेम साधने के लिए विनम्र किन्तु अपराजेय वानर की भांति जीना चाहते हैं। हम राज्य के साथ–साथ और कुछ ऊपरी राम जी भी चाहते हैं। मैं आपका नरेश यह घोषणा करता हूँ कि राक्षसों और आर्यों से हमारा घनिष्ठ मैत्री, समानता तथा जीवन के आर्य व्यवहार का सजीव– सक्रिय सम्बन्ध रहेगा। अयोध्या में अपना स्थायी दूत, प्रतिनिधि तथा राघव राम का सेवक रहेगा– कौन? क्या हनुमान?"

लोगों ने हामी भरी– "हाँ–हाँ, तब हनुमान ही। तथास्तु!"

श्रीराम तनिक सहज दिखे, बोले– "तथास्तु वानरों! मैं वनवास की अवधि प्रायः समाप्त हो जाने पर अयोध्या लौट रहा हूँ। मेरा अनुज भरत नन्दीग्राम में

कठोर वनवास काट रहा है। वह मेरी अपलक प्रतीक्षा कर रहा है। इसलिए मैं जल्दी में हूँ। माता–अंजना को प्रणाम, वीरबाहु सामन्त श्रेष्ठ महान वानर केसरी जी के दर्शन तथा महाराज सुग्रीव जो अब हमारे अनन्य मित्र तथा साथी हैं, उनका आतिथ्य लिए बिना अयोध्या जा ही नहीं सकता था। किष्किन्धा अयोध्या तथा श्रीलंका को जोड़ती है, सांधती है तथा अरण्य प्रजाओं का निवसन केन्द्र है। अयोध्या युद्धहीन शान्त, अभय और जन प्रसन्न मन की राजधानी है जो किष्किन्धा भूतल की प्रजाओं के हेलमेल तथा मित्रता एवं सांस्कृतिक अभिषेक की राजधानी होगी।"

"श्रीलंका?"– किसी ने पूछा।

"श्रीलंका.....?" श्रीराम चिहुँके– "महाराज विभीषण जी हैं– वे ही बता देंगें।"

महाराज विभीषण ने श्रीराम को प्रणाम करते हुए कहा– "श्रीलंका समुद्र पार की द्वितीय अयोध्या ही होगी। श्रीलंका का राज्यसिंहासन सदैव के लिए युद्ध का त्याग करता है। वेद–वेदान्त तथा वैदिक वर्णाश्रम पंथ को अंगीकार–स्वीकार करती है। श्रीलंका अब राक्षसों के आर्य निवासों का महान नगर होगा। मैंने रावण के घर अंधकार में मानव जाति की चीखें सुनी हैं। मैंने रक्त की नदी देखी है, माँस का अम्बार भी देखा है। मैंने आर्य ऋषियों के आश्रमों को जलते देखा है, मुनियों का सामुहिक संहार भी सुना है। मैंने अधर्म, अनीति और अत्याचार का ताण्डव देखा है। राक्षस आज संसार में मुँह दिखाने योग्य नहीं हैं। राघव श्रीमद् रामजी की छत्र–छाया में हम राक्षस पुनः अपना आपा प्राप्त करेंगे। हम विश्व की प्रजाओं के हरावल में रहकर सत्य, शान्ति, अभय, ज्ञान और वैराग्य की संस्कृति को उजागर करेंगे। श्रीराम! रामजी हमारे–आपके हमारे इष्ट हैं, स्वामिन् हैं, मित्र हैं, हमारे त्राता और विधाता हैं, सदैव रहेंगे।"

श्रीराम ने कहा- "तथास्तु। पृथ्वी की सभी राजधानियां अयोध्या हो, यही हमारी ईश्वर से कामना है। मुझे विश्वास है, सूर्य नारायण और देवाधिदेव श्री हरि हमारी यह कामना पूर्ण करेंगे।"

हनुमान ने कहा– "श्रीराम–राज्य! अवश्य ही। महात्मा भरत–धर्ममूर्ति भरत, धरती और आकाश की इस अनिवार्य आवश्यकता को समझते हैं। राज्य तो राम का ही है।"

श्रीराम ने तीव्र अमर्षपूर्वक कहा– "राज्य भरत का हनुमान! पिताश्री देकर स्वर्ग सिधारे हैं, फिर मैं राज्य नहीं चाहता, वत्स! मैं पृथ्वी की पूजा तथा आकाश की आराधना करना चाहता हूँ। चौदहों भुवनों में श्री हरि का आशीर्वाद पसरता रहे, परमात्मा प्रसन्न रहें तथा गुरु–कृपा अनुग्रह करती रहे– यही सीता और मैं चाहते हैं। क्यों सीते!"

श्री सीताजी ने कहा– "जैसी प्रभु की इच्छा!"

श्रीराम ने लोगों को नमस्कार करते हुए कहा– "अच्छा, तो अब विदा दें। मन तो चाहता है कि आप लोगों के मध्य रहूँ–हँसू–हँसाऊँ, वानर राज्य का भ्रमण कर सभी से सुख–दुःख पूछूँ, किन्तु महाराज सुग्रीव हैं, केसरी जी हैं और अन्य वानर–श्रेष्ठ सामन्तगण हैं। वानर प्रजा सुखी रहे– यह मैं चाहता हूँ। क्यों महाराज विभीषण? आपका अभय वानरों को चाहिए। हमारा साग्रह निवेदन है कि वैसा अभय लंकेश! आप प्रदान करें।"

महाराज विभीषण– "मैं राक्षस अवश्य हूँ, किन्तु मानव हूँ और मैं युद्ध में विश्वास नहीं करता। मैं कह चुका हूँ, श्रीलंका द्वितीय अयोध्या ही होगी। हम सब राक्षस, रामजी! आपके अनुचर हैं। जीता हुआ अपना यह राज्य भी आपने हमें प्रदान किया है तो हम आपकी इस सप्रेम भेंट की महिमा ही बढ़ाएंगे। तथास्तु, प्रभो!"

श्रीराम ने सहर्ष कहा– "तब आज आर्य, वानर और राक्षस–अयोध्या, किष्किन्धा और श्रीलंका–एक हुए। हम सब अखण्ड मैत्री तथा अटूट एकता में बन्ध गये हैं। अब हम लड़ेंगे नहीं, परस्पर विवेक एवं शान्तिपूर्वक रहेंगे। एक–दूसरे के संकट के समय परस्पर बिना माँगे सहायता करेंगे। हमारे राज्यों की सीमाएँ अब एक विराट् चक्रवर्ती राज्य–वर्तुल में बदल गयी है– आज। अब पृथ्वीतल पर अभय, शान्ति एवं धर्म का ही साम्राज्य रहेगा। कल्याण हो!" और श्रीराम पुनः पुष्पक विमान में आरूढ़ हुए। सीताजी ने श्रीराम के कन्धे पर सिर टिकाते हुए फुसफुसाया– "राम...... श्रीराम!"

श्रीराम ने धीमे स्वर में कहा– "सीते! प्रिये!!"

✦✦✦

श्रीमती सीता ने आकाश के सीमाहीन में देखा और श्रीराम को जैसे कहा– "आकाश! सूर्य, चन्द्र, तारे, निहारिकाएँ, गगन, व्योम! देखकर मैं आश्चर्यचकित

हो उठती हूँ। आकाश देखकर मैं डुल जाती हूँ– खो जाती हूँ; किन्तु पृथ्वी मुझे माँ की गोद सी प्रतीत होती है। यह पुष्पक जैसे आकाश का बालक हो।"

श्रीराम मुस्कुरा दिये और सीता को घूरते रहे।

श्री लक्ष्मण ने कहा– "अशोक वाटिका में तो आप श्रीमती आकाश को देखती रहीं.....।"

"श्रीराम – नाम के साथ तारे गिनती रहीं"– सीताजी ने बीच में ही कहा– "तुम्हारे भैया जी का नाम मैंने आकाश के तारे और पृथ्वी की धूलि के कणों के साथ लिया है, इस समय मैं पलकों से देवर जी! आपके भैया को निहारती हूँ। मिलन में साक्षात्कार, वियोग में जप–भजन भैया मेरे!"

श्री लक्ष्मण ने कहा– "कितनी दिव्य–भव्य हैं आप भाभीश्री। रामजी भाग्यशाली हैं, जो आप मिलीं।"

सीताजी ने छूटते ही कहा– "तुम रामजी से भी अधिक भाग्यशाली हो, देवर जी! जो उर्मिला जैसी निरीह तपस्विनी मिली। मैं तो रामजी को एक लव के लिए भी छोड़ नहीं सकती–एक साँस के लिए भी दूर कर नहीं सकती। उर्मिला बचपन से ही मूक–मौन मुनि जैसी रही है। उर्मिला नारी– तपस्या की प्रतिमूर्ति है। तुमको लक्ष्मण जी! उर्मिला के नाम का अजापा जाप करना चाहिए– जैसे मैं श्रीराम–नाम का करती हूँ।"

श्री लक्ष्मण ठहाका मारकर हँसे– "परन्तु क्यों? भगवती भाभी! यह उल्टा न्याय मुझी पर क्यों?"

सीताजी ने सस्मित कहा– "सुना, राम! लक्ष्मण जी चाहते हैं कि उर्मिला इनका नाम रटती रहे और महाशय उसकी ओर आँख उठाकर भी न देखें– स्वप्न में भी न तकें।"

श्रीराम ने कहा– "सुन लिया लक्ष्मण?"

"जी" लक्ष्मण ने कहा– "चौदह वर्ष की इस विकराल अवधि में श्रीमती भगवती भाभी को बहुत सुना है। इनके शीलवान ममत्व से मैंने शक्ति, मति और प्रेरणा पायी है। रामजी! आप तो हमारे इष्ट देव हैं, किन्तु भाभीजी? हम देवरों के लिए माँ हैं, बहन हैं, सखी हैं, मित्र हैं और सर्वोपरि अन्तर आत्मा की भव्य प्रेरणा हैं, किन्तु......"

“किन्तु ....?” श्रीराम ने पूछा।

“किन्तु राम के बिना सीता अधूरी हैं और सीता के बिना राम अधूरे हैं। पूर्ण परिपूर्ण तो ‘सीता-राम’ हैं।”

“जय सियाराम!!” सहसा हनुमान ने धुन आरम्भ की और पुष्पक नीलाभ आकाश में हँसों के समूह की भांति उड़ता रहा। मुनि के चिदाकाश में चलते हुए परमहँस की भांति पुष्पक अनाहत, अनादि और अनन्त में, आकाश में चलता रहा। सीता-राम के पावन नाम की धुन पुष्पक के अणु-अणु को दिव्य करने लगी और देवताओं को दौड़कर गगन में सीताराम के दर्शनों के लिए विवश करने लगी। आकाश के अवकाश में सुरों की भीड़ लग गई- “राम! सीता-राम! उनके दिव्य अन्तरतम में राम-नाम की धुन मानो स्वतः पश्यन्ति स्वरुप होकर रमने लगी। हनुमान भान भूले, बौराए तथा बगराए हुए पुष्पक में सीता-राम के चरणों में घुटनों के बल बैठे धुन लगा रहे थे और नीचे पृथ्वी हुमस रही थी। धरती के समस्त पतझड़ झड़कर नवचेतना के मधुमय बसन्त में प्रगटने लगे। मानो- आकाश चिर प्रसन्न होकर सीता-राम की पुनीत धुन में ही अनादि हो गया हो। दिशाओं और दिकों की उसकी छाया-सीमा में गलकर सीता-राम के नाम की धुन में विराट् होती गई तथा सत् का विश्वास, चित् का अभयामृत और सुख की आनन्द मूर्च्छना सीता-राम की धुन में ही समाता गया। पुष्पक के यात्रियों को लगा-सीताराम श्री हरि और श्रीमती कमला-लक्ष्मी हैं, मानव स्वरुप में साक्षात् हैं।

सहसा श्रीराम बोले – “राम! राम! चिदानन्द ओम राम!”

विभीषण ने बोला– “चिदानन्द ओम श्रीराम! राम अज, ईश, विभु, कवि राम- सत् चित् आनन्द धाम राम!”

लक्ष्मण ने रमुज में पूछा– “आप अपना ही जाप?”

श्रीराम ने अनन्त आकाश में निहारते हुए कहा– “गुरुदेव ने मेरा नाम तो राम रखा है, किन्तु मुनियों के मन में रमने वाला ‘राम’ अनादिकाल से राम कहा जा रहा है। घट-घट व्यापी परमात्मा ही ‘राम’ नाम से सृष्टि में विश्रुत है– जगत् में ख्यात है। अतः मैं अपना ही जाप नहीं करता, अनादि, अज, सच्चिदानन्द राम का ही ध्यान करता हूँ। तुम्हारी भाभी सीता यह रहस्य जानती है।”

सीताजी ने पुष्पक की ओर आकाश में उठते हुए देखा, कहा– "तुम्हारे भैया राघव राम जन्मे तभी से रहस्यपूर्ण हैं। राघव राम अपने असाधारण पुरुषार्थ, दिव्यतम तपस्या तथा राक्षसों से पृथ्वी की मेरी मुक्ति कराने वाले अन्यतम 'पुरुष' हो गये हैं। ऋषि–मुनि सब तुम्हारे राघव भैया में श्री हरि के सगुण स्वरुप को ही देखने लगे– बाकी तो राम का स्वरुप ही कहाँ है? निर्गुण निराकार निरंजन परम ब्रह्म–रूप और रस में से विहीन, अनादि का आदि राम। यह यों ही कह रहे हैं। मैं राम को नहीं जानती; अनुभव करती हूँ और रामजी जिसमें राजी–वही कहती और करती हूँ।" श्रीराम ने पुष्पक को दण्डकारण्य के आकाश में घुसते हुए पेखा– "रहस्यमय तो सीता है, लक्ष्मण! मैं भी सीता को पूर्णरूपेण समझ नहीं पाया। माया समझने की नहीं, जानने की वस्तु है।"

"मैं वस्तु हूँ?" – सीताजी।

"भूला–या देवीसर्वभूतेषु। वस्तु नहीं, शक्ति–परमात्मा की शक्ति–सच्चिदानन्द स्वरूपा।"

महाराज सुग्रीव जैसे स्वयं से बोले– "दोनों ही सत् चित् आनन्द। अपन जीव अज्ञान के अध्यास में भ्रमित–विभ्रमित प्राणी! काल के जबड़ों में पड़े हुए दीन–अनाथ तृष्णातुर, बँधे जीव–आप दोनों की शरण में, हाँ और क्या?"

श्रीराम हँस उठे, श्रीमती सीताजी मुस्कुरा उठीं। पुष्पक दण्डकारण्य के ऊपर आश्रमों, यज्ञमण्डपों, पर्णकुटियाओं तथा सघन वृक्ष–घटाओं के ऊपर नीलाभ में लहर–लहर कर चित्रकूट की ओर जा रहा था। श्रीराम ने सीताजी को कहा– "वह देखो, सीते! अपनी पर्णकुटिया–'पंचवटी'–तुम्हारे स्वर्णमृग–मोह का स्थान। क्या अभी तुमको सीते! स्वर्णमृग दिख रहा है?"

श्रीमती सीताजी तनिक झेंपती हुई बोलीं– "नहीं।"

"नहीं, क्यों?" श्रीराम ने हँसते हुए कहा– "असम्भव है हैममृग का उद्भवित होना– मृग की सोने की मूर्ति तो बनाई जा सकती है, किन्तु स्वर्णमृग जन्मता नहीं। फिर यह मोह?"

श्रीमती सीताजी ने विलोल नयनों से श्रीराम को तकते हुए कहा– "वह–वह तो माया ही निकला, राम! क्या करती? स्वर्णमृग ने मुझे देखते ही मोह लिया- सब कुछ ओझल हो गया था– भैया लक्ष्मण और आप तथा पंचवटी-सब मानो अदृश्य हो गये और देदीप्यमान स्वर्णमृग मेरी आँखों में खुभ गया।"

श्रीराम– "मारीच ही वह माया मृग था, सीते! मारीच राक्षस था; किन्तु धर्म–अधर्म, न्याय–अन्याय समझता था। अपने दुर्दान्त भाणेज से भयभीत होकर उसने मेरे बाण से मर जाना स्वीकार किया था। मारीच की निस्संदेह सद्गति होगी।"

श्री लक्ष्मण ने कहा– "जो रामबाण से मरा, वह सीधा स्वर्ग गया।"

"लक्ष्मण!" श्रीराम ने बनावटी अमर्षपूर्वक कहा– "राघव राम का बाण तुम्हारे बाण सरीखा ही है। रामबाण तो प्रसिद्ध हो गया है।"

लक्ष्मण ने विनीत रमुज में कहा– "भले ही शत सहस्त्र दिव्य बाण हो, परन्तु रामबाण तो रामबाण ही है। सहस्त्र–सहस्त्र लक्ष राक्षसों का संहार कर आपके तुणीर में लौट आने वाला बाण अचूक रामबाण है। जिसे रामबाण लगे, वही जान सकता है– रामबाण क्या है?"

विभीषण ने कहा– "मुझे लगा है, रामबाण, वीर लक्ष्मण! मुझे जन्म जन्मों की भव– पीड़ा से भरी मेरी छाती में यह करुणानिधान राम का बाण लगा। रामबाण श्रीराम के चरणों में शरण दिलवाता है, रक्त नहीं निकलता। रामबाण के घाव से मन के नयन, अन्धे नयन खुल जाते हैं।"

श्रीराम ने कहा– "रामबाण यदि आप लोग ऐसा समझते हैं तो ऐसा ही है– हो। तथास्तु! रावण को मैंने ब्रह्मास्त्र से मारा, रामबाण से नहीं– ना! रामबाण अज्ञान को भस्म कर ज्ञान की जिज्ञासा का घाव भरने के लिए है। सीते! अयोध्या में अपन नन्दीग्राम में भरत की पर्णकुटिया में ही रहेंगे? क्यों?"

श्रीमती सीता ने कहा– "मैं तो अकेली आपके साथ पंचवटी में ही जीवन के अन्तिम साँस तक बसना चाहती हूँ। अरण्य की पर्णकुटियाओं का निवास गंगातट के निवास से भी अधिक शान्तिदायक है। पुनः–पुनः गोदावरी में स्नान करते रहना चाहती हूँ तथा वन–फूलों से आपको रिझाने के लिए श्रृंगार करना चाहती हूँ। राम! न जाने क्यों हम दोनों विशाल ऐश्वर्य पूर्ण राजप्रासादों में जँचते ही नहीं। क्यों भैयाजी लक्ष्मण!"

लक्ष्मण ने कहा– "आप दोनों निस्संदेह अयोध्या के सनातन सूर्यवंशी राजसिंहासन पर खूब ही फबते हैं– फबेंगे। पर्णकुटी में ब्राह्मण तथा ऋषि–मुनि निवास करते हैं। आर्य, क्षत्रिय तो राजकुल के सिंहासन पर उपविष्ट होकर राज्य चलाता है, प्रजा–पालन करता है, धर्म धारण करता तथा करवाता है, न्याय का प्रसार करता है तथा शत्रुहीन भूमि और आकाश को उद्वेगों से रहित शान्त और

नीलाभ रखता है। भैयाजी राम हमारे क्षत्रियों के अब विश्व वंद्य नायक हैं– नेता, त्राता, विधाता भाभीजी!"

सीताजी ने लक्ष्मण को अगाध स्नेह भरी दृष्टि से निहारते हुए कहा– "सुना, राम! अपने अनुज को सुना?"

"सुन लिया।" श्रीराम ने कहा– "इस सृष्टि में प्रारब्धानुसार ही भव–संसार भजना और काटना होता है। प्रारब्ध की गतिविधि केवल विधाता ही जानता है। ब्रह्मा, विष्णु, महेश और देवता, मानव और तिर्यक योनियों के प्राणी प्रारब्ध भोगते हैं– जन्म–मरण के चक्र में पड़े हुए भव काटते तो हैं, परन्तु अपना भाग्य नहीं जानते– भावी कूँत नहीं सकते। इस विषय में जीव परमेश्वर की कृपा तथा ईश्वर की दया पर ही निर्भर है। अयोध्या के राजसिंहासन पर भरत को विधाता ने ही तो बिठाया है।"

लक्ष्मण ने सहसा जैसे कहा– "सूर्यवंश की राजगद्दी पर आपश्री के पुनीतकर चरणारविन्दों के खड़ाऊ विराज रहे हैं। भरत तो उन खड़ाऊ का अनुचर मात्र है।"

"नहीं भैया लक्ष्मण!" राम ने कहा– "महाराज दशरथ के पश्चात् महाराज की आज्ञा से अयोध्या के राजसिंहासन का सत्वाधिकारी हुआ है। खड़ाऊ तो मैंने भरत को उसका मन रखने को ही दी है। राज्य कहीं खड़ाऊ चला सकते हैं? राज्य तो राजा ही चलाता है।"

महाराज सुग्रीव बोल पड़े – "तब फिर यह अयोध्या लौटना?"

"श्रीराम– भरत का हृदय कहीं मेरे वियोग में बैठ न जाये– इसलिए। भरत आर्य–सभ्यता का धर्म–सूर्य है, मुझसे भी अधिक तपस्वी तथा निरीह मेरा अनुज है। भरत की प्रत्येक इच्छा की सम्भव–असम्भव पूर्ति करना मेरा धर्म है। भरत को पता है, मैं उसका सिंहासन नहीं चाहता। कुछ दिवस अयोध्या रहकर मैं पुनः पंचवटी लौटूँगा। क्यों, सीते!"

"अवश्य, आर्यपुत्र!" सीताजी ने कहा– "मैं अब अरण्य में ही बसना चाहती हूँ। मैं राजा राम की गृहस्थी नहीं, एक सदैव वानप्रस्थी श्रीराम-महात्मा राम की गृहस्थी चाहती हूँ।"

लक्ष्मण ने सहसा कहा– "राम–रामजी! अयोध्या का राज्य आपका है। भरत स्वयं यह कहेंगे। प्रजा आपको पंचवटी वापस होने नहीं देगी। आप प्रजा के हैं राम!"

"सृष्टि के–जगत् के"– हनुमान ने किलकारी करते हुए कहा।

पुष्पक दण्डकारण्य से चित्रकूट की ओर बढ़ा। स्वच्छ नीलाभ गगन में आश्रमों से उठते यज्ञ–धूमों के हल्के–फुल्के कान्तिवान बादल लहरा रहे थे। दिशाएँ सुगन्ध से भरी हुई थीं और गगन के गगन पैर कर "जय राम!" की शीर्ण किन्तु हर्ष से भरी पुकारें मन्त्रों के जाप की भांति सुनाई पड़ रही थीं। अरण्य– प्रजाएँ अपलक पुष्पक को चित्रकूट की ओर बढ़ते देख रही थी। गोदावरी की सघन जलधारा तरंग–रंजित होकर सुनहली–रूपहली स्मृतियों से साथ श्री सीता–राम का अभिवादन कर रही थीं। सघन वृक्ष घटाएँ मानो राम – नाम के जाप में तन्मय थीं। श्रीराम जानकी सहित अयोध्या लौट रहे थे। श्रीराम जैसे मन के चित्ताकाश में अपलक प्रतीक्षा करते हुए विवर्ण मुख भरत को स्पष्ट ही देख रहे थे और अनहद की पश्यन्ति में सुन रहे थे– "राम! राम! कहाँ हो?"

2

पुष्पक सम गति से मानो आकाश में विहरता हुआ चल रहा था और मंदाकिनी की धारा मानो पुष्पक की छवि के लिए मन ही मन उत्कण्ठित होने लगी थी। सघन अरण्य के घनीभूत वृक्षों के लूमते-झूमते हुए छायों की स्तब्ध स्थिति मानो पुष्पक का स्वागत ही कर रही थी। पुष्पक गगनों के परे, व्योमों के पार अनाहत अनन्त आकाश में अमोघ मन्त्र शक्ति से श्रीराम की इच्छानुसार चित्रकूट के अनन्त आकाश में उड़ रहा था और सीता-राम पुष्पक की इस गति को सहज आश्चर्यपूर्वक पेख रहे थे। राम पुष्पक के हँसों को भी निहार रहे थे और सीता पुष्पक के पार्श्वों में खुदे कमलों की कारीगरी निहार रही थीं। पुष्पक ठसाठस भरा हुआ था। सब थे– श्रीराम के मित्र तथा श्री राम का अपना इष्ट देव मानने वाले–सब थे। वानर-श्रेष्ठ सामन्त, राक्षस-रत्नवीर, महाराज सुग्रीव और महाराज विभीषण, शुक, शार्दूल तथा श्रीमती त्रिजटा भी थीं। सहसा त्रिजटा ने सीताजी से कहा– "यह दृश्य मैंने कई बार स्वप्न में देखा है, वत्सले। हाँ! आज जैसे स्वप्न साकार हो रहा है– तो यहाँ था प्रथम विस्तृत जनस्थान! प्रभु रामजी ने अकेले ही खरदूषण को नर्क पहुँचा दिया। नराधम थे वे, हाँ।"

श्रीराम जी ने त्रिजटा को घूरते हुए कहा– "रणभूमि में वीरतापूर्वक लड़कर जो खेत रहे हैं; उनकी निंदा नहीं की जानी चाहिए। अपने राज्य की आज्ञा के अधीन ये सब राक्षस हमसे लड़े। हम उनकी सद्गति ही चाहते हैं। हम हत वानरों के लिए स्वर्ग तथा हत राक्षसों के लिए पृथ्वी का सद्गृहस्थ ही चाहते हैं। किसी भी जीव को नर्क मिले– यह हम नहीं चाहते, श्रीमती!"

श्रीमती सीताजी ने श्रीराम का हाथ थामते हुए कहा– "श्रीमती त्रिजटा ने मेरी माँ की भांति रक्षा की है। घोर और क्रूर राक्षसियों के आतंक से मुझे बचाया है। राम! त्रिजटा को अभय प्रदान कीजिए– वर दीजिए, स्वामिन्!"

त्रिजटा ने श्रीराम को प्रणाम करते हुए कहा– "मैं तो रामजी! आपकी दया चाहती हूँ।"

"त्रिजटा, श्रीमती!" श्रीराम ने कहा– "आपका कल्याण हो। पृथ्वी पर आपकी प्रत्येक शुभकामना पूरी हो! आपकी ममता सफल हो! आपका स्नेह यशस्वी हो।

सीता की जो सहायता श्रीमती ने की है– मैं उसके लिए आपका चिर ऋणी हूँ। क्या चाहिए माँगो, श्रीमती!"

त्रिजटा ने कहा– "राम! मुझे कुछ नहीं चाहिए। मेरी धर्मपुत्री सीता का अक्षय सौभाग्य चाहिए, आपका अमिट यश चाहिए– मुझे रामराज्य चाहिए।"

"रामराज्य?"– श्रीराम चिहुँके– "आपके राम का राज्य तो चित्रकूट से लेकर दण्डकारण्य तक के आश्रमों तथा यज्ञ मण्डपों तक विस्तृत है– वह राजा का राज्य नहीं होकर मेरी ऋषि–मुनियों की सेवा का विनय होगा। मैं आपको श्री, सुकृति, यश तथा जय देता हूँ– राज्य नहीं। क्योंकि राज्य मेरे पास नहीं है, श्रीमती! अभय दिया, सीते!"

सीताजी ने त्रिजटा को नमस्कार करते हुए कहा– "पुष्पक की साक्षी और सभी देवताओं के सानिध्य में कहती हूँ, मात्र स्वरूपा त्रिजटे! आपका तथा आपके वंश का सदैव त्रिकाल कल्याण हो। आप नहीं होतीं, तो घोर राक्षसियाँ मुझे कभी भी चबा जातीं। वह राक्षसराज मुझे टुकड़े–टुकड़े कर देता। आप श्रीमती ने ही मुझे तन–मन से इनको अहर्निशि भजने का अवसर दिया है। पंचवटी में इनको देखती थी, किन्तु अशोक वाटिका में मैंने इनका– श्रीराम जी का साक्षात्कार ही किया है। आँखों से दिखने वाले कंज नयन राम मन में, चित्त में, प्राणों में कुछ ओर ही हैं- कुछ भी कहा न जाय– ऐसे हैं यह श्रीराम–मेरे मन के गगन में गाज रहे हैं, व्योम में गूँज रहे हैं और मेरे चिदाकाश में प्रगट रम रहे हैं। त्रिजटे! आपका यह उपकार मैं कभी नहीं भूल सकती।"

श्रीराम ने कहा– "सच कहा, सीते! हम महाशया त्रिजटा के इस अनन्यतम उपकार को भूल नहीं सकते..... नहीं।"

चित्रकूट के वृक्षों के समूहों के मध्य खड़े मुनियों ने चीत्कारपूर्वक कहा– "राघव महात्मा राम! रूको, तनिक थमो। हम आपका वन्दन करना चाहते हैं – अभिनन्दन!"

श्रीराम ने जलद–गम्भीर स्वर में कहा– "अयोध्या से ही मैं, लक्ष्मण, भरत, शत्रुघ्न और सीता चित्रकूट आएँगे। तब हम आपके चरणारविन्दों का प्रक्षालन कर धन्य होंगे। अभी तो भरत हमारे आगमन का एक–एक पल गिन रहा है। कल ब्रह्ममुहूर्त तक हमें नन्दीग्राम पहुँच जाना है– भरत के पास; अन्यथा भरत प्राण दे बैठेगा। भरत मुझे चाहता है, मुझे। और मैं? भरत को ही चाहता हूँ। मुनियों! अभी तो हमें जाने दें।"

मुनियों की वाणी गूँजी– "महात्मा भरत की जय!"

पुष्पक विमान में बैठे सभी बोले– "भरत की जय हो!........ राम की विजय हो!! प्रभु की जय-जयकार हो!!"

श्रीराम बोले– "प्रभु! तेरी जय हो!"

पुष्पक चित्रकूट की पर्णकुटिया पर तनिक ठहरा; लहरा कर स्थिर हो गया। श्रीराम ने सीताजी को कहा– "देख लो अपनी प्रथम पर्णकुटिया को। लक्ष्मण! याद है, इसमें प्रवेश कर तुम कृष्ण मृग उठा लाए थे?"

लक्ष्मण ने कहा– "जी, याद है। राक्षसों के जनस्थान के सघन अरण्य से ही फाँदकर ले आया था। चित्रकूट की पर्णकुटिया का गृहप्रवेश तो अपनी वनवास की गृहस्थी का प्रथम पुण्य प्रवेश था।"

"गृहस्थी......?" श्रीराम ने कहा– "वनवास की समूची अवधि में पर्णकुटिया का गृहस्थ एकाकी तुम्हारा ही रहा। तुम्हीं तो सब करते थे। ब्रह्ममुहूर्त से लगाकर हमारे शयन तक तुम ही हमारे मित्र, साथी, प्रहरी तथा कर्ता थे।"

"जी, भाभीजी मुझे प्रसन्न होकर आशीर्वाद जो देती रहती थीं।" लक्ष्मण ने कहा– "आप उभय की सेवा करना ही मेरे जीवन का एकान्त लक्ष्य है– रहेगा।"

"अब अयोध्या पहुँचकर अपने इस एकान्त लक्ष्य को तनिक परिष्कृत करना होगा।"– सीताजी ने मुँह बिचकाकर कहा– "हम दोनों तुम्हेँ गृहस्थ धर्म का निर्वाह करते हुए देखकर सन्तुष्ट और प्रसन्न होना चाहते हैं– क्यों राम, आर्यपुत्र!"

श्रीराम– "अवश्य ही तो। लक्ष्मण, भरत, शत्रुघ्न–इनको अब राजपुत्रों की भांति अपनी गृहस्थी निभानी ही होगी। उर्मिला को हम क्या कहेंगे? तुम तो सीता, मेरे साथ हो लीं, किन्तु वह महिषी उर्मिला? उर्मिला के वियोग की जब सोचता हूँ, मेरा मन भर आता है। तुम्हारा यह देवर लक्ष्मण, मेरा प्रिय सखा निस्संदेह..... निर्दय है........।"

"निर्दय है।"– सीताजी ने कहा और हँस उठीं।

लक्ष्मण ने सस्मित कहा– "निर्दय ही सही, भाभीजी! किन्तु सीता-राम की सेवा- निरन्तर अटूट सेवा ही मेरे जीवन का ध्येय है, प्रत्येक जन्म में रहा है– रहेगा।"

हनुमान बीच में ही बोले– "प्रत्येक जन्म?..... आपके? राम, लक्ष्मण, भरत, शत्रुघ्न के जन्म–जन्मान्तर? नहीं..... नहीं। आप चारों भाई श्री हरि विष्णु नारायण के नरावतार हैं। मैं मरकट हनुमान कहता हूँ– आर्यावर्त के ऋषि-मुनि त्रिकालदर्शी हैं। उन्होंने हमें यह कहा है और मैं यही सत्य मानता हूँ। बोलो– जय रामजी की! बोलना ही पड़ेगा।"

"जय रामजी की।"– ध्वनि उठी।

श्रीराम ने मुस्कुराते हुए कहा– "अच्छा–अच्छा, हनुमान! अब तुम भरत के पास जाकर हमारे आगमन के समाचार दो, जिससे उसकी व्याकुलता शान्त हो जाय तथा वह प्रसन्न मन से हमारा सबका स्वागत करे। हम ब्रह्ममुहूर्त की पहली किरण का अपना वचन पूरा करेंगे। किन्तु ब्रह्ममुहूर्त में ही पुष्पक सरयू तट पर उतरेगा क्या? कम सम्भव है; अतः हनुमान! भरत को सन्देश दो कि हम सब अयोध्या के गगन में पहुँचने ही वाले हैं। वनवास की अवधि पूरी होने के दूसरे दिन ही हम सीता तथा लक्ष्मण सहित भरत को भेंटेंगे। तुम्हारे कथन में भरत को पूरा विश्वास है। जाओ हनु! भरत के दर्शन करो और अपने भी नमस्कार प्रदान करो।"

हनुमान ने किलकारीपूर्वक कहा– "जय राम! यह चला, भगवन्!" और हनुमान पुष्पक से बाहर होकर गगन में तीव्रगति से पैरने लगे। सबने देखा हनुमान गगन में मानो अदृश्य हो गये। एक दिव्य लहर गगन में मचलती रही। राम अपलक, सीताजी स्थिर पलक नयनों से लक्ष्मण तनिक आश्चर्यपूर्वक गगन की ओर देखते रहे और पुष्पक चित्रकूट के गगन में स्थिर रहा। सहसा सीताजी ने कहा– "राम! लौटते समय अक्षयवट तथा गंगा की पूजा का मेरा संकल्प था। हाँ, स्वामिन्!"

"अवश्य पूरा करो, भगवती अवश्य!" राम ने कहा– "लक्ष्मण! चलो–पुष्पक से उतरकर अक्षयवट तक चलें। गंगा तट पर ठहर कर पूजा करें। वनवास का प्रारम्भ भी इसी पूजन से हुआ था, अन्त भी इसी दिव्य अभयदायक पूजन से हो। सीता–तुम्हारी भाभी साक्षात् देवी हैं। सबकी देवी और मेरी? महादेवी!"

❖❖❖

भरत नन्दीग्राम की अपनी विशाल कुटीर में खिड़की के बाहर आकाश के क्षितिज के परे और पार अपलक देखते हुए बैठे थे। अभी–अभी ही बैठे थे;

अन्यथा चक्कर लगाते जाते और मन ही मन श्री राम का अजपा जाप करते जाते थे। श्री राम पादुका गद्दी के कक्ष में दीपक जल रहे थे और अगर–धूप के हल्के बादल छाये हुए थे। भरत उसाँस भरते जा रहे थे और रह–रह कर उनके इंदीवर–नयन आँसुओं से भर जाते थे। भरत के मन के होंठों से उन्हें मन ही मन में पी जाते थे। चौदह वर्षों की कठोर वनवास की अवधि तो बीती किन्तु यह अवधि की अन्तिम अहोरात्रि मानो बीतती ही नहीं थी। यह रात मानो चिर–प्रतीक्षा की रात थी। भरत ने कई दिवसों से भोजन त्याग दिया था और केवल दूध पर ही निर्वाह कर रहे थे– आज दूध भी न पिया था।

माण्डवी ने अन्ततोगत्वा साहस बटोर कर कहा– "तनिक दूध तो पी लो।"

भरत ने निसास रखा– "क्या करूँगा जी कर, माण्डवी! क्या राम अपना वचन नहीं निभाएँगे। उनका कोई समाचार नहीं है, किन्तु दोष मेरा भी है। मैंने भी श्रीराम के समाचार एकत्र नहीं किये। क्या करें? श्रीराम को उनकी पादुका पहनाकर, माण्डवी! मैं गृह त्यागकर सन्यास ही लेना चाहता हूँ।"

"अभी क्या कमी है?" माण्डवी ने कहा– "गृहस्थ तो हो, किन्तु सन्यासी–वनवासी से हो गये हो। हम तो जैसे आपके लिए रहे ही नहीं, हैं ही नहीं।"

"राम हैं और राम तुम हम सब में हैं।" भरत ने कहा- "शान्त! मुझे जैसे क्षितिज पर श्री राम की आहट सुनाई पड़ रही है। माण्डवी, प्रिय! मेरा मन सहसा हर्षोल्लास से भर रहा है- राम आ रहे हैं, मेरे दाये नेत्र फड़क रहे हैं- अंग-अंग-दायें अंग फड़क रहे हैं। राम! कहाँ हो? मेरे इष्ट, मेरे देव, मेरे त्राता– विधाता राम!"

माण्डवी– "श्रीराम जी समर्थ हैं। आप इतने अधीर–कातर क्यों हो जाते हैं, रामजी को लेकर।"

भरत-"श्रीराम कुसुमादपि कोमल और वज्रादपि कठोर तो हैं, किन्तु मानव हैं। लक्ष्मण महाबाहु हैं, किन्तु श्रीराम के अनुज हैं और भगवती भाभी सीता? कोमल हैं, सहदया हैं, शील और लज्जा की मूर्ति हैं। कितना कष्ट उठाया है इन्होंने? कभी सोचा? नंगे पाँव वन–वन में घूमे हैं– कन्द–मूल–फल खाये हैं और चक्रवर्ती राक्षसों का सामना करना पड़ा है। भाभी को तो असह्य क्लेश उठाना पड़ा है। वह रावण–दुष्ट, अत्याचारी–किन्तु भगवान ने सुनी। श्रीराम ने रावण को धराशायी भी कर दिया। श्रीराम जीत गये, मानो मानव–जाति जीती। जय राम–

त्रिकाल की वन्दना का वाक्य है– होगा। सुना? श्रीराम आ ही रहे हैं। उनका राज्य उनको सौंप कर मैं तुम्हारे साथ चित्रकूट में श्रीराम की प्रथम पर्णकुटी में रहूँगा। श्रीराम का ध्यान करूँगा। यह संसार का अनित्य–असार है, विषाद तथा विष से भरा हुआ है। मैं मोक्ष चाहता हूँ।"

माण्डवी– "और मुझे क्या देंगे?"

"तुमको?" भरत ने कहा– "तुमको........? माताओं तथा भगवती भाभी की सेवा।"

माण्डवी– "यह अच्छी रही! मैं भी चाहती हूँ– तुमको चाहती हूँ, आर्यपुत्र!"

"इस शरीर को?" भरत ने पूछा।

"नहीं, आपको– आप जो भी हैं, उसको ही चाहती हूँ।" – माण्डवी ने कहा।

"मैं? मैं नराधम मानव–जीव हूँ।" भरत ने सिर धुनाकर कहा– "जन्म भी लिया तो किस माता से? पिता तो ठीक थे, आदर्श थे, किन्तु जननी– माँ? अब क्या कहूँ। अतः माण्डवी! आर्ये! मुझे नहीं; प्रभु को भजो– उसी को वरो। मैं तो त्रिकाल में अब उबर नहीं सकता–रामजी चाहें, तब भी नहीं। माँ ने रामजी को चौदह वर्ष नंगे पाँव वन में धकेला तो मुझे चौदह कोटि जन्मों तक श्रीराम की चरण–पूजा करनी ही होगी।"

माण्डवी ने अमर्षपूर्वक कहा– "माँ को कोसना अब बहुत हो गया। आपने अपनी जननी को जितना कोसा है– उतना किसी ने नहीं। माँ को कोसने वाला पुत्र सीधा.....।"

भरत ने बीच ही में कहा – "नर्क में जाता है और प्रलय तक नर्क में ही रहता है। तो माण्डवी! मैं अब नर्क में ही रहना चाहूँगा। नन्दीग्राम की साधुत्व का ढोंग करके भी देख लिया...... नहीं, मुझे शान्ति नहीं मिली। ऐसा लगता है कालचक्र मेरे अन्तःकरण में आड़ा फँस गया है। त्रिशूल मेरे मन की आँखों में भिद गया है। मैं पश्चाताप की अग्नि में निरन्तर..... सतत् जल रहा हूँ। मुझे-मुझे घोर अटल पाप लील गया है।....... हाँ, प्रिये!"

माण्डवी ने भरत को थामते हुए कहा– "नहीं....... नन्दीग्राम की इस तपस्या ने आपको पापों से मुक्त कर दिया है। हाँ, जी, गुरुदेव वशिष्ठ से पूछ

लीजिए–माताओं से जान लीजिए। स्वयं माँ कैकेई से पूछ लीजिए। रामजी अपनी पादुका एक घोर पापी को सौंपते क्या? बोलिये.....।"

"नहीं"– भरत ने कहा– "किन्तु राम तो पतित पावन हैं। मुझे पावन कर दिया राम ने, किन्तु विधाता ने मुझे क्षमा नहीं किया। राम आज संध्या तक सरयूतट पर नहीं दिखे तो मैं अग्निदाह करूँगा– अवश्य करूँगा।"

सहसा ब्राह्मण वेश में हनुमान कुटीर के द्वार पर दिखे। हनुमान ने जयघोष किया– "जय हो महात्मा भरत! जय हो!"

"कौन हो?" भरत ने पूछा।

"श्रीराम का दूत!" हनुमान ने कहा– "ब्राह्मण वेश में हनुमान, जी हाँ। वही जिसे आपने बाण से धराशायी भी किया था और..... पुनः बाण से ही आकाश चारी भी किया था। धर्ममूर्ते! आपको केसरीनन्दन हनुमान का नमस्कार!"

"हनुमान.......? तो क्या रामजी आ गये? आ रहे हैं? लक्ष्मण, सीताजी सभी आ गये क्या?" भरत ने औचक होते हुए पूछा।

"चित्रकूट में ऋषि–मुनियों का अभिवादन स्वीकार करने के लिए श्रीराम ने पुष्पक यान को ठहरा दिया है और मुझे भेजा है कि मैं आपसे कहूँ कि श्रीराम अवधि–समाप्ति के प्रथम दिवस को ही वचनानुसार अयोध्या पहुँचेंगे। सरयूतट पर पुष्पक उतरेगा। हम सब हैं–वानर सामन्त, राक्षसराज विभीषण, वानरराज सुग्रीव, महाशया त्रिजटा, सभी वानर जाति तथा राक्षस जाति के श्रीराम के सेवक, मित्र, अनुचर सभी।"

"धन्य भाग्य!" भरत ने चिल्लाकर कहा– "माण्डवी! सुना? श्रीराम आ रहे हैं। अयोध्या के बाहर सरयूतट पर पुष्पक उतरेगा। शत्रुघ्न! ओ शत्रुघ्न!!"

शत्रुघ्न भागते हुए आये– "जी, देव!"

"राम, लक्ष्मण, जानकी भाभीजी और सब इष्ट मित्र आ रहे हैं। मेरी तपस्या पूर्ण हुई; मेरी साधना सफल रही। मैं श्रीराम– पादुका का पूजन करता हूँ– उनके नैवेद्य और पुष्पों की अंजलि-श्रीराम के सरयूतट पर पाँव रखते ही मैं अर्पित करूँगा–माण्डवी के साथ, हाँ। श्रीराम के अपूर्व स्वागत की तैयारी अभी–इसी क्षण आरम्भ की जाए। श्रीराम के आमात्य की भांति यह मेरी अन्तिम आज्ञा है।"

शत्रुघ्न– "जी, यह लीजिए अभय, भरत देव!"

"तथास्तु!"– भरत ने कहा।

माण्डवी ने भाव–विभोर होते हुए कहा– "मैं माँ कैकई को लेकर आपके साथ हूँगी। श्रीराम का स्वागत तो सर्वप्रथम माँ कैकई को ही करना है।"

सहसा कैकई दिखीं। द्वार पर खड़ी होकर बोलीं– "नगर में हल–चल है, राम आ रहा है– लक्ष्मण और सीता भी। मैंने सबको सूचित कर दिया है। भरत, शत्रुघ्न को मैंने भी कह दिया है।"

"क्या?"– भरत।

"यही कि श्रीराम का मैं अपने आँसुओं से स्वागत करूँगी। यह थिर नयन– जल मेरे राम के चरण पखार कर ही स्वच्छ, निर्मम तथा स्फटिक मणि के समान सुन्दर होगा। वनवास देकर मैंने आज तक सुना ही सुना है। मैं अनवरत कोसी गयी हूँ। चुपचाप पश्चाताप की शीतल अग्नि में जलती रही हूँ। अतः श्रीराम का सिर सूँघकर मैं जी भरकर रोना चाहती हूँ। हाँ , भरत!" और कैकई वापस हो गईं।

❖❖❖

भरत लपके और जाती हुई कैकई को सहसा थामकर साष्टांग प्रणाम में लेटते हुए कहा- "क्षमा, माँ! क्षमा। मैं–मैं तुम्हारा कपूत तुमको समझा नहीं– नहीं समझा, मां।''

कैकई थम गयी, अचल खड़ी हो गयी। हनुमान भी लपके आये– प्रणामपूर्वक बोले– "हम कपूत हो सकते हैं, किन्तु माँ क्या कुमाता हो सकती है?"

"हो सकती है? माते! श्रीराम ने रणभूमि से लौटते हुए मेरी माँ अंजना को समस्त श्रेय अर्पित किया है– हाँ, श्रीमती! मैं आंजनेय हनुमान वनवास की अवधि का श्रीराम, लक्ष्मण और भगवती माँ सीता की कृतज्ञता आपके कर कमलों में अर्पित करता हूँ।"

"कृतज्ञता?" कैकई मन ही मन हिलकर बोलीं– "आंजनेय! मेरे प्रति राम की कृतज्ञता कैसी? कृतघ्न तो मैं निकली– नहीं।" भरत ने कहा– "नहीं माँ कृतघ्न तो जैसे हम ही सिद्ध हुए हैं। श्रीराम जी को वनवास देकर परोक्षतः आपने, माँ! जगद्कल्याण और प्राणिमात्र के योगक्षेम और मंगल का विधि निर्णीत मार्ग ही प्रशस्त किया है। आर्य सभ्यता का उद्धार तथा पृथ्वी की मानव संस्कृतियों का

दिव्य अभयदा, शान्ति समन्वय त्रिकाल की आवश्यकता थी। श्रीराम का मनुज स्वरूप अवतार इसी निमित्त हुआ है। रावण अंधकार, अत्याचार, अधर्म तथा कदाचार का समर्थ प्रतीक था। राक्षस जाति को वह नष्ट करने पर ही तुल गया था। उसका वध अनिवार्य था। अयोध्या के राजसिंहासन पर बैठे श्रीराम क्या यह महान् साधना कर सकते थे! ऋषियों का कल्याण, मुनियों का मंगल तथा जीवों का योगक्षेम क्या अयोध्या के राजप्रासाद में किया जा सकता था! नहीं, माँ! अवश्य रामजी को वन भेजना निर्दय था– था, घोर पाप भी लगता था, किन्तु ईश्वर के नियामक मर्म को कौन जान सकता है! रामजी ने जाना था, तभी एक क्षण में वन चल दिये थे।"

कैकई ने शान्त स्वर में कहा– "श्रीराम जी ही अपना रहस्य जाने। हम सामान्य जीव ईश्वर की इच्छा तथा विधि के लेख को क्या जानें! मुझे न जाने क्या हो गया था? भरत! सच कहती हूँ, मैंने राम और तुझमें कोई अन्तर नहीं देखा– नहीं माना। तू मेरा पुत्र है, किन्तु श्रीराम मेरा आत्मज है; सुना?"

"हाँ, माँ!" भरत ने रोते हुए कैकई के चरण थामे; कहा– "तुम माँ मेरी! गंगा– स्वरुप हो। विधाता की इच्छा तथा प्रारब्ध की वाहक शक्ति तुम हो।"

"मैं कुमाता हूँ, भरत!" कैकई ने कहा– "अपने पुत्र के राज्य के स्वार्थ के वशीभूत होकर मैंने राम को वन में भेजा और तेरे लिए राज्य माँगा। महाराज ने राज्य तो मुझे पल भर में दे दिया, किन्तु वनवास नहीं। प्राण त्याग दिये उन्होंने और मैं क्रूर खड़ी-खड़ी देखती रही। मैं जैसे किसी पिशाचिनी से अभिभूत हो गयी थी। तेरी सतत् भर्त्सना और लोगों की एकाधार निंदा ने मुझे मन ही मन सिहरा दिया। मैं सतत् अजर पश्चाताप में जल उठी– आज भी जल रही हूँ। राम को छाती से लगा, मैं अपने ही आँसुओं से नहाऊँगी– शीतल होऊँगी। राम की सच्ची माँ मैं हूँ, दीदी कौशल्या नहीं, मैं हूँ– मैं कैकई।"

हनुमान ने कैकई को प्रणाम किया; कहा– "श्रीराम की सच्ची माँ आप ही हैं। तथास्तु– भगवती।"

सहसा कौशल्या तथा सुमित्रा लपकी आईं। कौशल्या जी ने तपाक से पूछा- "राम आ रहा है- सच है।'' कौशल्या जी ने दिग्मूढ़-सी होकर पूछा– "राम..... मेरा राम आ रहा है? सीता आ रही है? लक्ष्मण?"

भरत ने माताओं के चरण स्पर्श करते हुए कहा– "रामजी, लक्ष्मण और भगवती भाभी सीताजी निस्संदेह वनवास की अवधि पूरी कर पुष्पक विमान द्वारा अयोध्या लौट रहे हैं। आंजनेय हनुमान स्वयं रामजी का सन्देश लेकर आये हैं। रामजी ने कहा है कि वनवास की अवधि समाप्त हो गयी है और वे ठीक अगले दिवस सरयूतट पर उतरेंगे। श्रीराम लौट रहे हैं- मुझे निश्चय हो चुका है। मेरा रोम- रोम आनन्दोल्लास से भर गया है– माँ कौशल्ये! माँ सुमित्रे! तुम्हारी जय हो!! तुमने माँ! लक्ष्मण को रामजी की सेवा के लिए भेज असह्य को सह्य करने वाली मूक तपस्या की है। तुम धर्म की समस्त धार्मिकता हो।"

सुमित्रा ने आर्द्र कण्ठ से कहा– "चुप कर भरत! मैं तो लक्ष्मण की जननी और तेरी माँ हूँ।"

भरत ने ठहाका मारते हुए कहा– "मेरी एक माँ नहीं, कुल मिलाकर तीन माँ हैं– महाकालिका, महालक्ष्मी, महासरस्वती।"

कौशल्या ने भरत को कहा– "चल, पगले! तेरी माँ तो देवी कैकई ही है।"

कैकई ने कहा– "बातें हो चुकीं, राम आ रहा है। चलो सब राम, लक्ष्मण, जानकी का स्वागत करने के लिए सरयूतट पर चलो। दीदी! श्रीराम की आरती सर्वप्रथम मैं ही उतारूँगी– ठीक है।"

"सहर्ष स्वीकार है, बहन!"– कौशल्या ने कहा।

राजप्रासाद के लोगों की भीड़ लग गयी। पुकार उठी– "राम...... राम आ रहे हैं– पुष्पक विमान–सुदूर क्षितिज के पार सहस्त्रदल कमल खिल रहा है, लहरा कर आ रहा है– सरयूतट की ओर।"

"चलो–चलो। दौड़ो........ चलो"– भरत ने कहा।

हनुमान मानो अन्तर्ध्यान हो गये।

✦✦✦

सब सरयूतट की ओर - दोपहर ढलने लगी थी और लाखों आबाल, वृद्ध, नर–नारियों की अपलक आँखें सरयूतट के ऊपर गगन में, गगन के पार देख रही थीं। अयोध्या तथा आसपास के ब्राह्मणों ने कमलों की मालाएँ अपनी पुष्ट बाहुओं पे सजा रखी थीं और नागरिकों ने पूजा की थालियाँ सजा रखी थीं। अयोध्या के क्षत्रियगण उमड़ आये थे। वैश्यों ने श्रीराम की आवभगत करने के लिए थैलियों

के बोझ उठा रखे थे। शूद्रों ने नाचना–गाना आरम्भ कर दिया था और शत सहस्त्र कन्याएँ श्रीराम, लक्ष्मण, जानकी के अभिवादन के लिए अग्रिम पंक्तियों में खड़ी हो गयी थीं। अयोध्या खाली हो गया था और सैनिक सब आयुधों से सज्ज पंक्तिबद्ध खड़े थे। सरयूतट का कण–कण भर गया था। शीर्ष में ऋषि मण्डल सहित महर्षि वशिष्ठ थे। माताएँ थीं– देवी कौशल्या, देवी सुमित्रा तथा उनके पीछे देवी कैकेई स्थिर खड़ी थीं। अयोध्या आज श्रीराम का स्वागत तथा दशहरा मना रही थी। पड़ोस के महारथी; अतिरथी सब विशाल वर्तुल में खड़े थे।

भरत सबसे आगे–महर्षि वशिष्ठ के पीछे, भरत के पीछे–एक चरण पीछे शत्रुघ्न खड़े थे। अयोध्या के राजप्रासाद की विनीत वधुएँ नगर की बधूटियों के साथ खड़ी थीं। सब निर्निमेष नयनों से पुष्पक को तक रहे थे।

भरत के अन्तःकरण में अधीर ध्वनि उठी– "राम! अब तो दर्शन दो–इस काल-रात्रि को बीतने दो–दिव्य ब्राह्ममुहूर्त करो, मेरे देव! पधारो राम! अयोध्या वापस पधारो।"

पुष्पक विराट् सहस्त्रदल कमल-सा गगन के क्षितिज पर दिखा। तुमुल गगन–भेदी ध्वनि उठी-"राम! राम आ गये। वह-वह देखो, पुष्पक।"

"जय राम।" गगन के गगन कंपाती हुई लोक ध्वनि उठी, मचली और पुष्पक के पार्श्वों को छूकर श्रीराम–सीता के चरणों में मानो विरम गयी।

पुष्पक क्षितिज से समुद्र के कमलों का स्वरूप धारण कर मानो उभरा। श्रीराम ने अपार जनसमुदाय को निहारा। श्रीराम रोम–रोम में सिहर उठे और मन ही मन बोले– "भरत–मेरे भाई! माँ!!"

धरती से पुनः–पुनः जय ध्वनियाँ हुमसती रहीं।

श्रीमती सीता ने निहारा और माताओं तथा अपनी बहनों को टटोलते हुए कहा– "राम! अयोध्या आ गया– हम अयोध्या लौट आये। राम मेरे! मुझसे सहा नहीं जाता!"

"यह धरती का वात्सल्य और गगन का आशीर्वाद है, सीते! हम अयोध्या लौट आये अब।"– श्रीराम।

पुष्पक सरयू के विशाल तट पर लहरा–विहरा, कुछ थमा, कुछ डुला–डिगा और मानो अनन्त शान्तिपूर्वक सरयू के निर्मल दुधिया पाट पर और विहरा। सरयू

के अगाध नीर में पुष्पक की मुह्यमान छवि मानो स्नान करने के लिए उतर पड़ी। विशाल कमलदल के कमल–सा पुष्पक सहज ही सरयूतट के विस्तृत मैदान में उतरने लगा। देवी कौशल्या ने महर्षि वशिष्ठ से कहा–मौन चीत्कारपूर्वक कहा– "राम आ गया महर्षे!"

महर्षि वशिष्ठ के विशाल लोचन आँसुओं से भर आये– "हाँ, माते! राम अयोध्या लौट आया। कालरात्रि बीत गयी आर्ये!"

कौशल्या जैसे मन ही मन बोली– "नवप्रभात!"

"सुप्रभातः!" देवी सुमित्रा ने सस्मित कहा- "राम नव सूर्योदय की भांति, प्रभाकर– दिवाकर की भांति जगमगा रहे हैं।"

महर्षि वशिष्ठ– "घन तिमिर के परे और पार सत्य का दिवाकर प्रकाशित हो रहा है, जैसे। लो पुष्पक तट पर झूम रहा है।"

पुष्पक विमान में सहसा हनुमान खड़े हो गये और प्रचण्ड किलकारी करते हुए चिल्लाए– "जय राम–श्रीराम–जय–जय राम!"

पुष्पक सरयूतट पर धीरे से मानो पद्मासन पर बैठ गया। श्रीराम ने सीताजी से कहा– "आर्ये! पहले तुम, पीछे लक्ष्मण– हाँ। वनवास में क्रम था- पहले मैं, पीछे तुम और पृष्ठ में लक्ष्मण। वनवास की अवधि समाप्ति के साथ–साथ यह क्रम भी बदल गया है।"

सीता ने धीरे से कहा–पुकारा– "राम! मेरे स्वामिन्!" और सीता ने राम का हाथ तनिक थामते हुए पुष्पक विमान से अपना जगद्वंद्य चरणारविंद सरयूतट की धरती पर रखा। अटूट पुष्पवर्षाएँ आरम्भ हो गयीं। सभी प्रकार के वाद्य एक स्वर में बज उठे और सैनिकों के अस्त्र-शस्त्र खनक उठे। ब्राह्मणों के ललित कण्ठों से ललित छंदों में गायत्री के साथ अभिवादन के वेदमन्त्र गूँज उठे-गहगहाने लगे। श्रीराम ने अग्रिम पंक्ति में कौशल्या जी तथा सुमित्रा जी के पीछे दुबकी खड़ी कैकई को चट से देखा और सीता का हाथ थाम कर तनिक तीव्रगति से कैकई के पास जाकर श्रीराम बोले– "माँ! कैकई माँ! सीता– राम का तुमको साष्टांग प्रणाम!"

श्रीराम ने कैकई के चरण छूए। कैकई ने रोते हुए चीत्कारपूर्वक श्रीराम को छाती से चाँपा; सिर सूँघा और सीताजी से भेंटती हुई बोली– "सीता–राम! राम

मेरा! राघव राम! दशरथनन्दन राम! कौशल्या–सपूत राम! मुझे.... मुझे क्षमा कर दो, राम!"

श्रीराम ने कहा- "धरती माता को परमात्मा भी क्षमा नहीं कर सकता आप, माँ! रघुवंशियों की गुरु नाम गुरु हैं। आप श्रीमती जगद्कल्याण की कल्याण शोभना हैं। प्रणाम! श्रीमती देवी भगवती कैकई! जय तुम्हारी हुई है। गुरुदेव वशिष्ठ, महर्षे! कुछ तो कहिये।"

"तथास्तु, राम!" महर्षि वशिष्ठ ने कहा– "कल्याण हो! स्वागत है, सीते! पुत्री। लक्ष्मण रघुवंश के गौरव और तुम राम, हमारे हृदयों में, चित्त में सदा रमते रहने वाले राम, श्रीराम!"

3

चौधार रोती हुई कैकई को सांत्वना देते हुए महादेवी कौशल्या ने कहा– "अब बस, बहिन।"

कैकई– "राम मेरा आत्मज वत्सल है– मेरा ही"

कौशल्या ने श्रीराम का सिर सूँघते हुए कहा– "हाँ, राम तुम्हारा ही आत्मज, लक्ष्मण– सुमित्रा का और मेरा? मेरे तुम सब हो–सभी बहुएँ, राम, भरत, लक्ष्मण, शत्रुघ्न तथा अयोध्या की प्रजा– लोग। मेरे अपने प्रभु! तेरी जय हुई। राम! आज मेरी तपस्या पूर्ण हुई। महर्षे! अपनी चौदह वर्ष की तपस्या का अमृतफल मैं आपके कर कमलों में अर्पित करती हूँ। हे सत्यनारायण! हम सबके अन्तरात्मा के चिदाकाश में सदैव प्रकट एवं प्रकाशित रहो। हे भगदेव हमें अभय दो, ज्ञान दो, अनन्त से शक्ति दो। राम! अब चल–सभी आबाल, वृद्ध नर–नारी–सारी प्रजा तेरी प्रतीक्षा कर रही है।"

श्रीराम ने लपककर भरत को भुजपाश में बाँधते हुए कहा– "ले भरत! मैं आ गया। अब तो प्रसन्न है?"

"मैं मुक्त हो गया–जीवन–मुक्त, राम!" भरत ने श्रीराम के चरण पकड़ कर सिर रगड़ते हुए कहा– "मुझ पतित का आज आपने पूर्णतः परित्राण कर दिया। अब शान्ति है, पूर्ण तितिक्षा है, हाँ, राम मेरे!"

श्रीराम ने भरत को पुनः–पुनः भेंटते हुए कहा– "भरत! मेरे महात्मा! धर्मस्वरूप भरत! सच तो यह है, तुमने ही हमें पुनीत कर दिया है। शान्त... मेरे भाई!"

और भरत का हाथ थामकर श्रीराम ने कैकई को सम्बोधित करते हुए कहा– "माँ कैकई भरत को अभय, शान्ति और परम् सुख का अनुभव–अनुभूति तो आप ही दे सकती हैं। भरत को अपने वात्सल्य से नहला दो माते! भरत को विश्वास दो। जीवन के शौर्य का भरोसा दो। भरत को अब मैं क्या कहूँ? मैं तुमसे भव्य भरत को ही माँग रहा हूँ, माँ!"

कैकई ने चुपचाप भरत को अपने सघन वक्षस्थल में भर लिया– "भरत! मेरे तो तुम रक्त से हो किन्तु चित्त से राम के हो जाओ। मैं भी अब राम की शरण में हूँ। राम! मुझ पतित को पावन करो देव!"

श्रीराम ने कैकई को भुजपाश में बाँधते हुए कहा– "माते! मैं धरती माता को क्या मुँह दिखाऊँगा। तुम माँ! पतित पावनी हो। मुझ राम को अभय दो, वैराग्य दो, ज्ञान दो श्रीमती!"

और श्रीराम ने लक्ष्मण को थामकर सुमित्रा जी से कहा – "सम्भालो भगवती माँ! अपने अनन्य, अद्वितीय वीर–शिरोमणि–मेरे अत्यन्त लाड़ले लक्ष्मण को– सकुशल सौंप रहा हूँ।"

सुमित्रा ने लक्ष्मण को वक्षस्थल में चाँपते हुए कहा– "इसको मैं सीता–राम का अनुचर ही मानती आई हूँ। आ मेरे सपूत–तूने रघुकुल के ग्यारह कुल तार दिये।"

और सुमित्रा ने लक्ष्मण का हाथ थामकर उर्मिला के समक्ष करते हुए कहा– "पहचानता है इसको? तेरी जीवन संगिनी, धर्मपत्नी उर्मिला है, नहीं?"

लक्ष्मण ने उर्मिला को घूरा। उर्मिला ने लक्ष्मण को साष्टांग प्रणाम किया और लक्ष्मण की चरण–धूलि सिर पर लगाई। लक्ष्मण मुस्कुरा दिये। श्रुतकीर्ति ने कहा– "जी भरकर देख लो उर्मि को, समझे? कहीं फिर पहचानने में भूल न हो जाये।"

लक्ष्मण ने सस्मित कहा– "स्वयं से भी कहीं अधिक मैं उर्मिला को जानता हूँ। यह हमारा जीवन–रहस्य है, भाभी! मुझे क्या पता नहीं, तुम शत्रुघ्न को पूरा पहचान नहीं पायीं।"

श्रुतकीर्ति– "वह तो मेरे नयनों में बसे हुए हैं, देवर!"

उर्मिला मुस्कुरा उठी और फुसफुसाई– "और वे तो मेरे हृदय में बसे हुए हैं बहन!"

माण्डवी ने कहा– "अब चलें रामजी! नन्दीग्राम की ओर। अयोध्या तथा आस–पास की प्रजा को दर्शन दीजिए, अयोध्या नाथ!"

श्रीराम ने कहा– "नहीं, अयोध्या का सेवक। लोगों, अयोध्यावासियों! वनवास अवधि समाप्त कर मैं भाई भरत के आग्रह पर अयोध्या लौटा हूँ। मेरे साथ लक्ष्मण और जानकी के अलावा वानरों के श्रेष्ठ देशिकोत्तम प्रतिनिधि हैं तथा राक्षसराज महात्मा विभीषण भी हैं। लो अभी–अभी निषादराज भी दलबल सहित आ पहुँचे हैं।"

निषादराज ने अपना वनिल मुकुट श्रीराम को थमाते हुए कहा– "गंगा की पूजन करके आप त्वरा में चल दिये स्वामिन्!"

श्रीराम– "भरत! अवधि-समाप्ति के तुरन्त बाद मुझे भरत से मिलना था। मित्रजू! तुम्हारे यहाँ तो मैं कुछ दिन विश्राम करने आऊँगा। सुना लोगों, निषादराज मुझे अपने यहाँ निमन्त्रित करने आये हैं। कहते हैं– अवधि समाप्त तो उनके सघन अरण्य राज्य की राजधानी में होगी।"

"धन्य प्रभो!" निषादराज नाच उठे।

लोगों ने जय– ध्वनि की– "जय श्रीराम!"

भरत ने कहा- "रामजी! अब क्या कहूँ? नन्दीग्राम चलना है। वहाँ–वहाँ ही आपका दिव्य स्वागत होगा। अयोध्या महाराज की ओर से और प्रजा की ओर से भी। पधारिये प्रभो! नन्दीग्राम की ओर अब सिधारिये।

✦✦✦

अपार जनसमूह के बीच हनुमान के कन्धे पर सुशोभित श्रीराम और लक्ष्मण चल रहे थे। वाद्यों का तुमुल निनाद दिशाओं को चौंका–चौंका कर जगा रहा था। लक्ष–लक्ष चरणों की चाप से धरती चरमराती हुई भी मानो हुमस रही थी। ऋषि-मुनियों की विस्तृत मण्डली से घिरे राम सभी का अभिवादन केवल मुस्कुराहट से स्वीकार कर रहे थे। कुछ देर हनुमान के कन्धे पर सुशोभित होने के बाद श्रीराम ने कहा– "भरत! भाई! मैं अब पैदल ही नन्दीग्राम जाऊँगा। नन्दीग्राम पहुँचकर ही वनवास की यह सघन काली रात समाप्त होगी।"

"जैसी श्रीराम की इच्छा"– भरत ने कहा।

श्रीराम हनुमान के कन्धे से नीचे उतरे– भरत ने झेला दिया– "इन पतित-पावन चरणों को आपकी ही खड़ाऊ से मण्डित करूँगा। अवश्य प्रभो ! मुझे...... मुझे अब मुक्त कीजिए। मन के बोझ से टूट सा गया हूँ।"

श्रीराम ने कहा– "नन्दीग्राम तुम्हारी तपस्यास्थली रही है। आर्य जाति का यह तीर्थधाम हो गयी है, भरत! भाई मेरे!"

भरत ने श्रीराम को भेंटते हुए कहा– "सभी तपस्यायें श्रीराम के पवित्र चरणों में शरण लेती हैं।"

लोग खड़े रह गये– "राम ...... राम कहाँ गये, दिखते नहीं।" लोगों ने चीत्कारपूर्वक कहा– "रामजी, कहाँ हो? हनुमान के कन्धों से क्यों उतर आये राम।" एक मुनि ने कहा– "वनवास की घोर अवधि आपने श्रीमान् लक्ष्मण का हाथ थामकर काटी और हनुमान जी के कंधे पर चढ़कर लंका समुद्र के पार गये, तो नन्दीग्राम भी हनुमान के कन्धे पर सबको दर्शन देते हुए पधारिये।"

भरत ने कहा– "सुना, रामजी?"

महर्षि वशिष्ठ ने कहा– "राम! लोगों की इच्छा पूरी करो, सबको दर्शन दो– सबको भेंटो। सिद्ध कर दो, राम घट–घट व्यापी है। राम तुम्हारी जय हो!"

श्रीराम ने प्रणाम किया और हनुमान से आकर बोले– "हनुमन्ते! तुम्हारे ही कन्धों का आसरा है, विश्वास है। लोग भी मुझे तेरे ही कन्धों पर बैठा देखना चाहते हैं।"

हनुमान ने किलकारी की तथा राम और लक्ष्मण को अपने दोनों कन्धों पर चढ़ाते हुए कहा– "मेरे जैसा भाग्यशाली चौदह भुवनों में कोई भी नहीं है। श्री हरि मेरे कन्धों पर श्रीराम! तेरी बलिहारी!"

लोग हनुमान के कन्धों पर श्रीराम, लक्ष्मण के दर्शन कर आनन्द में झूम उठे। गाजते– बाजते विशाल जुलूस नन्दीग्राम की ओर चला। मार्ग में शत सहस्त्र लोग खड़े थे और पुष्पवर्षा कर रहे थे। श्रीराम–जय राम–जय जय राम की पुण्य ध्वनि से गगन के गगन काँप रहे थे, व्योम के व्योम लहर रहे थे। नील गगन में अनहदनाद 'जय राम' की ध्वनि सुनकर स्वयं ही समाधिस्थ हो जाता था। मानव– समुदाय के विस्तृत वर्तुल समुद्र की विशाल उत्तुंग लहरों की भांति हनुमान को घेरकर मानो बही जा रही थीं। हनुमान के आगे–आगे माताएँ, वधुएँ तथा सर्वशीर्ष में महर्षि वशिष्ठ तथा भरत चल रहे थे।

श्रीराम ने हनुमान को ठहरने का इंगित किया, हनुमान रुके और श्रीराम ने लोगों से जलद–गम्भीर स्वर में कहा– "आप सभी के दर्शन करके लक्ष्मण, जानकी तथा मैं कृतकृत्य हो गये हैं। मैं नहीं, आपने मुझे दर्शन दिये हैं। वनवास की अवधि समाप्ति पर मैं महात्मा भरत के अटल आग्रह पर अयोध्या लौटा हूँ और आप लोगों के दर्शन कर मैं स्वयं को अहोभाग्यशाली मानता हूँ। अब मुझे नन्दीग्राम तक पैदल चलने की आज्ञा करें ताकि मैं नन्दीग्राम की राजकुटीर तक

नंगे पाँव जा सकूँ। नंगे पाँव चलने तथा कन्द–मूल–फल खाने की हमारी आदत जो हो गयी है।"

लोगों की पुकार उठी– "राम! हमारे मन में रम जाओ।"

श्रीराम ने कहा– "मैं तो आप प्रत्येक के मन में हूँ। मैं आप सबको राजा की भांति नहीं, राघव राम की भांति प्यार करता हूँ। मैं तो आप सब जनसमुदाय का प्रहरी सेवक हूँ। नन्दीग्राम, मैं हनुमान के कन्धे पर चढ़कर पहुँच नहीं सकता। वह मेरा अहं होगा। महात्मा धर्ममूर्ति महाराज भरत को मैं, लक्ष्मण तथा जानकी प्रणाम करते हैं। प्रजा नंगे पाँव ही राजसिंहासन के समक्ष जाती है। आज्ञा करें।"

महर्षि वशिष्ठ ने अभयवरद हस्त उठाया, कहा– "तथास्तु!"

श्रीराम और लक्ष्मण हनुमान के कन्धों से उतरे और महर्षि वशिष्ठ के पीछे नंगे पाँव नन्दीग्राम की ओर चलने लगे। लोगों की जय–ध्वनि उठी– "कौशल्या नन्दन राम अमर रहें।"

भरत ने श्रीराम से धीमे स्वर में कहा– "यह हनुमान जी, भैया........?"

श्रीराम – "मेरा वत्स, सीता का भी और लक्ष्मण का साथी। पराक्रमांक भक्त तथा साधु हनुमान वानरों के अधीश हैं– राजा नहीं सर्वोच्च हैं। अयोध्या में वानर राज्य के दूत तथा अपने सेवक के रूप में यहीं रहेंगे।"

भरत ने कहा- "धन्य हनुमान! मैं हनुमान को पहचान नहीं पाया, देव!"

"हनुमान को जान लेना स्वयं मुझे जान लेना है।"– श्रीराम ने अभिवादन स्वीकार करते हुए कहा– "वह, वह...... तब नन्दीग्राम? वह क्या?"

भरत ने कहा– "वही सघन वृक्षों की सघन घटायें, कोमल-सरोवर से पुनीत तथा सरयू की मेखला से मण्डित वह-वही नन्दीग्राम। राम! वहीं आपकी खड़ाऊ धरी है– राजकुटीर में और वहीं आपको भगवती भाभी से साथ चलना है।"

"भरत........" श्रीराम धीमे से बोले– "नन्दीग्राम की राजकुटीर में हम माताओं की आरती उतारेंगे।"

"जैसी प्रभु की इच्छा!"– भरत ने कहा– "लो नन्दीग्राम की सीमा आ गयी। गाँव के गाँव उलट आये हैं जैसे। राम! निस्संदेह आप जनमनरंजन हैं– करुणा और प्रेम से भरे हुए हैं। हम जानते हैं चौदह वर्षों के वनवास की यह तिमिराच्छत्र

रातें कैसे काटी हैं। दिवस में अपलक प्रतीक्षा तथा रात्रि के तारे गिनते हुए मूक विषाद में। एक–एक पल के तीर से हमारी–आपकी प्रजा की छाती प्रतिदिन बिंधी है। राम! मेरे, सबके राम! रामजी! ईश्वर की दया तथा विधाता की कृपा है जो कालकूट से भरी अवधि बीत गयी–आप अयोध्या पधार गये। अब मैं निवृत्त, निश्चिन्त और बेबाक हो जाना चाहता हूँ। यह भव–पीड़ा सही नहीं जाती राम!"

"मेरे भाई भरत! तेरे बिना राम–राम ही नहीं है।"– श्रीराम ने कहा– "तेरे बिना न अयोध्या है और नहीं उसका विशाल राज्य रहेगा। तुम भरत मेरे! न्याय की तुला तथा धर्म की मूर्ति हो और सत्य की शाश्वत प्रतिष्ठा हो।"

✦ ✦ ✦

नन्दीग्राम की राजकुटीर में महर्षि वशिष्ठ, माताएँ तथा कुलवधुओं के साथ श्रीराम ने भरत को कन्धे से सटाकर प्रवेश किया। सीताजी, लक्ष्मण जी तथा श्रीराम माता कौशल्या के पीछे और महर्षि वशिष्ठ के निकट जा खड़े हुए। जय–जयकार से दिग्दिशाएँ गूँजती रहीं। भरत ने उपस्थित मानव मेदिनी को उच्च, किन्तु गम्भीर स्वर में कहा– "शान्त........! सुनो–मुझे सुनो लोगों!"

पलक मारते ही सघन शान्ति व्याप गयी। सभी जहाँ थे वहीं ठाड़े हो गये। श्री भरत ने दोनों हाथ गगन में उठाते हुए चीत्कार सी की– "राम अयोध्या लौट आये–मैं मुक्त हुआ। लोगों! आप सब की साक्षी से मैं दशरथनन्दन भरत श्रीराम की राजपादुका उनको लौटाता हूँ। मैं स्वयं इन पादुकाओं को श्रीराम को पहनाता हूँ। हाँ, श्रीराम–पादुका ने ही वनवास की घोर अवधि में अयोध्या का राज किया है। महामात्य शत्रुघ्न थे और.... मैं? मैं श्रीराम रुपी चन्द्रा का चकोर। श्रीराम स्वाति की एक बूँद का प्यासा चातक! पतित तथा कपूत मैं भरत श्रीराम के राज्य का द्रष्टा मात्र था। मैंने मन–वचन–कर्म से राज नहीं किया– नहीं। राम मेरे! तेरा राज्य तुझको ही समर्पित है।"

श्रीराम चिहुँके– "भरत! ठहरो! शान्त! अयोध्या का राज मैंने नहीं, पिताजी ने तुमको दिया है। माँ कैकई को तुष्ट–सन्तुष्ट करने के लिए अपने वचनानुसार अयोध्या का छत्र और चम्मर तुम्हारे मस्तक पर किये। खड़ाऊ तो मैंने तुम्हारा मन रखने के लिए ही दी थी। तुमने उसको राजगद्दी पर प्रतिष्ठित किया– मेरी खड़ाऊ के मिस से अयोध्या का राज सम्भाला। यह तो तुम्हारा बड़प्पन था– मुझ पर अनुग्रह था– भाईचारा था। मैं और तुम दो शरीर परन्तु एक मन हैं। हैं न?"

भरत– “हैं, किन्तु अयोध्या का राज मेरा न था, न है और न ही रहेगा। राज तो राम का। हाँ, यह मैं निर्विवाद कहता हूँ। राज राम का यह मेरी अटल प्रतिज्ञा है।”

श्रीराम– “अपनी पादुका तुम पहनाओगे तो पहन लूँगा और उसी से मैं पुनः चित्रकूट से दण्डकारण्य तक घूमूँगा। राक्षसों का अत्याचार समाप्त हुआ है, किन्तु अरण्यवासी प्रजाओं का अभय साधना शेष है। भारत भूमि के अरण्यवासी, वनवासी तथा तपस्वी लोग ही आर्यावर्त की मूलभूत प्रजा हैं– अवश्य। अतः उनको निर्भय करना हम क्षत्रियों का परम् धर्म है। भारत की अरण्य संस्कृति को अभय, अभेद तथा सम चाहिए, महात्मा भरत! यही अब मेरे शेष जीवन का समग्र तथा एकान्त लक्ष्य है– रहेगा। प्रभु! तेरी जय हो।”

भरत ने लपककर पादुकाएं उठा लीं– मस्तक पर धरकर कहा– “यह कोरी पादुकाएँ ही नहीं हैं; आपके श्री चरणारविन्द भी हैं। इक्ष्वाकु वंश के रघुकुल-दीपक सभी की निष्ठा से प्रक्षालित यह आपकी चरण-पादुका राम-राज्य के श्री चरण ही हैं। गत चौदह वर्षों की लम्बी अवधि में अपलक मैं इन पादुकाओं को निहारता तथा आपके लौटने की पद्ध्वनि सुनने की चेष्टा करता रहा हूँ।”

श्रीराम– “यह तुम्हारा अनुग्रह है, भरत, मेरे भाई!”

भरत– “आपके मनोहर कंजचरण मुझे थामने हैं राम! अभय! इन पादुकाओं को मैं आपको धारण कराना चाहता हूँ– अवश्य कराऊँगा!”

श्रीराम– “किन्तु भरत! सोचो– यह तो राज्य की प्रतीक पादुकाएँ हैं– अब यह रघुवंश के महान् पितृओं की पादुका हो गयी हैं- अब यह अयोध्या के राजा के चरणों में शोभा देंगी- मेरे तो एक निरीह क्षत्रिय तपस्वी के पाँव हैं, तुम्हीं अपने चरण मुझे थमाओ। मैं ही तुम्हें ये पादुकाएँ पहना दूँ। राजा तुम हो, भरत!”

“नहीं..... नहीं...... नहीं– मैं नहीं हूँ, राम! अयोध्या ही नहीं; चौदह भुवनों के चक्रवर्ती महाराजाधिराज आप ही थे– आप ही हैं और आप ही होंगें।”

श्रीराम ने पुकार कर कहा– “गुरुदेव!”

महर्षि वशिष्ठ ने गम्भीर स्वर में कहा– “भरत ठीक ही कह रहे हैं, राम! अयोध्या का राज तुम्हारा ही था।”

“राज उसका जो राज करे।” श्रीराम ने शान्त किन्तु दृढ़ स्वर में कहा– “पिताजी महाराज दशरथ अयोध्या के राजा थे और उन्होंने राज्य भरत को

दिया था– प्रदान किया। तभी मेरा राज्याधिकार भरत को मिल गया। मैं भरत का राज्य कैसे लूँगा भला, गुरुदेव! पादुकाएँ तो मैंने भरत के आत्मसन्तोष के लिए ही दी थीं। मुझे पता न था, भरत पादुकाओं को ही अयोध्या का राजा कह देगा– घोषित करेगा। राजा की प्रत्येक घोषणा तथा प्रत्येक कथन, प्रत्येक आज्ञा तथा निश्चय सत्य, न्याय तथा धर्म के विवेक से पूर्ण निष्कलंक तथा पवित्र कर ही होगी। अयोध्या का राज्य महात्मा भरत और उनकी सन्तति का हो चुका है, गुरुदेव! यह सत्य है।"

"महाराज दशरथ को रघुवंश का परम्परागत राज्य अपनी श्रीमती के दिये गये वचनों की पूर्ति के लिए यों दे देने का क्या सत्व प्राप्त था?"– लक्ष्मण ने तीव्र अमर्षपूर्वक कहा– "नहीं। इतिहास परम्परा तथा लोकमत से अयोध्या का राजसिंहासन राघव रघुवंशमणि श्रीराम का ही है। श्रीराम जी का यह सत्व कोई वचन–कथन संकुचित नहीं कर सकता– बदल नहीं सकता। भरत ठीक ही कह रहे हैं।"

श्रीराम ने मानो आर्द्र स्वर में पुनः पुनः जैसे कहा– "राज्य राजा के ज्येष्ठ पुत्र का ही है और एक विरासत है– मैं सिद्धान्ततः नहीं मानता। मेरी अन्तरात्मा जैसे इस परम्परा को स्वीकार कर नहीं सकती।"

महर्षि वशिष्ठ ने कहा– "राजवंशों की परम्पराएँ व्यक्तिगत विचारों से तोली नहीं जा सकतीं। रुचि–अरुचि और समीचीनता आदि द्वारा भी आँकी नहीं जा सकतीं। मानव समुदाय की परम्पराएँ, मानव–व्यवहार के गोत्र हैं तथा अटल हैं, राघव राम! क्यों देवी कौशल्या?"

कौशल्या ने अपने बड़रे नयनों में श्रीराम को भरते हुए कहा– "ठीक है– परम्परा ही त्रिकाल की शक्ति–मति है, राम! भरत का आग्रह स्वीकार कर लो।"

"माँ?" श्रीराम चिहुँके– "तुम यह कह रही हो? यह तुम्हारा पुत्र–प्रेम है। क्या अन्तर है माता कैकई और आग्रह में और आज अभी तुम्हारे आग्रह में? क्या?"

कौशल्या जी ने रोम–रोम में सजग होते हुए कहा– "मेरा आग्रह पुत्र के हित का अन्धा तथा घट्ट मोह नहीं है। मैंने महाराज दशरथ जी से तुम्हारे लिए राज्य नहीं माँगा। मैं विश्वस्त थी, परम्परा से राज्य तुम्हारा ही था। किन्तु महाराज ने अपनी प्रिय राझी को दिए गये वचनों की पूर्ति प्राण देकर भी की। रघुकुल की इस दिव्य परम्परा का अटल पालन किया– प्राण जाय तो जाय, किन्तु वचन नहीं

जाय। भरत इस मर्म को समझता है, राम! तभी वह तुम्हारा राजसिंहासन मस्तक पर धर कर चित्रकूट ले गया था और राज्य, न्याय और धर्मपूर्वक तुम्हारा राज्य तुम्हेँ सौंपकर तुम्हारी पादुका का प्रहरी तपस्वी बन गया था। भरत धन्य है, राम! तुमको राज्य नहीं चाहिए तो क्या भरत को राज्य चाहिए? बोलो?"

श्रीराम– "नहीं, भरत राज्य नहीं चाहता– अवश्य?"

भरत चिल्लाए– "राम! मैं तुम्हारा प्रेम चाहता हूँ। अयोध्या का राज्य तो क्या, त्रिभुवन का राज्य भी नहीं चाहता।"

श्रीराम– "भरत, भाई मेरे! मुझे अपनी पादुका लौटा दो। वनवास की अवधि समाप्त कर मैं अपने खड़ाऊ पहनना और चलना चाहता हूँ। माँ! पूज्ये! मैं गृहस्थ सन्यास ही चाहता हूँ– राज्य नहीं। क्यों सीते?"

"वनवास हमें भा गया है, माँ!"– सीता ने कहा।

4

"**रा**म!" भरत ने पुकारा।

"हाँ, भरत!" श्रीराम बोले।

"अपनी पादुका ग्रहण कर मुझे कल्पों के ऋण से मुक्त करो। मेरे भव–भवों से मुझे उऋण करो, राम! आप दीनबन्धु हैं; मुझ दीन पर दया करो।"

श्रीराम ने लोगों को पुकार कर कहा– "भरत के इस स्नेहसिक्त आग्रह को शिरोधार्य कर मैं अपनी पादुकाएँ ग्रहण कर रहा हूँ। अनुमति है लोगों?"

लोगों ने प्रचण्ड ध्वनि की- "जय श्री राम! जय, जय राम!"

भरत ने श्री राम के कंज चरण छुए तथा आँसुओं से प्रक्षालित कर कहा- "इन पादुकाओं के साथ अयोध्या के महान राज्य की अर्पणांजलि भी करता हूं।"

श्रीराम ने कहा– "भरत! आग्रह करो– हठाग्रह नहीं। वनवास के उन उज्ज्वल दिवसों तथा सतार रात्रियों में अनन्त कोटि ब्रह्माण्डों की धारणा की है तथा जगत् के तिमिर को काटा है। भव– बन्धनों के माया–मोह को मैंने जैसे जीत लिया है। मैं अब राज के लिए नहीं, परमात्मा के साक्षात्कार के लिए ही जीना चाहता हूँ। तुम राजा होने के लिए अत्यन्त योग्य हो। सत्य-साधक, न्याय मूर्ति एवं साक्षात् धर्म का स्वरुप तुम, भरत! मुझसे भी अधिक राजा हो।"

भरत ने पादुका सहित श्रीराम–चरण थामे; अश्रुधार रोते हुए कहा– "मैं केवल आपका अनुचर होने के ही योग्य हूँ। वही दशरथनन्दन राजा हो सकता है जिसकी देवी कौशल्या माँ–जैसी जननी हो– मंगलमयी, मंगलकारी, तपःपूत महादेवी कौशल्या। माँ! राम को समझाओ; अन्यथा......।"

"अन्यथा क्या?" श्रीराम ने अत्यन्त स्नेहपूर्वक पूछा।

"सत्याग्रह"– भरत ने कहा।

"सत्य क्या है– यह ऋषि-मुनि भी निश्चयपूर्वक कह नहीं सकते। धर्माचरण द्वारा ही सत्य का आग्रह किया जा सकता है।"– राम बोले– "तुम अपने स्वधर्म का पालन करो, भरत! तुम्हारा स्वधर्म राज करना है। अयोध्या का प्रतापी राज चलाना ही अब तुम्हारा एकमात्र धर्म है।"

“मेरा धर्म-कर्म तो रामजी अब आप हैं।”– भरत ने कहा– “मैंने संसार त्याग दिया है, भैया! राम! मैं उदासीन हूँ; अपने अनवरत पश्चाताप की अग्नि में जल रहा हूँ। मैं समिधा भर रह गया हूँ। मेरी प्रार्थना स्वीकार कर मुझे कृतार्थ करो, राम! मुझे नरकों से उबार लो। मैं स्वर्ग नहीं; आपके चरणों की शरण ही चाहता हूँ।”

“राज्य परस्पर उपहार, पुरस्कार या दान की वस्तु नहीं है”– राम ने कहा– “फिर राज्य न तो वंश का है, न कुल का–राज्य व्यक्ति या समुदाय का भी नहीं है, राज्य अन्ततोगत्वा प्रजा का ही है, भूमि का ही राज्य है।”

लक्ष्मण ने कहा– “अयोध्या का राज निस्संदेह राम का है– “रामराज्य।” प्रजा का राज्य– तो प्रजा यहाँ उपस्थित है– पूछ लीजिए।”

“यों नहीं , विधिवत्”– महर्षि वशिष्ठ ने कहा– “प्रजाजनों की विराट् सभा ऋषि–मण्डल नियन्त्रित करेगा और उसमें राम के कथन को रखा जाएगा।”

“स्वीकार है, महर्षे!” भरत ने कहा।

महर्षि वशिष्ठ ने शान्तिपूर्ण गम्भीर स्वर में कहा– “चित्रकूट में श्रीराम का पादुका दान तब अयोध्या के मनोनीत राजा राम का नहीं, राघव राम का अत्यन्त मंगलमय सौकार्य्य था, भरत! सत्य के आग्रह को हमें स्वीकार करना ही होगा। श्रीराम! आप धन्य हैं जो अपना परम्परागत राज्य नहीं चाहते और राज्य के उत्तराधिकारी की नयी प्रथा को ही जन्म दे रहे हैं। सच है, राज अन्ततोगत्वा प्रजा का ही सत्वाधिकार है।”

श्रीराम– “कृतकृत्य हुआ, महर्षे! राज्य निस्संदेह और निर्विवाद प्रजा ही है। प्रजा ही राज्य का द्रष्टा, स्वामिनी है– राजराजेश्वर है। राज्यगणों की अनुमति, मन्त्रिमण्डल की संस्तुति और ऋषिमण्डल की अधिकृति से ही चलता है– किन्तु समाज लोकमत से और प्रजा जनमत से उद्भवित होते हैं– चलते हैं।”

भरत ने श्रीराम को प्रणाम करते हुए कहा– “श्रीराम! पादुका मण्डित अपने चरणारविन्दों का शीतल और अभय कर स्पर्श प्रदान करो। सहसा मुझे सन्तोष हो गया है, रामजी! चित्त के गहन में जो विषाद था; वह सहसा दूर हो गया है– आशा से भरा प्रकाश छा गया है, मन में, बुद्धि में, चित्त में– प्राणों में, रामजी! पृथ्वी के क्षितिज पर जैसे नव प्रभात का ब्राह्ममुहूर्त ही जग रहा है। यह दिव्य तेजोमयी विभा क्या है, राम?”

"राम-राज्य, भरत!" लक्ष्मण ने कहा।

भरत– "अवश्यमेव–श्रीराम ने धर्म की ग्लानि मेट दी है। अत्याचार तथा अत्याचारियों का अन्त हो गया है। पापाचार एवं कदाचार प्रायः समाप्त हो गये हैं। धरती तल की प्रजा सौहार्द्र के सूत्र में गूँथ दी गयी है, राज्य की दिव्य विभा अरण्यों के आश्रमों में व्याप्त हो गयी है। समाज के शीर्ष का पुनः ऋषि स्थापित कर दिया गया है। प्रजा अभेद, अभय, शान्ति, सत्य और न्याय चाहती है।"

लक्ष्मण– "वैदिक वर्णाश्रम धर्म का जीवन! देखना, प्रजा क्या चाहती है।"

महर्षि वशिष्ठ ने सस्मित कहा– "माँ जो चाहती है, वही प्रजा भी चाहती है। प्रजा सत्य को देखती है, न्याय को सहज अनुभव करती है तथा सुख का निश्चिन्त संग्रह करती है। प्रजा ही धर्म-मूर्ति है।" महर्षि ने सबको निहारा और पुनः कहा– "किन्तु प्रजा राजा द्वारा पालनीय है। प्रजा के शाश्वत धर्म को राजा ही पलवाता है। अतः स्वामिनी या धर्म-स्वरुप होते हुए भी प्रजा राजाज्ञा की अनुचरी है। जब तक हम आप विवेकपूर्वक इस राज्य-समस्या का सत्य तथा न्यायपूर्वक हल नहीं कर लेते, तब तक प्रजा को पूछने की आवश्यकता नहीं है।"

"महर्षे!" राम चिहुँके।

"हाँ, राम!" वशिष्ठ ने कहा– "माताएँ हैं, वधुएँ हैं, रानियाँ हैं, मन्त्रिपरिषद् तथा ऋषि– मण्डल है, सेना है, समाज तथा समाज के गण हैं– उनको चर्चा करने दो, राम! कि अयोध्या का राज किसका रहा है? तुम्हारा या भरत का या लक्ष्मण अथवा शत्रुघ्न का। किंवा महादेवी कौशल्या जी का या राज्ञी कैकई का। अवश्य, भावशबलता में सत्य, न्याय और धर्म की किसी भी प्रतीक्षा पर विचार नहीं होना चाहिए।"

भरत ने कहा– "स्वीकार है गुरुदेव!"

श्रीराम ने भी जैसे कहा– "अच्छा तब पादुका मैं ग्रहण कर लेता हूँ। नंगे पाँव घूमते हुए मैं जैसे थक गया हूँ। राजमन्दिर के साये में पाँव पड़ते ही उनको रत्नजड़ित पनहियों की याद आ गयी है।"

भरत ने उत्साहपूर्वक कहा– "राम! यह आपका मुझ पर अनुग्रह है। मुझको जैसे आपके अन्तरात्मा की इच्छा का पता है। आप धर्म का राज पृथ्वी पर आरम्भ करना चाहते हैं। आर्य सभ्यता का उत्थान तथा यज्ञ-संस्कृति का पुनरुद्धार करना चाहते हैं।"

श्रीराम– "मैं दिव्य, शान्त, भव्य, सन्तुष्ट तथा प्रसन्नचित्त मानव का उद्भव तथा विकास करना चाहता हूँ– और यह अरण्य के ऋषि–मुनियों के सत्संग द्वारा ही हो सकता है। राजदण्ड धारण कर सिंहासन पर मटकते रहने से नहीं। इसीलिए मैं राजसिंहासन पर बैठना नहीं चाहता। मैं राजसंन्यासी, वानप्रस्थी एक क्षत्रिय राजकुमार हूँ– राजा नहीं।"

भरत– "राम! यह बहुत हो गया। आपको राजसिंहासन पर बैठना ही है, अन्यथा......।"

श्रीराम ने कहा– "भरत! प्राण देने की बात मत करना। प्राण तो पिताजी ने सदैव के लिए दे दिये हैं। महर्षे! भरत को समझाएँ।" और फिर भरत का राम ने आलिंगन करते हुए पुनः कहा– "प्रजा स्वयं पृथ्वी का चैतन्य रूप है, भरत! अब किस उद्वेग में हो? गुरुदेव ने हमारे आत्मा का द्वन्द्व ही जैसे हर लिया है। तुम और मैं, लक्ष्मण और शत्रुघ्न–महाराज दशरथ के नन्दन अयोध्या राज्य के उत्तराधिकारी हैं, किन्तु इस उत्तराधिकारी का अन्तिम निर्णय प्रजा ही करेगी– तुम नहीं........ मैं नहीं.... और कोई नहीं।"

"प्रजा का मत मान लेंगे?" भरत ने पूछ लिया।

"प्रजा के विराट् अन्तःकरण में प्रभु का निवास है, भरत!" श्रीराम ने कहा– "प्रजा का मत निवेदन या प्रार्थना नहीं है– अटल अमोघ निश्चय है। प्रजा ही राजराजेश्वरी है। प्रजा की आज्ञा स्वयं भगवान को भी मान्य होगी। गुरुदेव! प्रजामत के लिए आमन्त्रण भरत ही भेजेंगे। ऋषि–मण्डल की तो सहमति होगी। अयोध्या के राज्य के उत्तराधिकारी का यह संघर्ष भरत का उत्पन्न किया हुआ है; मेरा नहीं। मैं तो मन–वचन–कर्म से ही राज्य का अपना परम्परागत सत्व पिताजी के दिव्य चरणों में अर्पित कर चुका हूँ।"

कौशल्या– "तू क्या है, राम?"

श्रीराम ने कौशल्या जी के वक्षस्थल में अपना मस्तक टिकाते हुए कहा– "तेरा बेटा–राघव– राघव राम।"

✦✦✦

नन्दीग्राम के राजकुटिया के प्रांगण में सभी बैठे थे। वातावरण में उत्सुक शान्ति छायी हुई थी। भरत ने पादुका श्रीराम के चरण थामकर पहना दी और कहा– "राम! अयोध्या का राजकुल सिंहासन सहित आपको समर्पित है।"

श्रीराम ने भरत को उठाया, सिर सूँघा और कहा– "पादुका मेरी थी; अतः मैंने तुम्हारे परम आग्रह पर पुनः ग्रहण कर ली। भरत! जैसा मैंने कहा–पादुका के साथ अयोध्या के राज का कोई सम्बन्ध न था, न ही है और न ही होगा। राज का सम्बन्ध राजदण्ड से है– चरण–वरण से नहीं। ऋषि– मुनियों का अभय वरद् आशीर्वाद, राजा का दण्ड तथा राजाज्ञा तथा माता–पिता की कल्याण–कामना– यही जीवन के शाश्वत श्रेयस्कर वचन हैं। तुमने चौदह वर्ष तक काठ की बनी मेरी पादुकाओं की राजसी रक्षा की, इसका महत्व तथा मान बढ़ाया। उसके लिए मैं आभारी हूँ, भरत!"

भरत ने श्रीराम के विशाल कन्धे पर मस्तक डाल दिया; रोते हुए बोले– "चित्रकूट में मुझे आपने जो आश्वासन प्रदान किया वह क्या यही था? क्या केवल चरणावरण पादुका ही मुझे सौंपी थी– मैंने तो आपके चरणारविन्दों के राज्यश्री कमलों के लिए निवेदन किया था और आपने धर्म की सम्पूर्ण व्याख्या कर मुझे ये दिव्य–भव्य पादुकाएँ प्रदान की थीं.....।"

श्रीराम– "हाँ, तो–किन्तु तब भी अयोध्या का राज तो तुम्हारे पास ही था। क्या मैंने तुमसे राजसिंहासन लेकर बदले में पादुकाएँ दी थीं? नहीं, भाई मेरे! राज इस प्रकार देने व लेने की वस्तु नहीं है। राज दान में नहीं दिया जा सकता, भेंट नहीं किया जा सकता। राज तो ईश्वरीय शक्ति है, आज्ञा है, धर्मानुशासन। राज्य व्यक्ति नहीं, समुदाय का ही होता है। राज शाश्वत है, राज्य की स्वामिनी प्रजा भी शाश्वत है, भरत!"

भरत ने सिर उठाया और अमर्ष से भरकर अश्रुपूरित नयनों से श्रीराम को घूरा– "रामजी! यह–यह क्या है? चित्रकूट में ही मैंने मनसा वाचा कर्मणा आपका राज्य आपको लौटा दिया था और पादुका को उसका चरम–परम् प्रतीक माना था। तभी तो मैं अयोध्या लौट सका था। पृथ्वी भर के राजसिंहासन केवल राम के ही हैं– हो सकते हैं। प्रजा? क्या? प्रजा भी राम की ही रूप है। सत्यनारायण श्री हरि राम! केवल राम, भैया मेरे!"

श्रीराम ने सस्मित कहा– "यह तुम्हारा मेरे प्रति अनुग्रह है, प्रेम है। यह भरत कह रहा हैं, महाराजा महात्मा भरत नहीं। राजा सत्य कहता है, न्याय पालता है तथा वैदिक वर्णाश्रम धर्म का धारण कर पालन करता और करवाता है। व्यष्टि धर्म–बीज है; समष्टि धर्म का वट वृक्ष है। यह जगत, भरत! परमात्मा के न्याय की

अटल, अमोघ अभिव्यक्ति है। यह प्रभु की सर्वसमर्थ इच्छा का विलास है। यह सृष्टि उसका सच्चिदानन्द चिद्विलास है। व्यष्टि मात्र निमित्त है– सभी कारणों का कारण वही प्रभु है।"

हनुमान सहसा बोल उठे– "राम! राघव राम!!"

उपस्थित गणों के शत–शत कण्ठ बोल उठे– "जय राम!"

भरत ने कहा– "आपके कथन को शिरोधार्य करते हुए भी मैं स्वीकार करने में असमर्थ हूँ। मुझे राम चाहिए; राम का राज्य नहीं। मुझे घर–बाहर, राज–समाज कुछ भी तो नहीं चाहिए। जिस दिन मेरी माँ ने पिताजी से मेरे लिए आपका सत्वाधिकार छीनकर राज्य माँगा–उसी दिन राजपुत्र भरत की मृत्यु हो गयी थी। राम! जिस दिन कैकई ने आपको वनवास दिया और आप नंगे पैर अयोध्या त्याग कर चल दिये और पिताजी ने अपने प्राणों का उत्सर्ग कर दिया– उसी दिन भरत राजा नहीं रहा– सन्यासी हो गया– मेरा यह सन्यास अखण्ड है, राम!"

श्रीराम ने हँसकर कहा– "जिस दिन रावण सीता को हर ले गया, उसी दिन मैं सन्यासी हो गया था। रावण का वध हो जाने पर अब मैं ब्रह्म–हत्या के शाप से आकृष्ट हूँ। हत्यारा राजा नहीं हो सकता। फिर पिताजी ने प्राणों का उत्सर्ग करके राज्य तुमको दिया और यों रघुकुल की रीति को अजर– अमर किया। सोचो भी–यह अयोध्या का राज तब क्या मेरा रहा? पिताजी ने मेरी बात मानी कि राज्य किसी भी पुत्र को दिया जा सकता है। अवश्य उसको समर्थ, योग्य और पात्र होना होगा। तुम मुझ से अधिक समर्थ हो, योग्य हो, पात्र हो। तुम धर्म–स्वरुप हो, न्यायमूर्ति हो, सत्य के आग्रही हो, भरत!"

"नहीं राम, नहीं......" भरत चिल्लाए– "लोगों! मैं महापापी हूँ। मेरे ही कारण मेरे ही लिए यह वनवास हुआ। मेरे ही कारण राम का राज्य छीना गया–यही– यही सत्य है।"

"यह घटना है भरत! सत्य नहीं।" श्रीराम ने कहा।

"अच्छा, भैया राम! तब सत्य क्या है?" भरत ने सिर उठाकर पूछा।

"यही कि राज्य तुम्हारा हो गया; मेरा रहा नहीं।" श्रीराम ने कहा– "शान्त हो जाओ, भरत! अभी तो मैंने अपनी पादुका वापस प्राप्त कर नंगे पाँवों को चरणावरण दिया है। अब मैं नंगे पाँव नहीं, पहनियाँ पहनकर घूमूंगा। नंगे पाँव ऋषि आश्रम में जाया जाता है, राजमन्दिर में नहीं।"

"जो प्रारब्ध से मेरा नहीं था, वह किसी के कहने या प्रदान करने से मेरा कैसे हो सकता है, राम मेरे! मैं किसी भी स्थिति और अवस्था में अयोध्या का राज्य ही नहीं, कोई भी राज्य स्वीकार नहीं करूँगा। मुझे क्षमा करें, राम! मेरे जीवन का लक्ष्य–एकान्त लक्ष्य आपकी भक्ति करना है– जो वीर बाहु हनुमान का लक्ष्य है, वही मेरा है। बस, मैंने अन्तिम बार निवेदन कर दिया।"

श्रीराम ने जलद–गम्भीर स्वर में कहा– "तुम किसी भी स्थिति और अवस्था में जो राज्य तुमको तुम्हारी माता की इच्छापूर्ति के लिए पिताजी ने प्रदान किया है। वह तुम त्याग नहीं सकते। नहीं, भरत मेरे! तुम्हारा धर्म है, तुम अयोध्या का राज स्वीकार कर पिताश्री के वरदान को सार्थक करो तथा माता की स्वाभाविक इच्छापूर्ति को सफल करो।"

भरत ने कहा– "अन्याय को न्याय मानकर जीने के लिए ही तब मैं जन्मा हूँ, आपके अनुज की भांति, रामजी?"

"नहीं, भरत!" राम ने कहा– "तुम धर्म के धारण, पालन तथा धरती और आकाश को धर्मभृत करने और रखने के लिए जन्मे हो और इसीलिए विधाता ने राज्य तुमको दिलवाया है। जो मेरा नहीं था, वह मेरा नहीं था और जो मेरा नहीं था वह मेरा हो नहीं सकता। माँ कौशल्ये! मुझे अपने मन्दिर में ले चलो। सीता और मैं अब निशिदिन तुम्हारी सेवा करेंगे। गुरुदेव से वेदान्त का उपदेश ग्रहण करेंगे और हाँ, भरत! भारतभूमि को आर्य संस्कृति के पुनरूद्धार, परिष्कार तथा शाश्वत मंगल और अमोघ रक्षा के लिए मैं, लक्ष्मण तथा सीता काम करेंगे। कुछ दिन विश्राम करने के बाद हम चित्रकूट जायेंगे। वनवास की हमारी सभी पर्णकुटियाएँ हमने सन्नद्ध रखवाई हैं।"

"मैं भी साथ चलूँगा।" भरत ने सिर धुनाकर कहा।

"तुम हमारे राजा होंगे– पृथ्वी पर मानव के अभ्युदय तथा निःश्रेय का राज्य चलाओगे। यह मेरी शुभकामनाएँ हैं, भरत! यह मेरी इच्छा भी है।"

"आज्ञा!"– भरत ने सव्यंग्य कहा।

"नहीं, आज्ञा तो राजा ही कर सकता है।"– श्रीराम।

श्रीराम ने पादुका को अपने चरणों में ठीक से बिठाते हुए भरत को छाती से लगा लिया। "भरत! मेरे भाई भरत! तुमने रघुवंश को पावन कर दिया। धर्ममूर्त!

हम सबको अभय दो, शान्ति दो, अभ्युदय दो–मैं तुमको अभय दूँगा, अभेद दूँगा, सबके योगक्षेम के लिए, जगद्कल्याण तथा सृष्टि मंगल के लिए, काल प्रहरी की भांति नन्दीग्राम में जागता रहूँगा। चाहे विधाता सो जाय। मैं राघव राम जागता रहूँगा।"

"नहीं, राम! नहीं- यह हो नहीं सकता।" भरत ने कहा– "माण्डवी! यह सुनने के लिए मैं जीवित कैसे हूँ। निश्चित ही मैं जीवन की पापमूर्ति हूँ। पिता गये– मैं जीवित रहा। माँ ने यह किया– मैंने सहन कर लिया। चित्रकूट राम का सिंहासन लेकर गया तो सही, परन्तु वापस इसे अयोध्या ले आया- इतना नहीं समझा कि पादुका चरणारविन्द नहीं हैं। रामजी के लिए ही सही–अयोध्या का राज्य देखता रहा, किन्तु मेरी अन्तरात्मा रामजी के राज्य को मन–वचन–कर्म से स्वीकार करने के लिए मना करती है। मेरा परमात्मा मुझे मना करता है, राम! मुझे इस धर्म संकट से उबारो।"

महर्षि वशिष्ठ ने कहा– "प्रजा-प्रजा तुमको उबारेगी, भरत!"

5

भरत के अत्यन्त आग्रह को मानकर श्रीराम अपने निवास में चले गये, किन्तु राजमन्दिर के राज्य कक्ष की ओर देखने तक से मना कर दिया। "मैं राजकुमार राघव रामचन्द्र दशरथनन्दन ही हूँ। राजप्रासाद में अपने प्रदत्त निवास में ठहरने का मुझे जन्मजात सत्व है। भरत, मैं रघुवंश की इस प्रतापी राज्य की सेवा एक निष्ठावान सेवक की भांति करूँगा। तुम्हारे राज्य का एकान्त उद्देश्य समाज की आसुरी शक्तियों को नष्ट करना है। आर्य सभ्यता के ज्ञान तथा सत्व के अमृतशील का सतत् प्रचार–प्रसार करना है। अरण्यों की विविध प्रजाओं को प्रतिष्ठा दो, उनको आत्म गौरव दो– उनके रंजन के लिए राज्य चलाओ। गृहस्थ सन्यासी इसी प्रकार राज्य चलाएगा– महाराज जनक, विदेह, भरत!"

भरत ने श्रीराम के आजानुभुज थामते हुए कहा– "चलो, अपने प्रासाद में तो रहोगे– यही इस समय मेरा सन्तोष है। मेरा तनिक बोझ हल्का किया, रामजी!"

श्रीराम ने भरत का आलिंगन करते हुए कहा– "राजा का बोझ हल्का कभी होता ही नहीं है। हिमालयों के बोझ उसकी अपलक पलकों पर पड़े रहते हैं। राजा रात्रि में जागता रहता है– दिन में विश्राम करता है और जागरूक रहता है। मैं वानप्रस्थी वनवासी ही हो गया हूँ–हूँ– गृहस्थ सन्यासी नहीं। तुमको भी गृहस्थ सन्यास नहीं लेना है, सुना?"

"जी, सुना।" भरत ने कहा– "आप राज्य स्वीकार करो; मैं गृहस्थ स्वीकार कर लूँगा।"

श्रीराम ने जैसे सहसा कहा– "तुम्हारे गृहस्थ सन्यास नहीं लेने का निर्णय तो मैंने कर दिया भरत! परन्तु मेरे राज्य लेने का निर्णय विधाता ही करेगी।"

"प्रजा!" भरत ने कहा– "प्रजा धाता, त्राता और विधाता ही है। प्रजा के विराट् चित्र में राम, तुम ही तो रमे हुए हो। यह मैं जानता था और इसीलिए मैंने प्रजामत के लिए हामी भर ली है।"

श्रीराम– "राघव रामचन्द्र ऋषि-मुनियों के चरणों में स्वयं को सीता के सहित समर्पित कर चुका है। प्रजा? ठीक ही तो होती है। प्रजा को मैं समझा दूँगा– तुम्हारे पक्ष में मना लूँगा। निश्चय ही, भरत!"

"आपको लेकर सभी निश्चय विधाता के आगम हैं, रामजी!"– भरत ने कहा– "प्रजा को मैं भी कहूँगा– अपनी बात समझाऊँगा– राजधर्म का मन्त्र सुनाऊँगा।"

"सभी समझाएँगे और कहेंगे प्रजा को।"– लक्ष्मण ने कहा– "किन्तु प्रजा महासमुद्र है आत्म चैतन्य का। उसका निर्णय ईश्वर की प्रेरणा से ही होता है– होगा।"

कौशल्या ने कहा– "अब चल राम! अपने प्रासाद की ओर चल। मैं भी सोचती हूँ, राज भले ही भरत ही करे, तू ऋषि–मुनियों की सेवा तथा यज्ञों की रक्षा कर। तेरा जन्म कदाचित् इसीलिए हुआ है मेरी कोख से।"

श्रीराम चिहुँके– "माँ! यह क्या? तुम्हारा राघव राम तो पृथ्वी–पुत्र हो गया है। लोग मुझे आर्य सभ्यता का देवदूत ही मानने और कहने लगे हैं।"

कैकई अब बोली– "और तू राम! है भी वही।"

"कृतार्थ हुआ माते!"– श्रीराम ने कैकई को नमस्कार करते हुए कहा– "अब मैं सुखपूर्वक अपने प्रासाद में निवास करूँगा। माताओं की सेवा करूँगा और प्रजाओं को आत्म गौरव के सूत्र में पिरोऊँगा।"

"जननायक दीनबन्धु बनोगे तब?"– कौशल्या ने कहा।

श्रीराम– "तेरा सपूत।"

कौशल्या ने सीता और राम को सहज स्नेहालिंगन करते हुए कहा– "चलो, तुम दोनों घर चलो। घोर वनवास की सारी थकावट मैं तुमको लोरियाँ सुनाकर मिटा दूँगी। सीते! पुत्री–वत्सले! तूने बहुत कष्ट उठाये, वन–वन डुलती फिरी और फिर दुष्ट रावण के कारागार में असह्य यातनाएँ सहीं। अन्त में रघुकुल की श्रेष्ठतम वधु की भांति अग्निताप कर, पुनीत होकर, पुण्य स्वरुप होकर घर लौटी। मुझे– हम सबको तुझ पर गर्व है। तुझे नमस्कार! सीते! और राम अब राजसिंहासन की समस्या यहीं त्याग दो।"

कैकई ने सहसा कहा– "नहीं महादेवी कौशल्ये–नहीं। पुत्र–मोहवश होकर मैंने रघुवंश की राज्य मर्यादा ही को खण्डित किया है। भरत सत्य ही कह रहा है– अयोध्या का राज राम का ही था– रहेगा। मैं यह कहती हूँ राम! भरत पर कृपा करो और मुझे, तेरी अभागिनी विमाता को क्षमा करो।"

श्रीराम ने कैकेई को प्रणाम करते हुए कहा– "भरत पुण्य का साक्षात् स्वरुप है और आप माँ करुणा की मूर्ति हैं। अच्छा, तो हम अपने निवास चलते हैं। माँ के आँचल को ओढ़कर वनवास की थकावट मिटाना चाहता हूँ।"

✦✦✦

महादेवी गंगा– स्वरुप श्रीमती कौशल्या देवी के निवास में पहुँचकर श्रीराम स्वयं में मगन हो गये। उस भव्य निवास में वे घूमते फिरे और फिर कौशल्या से बोले– "राजपुत्र होना स्वयं ही एक भार है– मन का व्यर्थ बोझ। अच्छा होता, राजपुत्र जन्मने के बजाय मैं किसी ऋषि का पुत्र होता-वत्सल होता किन्तु माँ तुम्हीं तो ऋषि हो। माँ ही गुरु है, आचार्य है– ऋषि है।"

कौशल्या ने हँसकर कहा– "आज मैं निश्चिन्त हुई, सफल, धन्य हुई। भरत को राज करने दो, राम! भरत तो भरत ही है। तुमसे भी अधिक वह मेरे हृदय में गड़ा हुआ है।"

सीताजी ने कहा– "जैसे ये कैकेई माँ के हृदय में विराजमान हैं- वैसे ही क्या?"

कौशल्या ने हँसते हुए कहा– "नहीं पुत्री! राम तो मेरा प्राण है और तू मेरी जीवन–चेतना है। सुखी रहो तुम दोनों और आर्यावर्त के दुःख सदा काटते रहो।"

श्रीराम ने कहा– "तेरा आशीर्वाद माँ! हम कृतार्थ हुए।"

श्रीमती कौशल्या ने सस्मित कहा– "भरत को विश्वास देते रहना। लक्ष्मण को पलभर के लिए भी आँखों से ओझल मत करना और हनुमान? उसको निरन्तर अपना सेवक मानकर समान स्नेह व आदरपूर्वक रखना। अब अपने घर चलो।"

सीता, राम तथा हनुमान कौशल्या के विशाल आवास की ओर चले। कौशल्या देवी का विशाल सुसज्जित रथ खड़ा था, किन्तु राम ने कहा– "पैदल ही चलेंगे– अपने आवास तक पैदल ही। वनवास की पगडंडियाँ माँ के निवास के प्रवेश द्वार तक जाती हैं।"

कौशल्या ने कहा– "पादुका पहनते ही वनवास की पगडंडियाँ समाप्त हो गयी हैं। अब रथ में बैठ राम! प्रजा को राजा का नहीं, तो वरिष्ठतम राजपुत्र का राजसी दर्शन करने दो।"

हनुमान ने कहा– "रथ में, रामजी! पैदल नहीं। नहीं...... प्रजा को दुःखी करने से लाभ? कुछ भी नहीं। राजा न सही , रामजी तो हैं ही। जय राम!"

गगनभेदी ध्वनि उठी– "जय राम!"

श्रीराम ने जनमेदिनी को निहारा, पूछा– "तो वनवास का अन्त मानूँ लोगों?"

लोगों ने पुनः जय–ध्वनि की।

श्रीराम ने सीताजी से कहा– "महिषी! रथ पर विराजो। रघुवंश के रथ पर सुशोभित होकर– अपने लोगों को नमस्कार करो। अच्छा तो वनवास समाप्त। भरत तेरी जय हो!"

भरत ने आर्द्र कण्ठ से कहा– "नहीं रामजी..... जय आपकी हुई है। जय सदा रामजी की ही। हम तो आपके सेवक हैं– अनुज हैं। किन्तु वास्तव में अनुचर हैं। राम का अनुचर होना ही अहोभाग्य है।"

श्रीराम ने कहा– "जय रघुवंश की– इक्ष्वाकु कुल की। भाई मेरे! हम तो मानव हैं। मानव का पुण्य है, पुण्य की कीर्ति है। जय तो सदैव प्रभु की ही रही है। ब्राह्मण की प्रतिष्ठा, क्षत्रिय का प्रताप, वैश्य की कीर्ति तथा शूद्र का सन्तोष....... यही मेरे भाई!"

भरत ने पूछ लिया– "प्रजा को आमन्त्रण कब?"

श्रीराम ने कहा– "ऋषि मण्डल की सलाह से निश्चित करो, भरत! धरती पर मानव प्रजा ही दिव्य–भव्य, सर्वश्रेष्ठ प्रजा है। विवेक से पूर्ण प्रजा के अन्तरात्मा प्रभु सदैव जागृत हैं। विधि के निर्णय प्रभु-प्रेरणा से हैं– होते हैं। लक्ष्मण! अपनी माँ के साथ अपने निवास को जाओ।"

"आपको अपने निवास में सुस्थित करके ही जाऊँगा।"

सीताजी ने सस्मित कहा– "वाह! देवर जी! उर्मिला प्रतीक्षाकुल जो है।"

"उर्मिला" लक्ष्मण जी चिहुँके– "मेरी प्रतीक्षा करना उसका स्वभाव है, भाभीजी! रामजी आपकी प्रतीक्षा करते रहते हैं और वह मेरी.....।"

सीताजी– "निर्दय कहीं के–पसीजते ही नहीं।"

"जिसका चित्त श्रीराम और आपके चरणों में लग गया, वह संसार को लेकर करुणा से भर तो जाता है; पसीजता नहीं। फिर हम परस्पर क्यों पसीजें? हम शरीर से दो हैं किन्तु मन से एक हैं; जैसे आप और रामजी।"

"वाह लक्ष्मण खूब कहा"– श्रीराम ठठाकर हँस पड़े।

✦✦✦

श्रीराम अपने निवास में सुस्थित होने लगे। माता कौशल्या के यहाँ पर दिनभर श्रीराम और सीता रहने लगे तथा माँ के अमोघ वात्सल्य को पीते हुए वनवास की थकान मिटाने लगे। लक्ष्मण, उर्मिला सहित दिनभर बने रहते और रात को देर से अपने निवास पर जाते। सुमित्रा देवी तो कौशल्या जी के पास ही रहतीं। सीता–राम, लक्ष्मण–उर्मिला, हनुमान और कौशल्या–सुमित्रा–एक परिवार हो गये थे। अयोध्या में सभी वर्गों, श्रेणियों में श्रीराम जी की जय के अभिवादन में उत्सव आरम्भ हुए। अयोध्या की प्रजा ने स्पष्ट ही मानो कह दिया– पहले श्रीराम अभिनन्दन समारोह और बाद में अन्य बात–पंचायत। महर्षि वशिष्ठ ने भी लोगों की इस प्रबल भावना को मानकर भरत को सलाह दी कि वह प्रजाभिमत के लिए आमन्त्रण अयोध्या के अपने श्रीराम के अभिनन्दन समारोहों की समाप्ति के बाद ही प्रस्तुत करें। श्रीराम को विश्राम तथा पुनः तन–मन और चित्त से अयोध्या की प्रजा में मानो प्रविष्ट होने की आवश्यकता है। श्रीराम अपने माँ के चरणों में हैं, अयोध्या के लोकमानस में नहीं है, जैसे– श्रीराम–सीता के साथ सहज मुखरित रहने लगे और मानो एक आदर्श गृहस्थ का ही उदाहरण प्रस्तुत करने लगे। प्रातःकाल पूर्ववत् सभी माताओं को प्रणाम करते, अपने अश्वों की मावजत करते, अपने पशुओं को सम्भारते, अपने विभिन्न पक्षियों के स्वर्णपिंजर खोल कर उनको सुल्हाते तथा उनकी सेवा करते। श्रीमती कौशल्या की गौशाला में श्रीमती सीताजी को गोदोहन–सिखाते–स्वयं कजरी को दूहकर उस दूध से माँ का अभिषेक सा ही करते। श्रीराम वनवास को जैसे भूल गये। रावण के साथ हुए घोर युद्ध को भी बिसर गये। लंका? अर्थात् महाराज विभीषण, किष्किन्धा, अर्थात्–महाराज सुग्रीव और हनुमान। हनुमान श्री सीता–राम के साथ छाया की भांति बने रहते। श्रीराम की ब्राह्ममुहूर्त से लगा कर शयन तक हनुमान उनकी सेवा में लगे ही रहते। श्रीराम के इंगितानुसार हनुमान बने रहते। कठिनाई से श्री सीताजी रात्रि के प्रथम प्रहर की समाप्ति पर हनुमान जी को सोने के लिए भेज देती–आदेश ही देती। हनुमान रात–दिवस जागा रहकर–भी सीता–राम की सेवा में लगे रहते।

"सीताराम" जाप उनकी बेखरी से परा में जाकर अब पश्यन्ति में उतर गया था। "सीता–राम" शब्द–ध्वनि के साथ उनको दिव्य चक्षुओं से सीता–राम की पावन, मंगलमयी मूर्तियाँ ही दिखाई देती थीं। उन छविमयी रूपयशि मूर्तियों से अनहदनाद उठता– "सीता–राम"। सीताराम, कौशल्यानन्दन, दशरथनन्दन– सीता राम की अहर्निशि जय–जयकार से अयोध्या गाजने तथा गूँजने लगी। प्रतिदिन श्रीराम, लक्ष्मण, भरत, शत्रुघ्न तथा माताओं को विभिन्न समारोहों में निष्ठापूर्वक शोभायात्रा द्वारा ले जाया जाता। श्रीराम के आग्रह से श्रीमती कैकई भी साथ हो लेती। श्रीराम की इच्छा को देखकर अयोध्या के गणमान्य नागरिक भी कैकई को सादर निमन्त्रण देते। कहते–'हो गया सो हो गया।' आपने श्रीराम को वन भेजकर आर्यावर्त का उपकार ही करने का महामानव रामजी-राघव राम को अवसर ही दिया है। अवश्य श्रीराम को वनवास देना अन्याय था, एक प्रकार का घोर दण्ड था, किन्तु श्रीराम तो श्री हरि के अंशावतार हैं– मर्यादा पुरुषोत्तम हैं। आर्यावर्त और भू-मण्डल के ऋषियों तथा मुनियों और साधकों ने यह कहा है– श्रीराम मर्यादा पुरुषोत्तम, श्री हरि विष्णु के धराधाम पर अवतार हैं। गौ, भूमि, सन्त, भक्त, ऋषि–मुनि तथा सज्जन के परित्राण तथा धर्म की ग्लानि मेटने के लिए ही महर्षि पुण्यमूर्ति श्रीमती कौशल्या की कोख से जन्मे हैं– श्रीराम मोक्ष, लक्ष्मण काम, शत्रुघ्न अर्थ और भरत धर्म। अर्थ, धर्म, काम और मोक्ष ही श्री हरि विष्णु हैं और श्रीराम अनुजों सहित मानव सहित श्री विष्णु हरि हैं। प्रातःकाल के प्रारम्भ से रात्रि के प्रथम प्रहर की समाप्ति तक समारोह चलते रहते।

अयोध्या के पण्डितों, विद्वानों तथा मनीषियों को सम्बोधित करते हुए श्रीराम ने कहा– "भू-मण्डल अत्याचार से भरे अंधकार से छा गया था। पृथ्वी काँप रही थी, आकाश दौल रहा था– भूडोल आया हुआ था और उसमें ऋषि–मुनियों का रक्त उछल रहा था। भक्तों, सज्जनों, सन्तों की सीदति हुई प्रार्थनाओं से विश्व विकम्पित था। भारत भूमि के अरण्यों को काटकर जनस्थानों में बदल दिया गया। आततायी राक्षस के अत्याचार का नंगा नाच नाचने लगे थे। धर्म? गाय के एक खुर में छिप गया था। लंका के राक्षसराज के प्रचण्ड नेतृत्व में आर्य जाति को मेटा जा रहा था। वानर राज्य की सीमाओं में अतिक्रमण किया जा रहा था तथा भारत के अरण्यों के यज्ञ–मण्डप तोड़ दिए गये थे। यज्ञ वेदियाँ रक्त वर्षा से बुझा दी गयी थीं और आश्रम, आश्रमवासियों के शवों से पट गये थे। धरती धूज रही थी और गौ पुकार रही थी– प्रभु को। सभा में सन्नाटा छा गया। श्रोताओं के गहन

मन में आह उठी– "राम...... हे राम!" श्रीराम ने मानो अपने जलद–गम्भीर स्वर में पुनः–पुनः कहा– वेद–वेदांग, उपनिषद् तथा आरण्यक सभी वैदिक वांग्मय जलाकर भस्मीभूत कर दिया गया था। वेदों के मन्त्रों को शुक्ल से कृष्ण बना दिया गया। राक्षसराज रावण ने भू-मण्डल; के पण्डितों को आज्ञा दी कि शुक्ल वेद नहीं, कृष्ण वेद– यजुर्वेद? शुक्ल नहीं, कृष्ण। ज्ञान के अमृतमय सत्य स्वयं प्रकाश को माया की रीद्धिसिद्धियों के चमत्कृत तिमिर में डुबो दिया गया। लोगों! तब प्रभु क्या करते? क्या परमात्मा अपनी पृथ्वी पर यह घोर नाटकीय अत्याचार देखते रहते? इस आतप से भरे भयंकर अन्याय को होते रहने देते? प्रभु-घट–घट व्यापी है। वह अणु–अणु में अनन्त होकर भरपूर है। वही सत्य है, नित्य है, धर्म का महाप्राण है-ईश्वर स्वयं है। एक चरम सीमा के बाद प्रभु स्वयं काल के घोर अंधकार को भाँप लेता है और भूमि का भार मेटने के लिए अवतरित होता है। धर्म की ग्लानि मेटकर पुनः धर्म की स्थापना करता है। यह ईश्वर–परमात्मा का प्राणिमात्र को आश्वासन है कि वह धर्म की ग्लानि होने पर गौ की पुकार पर अवतरित होकर सज्जन को सुख, प्राणियों को मोक्ष तथा भूमि को पुनः मंगल से भरपूर कर देगा– परिपूर्ण।"

श्रीराम ने सबको निहारते हुए पुनः कहा– "स्नेहियों! भगवान परशुराम क्षत्रिय संहार के परिणाम स्वरुप आर्य क्षत्रिय परास्त और निस्तेज हो गये। उनका ध्यान अपने-अपने राज्यों की सीमा– सुरक्षा तक ही बन्ध गया। विशाल आर्य राष्ट्र के सतत् हित–चिन्तन तथा लोगों के परित्राण की ओर से भारतीय क्षत्रिय मानो सचेत हो गये। परिणाम यह हुआ कि आसुरी शक्तियाँ प्रबल हो गयीं और उन्होंने शाश्वत आर्य संस्कृति पर विषाक्त आक्रमण ही आरम्भ कर दिये। हमारी सांस्कृतिक और सामजिक एकता खण्डित होती चली गयी और समग्र मानव जाति के मंगल तथा कल्याण के अमोघ – अटल मन्त्र हम भूलते चले गये। रावण का उदय हुआ तथा समस्त आर्यावर्त सीदते हुए अंधकार में डूबता चला गया। शक्तिवान और समर्थ-असमर्थ, अशक्त तथा दीनों पर खुला अत्याचार कर स्त्री, भूमि, पशु तथा अन्य सम्पदाओं का विनाश करने लगे। भारत भूमि की यह दशा मुझसे देखी नहीं गयी। मैं स्वयं चाहता था, भारत के क्षत्रियों को जागृत कर तथा अरण्य की प्रजाओं को संगठित कर उनको आत्मविश्वास प्रदान करूं। इसके लिए मेरा वनवास विधाता की दृष्टि से अनिवार्य था। माँ कैकई ने मुझे वनवास दिलवाकर मेरा ही नहीं, समस्त भारत भूमि और मानव जाति का श्रेय ही साधा है। माँ कैकई को आप सबकी साक्षी से मेरा नमस्कार है।"

महर्षि वशिष्ठ ने चिहुँकते हुए कहा– ''धन्य, राघव राम! धन्य!''

श्री राम ने महर्षि को प्रणाम करते हुए मानो याचना की- ''इसीलिए राक्षसों के विनाश के पश्चात् अब मेरा कर्त्तव्य आर्य, वानर और राक्षसों को अमृत की संस्कृति की ओर जागृत करना है। प्राणिमात्र को उसके अमोघ मंगल की ओर चेतित करना है। राक्षसों को ज्ञान तथा सत्य का बोध है। वानरों को आर्यत्व प्राप्त हो तथा अरण्यों की प्रजाएं धर्म के राज्य के प्रति चेत कर स्वयं को अंधकार से प्रकाश की ओर गतिमान करें– यही मैं चाहता हूँ। ऐसी स्थिति में मैं सिंहासन की अटल मर्यादाओं में बन्धकर केवल आज्ञा ही देते रहना नहीं चाहता– मैं वैदिक वर्णाश्रम धर्म के जागरण, चैतन्य तथा उसके सत्य सिद्धान्तों का पुनरूद्धार करना चाहता हूँ।'' श्रीराम उपस्थितों को सविनय नमस्कार कर बैठ गये। महर्षि वशिष्ठ ने महादेवी श्रीमती कौशल्या जी को बोलने के लिए इंगित किया। कौशल्या जी गंगा की उत्तुंग तरंग की भांति उठीं और मंच के किनारे के पास आ खड़ी हुईं। एक शान्त आलोक में उनका मनोहर मुख-मण्डल आभासित था– आलोकित। श्रीमती कौशल्या देवी ने सबको नमस्कार किया और कहा– ''राघव ने जो कुछ कहा उससे मैं सहमत हूँ। जब महाराज ने श्रीमती रानी कैकई देवी की इच्छापूर्ति के लिए राम को वनवास दिया तो राम आर्य संस्कृति का राजा नहीं, लोकनायक ही हो गया। यह शुभ ही हुआ। आज परमात्मा की कृपा से भू-मण्डल की सुधि लेने वाला एक तो राजपुत्र है। प्राणिमात्र के अभ्युदय निःश्रेय के लिए तपस्या करने वाला एक तो आर्य क्षत्रिय हमें प्राप्त हुआ है। अयोध्या का राज्य महाराज ने ही भरत को प्रदान कर दिया है और भरत मेरा दूसरा राम है– राघव है। मैं स्वयं चाहती हूँ राम के मार्गदर्शन में भरत अयोध्या का राज्य चलाए– पादुका द्वारा नहीं, स्वयं चलाए और शत्रुघ्न पुर्ववत् भरत की सहायता करे। लक्ष्मण आर्य क्षत्रियों के ज्वलन्त संगठन तथा प्रजा की शक्ति के उद्भव और संचय के लिए राम की सहायता करे। मैं स्वयं राम के साथ हूँगी।''

गगन के गगन कँपा देने वाली तालियाँ गड़गड़ा उठीं।

महर्षि वशिष्ठ ने अमर्ष से पूर्ण किन्तु आलोक से जगमगाता हुआ कौशल्या जी का मुख-मण्डल देखा तथा बोले– ''भूमि माते! तेरा कल्याण हो भरत!''

भरत ने गहरा निस्वास भरकर कहा– ''आज्ञा, गुरुदेव!''

महर्षि वशिष्ठ ने कहा– ''तुमको तो कुछ कहना नहीं है?''

"है, महर्षे, है......." भरत ने कहा और उठे। मंच के कगार पर धँस कर खड़े होते हुए भरत ने सिर धुनाकर कहा– "मैं श्री राघव रामजी से सहमत नहीं हूँ। मनीषियों! प्रभु साक्षी है, मैंने मन–वचन– कर्म से अयोध्या तो क्या, किसी भी राज्य की कामना तो क्या, इच्छा तक नहीं की। अयोध्या का राज्य पिताश्री की पूजा के स्वर्ण–कमल–सा मेरे हाथ में थमा दिया गया। किन्तु रामजी राज्य तो आपका ही था, आपका ही है, आपका ही रहेगा। मेरी माँ ने आपको वनवास दिया, बुरा किया- अधर्म किया, किन्तु महापुरुषों के प्रति किये गये अमंगल से भी मंगल ही होता है। वनवास की घोर अवधि में श्री राघव राम ने पृथ्वी पर प्रकाश ही कर दिया। धरती की ध्रूजन मेटी, आकाश का उद्वेग शान्त किया तथा आर्यावर्त के क्षत्रियों को अभय दिया। तब मैं पूछता हूँ इस महान कार्य की फलश्रुति क्या है? एक मात्र यही है– राम– राज्य।" ध्वनि उठी– "अवश्य राम-राज्य, महात्मा भरत! अवश्य ही राम-राज्य।"

महर्षि वशिष्ठ ने कहा – "लोगों शान्त! दो महामानवों को सुनो।"

लक्ष्मण सहसा उठे और महर्षि को प्रणाम करके बोले– "मैं भी कुछ कहना चाहता हूँ- आज्ञा?"

महर्षि वशिष्ठ ने कहा– "अवश्य, लक्ष्मण! कहो।"

लक्ष्मण ने कटी तट पर उपवस्त्र कसते हुए कहा– "मैं भरत से सहमत हूँ। राम-राज्य, राघव राम का राज्य है। पिताश्री ने स्वयं श्री राम राघव को वंशपरम्परानुसार राज्य के लिए मन से अभिषिक्त किया था। उस अभिषेक को स्त्री के आँसुओं से मलिन नहीं किया जा सकता। महाराज दशरथ, ऋषि– मण्डल, मन्त्री परिषद, सेना, गण तथा समस्त प्रजा को दिया गया अपना वचन ही वापस कर लिया है– यह सम्भव नहीं था–असम्भव था पण्डितों! मैं तो तब भी यह जानता था कि श्रीराम को अपना राज्य का सत्व संघर्ष कर स्वीकार करना चाहिए था– मैं स्वयं यह संघर्ष जगाना चाहता था, किन्तु रामजी ने मुझे रोक दिया। अतः राम का राज्य–राघव रामचन्द्र का राज्य! भरत, तुम वास्तव में धन्य हो!"

कैकई उठीं और चीत्कारपूर्वक बोलीं– "मैं भी यही चाहती हूँ। पुत्रमोह में जो कर गयी– कर गयी। मैं आप सबसे क्षमा चाहती हूँ।लोगों मुझे क्षमा करो।"

ध्वनि उठीं– "माता कैकई! जय हो......!"

6

लक्ष्मण ने चक्कर काटने बन्द किये, स्थिर किन्तु कुछ ऊर्ध्व खड़े होते हुए बोले– "भरत ठीक ही कह रहा है, किन्तु श्रीराम को समझाए कौन? शताब्दियों से निरन्तर सतत् चली आती नीति को श्रीरामजी सुन ही नहीं रहे हैं। ज्येष्ठ पुत्र का ही राज्य का उत्तराधिकार हो– यह रघुवंश के पितृओं ने वंश परम्परा के स्वरुप में निश्चय किया है। यह परम्परा किसी से भी टाली नहीं जा सकती। इसीलिए....."

"इसीलिए तुम्हारे पिताश्री महाराज दशरथ ने श्रीराम का राज्याभिषेक भरत, शत्रुघ्न की अनुपस्थिति में निश्चित् किया– करवाया था क्या? यदि हाँ तो पल में बदल कैसे गया। श्रीमती कैकई के माँगते ही पलक में राज्य भरत को दे दिया। सच तो यह है श्रीराम ठीक ही कह रहा है"।

"क्या माँ!" लक्ष्मण ताड़ुके– "श्रीराम जी हठ कर रहे हैं।"

"करेंगे" सुमित्रा ने कहा– "राज्याभिषेक का विधिवत् निश्चय कर बिना श्रीराम से पूछे– ताछे राज्य अपनी प्रिय पत्नी की माँग पर उसके पुत्र को दे देना किसे भायेगा? यह तो श्रीराम था, जो उदारतापूर्वक नंगे पाँव राजमन्दिर से वन की ओर निकल गया– तू होता तो?"

"मैं होता तो इस प्रतारणा को छिन्न–भिन्न कर देता।"– लक्ष्मण ने कहा– "व्यक्तिगत वचन–कथन को लेकर किसी को भी शताब्दियों की राज्य–मर्यादा भंग करने का अधिकार नहीं है, न था और न होगा। रामजी को राज्यसिंहासन पर बैठना ही होगा। भरत का सत्याग्रह है, रामजी का हठाग्रह। हाँ, माँ!"

"राम के लिए ऐसा कैसे कह रहा है, रे!" सुमित्रा ने कहा– "राम तेरे सर्वस्व हैं– माता-पिता, भाई-बन्धु सब-कुछ। राम हठी नहीं हैं– हो नहीं सकते श्रीराम भरत से अधिक सत्य के संघक हैं।"

"भरत सत्य, न्याय तथा धर्म सभी को समझते हैं, माँ।" लक्ष्मण ने कहा– "भरत निस्संदेह त्याग–तपस्या की मूर्ति हैं, न्याय–मूर्ति। मैं भरत को गलत समझता था। किन्तु चित्रकूट में उनको श्रीराम–चरणों में रोते हुए देखकर मैं हठात् और चकित रह गया। तब रामजी का यह कथन कि मैं लक्ष्मण भरत को

नहीं जानता–समझ में आ गया। भरत को जान लेना आत्मदर्शन करना है, माँ। मैं ठीक ही कह रहा हूँ।"

"तो राम को समझा!" सुमित्रा ने कहा– "तेरा कहना अन्ततोगत्वा राम मानते ही हैं।"

"वनवास श्रीराम को अच्छा नहीं लगा"– लक्ष्मण ने कहा – "श्रीराम कहते कुछ नहीं हैं किन्तु जिस प्रकार दिया राज्य छीनकर उनको वन में धकेला गया– यह ईश्वर को भी बुरा लगने वाली बात है। राम महान हैं, किन्तु मनुष्य जो हैं।"

"ठीक कहता है लक्ष्मण"– सुमित्रा ने कहा– "राम उदारचेता महामानव हैं, तभी राज्य अंगीकार नहीं कर रहे हैं।"

"राम को राजसिंहासन पर बैठना ही है। मैं और भरत तथा गुरुदेव– सब एक मत के हैं। मैं सत्याग्रह करूँगा यदि रामजी राजी न हुए तो।"

"सत्याग्रह तू करेगा? क्यों?"– सुमित्रा ने पूछा।

"यह तो तुम्हेँ तब सोचना चाहिये था, जब मुझे रामजी के साथ सेवक की भांति वन जाने की आज्ञा दी। मेरी यह विनती तुमने स्वीकार की। रामजी का हठ मैं सत्याग्रह द्वारा तोड़ूँगा– निश्चय ही"– लक्ष्मण ने ऊर्जस्वितापूर्वक कहा– "सत्य ही सर्वोपरि है, अन्तिम ग्राह्य या सभी भ्रमों रूढ़ियों तथा जीर्ण परम्पराओं का नाशक है। सत्य का अनुभव ही ज्ञान है– यह उपदेश भी तुमने दिया है।"

श्रीमती देवी सुमित्रा ने कहा– "तो क्या मैंने तुझे विनय का उपदेश नहीं दिया? आतप और प्रहार से जिन की वाणी–काँपती रहती हो, वह भी राम का सेवक नहीं हो सकता और नहीं उनका शिष्य।"

"श्रीराम का सेवक! हाँ हूँ तो।" लक्ष्मण बोले– "किन्तु श्रीराम को मैं जैसे समझ पाता ही नहीं। चित्रकूट में तब पादुका क्यों दी थीं? पादुका प्रतीक मात्र हैं, माँ ! श्रीराम से भरत ने राज्य ग्रहण किया था तब। वनवास की अवधि काटनी थी, अतः अपनी पादुकाएँ भरत को दी थीं। भरत ने श्रीराम के चरणों का राज्य ही देखा है, शत्रुघ्न ने सम्भाला है। रघुवंश का सिद्ध राज्य भावुकता वश दिये गये वचन से अनुशासित नहीं होता, नहीं होगा।"

सुमित्रा– "लोग ही अन्तिम निर्णय करेंगे। राम और भरत ने ऋषिमण्डल की साक्षी से यह शिरोधार्य कर लिया है।"

"रामजी का विश्वास है, वे अपनी बात प्रजा से मनवा लेंगे।" लक्ष्मण ने कहा– "रामजी राम हैं, सब के हृदयों में रमे हुए हैं– राघव राम। प्रजा निश्चय ही उन्हें सुनेगी– भरत की नहीं, मेरी नहीं। माँ कौशल्या भी जैसे श्रीराम के साथ हैं।"

"मैं भी हूँ" सुमित्रा ने कहा– "अन्यायपूर्वक जो छीन लिया जाता है, वह वरदान रूप में स्वीकार नहीं किया जा सकता। वह जीत कर ही लिया जा सकता है। तो क्या राम भरत से लड़ें? तू समझता क्यों नहीं है? यह राज्य का राज्य के लिए विग्रह है। धर्म और तप से ही यह निभेगा। सत्य धर्म में जीता तथा तप से उज्ज्वल होता है।"

लक्ष्मण– "माँ मेरी! तेरी आज्ञा हो तो मैं क्षण में भरत को परास्त कर राम के लिए राज्य हस्तगत कर सकता हूँ। वनवास के समय भी मैंने रामजी से यही कहा था। अयोध्या के विशाल चौक में धनुष-बाण लिए खड़ा होना चाहता था। पिता कामवश जो चाहे वचन देगा ? नहीं.... राजा का वचन नहीं, न्याय तथा दण्ड ही होता है।"

"पिता के लिए जघन्य कथन– लक्ष्मण!"– सुमित्रा ने क्रोधपूर्वक कहा।

"सत्य सभी के ऊपर उपरत स्थित है। सत्य में झूठ लेशमात्र भी नहीं है। सत्य ही सत् है और कुछ भी नहीं है– यह भी तुमने ही मुझे सिखाया है माँ!"

सुमित्रा ने खीझकर कहा– "मैंने तो तुझे शास्त्रों में पारंगत किया है तथा शस्त्रों में सिद्ध किया है किन्तु तू विद्या का विनय और सत्य का शील जैसे जानता ही नहीं।"

"शील सत्य का, माँ।" लक्ष्मण बोले– "विद्या विनय देती है, किन्तु क्या झूठ, असत्य, भ्रम और मोह को भी स्वीकार करवाती है? सत्य की गति न्याय है, विद्या की गति विनय है तथा ज्ञान की विधि स्वयं परमात्मा की इच्छा है– यह तूने ही मुझे बताया है।"

❖❖❖

वैदिक वर्णाश्रम धर्म के वर्णों ने श्रीराम, लक्ष्मण और वैदेही के स्वागत में सभाएँ आरम्भ कीं। अयोध्या राज्य के ब्राह्मण उत्साहपूर्वक सभा में आए, विशाल यज्ञ किया तथा यज्ञ-वन्हियों की साक्षी से श्रीराम के भव्य ललाट पर राजतिलक किया, लक्ष्मण के भाल पर कुंकुम का तिलक तथा बाहुओं को यज्ञ-भस्मि से मण्डित

किया गया। श्रीमती सीताजी के चरण अंगुष्ठ पर वन्दना स्वरूप कुंकुम चाँपा तथा वेद मन्त्रों से स्वस्ति वाचन किया। पण्डित महा-महोपाध्याय त्रयम्बकेश्वर वेदान्त–वागीश ने सभा को सर्वप्रथम सम्बोधित किया– "राघवेन्द्र रामजी ने चतुर्वर्णों का परित्राण ही किया है। राक्षसों के सतत् भय से भयभीत चारों वर्ण स्तम्भित हो गये थे। ब्राह्मण–हम क्षत्रिय नरेशों के अभिषेक तथा अभिवादन में ही लगे रहे। प्रजा को ब्राह्मणों का अमोघ आशीर्वाद देना–हम जैसे बिसर गये। राजा और राज्य यही हमें सर्वोपरि महत्व के प्रतिष्ठान लगने लगे। राजा की इच्छा एवं आज्ञा के अधीन हमारा कर्मकाण्ड चलता रहा। अवश्य हम गृहस्थों के सोलह संस्कार करते–करवाते रहे किन्तु ब्राह्मणत्व श्री मन्द होती चली गयी। भगवान परशुराम के आतप से मानो ब्राह्मण मन ही मन मुरझाया–साधना और तपस्या औपचारिक रीति और रूढ़ी का प्रतिफलन होती गयी। बुद्धि के सजग और सावधान ब्राह्मण शास्त्रों का अध्ययन परम्परागत शैली से करता रहा, किन्तु ज्ञान का आलोक ओझल हो गया अन्यथा राक्षस मुनियों के आश्रमों के ठीक पास अपने घोर जनस्थान स्थापित कर ही कैसे सकते थे। ऋषि– मुनियों की तपस्या का फल अमोघ नहीं रहा। तभी तो महर्षि विश्वामित्र को नवयुवा श्रीराम–लक्ष्मण को अपने यज्ञ की रक्षार्थ मांग कर ले जाना पड़ा। तब समाज–मानव समाज ब्राह्मण की सत्य-संघक तपस्या तथा अमोघ तपस्या बल से ही काल के वरदान प्राप्त करता हुआ चलता है। ब्राह्मण अर्थात् परम् ब्रह्म का संघक, शोधक, चिन्तक तथा परमार्थ के लिए सतत् तपस्या और साधना करने वाला सत्य–चिन्तक। ब्राह्मण मानव जीव ब्रह्म की चेतना से ही ब्राह्मण है। ब्रह्माग्नि का चैतन्य गर्भ जिसके प्राण को निरन्तर ईश्वर के प्रकाश की ओर कर्षित करता रहे, जिसके मन में स्वाभाविक ही भ्रम-नियम पालता रहे तथा बुद्धि में जिसकी ब्रह्म चैतन्य की भीड़ उठती रहे तथा जिसके चित्त में विकार मात्र शम जाय और जो अपने अहं को आत्मज्योति से शान्त कर ले– वही ब्राह्मण! ब्राह्मण वह आर्य है जो समाज के सत्य, न्याय और धर्म का मार्गदर्शन करता तथा मानव तथा प्राणियों के अभ्युदय निःश्रेय के लिए अपनी तपस्या के बल और साधना की शक्ति से समाज को मार्गदर्शन देता रहे– वह ब्राह्मण है। आज राघवेन्द्र श्रीराम ने मुरझे हुए, बुझे हुए, ब्राह्मणत्व का परिष्करण कर ब्राह्मण को पुनः असद् से सद्, तिमिर से ज्योति तथा मृत्यु से अमृत्व की ओर गतिमान किया है। श्रीराम! आपकी जय हो। हम ब्राह्मणों का आशीर्वाद है– सदैव श्री सुकृति तथा जय प्राप्त कर तपो–तपते रहो तथा आपका यश सूर्य-चन्द्र दिवाकरों तक फैले और फैलाते रहें।" ब्राह्मणों के

अग्रणी-ऋषियों-मुनियों तथा वर्ण के गणमान्यों ने श्रीराम का रुद्राभिषेक ही आरम्भ कर दिया। वेदों के दिव्य मन्त्रों से श्रीराम को सप्तसिन्धुओं के जलों की अंजलि प्रदान की गयी। पृथ्वी तथा पुरुष सूक्तों से वन्दना की गई। श्रीराम ने ब्राह्मणों के श्री चरणों में साष्टांग प्रणिपात किया तथा जलद-गम्भीर स्वर में कहा– "आदरणीय, श्रद्धेय, पूज्य ब्राह्मणगणों! हमारा आप पूज्यों ने जो स्वागत किया है, वह हमारे जीवन के लिए अमोघ आशीर्वाद ही हैं।"

ब्राह्मण के तप बल और आशीर्वाद के आसरे के बिना क्षत्रिय राज नहीं कर सकता, वैश्य वार्ता कर नहीं सकता और शूद्र समाज की सेवा कुशलतापूर्वक कर नहीं सकता। क्षत्रिय तो मानो ब्राह्मण की साधना की शक्ति की मूर्ति ही है। ब्रह्म के मुख में आसीन ब्राह्मण निस्संदेह क्षत्रिय के पालक, रक्षक, त्राता और विधाता हैं। हाथों में ही मुखरित होता है। ब्राह्मण, चौदहों भुवन के अभय और अमृत के लिए तेरी सदा जय हो, विजय हो। राक्षसराज रावण की पराजय में मेरी–हम मन्त्रियों की नहीं, ब्राह्मणों की ही जय हुई है। शाश्वत जय ब्रह्मत्व की ही होती है और यही सत्य की विजय है, धर्म का अभ्युदय तथा न्याय का सत्व है।

"धन्य!" ध्वनि उठी।

श्रीराम ने सबको उपस्थित ब्राह्मण मात्र को दृष्टि से प्रणाम करते हुए पुनः कहा– "वनवास की घोर अवधि, नंगे पाँव, हम आपके आशीर्वाद तथा कल्याण– से ही काट सके।"

"रावण के साथ युद्ध में विजय आर्य क्षत्रिय के आत्म बल किन्तु ब्राह्मण महर्षि अगस्त्य के मार्गदर्शन तथा ब्रह्मास्त्र से ही हुई है। यह प्रत्यक्ष-अप्रत्यक्ष ब्राह्मणों तथा महर्षियों एवं मुनियों के अमोघ आशीर्वाद से ही सम्भव हुआ है। लक्ष्मण, सीता और मैं स्वयं आप ब्रह्म देवताओं का कृतज्ञ हूँ– चिर कृतज्ञ।"

महामहोपाध्याय त्र्यम्बक वेदतीर्थ ने उठकर पुनः अभयवरद आशीर्वाद दिया– "राघवेन्द्र राम! हम पुनः–पुनः प्रतिज्ञापूर्वक कहते हैं, आप पुरुषोत्तम हैं– मर्यादा पुरुषोत्तम तथा श्री विष्णु-विष्णु महाविष्णु के मानवावतार हैं। अपने परम् धाम से त्रसित, पीड़ित तथा क्षुब्ध मानव जाति का अभय, धर्म और शान्ति के धारण, पालन की दिव्य शक्ति और आर्य संस्कृति की सार्वभौम चेतना जगाने के लिए ही धराधाम पर पधारे हैं। मैं आर्यावर्त के ब्राह्मणों की ओर से आपका महामानव पुरुषोत्तम नर रूप हरि के स्वरुप में अभिवादन करता हूँ। आपका

अभिनन्दन करता हूँ और प्रार्थना करता हूँ– प्रजा की गहन निराशा दूर कीजिए, आज्ञा प्रदान कीजिए, जीवन का विषाद दूर कीजिए और प्राणी मात्र के योगक्षेम के लिए राष्ट्र का संयोजन कीजिए। हम ब्राह्मण सदैव आपके पृष्ठपोषक तथा आपका स्वस्तिवाचन करते हुए धर्म को उजागर करने के आपश्री के महान आध्यात्मिक उद्देश्य की पूर्ति में सहयोगी रहेंगे– हैं, प्रभो!"

लक्ष्मण सहसा उठे, बोल पड़े– "रामजी! ब्राह्मणों को सुनो और हमें आश्वस्त करो। हम सब आपके अनुज यही चाहते हैं कि अयोध्या के राज्य को अब भारत की भूमि का भारत राज्य बनाइये। राम–राज्य का मंगलारंभ कीजिए, स्वामिन्।"

श्रीराम ने मुस्कुराकर कहा– "इक्ष्वाकु वंश का रघुकुल तथा इसका राज्य सदैव सत्य, ज्ञान और न्याय का धर्ममृत राज्य रहा है। मैं चौदह वर्ष वन भ्रमण कर तथा अत्याचारियों एवं अधर्मियों को समाप्त कर अब पृथ्वी के योगक्षेम तथा प्राणियों के मंगल तथा अरण्यों की प्रजाओं के आर्य–संस्कार को आलोकित करने के लिए सतत् आर्य संस्कृति के चैतन्य का महायज्ञ ही रचना चाहता हूँ। राज्य, अयोध्या का राज्य तो पिताजी ने धर्म–स्वरुप भरत को कभी का सौंप गये हैं। राज्य भरत करेंगे और मैं उनका मार्गदर्शक रहूँगा। लक्ष्मण मेरे साथ आर्य क्षत्रियों के पुनर्जागरण तथा संगठन का कार्य करेंगे। शत्रुघ्न भरत की यथावत् सहायता करते रहेंगे। मैं मानव जाति के परित्राण तथा प्राणियों के योगक्षेम तथा पृथ्वी पर शान्ति, अभय तथा अभेद का सन्देश देने एवं कार्य करने के लिए गृहस्थ सन्यास ही लेना चाहता हूँ। श्रीमती वैदेही सीता मेरे साथ है, मेरी शक्ति और समस्त जीवन–चेतना के स्वरुप मेरे साथ हैं।"

ध्वनि गहगही– "धन्य–धन्य! राम तेरी जय हो।"

◆◆◆

समस्त आर्य क्षत्रिय राजाओं के साथ, सरयू तट के विशाल मण्डप में एकत्र हुए। सरयू की तरंगें जैसे उनके लोचनों में तरंगित हो रही थीं और सब प्रसन्नवदन श्रीराम का स्वागत कर रहे थे– लक्ष्मण तथा जानकी का अभिवादन कर रहे थे। कटिप्रदेश पर खड्ग और कन्धों पर धनुष और तुणीर सजे मतिमान आर्य क्षत्रिय नरेश घुटनों के बल बैठ गए और ऋषि मुनियों ने श्रीराम, लक्ष्मण और जनक नन्दिनी को अपने बाहुओं के विस्तृत वर्तुल में घेर लिया। स्वच्छ आकाश अनन्त में अपनी सीमाएँ मानो खोज रहा था और ग्रह–नक्षत्रों के नयनों से श्रीराम को

निहारता जा रहा था। श्रीराम चिर- प्रसन्न आर्य-क्षत्रियों को नमस्कार कर सबके साथ बैठ गये। ऋषियों ने श्रीराम का अभिषेक किया तथा अगणित फूलों की वर्षा कर महर्षि भारद्वाज ने कहा– "श्रीराम, आपकी जय हो! आपने हम प्रभु के अनुचरों का परित्राण किया। यही नहीं आपने भूमि माता के चारों वर्णों तथा पृथ्वीतल के धर्म का भी उद्धार किया है। हम सभी आप श्रीमान् के ऋणी हैं– आभारी हैं। आर्य क्षत्रियों! श्रीराम राघवेन्द्र ने केवल श्रीमान लक्ष्मण के सहयोग तथा वानरों के सक्रिय साथ से पृथ्वी का संकट काटा है। बोलिये– यह है या नहीं। श्रीराम निस्संदेह श्री हरि के मानवावतार हैं। तभी रावण जैसे प्रचण्ड प्रबल राक्षसराज से लड़ पाये। उसको धराशायी कर सके तथा आर्य संस्कृति का सूर्य पुनः उगा सके। श्रीराम की जय धरती और आकाश के अनहदनाद श्रीराम–नाम की विजय–सदैव बनी रहेगी।"

विदेह जनक उठे। श्रीराम ने भी उठकर उनको प्रणाम किया। जनक बोले– "राघवेन्द्र राम! चिरंजीवी हो!!"

महर्षि वशिष्ठ जी ने विदेह जनक से कहा– "आशीर्वाद प्रदान करें श्रीमद्! आर्य क्षत्रियों का श्रीरामाभिनन्दन विदेह वेदान्त पुरुषजनक द्वारा ही आरम्भ होना चाहिए।"

विदेह जनक ने महर्षि वशिष्ठ को नतमस्तक नमस्कार करते हुए कहा– "अभय, महर्षे!"

"तथास्तु!" महर्षि वशिष्ठ ने कहा और मुस्कुरा दिये।

राजा जनक ने उपस्थित क्षत्रिय समुदाय को निहारा, देखा तथा घूरते हुए कहा– "विधाता के विधान तथा परमात्मा की कृपा से आज के इस रामजी के अभिनन्दन का ऐतिहासिक अवसर समुपस्थित हुआ है। ऐसा लगता है, आर्य क्षत्रिय श्रीराम–वनवास और रावण–वध के द्वन्द्व से अपनी अन्तरात्मा में आघात खाकर जाग गये हैं। मैं स्वयं सो रहा था, मैं विदेह राजा जनक राक्षसों के असीम अत्याचारों और अधर्म कार्यों के आतंक को जैसे सुदूर सुन रहा था। तब जन्मते ही श्रीराम आर्यावर्त की इस घोर अँधेरी रात में जागते हुए मानव जाति के प्रहरी रूप खड़े हो गये। महर्षि विश्वामित्र के यज्ञ की जब श्रीराम–लक्ष्मण ने साहसपूर्वक रक्षा की, तब मुझे लगा मेरे मन के नयन यकायक खुल गये हैं और मैं पुनः जैसे भारतभूमि की घोर रात्रि के सघन अंधकार को देखकर अपने स्थिर अन्तःकरण</p>

में हिला। तभी से श्रीराम–लक्ष्मण पृथ्वी की भावि आशा तथा आकाश का उत्साह हो गये। मैंने देख लिया भगवान परशुराम के बाद पुनः भगवान का क्षत्रिय स्वरूप अवतार हुआ है। धर्म–धारण, न्याय तथा सत्य की आराधना–साधना के लिए वेदान्त स्वरुप परमात्मा आर्य क्षत्रिय स्वरुप ही अवतार धारण करता है। परम् ब्रह्म ज्योतिषाम् ज्योति ब्राह्मण वर्ण में श्रीमद् आचार्य के रूप में अवतरित होता है। ब्रह्मर्षि, महर्षि तो सभी वर्णों के ऊपर उपरत सत्य के द्रष्टा हैं। ऋषियों का वर्ण नहीं, सत्य तथा विद्या के गोत्र होते हैं। श्रीराम चारों वर्णों के वक्ता, मार्गदर्शक और नियामक वेदान्त पुरुष हैं। यह मैं आज कहता हूँ। भगवान परशुराम के क्रोध को जो अन्जुलिवत् पी सके तथा जो विष्णु धनुष को चुटकी में तोड़ सके वह क्या सामान्य–साधारण प्रारब्ध भोगने वाला जीव हैं? नहीं, वह ईश्वर की ज्योति से भरपूर महापुरुष है। महामानव है। अतः मैं सर्वप्रथम आर्य क्षत्रियों की ओर से श्रीराम जी को नमस्कार करता हूँ और आशीर्वाद देता हूँ– राम तेरी जय हो!"

"जय हो!" शत सहस्त्र कण्ठों से ध्वनि उठी।"

श्रीराम ने पुनः खड़े हो , विदेह जनक के चरण स्पर्श कर प्रणाम किया तथा मुस्कुरा दिये। महर्षि वशिष्ठ ने लक्ष्मण से कहा– "अब तुम लक्ष्मण! उपस्थित आर्य क्षत्रियों का नमस्कार पूर्वक अभिवादन करो।"

लक्ष्मण तपाक से उठे और श्रीराम की ओर देखा। श्रीराम ने हाँ में इंगित किया। लक्ष्मण ने कहा– "भगवान परशुराम जी के क्षत्रिय–संहार के पश्चात् जैसे क्षत्रियों का बीज ही नष्ट हो गया था! आपका अभिवादन करते हुए भी मैं पूछता हूँ क्या हो गया है क्षत्रियों को। पड़ौस में राक्षसों के जनस्थान बने, ऋषि–मुनियों का नाटकीय संहार हुआ–होता रहा। यज्ञ बुझा दिये गये और आश्रम रक्त रंजित कर दिये गये, मुनियों की हड्डियों के ढ़ेर लग गये–अरण्य पथों पर। तब क्षत्रिय नरेश, राजे–महाराजे क्या करते रहे? नाट्य शालाओं में नाटक देखते रहे? सांस्कृतिक समारोहों का आनन्द उठाते रहे और राग–रंग मनाते रहे? राजदरबार को त्यागकर सब नरेश रंग भवन में सोते रहे? क्या हुआ? मैं जानना चाहता हूँ।"

एक नरेश ने बीच में कहा– "त्रस्त और भयार्त हो गये। भगवान परशुराम का सामना भला कौन कर सकता था!"

लक्ष्मण ने अमर्षपूर्वक कहा– "क्षत्रिय सत्य, धर्म और न्याय के लिए यम का भी का सामना करेगा। रघुवंश के राजाओं ने आज दिवस तक यम और विधाता

का सामना करते हुए समाज की रक्षा तथा जगत का कल्याण किया है। भगवान परशुराम भगवान के अंशावतार तो हैं किन्तु विधाता और त्राता नहीं हैं।"

हनुमान चिल्लाये– "वह तो राम हैं– रामजी! जय–राम!!"

'जय राम' की ध्वनि पुनः–पुनः गूँजी।

लक्ष्मण ने हनुमान को घूरा और पुनः क्षत्रिय समुदाय को निहारते हुए कहा– "हम रघुवंशी सभी के सेवक तथा सहायक रहे हैं– हैं। आपका यह हमारा अभिनन्दन सचमुच में क्षत्रिय वर्ण का अभिनन्दन है। श्रीराम जी के नेतृत्व में अब हमें अँधेरी रात बिता देने के बाद जागना है। राक्षसों का संहार हुआ है, रावण मरा है, किन्तु राक्षसीय परम्पराओं का नाश नहीं हुआ है। मानव हिंसा, भय, अशान्ति तथा उद्वेगों और द्वन्द्वों से स्वयं को ही समाप्त कर रहा है। आज दिवस तक किसी ने भी ऋषि– मुनियों तथा अरण्य प्रजाओं का अभय नहीं छीना, शान्ति नहीं लीली–राक्षसों ने यह किया। तो क्या हम क्षत्रियों ने प्रजा को अभय दिया? बनाये रखा? क्या हम स्वयं व्यर्थ के युद्धों में नहीं रत हुए? एक राजा दूसरे राजा से किसी न किसी मिस लड़ता रहा है। मैं पूछता हूँ, राज्यों की सीमाओं का संघर्ष क्या कभी समाप्त होगा? क्या राजकुमारियों के लेकर विवाह के दावे खड्ग से ही निर्णीत होते रहेंगे? स्वयंवर की प्रथा तो सुख–शान्ति की तथा व्यष्टिगत स्वतन्त्रता की ही संज्ञक प्रथा है। श्रीराम जी ने धनुष तोड़ा और स्वयंवर की माला पहनी। यही है श्रीराम का सन्देश। श्रीराम जी ने अकेले ही अपूर्व साहस तथा अमिट धैर्यपूर्वक राक्षसों का सफाया किया, यही है श्रीराम जी का उद्देश्य–जीवनोद्देश्य। बान्धवों! श्रीराम का अवतरण क्षत्रियों के नव–जीवन तथा उनमें नव–चैतन्य संचरित करने के लिए हुआ है। श्रीराम, जहाँ तक मैं उनको जान सका हूँ– समझ सका हूँ– युग पुरुष हैं। भगवान परशुराम जिनको नमस्कार कर अपने सभी पुण्य अर्पित करते हैं, वह मानव युग–पुरुष नहीं तो और कौन है? महाराज जनक वेदान्त पुरुष और श्रीराम युग पुरुष। तो मित्रों! साथियों! अभिनन्दन केवल गुणानुवाद ही न हो, क्षत्रियों का अजेय संकल्प हो, सन्देश हो, उद्देश्य हो।"

विदेह जनक ने प्रसन्नवदनपूर्वक कहा– "बोलो बान्धवों।"

भरत ने उठकर गम्भीर शान्त स्वर में कहा– "राम–राज्य।"

'राम-राज्य'–ध्वनियाँ उठीं– "अवश्यमेव।"

श्रीराम तपाक् से उठे और मंच के किनारे तक आकर खड़े होते हुए बोले– "अभय का, शान्ति का, सत्य, न्याय और मंगल का राज्य। प्राणिमात्र के परित्राण एवं योगक्षेम का राज्य! राज्य भूमि पर अधिकार एवं सिंहासन पर सत्वाधिकार ही नहीं है। राज्य यावत् जीवन के लिये नियमन, नियन्त्रण, मार्गदर्शन तथा मानव के अभ्युत्थान, अभ्युदय तथा निःश्रेय का मर्यादाविहित तन्त्र और मन्त्र है। संयोगात् अयोध्या का इक्ष्वाकु वंश के रघुकुल का राजसिंहासन वेद–वेदान्त तथा वैदिक वर्णाश्रम धर्म का रक्षक तथा मार्गदर्शक शासन रहा है– आज भी है और भविष्य में भी रहेगा। आपके इस अपूर्व अभिनन्दन के लिए आभार! किन्तु मैं प्रत्युत आप सबका अभिवादन कर निवेदन करता हूँ– अभी हमारी आर्य सभ्यता की नवचैतन्य का पृथ्वी–यज्ञ आरम्भ हुआ है। अभी हमें इसके लिए नव–चेतना तथा अमोघ आत्मविश्वास की आवश्यकता है। आप सब हमारा साथ दें और हम सब मिलकर अटूट एकता में बन्ध कर पृथ्वी का भय मेट दें, आकाश का उद्वेग शमन कर दें। यज्ञों को अजर तथा ऋषि–मुनियों को अमृतपान के लिए निर्भय कर दें। हम क्षत्रिय हैं। परमात्मा के आजानुभुजों में हमारी क्षात्रचेतना का निवास है। प्रभु में क्षत्रिय रक्त है, बुद्धि ब्राह्मण की तथा उदर वैश्य का है। प्रभु सेवक शूद्र के चरणों से ही ब्राह्मणों में विचरते हैं। ब्राह्मणों का भय मेटना नितान्त अनिवार्य है अन्यथा ब्राह्मण ध्यानावस्थित होकर परमात्मा का ध्यान कैसे धरेंगे? ऋषि–मुनि अपने मन में रमे राम को कैसे देखेंगे? आज अयोध्या के महान दिव्य सरयूतट पर मानव वर्णों और संस्कृतियों का मिलन हो रहा है। आज आर्य वानर और राक्षस संस्कृतियाँ का महा नदियों की धारा में होकर सरयू के गहरे नीर में लीन हो रहीं हैं। भरत, सुग्रीव और विभीषण, यह तीनों संस्कृति–पुरुष हमारी आज्ञा हैं– विश्वास हैं। क्षत्रिय बान्धवों! उठो– जागो अपना मनोरथ प्राप्त करो। क्षात्र मनोरथ मानव जाति का परमार्थ है– स्वार्थ नहीं।"

✦✦✦

भरत ने आर्द्र कण्ठ से महाराज विदेहजनक से निवेदन किया– "भगवन्! रामजी को समझाइये–मनाइये। मेरी सुन लेते हैं, पर मानते नहीं। चित्रकूट में मुझे अपनी पादुका जब प्रदान की तब मैं तो यही समझा था कि अपनी पादुका द्वारा अयोध्या का राज्य स्वयं राम ही सम्भाल रहे हैं– बाधा केवल वनवास की अवधि की थी। मैंने जब माना वनवास की अवधि काटना अनिवार्य था और अयोध्या का सिंहासन तब तक सूना नहीं रह सकता। पादुका–स्वरुप श्रीराम ही ने विगत

चौदह वर्ष के घोर काल में अयोध्या के राज्य के संयोजन तथा संचालन की मुझे प्रेरणा तथा शत्रुघ्न को प्रकाश दिया है।"

श्रीराम ने हँसते हुए कहा– "पूज्य! भरत अत्यन्त भावुक हैं। किन्तु मां कैकई को पिताजी द्वारा प्रदत्त दो वरदान तो अमोघ स्वरूप हैं। उनको टाला या अन्यथा किया नहीं जा सकता। फिर मैं अब सिंहासन की स्वर्ण परिधि में बन्धकर बैठे रहने तथा आज्ञा करते रहना भी नहीं चाहता। इस भव के अन्तिम चरण तक मैं आर्य सभ्यता के चैतन्यों का सन्देश परिव्राजक की भांति भू-मण्डल की प्रजाओं को देता तथा आर्य संस्कृति के पुनरूद्धार तथा पुनरोत्थान के लिए सतत् यज्ञ करते रहना चाहता हूँ– जी हाँ!"

भरत ने आर्द्र किन्तु अमर्षपूर्ण स्वर में कहा– "वंश परम्परानुसार राज्य त्यागा नहीं जा सकता, रामजी।"

श्रीराम ने कहा– "राज्य वंश की परम्पराएं ईश्वरीय सिद्धान्त तथा अनिवार्य यम-नियम नहीं हैं। न वह विधाता कृत आदेश ही हैं। परम्परा है– केवल परम्परा। फिर परम्परा टाली जा सकती है, बदली जा सकती है, परिष्कृत की जा सकती है। तुमने भी भरत! रघुवंश की परम्पराएँ पिताजी के देहावसान के बाद कहाँ मानी। पिताजी ने माँ कैकई को दिए गये वचन के अनुसार राज्य तुमको दिया। तुमने ग्रहण नहीं किया और सिंहासन लेकर चित्रकूट दौड़े आए। माताएँ सती होना चाहती थीं।"

भरत बीच ही में बोल उठे– "तो वनवास की अवधि पूरी होने पर अयोध्या में आपका स्वागत कौन करता? मैं करता क्या? वनवास आपको मेरे कारण मिला, अतः मैं आपका स्वागत कैसे करता? क्या राजा की भांति आपको बधाई दे सकता था? आपका अभिनन्दन कर सकता था– अभिनन्दन? नहीं। समर्पित तपस्वी अनुज की भांति रोते हुए आपके चरण मैंने सरयूतट पर थामे हैं, राम!"

कौशल्या जी ने कहा– "भरत की बात हमने इसीलिए मानी थी।"

"क्या वनवास की अवधि समाप्त कर अयोध्या लौटकर मैं अपना राज्य भरत के दायित्व से मुक्त करूँ– यह भी माना था?"

"नहीं"– सुमित्रा जी ने कहा– "राज्य तो भरत का हो चुका था, भरत का ही है पूज्यपाद!"

महाराज जनक ने गम्भीर स्वर में कहा– "राज्य तो ईश्वर का होता है, महादेवी विधि के राज्य–रंगमंच पर भरत और राम-दो महापात्र हैं। राम, भरत की बात स्वीकार करने में आपको आपत्ति क्या है?"

"मैं स्वयं वानप्रस्थ होकर शेष जीवन आश्रमों में ही बिताना चाहता हूँ।" श्रीराम ने कहा– "मुझे लगता है, मैं राज्य करने के लिए जन्मा ही नहीं हूँ। यदि ऐसा होता तो अभिषिक्त राज्य पलभर में चला नहीं जाता। अयोध्या का राज्य विधि का कंदुक हो गया है, पूज्यपाद!"

महाराज जनक– "अयोध्या का राज्य विधि का कंदुक होकर भी भू-मण्डल के भाग्य तथा भविष्य का राज्य हो गया है राम! भरत ठीक ही कह रहे हैं, राम! राज्य तो महामानव युग पुरुष का ही।"

"धर्ममूर्ति का प्रभो!"– राम ने कहा– "मेरा तो भूमि का एक तसु भी नहीं है। यह मेरा देह भी मेरा नहीं है– मैं भी मेरा नहीं हूँ। यह राज्य जीव की–क्षत्रिय जीव की तृष्णामात्र है। रक्त से रंगी हुई और संघर्षों से कातर तृष्णामात्र! मैं अनन्त शान्तिपूर्वक मानवता की सेवा करते रहना चाहता हूँ। सीता और मेरी बान अदम्य जीवन की पड़ गयी है। चौदह वर्ष का वनवास संस्कार उत्पन्न कर ही देता है। युग पुरुष? मैं? मैं? कुछ भी कहा जाऊँ– हूँ तो मानव योनि में जन्मा एक मानव।"

"महामानव......" भरत ने कहा– "महामानव ही समाज और राष्ट्र का परित्राण कर सकता है। अयोध्या के राजसिंहासन पर आरूढ़ होकर रामजी! मेरे इष्ट देवता! महामानव का राज्य आरम्भ कीजिये। राजा के आधारभूत दायित्व में धर्म–धारण भी आ ही जाता है। मैं स्वभाव से राजा होने का पात्र नहीं हूँ। मेरे जीवन का एकान्त उद्देश्य आपके चरणारविन्दों में करुणा की याचना करते हुए पड़े रहना है। हाँ, है, पूज्यपाद! रामजी को आज्ञा क्यों नहीं देते? हमारी बात तो ये सुनेंगे नहीं। भाभी सीते! आप भी तो कुछ कहें। रामजी के होते हुए क्या हम में से कोई राजा बनना पसन्द करेगा? नहीं–नहीं।"

भगवती सीता ने विनीत स्वर में कहा– "इनकी जो इच्छा–वह मेरी इच्छा है, भरत जी! मैं इन से क्या कहूँ? मैं तो इनका रूझान देखकर इनके अनुसार– अनुरूप ही जीती हूँ।"

लक्ष्मण ने कहा– "हाँ भरत जी! भाभी सत्य कह रही हैं। रावण के अशोक वाटिका कारागार में भाभी ने श्रीरामजी को ही धरती पर चारों दिशाओं में तथा आकाश में देखा तथा प्रति स्वाँस– प्रस्वाँस भजा है। यह मैं जानता हूँ, हनुमान जानते हैं और अब सारा संसार जान गया–पूज्यपाद महाराज! आप ही हमारे अब पिता–स्वरुप हैं, पितामह रूप हैं। रामजी को मनाइये प्रभो! हम सब आपसे विनती करते हैं।"

महाराज जनक ने सस्मित कहा– "राम अन्तर्यामी हैं– वे सब जानते हैं। मैं क्या कहूँ? मेरे लिए तो आप चारों समान हैं– समाद्दत हैं। पुत्र को आज्ञा दे सकता हूँ– जामातृ को नहीं। राम! मेरा आग्रह है– माताओं की, भाइयों की, इष्ट मित्रों की अन्त में गुरुदेव महर्षि वशिष्ठ की सुनो।"

"जी सुनूँगा .... सुन रहा हूँ।" श्रीराम ने कहा– "किन्तु मैं क्या करूँ? राज करने को जी नहीं चाहता। सघन वृक्षों की घटाओं के नीचे सोकर मैंने अनन्त को देखा है। अनन्त के तारों को देखा ही नहीं, गिना है। अनन्त कोटि ब्रह्माण्ड की धारणा है। मैंने भूमि माता का कण–कण देखा है। मैंने धरती और आकाश का साक्षात्कार किया है, भूतों, तत्वों, पदार्थ मात्र को अज्ञान के तिमिर में डूबा हुआ देखा है। राज्य–मानव जीवन का सर्वोपरि मोह है, प्रभो! सन्तति, स्त्री, घर बाहर का मोह घिस–घिस कर कट जाता है, किन्तु राज्य–घोषणा? नहीं कटती। वह तो प्रभु की दया तथा गुरुकृपा से ही सम्भव है। महर्षि वशिष्ठ मेरे आचार्य, गुरु तथा परम् हितैषी हैं, किन्तु भरत को दिया गया राज्य अथवा अन्य विजित या प्राप्त राज्य मैं कैसे स्वीकार करूँ? मानव जीवन का दिव्य परमार्थ रूप उद्देश्य है– किन्तु राज्य का क्या उद्देश्य है?"

विदेह जनक ने कहा– "जन मन रंजन।"

राम– "जन मन रंजन?"

विदेह– "हाँ, रामजी! जन मन रंजन–राज्य का अन्तिम आत्यन्तिक दायित्व जन मन रंजन करना, जनता को अर्थात् प्रजा को प्रसन्न करना और रखना है। भरत के राज्य का उद्देश्य धर्मधारण तथा धर्मरक्षण, लक्ष्मण के राज्य का उद्देश्य न्याय एवं साहस का विनिमय तथा शत्रुघ्न के राज्य का उद्देश्य अर्थ संभृति– सम्पदा का वर्धन और आपके, श्रीराम के राज्य का उद्देश्य–जन मन रंजन। सभी

प्रकारों और उद्देश्यों के राज्य हो चुके हैं, हैं-रेंग रहे हैं, किन्तु जन मन रंजन का राज्य अभी उदित होना शेष है। विधाता जन मन रंजन का राज्य चाहती है, राम!"

श्रीराम जी ने कहा– "सत्युत प्रभो! किन्तु क्या जन मन रंजन दिव्य–भव्य वानप्रस्थी होकर नहीं रचा जा सकता? जन मन रंजन के लिए क्या राजा होना और राज्य करना अनिवार्य है? फिर जनता की प्रसन्नता तो राजा नहीं, ईश्वर ही साध सकता है। राजा प्रजा का पिता तो होता है, किन्तु इष्ट देवता भी है क्या?"

भरत ने कहा– "राजा प्रजा का पिता, माता, बान्धव, इष्ट मित्र और शत्रु भी है।"

"शत्रु"– भरत ने पूछा।

"रावण, राम मेरे, रावण!"– भरत ने कहा और श्रीराम के चरण थामकर कहा– "सिंहासन पर शोभायमान होने की स्वीकृति प्रदान कर मुझे भव–पीर से मुक्त करो, राम!"

लक्ष्मण ने पुकार की– "धन्य भरत! धन्य!!"

7

भरत ने चक्कर काटना बन्द करते हुए माण्डवी को सम्बोधित कर कहा– "हे ईश्वर। रामजी मान जायें। प्रिये! यह राज्य मेरे अन्तःकरण पर नागाधिराज से भी बढ़कर बोझ है।" माण्डवी ने अलसाते हुए कहा– "राज्य राजा के अन्तःकरण में जनकल्याण तथा प्रजा का अभ्युदय निःश्रेय साधने की शक्ति है। दिव्यतम! राजा ही न्याय कर पाता है, दुष्टों को दण्ड देता है, दस्युओं को समाप्त कर तथा शत्रुओं को पराजित कर सकता है। राज करने से बढ़कर साधना और कौन सी है लोक व्यवहार में?"

भरत ने झुंझलाकर पूछा– "तो तुम भी चाहती हो, मैं अयोध्या के राजसिंहासन को सुशोभित करूँ? रामजी का राज्य का सत्वाधिकार छीन लूँ?"

"पिताश्री ने तुमको राज्याधिकार दिया है। फिर छीनना कैसा?" माण्डवी में कहा– "अपने वंश का राज्य छीना नहीं जाता–लिया जाता है–दिया जाता है।"

"राज्य! राज्य!!"– भरत ने तीव्र अमर्षपूर्वक कहा– "माण्डवी, राज्य का तुमको घट्ट मोह है तब! तुम भी महारानी माण्डवी ! महादेवी बनना चाहती हो। मां कैकई की भांति तुम भी रानी बनना चाहती हो?"

"मैं तो तुम्हीं को चाहती हूँ"– माण्डवी ने उठ बैठते हुए कहा। "माँ की भांति मैंने तुम्हारे लिए राज्य का वरदान माँगा क्या? तुमको पिताजी ने राज्य सौंपा तो राज्य तुम्हारा।"

"रामजी का"– भरत बमके– "पृथ्वीभर का राज्य राम का है माण्डवी! मैं इसके विपरीत कुछ भी सुनना नहीं चाहता। मैं राम–राज्य को लेकर किसी भी भांति का प्रज्ञापराध करना नहीं चाहता। राम-वनवास स्वीकार कर मैंने यावत् जीवन के सभी प्रज्ञापराध कर लिए हैं– माँ कैकई का कपूत होकर मैंने सारे पाप कर लिए हैं। धर्मात्मा, मैं? नहीं। मेरा जीवन तो रामजी के श्री चरणों में सतत् रुदन का प्रायश्चित् ही है– हो गया है, माण्डवी! मैं प्राण दे दूँगा मगर राजसिंहासन अंगीकार मन–वचन–कर्म से नहीं करूँगा।"

"जैसी आपकी इच्छा।"– माण्डवी ने कहा– "मैं तो तुम्हारी जीवन संगिनी हूँ– अद्धार्ङ्गिनी! तुम्हारे संग यमलोक में भी रहूँगी। राझी! मैं बनना चाहती हूँ? यह

आपने कैसे सोचा? मैं तो आपकी चेरी...... दासी ही बनी रहना चाहती हूँ। क्या मैंने आपकी नन्दीग्राम की साधना में कभी विघ्न किया?...... आपत्ति की? अवश्य मैं आपकी साधना के काल में आपकी सेवा करते रहना चाहती थी। आपने उसे मान्य नहीं किया।"

भरत ने माण्डवी को घूर कर देखा, कहा– "विधवा तथा आसन्न माताओं की देख–भाल कौन करता? भाभी सीताजी के बाद तुम ही तो हो जो माताओं की सेवा करोगी। तुम माण्डवी! रघुकुल की वधुओं में सबसे अधिक उत्तरदायित्वपूर्ण महिला हो। मेरी सेवा क्या? राम–वियोग में मेरे आँसू क्या तुम मिटा सकती थीं।"

"नहीं तो मैं आपके आँसू मिटाना नहीं पौंछना ही चाहती थी।" माण्डवी ने कहा– "क्या आपको मैं समझती नहीं, जानती नहीं? रामजी ठीक ही कहते हैं– धर्म के आप साक्षात् स्वरुप हो–मैं नहीं।"

"तुम तब क्या हो?"– भरत पूछ बैठे।

"आपकी पत्नी, जीवन–संगिनी, अद्धाँगिनी, अनुचरी"– माण्डवी ने कहा– "मैं भी चाहती हूं, रामजी राज्य स्वीकार कर लें।"

"मैं यदि रामजी के प्रति निष्ठ हूँ, पूर्ण समर्पित हूँ तो रामजी को राज्य स्वीकार करना ही होगा।"– भरत ने सोत्साह कहा– "वनवास की लम्बी अवधि ने रामजी में वैराग्य उत्पन्न कर दिया है। वैराग्य! तो राघव राम रागी कब थे? राग में विरागी और वैराग्य में रागी राम हैं, सुना?"

"महामानव राम।"– माण्डवी ने कहा।

"अवश्यमेव महामानव"– भरत ने अपूर्व उत्साहपूर्वक मानो स्वगत कहा– "रामजी मेरे बड़े भाई हैं– एक ही पिता की सन्तान हैं हम, किन्तु साथ बड़े हुए हम भाई श्रीराम जी को जैसे जान पाते ही नहीं। श्रीराम स्नेह का शील हैं, उदारचेतना के सागर हैं तथा मानवों के अनन्य मित्र हैं– प्राणियों के त्राता हैं। अवश्य, किन्तु मुझे कभी–कभी ऐसा लगता है कि श्रीराम विधाता के भी मार्गदर्शक तथा यम के नियामक ईश हैं। श्रीराम के विशाल नयनों में अनिर्वचनीय दिव्य आभा भरी है और आलोक की अतल गहराई से उनके शान्त नयन जगत के द्रष्टा मात्र हैं। ऋषि–मुनि ठीक ही कहते हैं श्रीराम श्री हरि नारायण के मनुजावतार हैं, माण्डवी श्रीराम क्या हैं? मैं जानना चाहता हूँ, किन्तु जानकर भी जैसे नहीं जान पाता–क्या करूँ?"

माण्डवी ने सस्मित कहा- ''राम जी से ही पूछो कि वह क्या हैं? निस्सन्देह राम जी जैसा जेठ सौभाग्य से ही मिलता है। श्री राम जी जैसा कुल में पितरों के अमोघ पूण्यों के फलस्वरूप ही जन्मता है। परन्तु तुम क्या राम जी को कभी जान पाओगे भी? तुमने तो अपना आपा अपना व्यष्टि श्री राम के चरणों में अर्पित जो कर दिया है। तुम राम जी के भक्त हो और राम जी? तुम्हारे भगवान।''

भरत ने सिर धुना कर कहा- ''सत्युत, माण्डवी! जीती रहो! मैं राम जी का आर्त भक्त हूं- अभी और आज चाहता हूं- श्री राम अयोध्या के राजसिंहासन का अपना सत्वाधिकार सम्भाल ले। तुम मां कौशल्या से जाकर मेरा यह संदेश कह दो। राम को मुझ पर राजी होना ही है और मैं प्रसन्न, निश्चिंत तथा निष्कलंक तभी हूंगा, जब राम जी राजा राम होंगे।''

''राज राम!'' माण्डवी फुसफुसाई- ''राजा भरत? नहीं, स्वामी मेरे! राजा भरत जँचता नहीं। राजा राम ही जैसे जँचता है; सुहाता है- फबता है। यह माँ कैकयी को क्या सूझा जो आप के लिए राज्य माँगा।''

''उस दुष्टा मन्थरा के कारण।'' भरत झुंझलाए- ''उसने याद दिलाई कि पिता जी ने माताजी को विवाह के पूर्व दो वचन दिये थे। तो स्वाभाविक ही माँ ने अपने पुत्र के लिए मोह वश राज माँगा तथा राज्य के सत्वाधिकारी के लिए वनवास मांगा, जिससे मैं अपना राज जमा लूं। विशाल सशस्त्र सेना खड़ी कर, राम जी से युद्ध कर अपना राज्य बचा लूं- जैसे राम जी अपने राज्य के लिए वनवास व्यतीत कर कोई दावा रखेंगे। मां कैकयी यूं तो बुद्धिशाली है, चतुर हैं किन्तु मूलतः राजनीति का प्रपंच भी समझती हैं।''

''किन्तु पिताजी ने विवाह के लिए मां की शर्तें मान लीं थीं- नहीं?'' माण्डवी ने पूछा

''हां। उनका पुत्र ही अयोध्या के राज का उत्तराधिकारी होगा। राजवंशों की अटूट श्रृंखला को राज़ियों के मोह ने भंग किया है। अतीत में भी और भविष्य में भी, राज-मातायें पुत्र मोह वश होकर सत्वाधिकारी से उसका राज्य छीनती रहेगी। वचन बद्ध कर या युद्ध कर राज्यों की हेरा-फेरी इतिहास का जैसे स्वाभाविक क्रम हो गई है। मैं इसे रोकूंगा-थामूंगा। श्री राम जी को अपनी जय बोलनी ही होगी।''

''मैं तो तुम्हारी भी जय सुनना चाहती हूँ।''– माण्डवी ने उदास स्वर में कहा।

“मेरी जय?”– भरत ने चीत्कार सी की– “मेरी पराजय में ही मेरी जय है, माण्डवी मैं पराजय का वीर हूँ। माँ कैकई के वरदानों ने मुझे जड़ बना दिया है। मैं सदैव के लिए पुण्य की परिधि से छिटककर नर्क की सीमाओं में लुढ़क गया हूँ। हां, माण्डवी। मैं हत भाग्य क्षत्रिय हूँ – मेरा मोक्ष श्रीराम जी के चरण कमलों में ही है।”

◆ ◆ ◆

श्रुतकीर्ति ने विकल शत्रुघ्न से कहा– “विलक्षण हैं रामजी! तब चित्रकूट में अपनी पादुकाएँ क्यों दीं? पादुकाएँ देने का अर्थ ही यह होता था, भरत जी का आग्रह मान लिया– वनवास की अवधि समाप्त होने पर रामजी पुनः राज्य सम्भाल लेंगे। यही।”

शत्रुघ्न ने कहा– “यह भरत जी समझते थे। रामजी ने तो भरत जी का मन रखने के लिए ही अपनी पादुकाएँ दी थीं। लगता भी यही है। महात्मा राम किसी को प्रदत्त राज्य अंगीकार कैसे करेंगे, प्रिये।”

“क्यों?”– श्रुतकीर्ति ने कहा– “रघुवंश की रीति यही रही है और है कि ज्येष्ठ पुत्र को ही राज्य मिलता है। शताब्दियों से यही रीति रघुकुल रीति चली आ रही है।”

“रघुकुल रीति तो यही रही है कि प्राण जाये तो जाये – वचन नहीं जायें। माँ कैकई को दिया गया वचन ही अटल है, प्रिये!”

श्रुतकीर्ति ने मुँह बिचकाते हुए कहा– “यह तो है ही। तभी रामजी वनवास काटने के बाद राजसिंहासन पर आरूढ़ नहीं होना चाहते। ठीक ही तो है– भरत जी को मिला राज्य रघुकुल की प्राण जाये पर वचन न जाये रीति के अनुसार भरत जी का ही है।”

“किन्तु भरत जी ने राजसिंहासन स्वीकार ही कब किया था? देने वाला तो देता है, पर लेने वाला ले तब तो। भरत जी ने राजसिंहासन चित्रकूट में श्रीराम के चरणों में रख दिया था। वनवासी बनकर नन्दीग्राम में वानप्रस्थी की भांति अवधि भी काटी है, भरत जी वास्तव में न्याय की तुला और धर्म के स्वरुप हैं, आर्यपुत्र!”

“और मैं?” शत्रुघ्न ने श्रुतकीर्ति की चिबुक स्पर्श करते हुए कहा– “मैं क्या हूँ री!”

“तुम शत्रुघ्न हो और क्या?”– श्रुतकीर्ति ने कहा– “यथा नाम तथा.....।”

“परन्तु मैं महात्मा, धर्मात्मा आदि नहीं हूँ– केवल शत्रुओं को मारने वाला हूँ– यही न– शत्रुघ्न ने हँसते हुए कहा।”

“वीरवर! तेजस्वी, राज्य के संचालन में अन्यतम, निपुण क्षत्रिय नेतृत्व हैं आप श्रीमान! महात्मा और धर्मात्मा को लेकर मैं क्या करूँगी? मुझे तो पति शुद्ध, बुद्ध, वीरवर, तेजस्वी, आर्य क्षत्रिय पति ही चाहिये था– जो मिल गया मुझे। सब मिल गया मुझे–सच कहती हूँ।”

“राज्य की महादेवी का पद तो नहीं मिला और न ही मिलेगा।” शत्रुघ्न ने कहा– “वीर क्षत्रिय को लेकर ही सन्तोष करना होगा तुमको, आर्ये!”

“मैं आपको पाकर परम तुष्ट और सन्तुष्ट हूँ।” श्रुतकीर्ति ने कहा– “आप दुष्टों का दमन तथा समाज कंटकों को थामे रखो, शत्रुओं को ठार करते रहो। भरत जी को राज्य के संचालन में और व्यवहार में सहायता करते रहो- मैं यही चाहती हूँ। राजा होकर त्रिताप लेना मैं बुद्धिमता नहीं समझती। राजा को नितान्त त्यागी, तपस्वी उपरत रहना ही होता है।”

“त्यागी, तपस्वी?” शत्रुघ्न ने कहा– “सिवाय विदेह महाराज जनके और किस क्षत्रिय नरेश ने त्याग किया है- तपस्या की है।’’

‘‘श्रीराम जी ने!” श्रुतकीर्ति ने कहा।

‘‘अवश्य, प्रिय! रामजी ने ही की है।’’

शत्रुघ्न ने कहा- “किन्तु रामजी रघुकुल रीति को पूर्णरूपेण कहाँ स्वीकार करते हैं। प्रजा को भरत जी–सा, रामजी–सा राजा चाहिए। परन्तु मैं कौन हूँ अपना अभिमत व्यक्त करने वाला? मैं तो भरत जी का महामात्य ही हूँ।”

“रामजी राजा होंगे, तब महामात्य कौन होगा?” श्रुतकीर्ति ने पूछ लिया।

“वीरवर लक्ष्मण या भरत जी स्वयं।” शत्रुघ्न ने कहा– वास्तविक राज्य संचालन तो महामात्य मन्त्रिमण्डल सहित तथा द्वारा चलाता है। चौदह वर्षों के मेरे दीर्घकालीन अनुभव ने मुझे बता दिया है, महामात्य का पद आधारभूत महत्व का है– रामजी राजा तो लक्ष्मण जी महामात्य। भरत जी राजा तो मैं महामात्य हूँ ही।”

"हूँ....... तब अयोध्या की राजशक्ति कुल मिलाकर आप चारों भाइयों के हाथों में ही रहनी चाहिये, क्यों?"– श्रुतकीर्ति ने सस्मित पूछा– "आप लोग स्त्रियों को अर्थात्–दीदी सीता जी को माण्डवी और मुझे अपने मन्त्रिमण्डल में बैठने क्यों नहीं देते?"

"फिर तो माताओं को भी बुलाना होगा।" शत्रुघ्न ने कहा– "नहीं, प्रिये! तुम राजप्रासाद की अन्तरंग वार्ता में ही भली हो।"

"राजसिंहासन पर तो बिठाते ही हो अपने पास।" श्रुतकीर्ति ने कहा।

"राजदरबार की राजराझी शोभा है– राजा की आत्मशक्ति। अद्धर्गिनी जीवन संगीनी के रूप में ही बैठती है।"

"तुम राजा होंगे, तब मैं भी?"– श्रुतकीर्ति।

"हाँ तुम भी मेरे पास बैठोगी– सिंहासन पर"– शत्रुघ्न ने श्रुतकीर्ति का आलिंगन करते हुए कहा– "परन्तु राजा तो हो।"

श्रुतकीर्ति ने सहसा पूछ लिया– "तुम भी राजा बनना चाहते हो क्या?"

"अवश्य प्रत्येक क्षत्रिय राजा..... नरेश बनना चाहता है, प्रत्येक ब्राह्मण ऋषि बनना चाहता है।" शत्रुघ्न ने कहा।

अच्छा तब मैं रामजी को कह दूँगी– "वह भरत जी के साथ–साथ आपको भी कहीं का राजा बना दें। यों तुम राजा हो।"

"किसके?"– शत्रुघ्न।

"मेरे हृदय सिंहासन के"– श्रुतकीर्ति ने कहा।

✦✦✦

कैकई ने भरत का जैसे ध्यान भंग किया– "भरत!"

भरत नन्दीग्राम के अपने निजी कक्ष में खोये हुए किन्तु ध्यानस्थ बैठे थे, चमके– "कौन? माता जी?" भरत उठ खड़े हुए– "प्रणाम!"

"आयुष्मान हो।"– श्रीमती कैकई ने कहा– "यह राम को क्या हो गया है? तुमने कहा, मैंने कह दिया, सबने कहा किन्तु राज्याभिषेक के लिए आगे आते ही नहीं। तुमने तो चित्रकूट में राज्य राम को सौंप दिया था न?"

''हां!'' भरत ने कहा– ''किन्तु रामजी कहते हैं, पादुका उन्होंने मुझे रिझाने के लिए ही दी थीं। मैंने समझा, पादुकावत् श्रीराम ही अयोध्या लौट रहे हैं। इसीलिए हमने राजगद्दी पर पादुकाओं को अभिषिक्त करवाया था, परन्तु रामजी अब मुस्कुराकर कहते हैं, आपके वचन की पूर्ति में ही पिताश्री ने राज्य मुझे प्रदान किया था। अतः राज्य का उत्तराधिकारी मैं ही हूँ। रामजी रघुकुल के राज्य के सत्वाधिकार का सदीप से प्रतिष्ठित सिद्धान्त को नहीं मानते। रामजी कहते हैं, हम चारों समान हैं और हम चारों का ही राज्य का सत्वाधिकार है। फिर पिताजी ने जैसे अन्तिम निश्चय कर ही दिया था।''

''अन्तिम निश्चय.......'' कैकई ने जैसे स्वगत ही कहा– ''राज्य को तेरे लिए मैंने माँगा था। उन्होंने मेरी माँग पूरी की थी, किन्तु तूने राज्य स्वीकार कब किया था? निस्सन्देह राज्य श्रीरामपादुकाओं में ही अटका रहा है। मैं श्रीराम को समझा दूँगी–मनाऊँगी। अयोध्या के राज्यसिंहासन की इस विडम्बना के लिए मैं ही प्रजा के प्रति उत्तरदायी हूँ – मैं ही श्रीमती कैकई।''

''श्रीमती कैकई''– भरत चिहुँके– ''तुमको मैं समझ नहीं सका माँ! श्रीराम ने मुझे समझा दिया, अनुभव करा दिया। सांसारिक दृष्टि से तो तुमने राज्य अपने बेटे के लिए माँगा और उसकी सुरक्षार्थ चौदह वर्ष का वनवास श्रीराम जी को दिया, जिससे मैं अपना राज्य सुदृढ़ कर लूँ। किन्तु विधाता को यह स्वीकार न था। इस भू-मण्डल के सभी सत्वाधिकार रामजी के हैं- सभी अधिकार राम के हैं, सभी भोग राम के, सभी भजन राम के, माँ! तुमने मुझे सदैव के लिए वीतराग ही दे दिया है, माँ! राम और राज्य भूतल पर दोनों ही मानवमात्र के लिए ईप्सित हैं, माँ तुमने राज्य चाहा, मैंने राम। मैं सत्याग्रह कर प्राण दे दूँगा। किन्तु राम का राज्य छूऊँगा नहीं। पिताजी ने आपके वचन की पूर्ति की किन्तु मैं अपने अन्तरात्मा के समक्ष खड़ा हूँ। विधाता मुझे देख रहा है, माँ!''

''मैं अब कब कह रही हूँ कि तू अयोध्यापति बन जा।'' कैकई ने कहा– ''मैं स्वयं चाहती हूँ, आज और अभी राम के मस्तक पर अयोध्या का राजमुकुट धर दूँ। किन्तु राम मानता ही नहीं। तेरे लिए बलात् राज्य माँगकर मैं विषाद से भर गई थी। क्षणिक सन्तोष था वह, किन्तु अन्तरात्मा में मानो शिव का त्रिशूल गड़ गया था। पश्चाताप की वेदना में सिकते हुए मैंने आकाश के तारे गिने हैं तथा राम के अयोध्या लौटने की प्रतीक्षा की है। श्रीराम के प्रति मैं सच्ची हूँ, प्रामाणिक हूँ, मेरा वात्सल्य शुद्ध–बुद्ध है तो राम मानेगा, अवश्य मानेगा, राजा राम! भरत! तू!

किसी भी प्रकार राम को मना, अन्यथा मैं सती हो जाऊँगी। मैं संसार को क्या सफाई दूँगी, मैं प्रभु को क्या मुँह दिखाऊँगी। हे ईश्वर! राम के राज्य नहीं ग्रहण करने की हठ अब दूर कर दे। यह मेरे पतिव्रत की प्रतिष्ठा तथा माँ के ममत्व के यश का प्रश्न है। तू नहीं, भरत! मैं विधाता के कठघरे में खड़ी हूँ। प्रभो! मुझे दण्ड दे, किन्तु राम को मना ले।"

"राम को मानना ही होगा, माँ!"– भरत चिहुँके।

"अवश्यमेव पुत्र! अवश्यमेव"– कैकई ने गम्भीर स्वर में दृढ़तापूर्वक कहा– "राम को राज्य सौंपना ही अब मेरा प्रायश्चित् करना होगा। अवश्य भरत! तुम सत्य हो, न्याय परक हो, धर्मपूर्वक हो। राम माने या न माने, रघुकुल की रीति टाली नहीं जा सकती। वचन तोड़ा नहीं जा सकता-तो हो गया, पूरा चौदह वर्ष राम–सीता और लक्ष्मण ने घोर कठिनाइयों और युद्धों से भरा वनवास काट लिया। मुझे दिये गये वचन को मैं उन्हीं को पुनर्प्रेषित करती हूँ।"

भरत ने निसांस रखते हुए स्वयं से पूछा– "कहीं रामजी को मन ही मन बुरा तो नहीं लगा है? परन्तु अप्रत्याशित वनवास से रामजी को, मानव हैं न, अन्तःकरण में चोट तो लगी ही है– विषाद् तो हुआ ही है। अवश्य महात्मा राम का यह विषाद् वैराग्य के रूप में व्यक्त हुआ है। पिताजी के वचन सुन कर उसी क्षण रामजी प्रासाद से बाहर–रथ में नहीं, पैदल ही बिना पनहियाँ पहने वन की दिशा में रवाना हो गये थे। यह तो आर्य सुमन ने उनको महाराज की आज्ञानुसार रथ में बिठाया था। मनुष्य को आघात लगता है, चोट लगती है– दुःख होता है किन्तु महामानव विषय के विषों को शिव की भांति पी जाता है। मैं तो श्रीराम में शिवत्व ही देखता हूँ। भाभीजी में शिवाशक्ति तत्व ही निहारता हूँ।"

"और अब मुझ में?" कैकई ने पूछा।

"तुममें अब अपनी माँ को ही देखता हूँ" – भरत।

कैकई ने भरत को बाहुओं में भर लिया– "मेरे सपूत! मेरे मेरा मानस साधने वाले मेरे पूत, चिरंजीवी हो।"

भरत ने कैकई के सघन वक्षस्थल में अपना मुँह छिपाते हुए भर्राये कण्ठ में कहा– "मुझे क्षमा कर माँ! मैंने तेरी बहुत ही भर्त्सना की है। माँ की निंदा करने का पाप भी किया है।"

"मैं तुझे सभी पापों से मुक्त करती हूँ, भरत मेरे!" कैकई ने आर्द्र कण्ठ से कहा– "यदि राम और तुमसे मेरा समान वात्सल्य रहा है– है, तो तू सभी पापों से मुक्त हो जाएगा। हाँ, पुत्र मेरे!" भरत ने माँ के पयोधरों में मुँह छिपाने की चेष्टा करते हुए कहा, "माँ! मेरी माँ।"

◆ ◆ ◆

श्रीमती कौशल्या जी ने श्रीराम से कहा– "यह तेरी हठ है राम! भरत सत्य पर है, तू हठ पर है। किसी भी महाराज के अन्यथा वचन–कथन रघुकुल की रीति बदल नहीं सकती राजा! राजा......?" श्रीराम चिहुँकि।

"हाँ, राजा जन्मा–तभी से राजा!" कौशल्या ने आर्द्र कण्ठ से कहा– "उन्होंने, महाराज ने तेरे साथ न्याय नहीं किया– उनको विवाह को लेकर ऐसा अमान्य वचन देना ही क्यों चाहिए था? श्रीमती कैकई तो अपने विवाह की शर्त ही मनवाना चाहती थीं। मंथरा सब जानती थी और तभी उसे अयोध्या पठाया गया था। भरत और शत्रुघ्न की अनुपस्थिति में यों तेरा राज्याभिषेक करने का अभिप्राय अपने गोपनीय वचन से टलना ही था, राम!"

"यह तो मैं भी सोचता हूँ।" श्रीराम ने कहा– "पिताश्री ने माँ कैकई से विवाह के समय ही राज्य मुझे नहीं देने का गुह्य निर्णय न चाहते हुए भी किया हो– ऐसा लगता है। फिर मुझे राज्य चाहिये भी नहीं, माँ! मुझे परमात्मा चाहिए। यह भव–पीड़ा मुझसे सही और देखी नहीं जाती। इन्द्रियों के ये राग–रंग अन्ततोगत्वा व्यर्थ हैं। चौदह वर्ष वन–वन भ्रमण करते हुए मैं स्थिति प्रज्ञ-सा हो गया हूँ। मैं देहातीत जीवन जीना चाहता हूँ। जगद्कल्याण तथा प्राणिमात्र का योगक्षेम साधते रहना चाहता हूँ। मैं सबका मित्र, मार्गदर्शक और सबको आत्मज्ञान की ओर इंगित करने वाला साधक ही बने रहना चाहता हूँ।"

"सीता क्या कहती है?" कौशल्या ने पूछा।

"वह मन–वचन–कर्म से मेरे अनुकूल है, साथ हैं।"–श्रीराम ने कहा– "इसीलिए भरत को ही राज करना है। मुझसे पूछेगा, तब सलाह दूँगा। मैं एक वंश, कुल, राज्य या गृहस्थ के लिए नहीं संसार के मंगल के लिए कार्य करना चाहता हूँ।"

"संसार का मंगल? क्या?" कौशल्या देवी ने पूछा– "राम तुझे श्मशान वैराग्य हो गया है क्या?"

"शमशान वैराग्य ही सही, तनिक उपरति तो है ही!" श्रीराम ने सस्मित कहा– "मुझे तेरे ममत्व में मोह हो गया है, प्रणय हो चुका, अब पूर्ण वात्सल्य में डूब कर परमेश्वरी अम्बा का दर्शन करना चाहता हूँ। माँ! आशीर्वाद दे।"

"मेरी ओर से तथास्तु है, किन्तु प्रजा तुझे नहीं छोड़ेगी, राम।" कौशल्या ने कहा– "भरत नहीं मानेगा, लक्ष्मण सहमत नहीं होगा। हम सभी तुझे राजा राम देखना चाहते हैं। जो अन्याय तेरे साथ हुआ है, उसको दूर करने के लिए हम आज दिन तक जीवित हैं– हाँ राम!"

श्रीराम– "प्रजा को मैं समझा दूँगा।"

"प्रजा तुझसे प्रेम करती है , भजती है, राम!"– कौशल्या।

"यह प्रभु का अनुग्रह है, किन्तु मैं प्रजा को धर्मधारण तथा न्याय की सीख ही दूँगा। भरत निस्संदेह दुराग्रह त्याग देगा, माँ! भरत का मैं प्रतिक्षण अनुभव करता हूँ। भरत मेरे मन में, प्राणों में बसा हुआ है। हम दोनों एक तथा अभेद हैं। समाज को जगत और इसका ऐश्वर्य इस अमोघ याचना को तनिक भी डिगा नहीं सकता। भरत वीतरागी हैं, मैं रागों में भी जैसे वैरागी हूँ, माँ!"

"क्षत्रिय राजकुमार–वैरागी साधु? नहीं।" कौशल्या ने अमर्षपूर्वक कहा– "मैं समझती हूँ राम! तुझे वनवास देना नहीं जँचा। वनवास तितिक्षापूर्वक तूने स्वीकार तो कर लिया, किन्तु तुझे लगा, राम!– आघात लगा, राम! नहीं?"

"तेरे श्रीचरणों की सौगन्ध माँ।"– श्रीराम ने कहा– "भरत को राज्य दिए जाने से मुझे परम प्रसन्नता हुई, जीवन का सन्तोष हुआ, जैसे मुझे ही राज्य मिल गया हो और वनवास? मुझे उस समय यही लगा की यह वनवास प्रभु की इच्छा से ही दिया जा रहा है। विधि की कोई मंगलमय विधि है जिसका मन–वचन–कर्म से पालन मुझे करना है। वनवास को स्वीकार करना मेरा अनिवार्य धर्म था, माँ! पिता का वचन, माँ कैकई की इच्छा तथा अरण्यों का उद्धार...... यह सर्व मंगलकारी योग था– प्रारब्ध योग भी।"

कौशल्या ने सिर धुनाते हुए कहा- "यह उनका अन्याय था, अन्यथा मेरे पुत्र को वनवास और उसके पुत्र को राज्य? यह तो भरत है– तुझमें और भरत में मैंने कभी अन्तर नहीं समझा–भेद नहीं किया, राम! मनसा वाचा कर्मणा मैं भरत को अपना पूत ही मानती रही हूँ।"

“और भरत भी तो तुमको माँ ही मानता रहा है। तभी तो उसने आपसे ही क्षमा माँगी थी।”– राम ने कहा– “क्षमा माँ ही करती है, कर सकती है– ईश्वर नहीं।”

“राम! मैं कहती हूँ भरत की बात मान ले।”– कौशल्या ने कहा– “मैं कहती हूँ तू अपने न्याय का राज्य प्राप्त कर।”

“राज्य प्रजा का, माँ!”– राम ने कहा– “यह भूमि ईश्वर की, भूमि का राज्य भूमिजा प्रजा का।”

“राम!” कौशल्या ने सिर धुनाया– “तू-तू न जाने क्या है?”

“तेरा पूत हूँ माँ-राम।”– रामजी बोले।

8

अयोध्या महाराज्य के वैश्यगणों ने श्रीराम–लक्ष्मण तथा सीता के साथ भरत और शत्रुघ्न को भी आमन्त्रित किया। आर्यावर्त का कल्याण साधकर पुनः अयोध्या लौटकर आप पधारे हैं– यह अवसर हम सब चतुर्वर्णों के लिए अत्यन्त आल्हादजनक तथा महनीय है। हम आपका हार्दिक अभिनन्दन कर विनीत अभिवादन करना चाहते हैं। श्रीराम ने आमन्त्रण स्वीकार कर लिया और गुरुदेव वशिष्ठ से कहा– "हम सब जायेंगे। मैं चारों वर्णों के गणों का दर्शन करना चाहता था! आर्य मानव के ये चारों वर्ण नर–नारायण की ही जैसे विभूतियाँ हो– गुरूदेव! मैं तो अपने देह में भी चारों वर्णों को आत्मसात् करता हूँ।" गुरुदेव वशिष्ठ ने प्रसन्नवदन कहा– "इस जगत में जीवन का पंथ केवल वैदिक वर्णाश्रम धर्म का धारण और पालन करना ही है– यही धर्म है, राम! आर्य ऋषियों ने इस जगतीतल पर मानव जीवन का अटल लक्ष्य निश्चित कर लक्षित किया है। मोक्ष! आत्मदर्शन, प्रभुमिलन। वर्णाश्रम पन्थ परमात्मा को प्राप्त करने का त्रिकाल मार्ग है। यह आदित्य और चन्द्रमा अग्नि और वरुण का आह्वान सुक्त है। मानव योनि में ही परमात्मा को प्राप्त करने की अमोघ क्षमता है, राम।"

श्रीराम ने महर्षि को मन ही मन प्रणाम किया और कहा– "परमात्मा! मैं जैसे प्रतिपल परमात्मा को ही भजते रहना चाहता हूँ। प्रभु के विषय में चिन्तन–मनन और श्रवण–यही जैसे करता रहता हूँ। वनवास के दिन मैंने परमार्थ करने में बीताए और रातें प्रभु–चिन्तन में। मुझे लगा, वह अन्तर्यामी सर्वत्र है, रमा हुआ है, भरा हुआ है।"

महर्षि वशिष्ठ ने सस्मित कहा– "वही तो राम है, राम!"

श्रीराम ने कहा– "मानव परमात्मा का दिव्यतम अंश तो है, आत्मज्योति तो है, किन्तु परमात्मा वह नहीं है, महर्षे! मुझे तो स्वयं में एक आर्त जिज्ञासु और प्रभु पाने के लिए सदैव आतुर मानव ही दिखायी देता है। इसीलिए लोग जब मुझे चिन्ह कर परमात्मा का अवतार बताते हैं तो मैं आश्चर्यचकित हो जाता हूँ– स्तम्भित! मैं मानव हूँ, परमात्मा नहीं।"

"मानव परम् और परिपूर्ण होकर परमात्मा ही हो जाता है।" महर्षि वशिष्ठ ने कहा– "मानव में परमात्म तत्व कूट–कूट कर भरा हुआ है। पूर्ण से परिपूर्ण और

परम् पूर्ण होने की अनन्य सम्भावनाओं से मानव का अन्तःकरण भरा हुआ है। मानव ही परम् सत्य को, शिवत्व को प्राप्त कर सकता है– सुर नहीं, नर नहीं, नाग नहीं, कोई भी नहीं, देवता भी नहीं।"

"महर्षे!"– श्रीराम चिहुँके– "तब मानव की जय हो। मुझे मानव-स्वरुप जन्मने पर गर्व है। चौरासी लक्ष्य भव योनियाँ काटकर मानव योनि में निस्संदेह प्रभु पाने के लिए जन्मा हूँ। महर्षे! मुझे ज्ञान दो, प्रभो।" महर्षि वशिष्ठ ने कहा– "तुम जन्मजात ज्ञानी हो, वीतरागी तथा प्रभु की ज्योति से जगमग हो। इसीलिए मैंने तुम्हारा नाम 'राम' रखा। राम घट–घट वासी प्रभु, मुनियों के मन में रमा परमात्मा–राम।"

"राम!"– श्रीराम ने कहा– "तब मैं राम को ही प्राप्त करने के लिए जीऊँगा, महर्षे!"

महर्षि वशिष्ठ ने कहा– "मानव का विश्व संचित से निर्मित प्रारब्ध होता है, प्रारब्ध ही भाग्य होता है– भव है, राम! प्रारब्ध का भोग तो करना ही होगा। ईश्वरावतार को भी प्रारब्ध काटना ही पड़ता है। वनवास तुम्हारा प्रारब्ध था। तुमको राज्य करना पड़ेगा, तो वह भी प्रारब्धवशात्। महर्षि वाल्मीकि ने तुम्हारा तथा जानकी का प्रारब्ध मानो देख लिया है। तुम महामानव हो और तुम्हारा भाग्य भी महामानव का है। तुम मानव जाति के लिए पूज्य मानव हो, राम!"

"मानव योनि करोड़ों जन्मों के पुण्य कर्म के फलस्वरूप मिलती है, माँ!" श्रीराम ने भाव प्रवण स्वर में कहा– "आत्मचैतन्य का बुद्धिशाली विकास मानव योनि में ही सम्भव है। मानव ही सकाम या निष्काम कर्म कर सकता है तथा शास्त्र द्वारा जगत को समझ कर शस्त्र द्वारा उसका नियन्त्रण भी कर सकता है– गृहस्थ, समाज, राष्ट्र तथा महाराज्य आदि चला सकता है। मानव ही सद्–असद् में विवेक कर सकता तथा अज्ञान और उनके अध्यासों को समझकर ज्ञान की शुद्ध–बुद्ध जिज्ञासा कर सकता है। मानव योनि देव योनि से भी बढ़कर तथा दुष्प्राप्य है। सुर, नर, नाग, किन्नर, गन्धर्व और असुर आदि भव भोग योनियाँ हैं। पुण्य के अनुसार भोग लो और पुनः चौरासी लक्ष्य के भ्रमण में पड़ जाओ, किन्तु मानव? अज्ञान के अंधकार से छूटकर ज्ञान के सत्-चित्-आनन्द लोक में पहुँच सकता है। इसीलिए मैं मानव होने पर सन्तोष और गरिमा का अनुभव करता हूँ, मुझे कोई मानव कहे तो मैं अत्यन्त सन्तुष्ट और परम् प्रसन्न होता हूँ।

मैं राज्य नहीं करना चाहता, इसीलिए मैं गृहस्थ सन्यास लेकर परमार्थ में लग जाना चाहता हूँ।"

"लगा ही हुआ है। चौदह वर्ष के वनवास की घोर अवधि में तूने परमार्थ–जगद्कल्याण ही तो किया है। आसुरी तथा राक्षसी शक्तियों को पराजित कर भू-मण्डल पर तूने मानव–उत्कर्ष तथा प्राणिमात्र के कल्याण का आर्य-पंथ ही प्रशस्त किया है। तू निस्संदेह मानव ही नहीं, महामानव है।"– श्रीमती कौशल्या जी।

"तेरा पूत राम हूँ, माँ!" रामजी बोले– "मेरी ओर से तुम ही भरत को कह दो–जिद छोड़कर यथापूर्व राज्य करे।"

"क्यों? मैं क्यों कहूँ?"– कौशल्या जी बोलीं– "राज्य की यह विलक्षण समस्या तुम दोनों भाइयों के बीच की समस्या है– हम माताओं की नहीं। माताओं ने तो पिताश्री के वचन की फलश्रुति को स्वीकार किया है।"

"मैं अनुज को दिया गया राज्य वापस नहीं ले सकता।"– श्रीराम ने कहा– "राज्य से मेरा मन उदासीन हो गया है, चित्त उपरत और बुद्धि मेरी त्रस्त होकर मूढ़ सी हो चली है। मुझे त्यागना ही है, इस भव में तो राज्य को त्यागना है। मैं तो प्रजा का सेवक राम–राघव राम ही होकर शेष जीवन बिताऊँगा। तेरा आशीर्वाद चाहिए, माँ।"

कौशल्या ने सहसा चीत्कारपूर्वक कहा– "राम, तू मेरा हृदय पाषाण का बना मानता है? कौन क्षत्राणी माँ अपने ज्येष्ठ पुत्र को राजसिंहासन पर सुशोभित देखना नहीं चाहती? मैं भी चाहती हूँ, परन्तु तेरा धर्मसंकट देखकर मुझे तुझसे कुछ कहते नहीं बनता। भरत ने, महान आत्मा भरत ने चित्रकूट में राज्य क्या तुझे वापस नहीं किया? नहीं, तो अपनी पादुकाएँ तूने क्यों दी, राम?"

"भरत का विषाद तथा पाप की घोर भावना से मुक्त करने के लिए, माँ मेरी।" राम बोले– "पादुकाएँ देने मात्र से क्या मैंने भरत द्वारा मुझे दिया गया राज्य स्वीकार कर लिया। नहीं। भरत और मैं एक हैं– हमारा अध्यात्मिक तादात्म्य है। हम दो शरीर किन्तु एक मन, एक चित्त हैं। भरत राज्य करे– वो मानो मैं ही राज्य करूँगा।"

"यह सब कवि की कविता मात्र है।" कौशल्या जी ने सरोष कहा– "दार्शनिकों के संकल्प विकल्प मात्र हैं। यह भूमि है तथा भूमि का राज्य है, तू इसका राजा

है। राजवंश की परम्परा के अनुसार राम, तू इसे अन्यथा नहीं कर सकता। फिर उनका वचन? आसक्ति के वशीभूत होकर मनुष्य मन चाहे वैसा वचन अपने प्रिय को दे बैठता है?"

"किन्तु भरत को राज्य तो पिताश्री ने विवाह की गुह्य शर्त के पालन के लिए ही क्षण में दिया था। अवश्य वे मुझे राज्यसिंहासन पर बिठाना चाहते थे– सबकी अनुमति भी उन्होंने प्राप्त कर ली थी, किन्तु विवाह का वचन? उसका पालन करना पिताश्री का अटल धर्म था और प्राण देकर भी उन्होंने उसे निभाया था। मैं ऐसे दिव्य पवित्र वचन को मन–वचन–कर्म से अन्यथा नहीं कर सकता, माँ।"

कौशल्या जी ने कहा– "वचन मोह, आसक्ति, राग और द्वेष से उत्तेजित होकर भी दिये जाते हैं– दिये गए हैं। वचन मात्र सत्य के आग्रह तथा न्याय पर ही आधारित होने चाहिए। उनका महिषी कैकई को दिया गया वचन सत्य के आग्रह से हीन तथा न्याय से रहित ही था। रघुवंश की राज्य परम्परानुसार ज्येष्ठ पुत्र को मिलने वाला राज्य कनिष्ठ पुत्र को कोई भी राजा नहीं दे सकता। भरत इस तथ्य को जानते तथा मानते हैं। राम, तुम सोचते क्यों नहीं। उन्होंने राज्य तुमको ही दिया है, तुमको, मेरे पुत्र राघव राम को।"

श्रीराम ने हँसते हुए कहा– "इसका निराकरण विधाता को ही करना होगा, माँ, जैसी ईश्वर की इच्छा होगी– वैसा ही होगा।"

"तू राम, ईश्वर से कौन कम है?" कौशल्या ने कहा– "तेरी जो इच्छा होगी– वही होगा। तुम्हारी इच्छा को अन्यथा करने का बूता किसमें है?"

श्रीराम– "विधाता, गुरुदेव और माँ।"

"मैं" कौशल्या चिहुँकी– "मैं तो एक राजमहिषी मात्र हूँ। तुम्हारे पिताजी जीये तब तक मुझे गौण ही माना। जो कुछ माना भरत और शत्रुघ्न की माँ का ही माना। मेरी तो अवज्ञा ही होती रही। महाराज मुझसे उदासीन हो गये। महिषी– राजमहिषी कैकई ने मेरा अपमान करने का एक भी अवसर हाथ से जाने नहीं दिया। मैं दलित और अपमानित एक अमान्य राजमहिषी की भांति ही जीती रही हूँ और आज भी मेरी कौन सुनता है? तू भी नहीं, राम।"

श्रीराम ने आर्त स्वर में कहा– "ईश्वर से पूर्व मैं तुम्हारी सुनूँगा, माँ, पिताश्री निस्संदेह महान राजवी थे। उन्होंने आर्यावर्त की क्षुब्ध सीमाओं को शान्त करने के लिए ही कैकई देश की एकाकी राजपुत्री से विवाह किया था। माँ कैकई को

वचन देना कि उनका पुत्र ही अयोध्या का राजा होगा– स्थिति तथा देशकाल की आवश्यकता थी। राजा प्रेम विवाह नहीं करते माँ, राज्यनयिक आवश्यकतानुसार विवाह करते हैं।"

कौशल्या हँसी– "तूने भी तब....."

"मैं राजा नहीं हूँ।" श्रीराम मुस्कुराकर बोले– "सीता मुझे प्रथम दृष्टिपात में ही भा गयी थी। जैसे........ जैसे वह मेरे लिए और मैं उसके लिए हूँ। हम दोनों तुम्हारे आशीर्वाद से एक हैं। अविभाज्य हैं तथा तादात्म्य से पूर्ण हैं।"

"प्रकृति–पुरुष क्या?" – कौशल्या जी।

"समझ ले, मेरी माँ। यही–प्रत्येक नारी प्रकृति का ही साक्षात् स्वरुप तथा प्रत्येक नर पुरुष का। यह सृष्टि प्रकृति–पुरुष की क्रीड़ा है– ऐसा गुरुदेव कहते हैं और मैं भी मानता हूँ। वनवास की अवधि ने मुझे सीता दिखा दी और मैं सीता को दिख गया। आपत्तियों और विपदाओं के समय सीता ने मेरी शक्ति रूप मेरा जैसे मार्गदर्शन करती रही और उसके बन्दीकाल में मैं जैसे सीता को अन्तःकरण में छिपाकर उसको त्रिभुवन में खोजता फिरा........ हाँ माँ।"

"सीता–राम तब?" कौशल्या।

"तू जो कहे– ध्रुव सत्य ही कहेगी।"– श्रीराम।

"नहीं, राम।" कौशल्या जी ने आर्त स्वर में कहा– "सत्य तेरे पास है, धर्म भरत के पास और शत्रुघ्न के पास न्याय है। मेरे पास तो ममत्व है-पूर्ण वात्सल्य है। मैं जननी जो हूँ–माँ जो हूँ। माँ– अर्थात् सन्तति का अमोघ घट्ट मोह। मैं तेरी आलोचक नहीं हूँ–माँ हूँ, समझा? राम, मैं भी चाहती थी, मेरा रघुवंश का ज्येष्ठ राजपुत्र सिंहासन पर बैठे। मैं राजमाता बनूँ। क्यों नहीं–प्रत्येक राजवंशी माता यही चाहती है तथा दुर्गा से मनाती है।"

श्रीराम ने जलद गम्भीर स्वर में कहा– "राजधर्म माँ–बेटे का वात्सल्य नहीं है। राजधर्म में सत्य, धर्म और न्याय पूर्णरूपेण समाये हुए हैं। अतः राज्य विषय नीतियाँ, निर्णय तथा आदेश राजधर्म के दिव्य शाश्वत सिद्धान्त के अनुसार अनुरूप ही हो सकते हैं: ऋषि मण्डल यही करता है। परमार्थ, माँ। राजधर्म का आधारभूत व्यापक तथा अतुलनीय लक्ष्य परमार्थ है, प्राणियों का योगक्षेम तथा मानवों का मंगल तथा जगत का कल्याण। भरत इस दृष्टि से मुझसे भी विशेष

तुलता है। मैं तो मानवता के दिव्य उच्चतम आदर्शों के प्रति प्रेरित तथा समर्पित क्षत्रिय आर्य हूँ, किन्तु भरत तो राजधर्म की साधना तथा धर्म का साक्षात् स्वरुप है। मैंने तो वनवास काटा वन में, किन्तु भरत ने राजमन्दिर में रहकर भी तापसी जीवन बिताया, मेरी चिर प्रतीक्षा करता रहा। तो क्या मैं अयोध्या लौटकर उसको प्राप्त राजसिंहासन वापस ले लूँ? यह मुझसे कैसे हो.......?"

कौशल्या– "तेरे तर्क का मेरे पास कोई उत्तर नहीं है। तो क्या अयोध्या का राजसिंहासन अब सूना ही रहेगा? भरत तो राज्य अब रखेगा नहीं। उसने तो चित्रकूट में ही तेरा राज्य तुझे मन–वचन– कर्म से समर्पित कर दिया था। सुना?"

"सुन रहा हूँ माँ।" श्रीराम ने कहा– "यदि ऐसा है तो विधाता को ही निर्णय करने दो। यदि मुझे ही अयोध्या का राजा–राजा राम होना ही है, तो ईश्वर का आदेश मुझे चाहिएगा। यह राजसिंहासन जीवन के मोह से भींजा तथा रागों से रंगा असीम संघर्ष का प्रतीक है, माँ। यह राज्य रक्तरंजित युद्ध भूमियों से भरा महाप्रेत की भांति उदित होता है तथा मानव के अहंकार का चरमोत्कर्ष करता है। रावण इसका ज्वलन्त उदाहरण है।"

कौशल्या जी ने कहा– "रावण अब संसार में नहीं है। संसार में तो अब राम हैं, लक्ष्मण हैं, भरत तथा शत्रुघ्न हैं। हम माताएँ हैं। मन्त्रिपरिषद, ऋषिमण्डल, सेना, गण तथा प्रजा हैं- तू उनकी मान ले। क्या तू प्रजा की बात नहीं सुनेगा?"

"सुनूँगा माँ।" रामजी बोले– "मैं कह चुका हूँ, किन्तु मैं प्रजा को धर्म तथा सत्य की शुद्ध– बुद्ध वार्ता से समझा दूँगा। मैं तो सीता सहित ऋषि–मुनियों के चरणों में ही शेष जीवन बिताना चाहता हूँ। भारत भूमि में जन्मा हूं- क्षत्रिय वर्ण में जन्मा हूँ। मैं अपना क्षत्रिय धर्म पूर्णरूपेण पालना चाहता हूँ।"

"वह तो राजा या सैनिक बने बिना नहीं हो सकता, राम।" कौशल्या जी ने कहा।

"तो मैं सैनिक होकर अपना क्षात्र धर्म पालूँगा।" श्रीराम ने कहा– "दुखी मत हो मेरी माँ। प्रभु हैं– अवश्यमेव मंगल करेंगे।"

✦✦✦

सीताजी ने तनिक उदास भाव से कहा– "सुना? चलो, पर्णकुटीर में रहने को चित्रकूट चलें। अयोध्या के इस विशाल राजप्रासाद में जैसे मैं एकाकी हूँ।"

"मैं जो हूँ" श्रीराम ने हँसकर कहा– "मेरे छाया की भांति साथ होते हुए भी तुम एकाकी? आश्चर्य है।"

सीताजी ने तनिक हँसी हँसते हुए कहा– "जन्मी, तब से मैं जैसे अकेली–एकाकी हूँ। कभी–कभी मुझे ऐसा लगता है, मेरा कोई संसार ही नहीं है। मेरा भाग्य वनवास ही है। हाँ, राम मेरे। मैं, तुम हो तो जीती रहती हूँ। परन्तु तुम अब राजा हो। सिंहासन पर नहीं बैठो–तब भी राजपुत्र हो। मैं तो अब राम। चित्रकूट के मंदाकिनी के तट पर तुम्हारे साथ रहना और तुम्हारी सेवा–पूजा करते हुए शेष भव काटना चाहती हूँ। मुझे राजरानी का सा जीवन अब आकर्षित नहीं करता। वनवास की लम्बी अवधि ने मुझे साध्वी–सा बना दिया है। यह तो तुम राम मुझे जिला रहे हो। तुम मेरे राम, मेरे भगवन्। तुम हो तो मैं हूँ.... अन्यथा मैं हूँ ही क्या? 'सीता' नाम की ध्वनि–प्रतिध्वनि।"

श्रीराम ने सीताजी का अर्द्धालिंगन करते हुए कहा– "तुम सृष्टि की त्रिपुर सुन्दरीवत् हो। तुम पृथ्वी की सीता हो, तुम मेरी एकान्त शक्ति और श्री हो। तुम मेरी सर्वस्व हो, तुम्हारे प्रेम के अमृत का पान कर मैं जैसे मृत्युंजय हो जाता हूँ। तुम..... तुम यों निराश?"

"न मैं निराश हूँ, नहीं आशावान्।" सीताजी ने कहा– "अशोक वाटिका की रमणीय परिधि में बन्द मैं रावण और उसके राक्षसियों के अत्याचारों से त्रस्त एक कुण्ठित नारी हो गयी हूँ। कलंक लग गया मुझ पर, राम।"

"चन्द्रमा सकलंक है, सीते। तुम नहीं।" श्रीराम ने कहा– "तुम गंगा से भी अधिक पवित्र हो, यमुना से अधिक स्वच्छ तथा नर्मदा से भी अधिक पावनकर हो। तुम मेरे लिए त्रिपुरसुन्दरी तथा जगत के लिए जगदम्बा स्वरुप हो। मैं तुम्हें भजता हूँ, सीते। यह निराशा त्याग दो, प्रिये।"

"आर्यपुत्र! मैं मेघहीन, तड़ितरहित आकाश की भांति हूँ। मेरे सभी मधुमास बिला गये हैं और एक सतत् चिरन्तर पतझार झड़ रहा है, प्रिय मेरे!" सीताजी के सरोज–नयन आँसुओं से भर आये– "अब तो पृथ्वी मुझे निगल ले। मैं लक्ष्मण का अपमान नहीं करती तो हरण की दुर्भाग्यपूर्ण घटना ही नहीं होती।"

"वह विधि–प्रेरित घटना थी।"– राम ने कहा– "रावण ने तुम्हारा हरण कर अपना काल सिर पर बुला लिया था। रावण पृथ्वी का कपूत था। अत्याचारी और

अधर्मी, लम्पट रावण राक्षस जाति का कलंक था। उसका मरना ही अभीष्ट था। रावण के वध का तुम ही निमित कारण बनी, मेरी प्रिय।"

"मैं जैसे विधि का निमित कारण ही हूँ।"–सीता जी ने निसास भरते हुए कहा– "मैं ..... मैं जैसे कुछ हूँ ही नहीं। राम! मैं तुम्हारी सीता बनना चाहती थी– चाहती हूँ। मैं एक दीन–दयनीय कलंक लगी हुई नारी बनी रहकर जी ही नहीं सकती। इसलिए चलो–चित्रकूट पुनः चलें। भरत के आग्रह पर भी राज्य पुनः नहीं लेने का तुम्हारा निर्णय मेरी और तुम्हारी मुक्ति-संसार से मुक्ति का निर्णय है।"

श्रीराम– "वह रघुकुल-रीति का निर्णय है, सीते! अयोध्या का राज्य तो भरत को पिताश्री ने दे दिया– अब मैं उसको वापस अंगीकार करने वाला कौन? रघुवंश का वर्तमान ज्येष्ठ पुत्र? ही तो हूँ– मैं अरण्य का वनवासी, वानप्रस्थी रहकर प्रजा की सेवा करूँगा तथा जगद्कल्याण के लिए अपने धनुष की प्रत्यंचा पर सदैव बाण संधाने घूमूँगा।"

सीता मुस्कुराई और बोलीं– "नायक राघव रामचन्द्र तब?"

"हाँ"– श्रीराम बोले– "जगद्कल्याण, मानव मंगल तथा प्राणियों के योगक्षेम साधने तथा परमार्थ के लिए सतत् साधना करते रहना ही मानव जीवन का एकान्त और अन्तिम लक्ष्य है– मोक्ष प्राप्त करना। जब से सृष्टि उत्पन्न हुई है तब से राज और राजा होते आए हैं, किन्तु क्या इन्होंने अपने राज्य की भूमि माता से तादात्म्य प्राप्त किया है? धर्म का पूर्णोत्कर्ष किया है? प्राणियों को निश्चिन्त, निर्विघ्न, निष्कंटक किया? अभय दिया? शान्ति दी? मैं पूछता हूँ प्रसन्नता प्रदान की? शास्त्र पुरुषार्थ के लिए, शस्त्र–अस्त्र विजय के लिए तथा राज्य प्राणियों की प्रसन्नता के लिए जन–मन–रंजन सीते! भरत को इसी उद्देश्य से राज्य करना चाहिए।"

सीताजी ने सस्मित कहा– "भरत तो अपने वियोग में रुदन करते रहे। राज्य तो शत्रुघ्न ने ही सम्भाला। भरत आपको पूर्ण समर्पित हो चुके हैं, आपकी शरण में ही आ पड़े हैं। राज्य करने की उनकी क्षमता शिथिला गयी है, हाँ। जो किसी का भक्त हो जाय– वह भक्त ही होगा, राजा नहीं।"

श्रीराम ने कहा– "महिषी सीते! भरत ही आदर्श और उदाहरणीय राजा है, मैं नहीं। मैं राज्य करने के लिए नहीं, अपने परमात्मा को प्राप्त करने के लिए तुम्हारे साथ देह और छाया की भांति जन्मा हूँ। मुझे राज्य नहीं राम चाहिए।"

सीता हँस पड़ी– "राघव राम?"

"नहीं"– श्रीराम ने प्रसन्नवदन से कहा– "मुनियों के मन में रमा हुआ तथा घट–घट व्यापी, सत्-चित्-आनन्द परम ब्रह्म राम-परम शिव।"

"तथास्तु"– सीता ने नाटकीय मुद्रा में कहा।

"वाह! आज सृष्टि के उद्भव होने के बाद प्रथम बार जैसे प्रकृति पुरुष को आशीर्वाद दे रही है। आज मैं जैसे निश्चिन्त हुआ– सच कहता हूँ सीते! मैं प्रजा को मना लूँगा, निस्संदेह मना लूंगा। प्रजा है पर मेरे रोम-रोम में सिहर रही है। मेरे रग–रग में उमड़-उभर कर हृदयाकाश में बसी हुई है।"

सीता– "अभी तो कह रहे थे, मैं बसी हुई हूँ।"

श्रीराम– "तुम मेरी चिति हो, आनन्द हो, इच्छा हो-कर्म भी हो– तुम क्या नहीं हो मेरे लिए? मेरे भव का प्रगाढ़, अटूट सा भवबन्धन भी हो।"

"काटकर रख दो न!" श्रीमती सीताजी ने बनावटी रोषपूर्वक कहा– "बन्धन तो काटने के लिए ही होता है और अधिक बाँधने के लिए नहीं।"

श्रीराम ने सीताजी को अनन्त प्रेम से निहारते हुए कहा– "भव-बन्धन परम शिव ही काटते हैं, प्रिये! न मैं तुम्हें बाँधने वाला हूँ और न ही तुम मुझे बाँधने वाली हो। हमारे बन्धन तो आत्मतादात्म्य हैं जो इच्छाओं की पूर्ति की प्रगाढ़ कामना से उत्पन्न गाँठ हो, वह तो भव – बन्धन है। किन्तु जो भव–बन्धन काट दे वह मुक्ति की ज्ञान-चेतना है। मैं जैसे सब समझता हूँ, जानता हूँ, मानता भी हूँ, किन्तु तुम जो हो......"

"मैं जो हूँ?...... क्या हूँ जी?"– सीताजी।

"अपने बन्धन में बाँध मुझे-स्वयं को निर्बंध रखती हो और मेरे बन्धन से सदा छटककर अपना बन्धन जकड़े रखती हो– तुम यह हो। मुझ जीवात्मा के भव–भव की काल-चेतना। कर्म की गति-विधि-साथ ही मेरे परम् मंगल की अधिष्ठात्री देवी, महालक्ष्मी भी तुम हो।"

✦✦✦

कौशल्या देवी ने सीता से शान्त किन्तु गम्भीर स्वर में कहा– "अभी–अभी वनवास से लौटी हो पुत्री! अभी चित्रकूट जाकर क्या करोगी? क्या तुम वनवास की अवधि समाप्ति के बाद भी उसे आरम्भ रखना चाहती हो?"

सीताजी ने विनीत स्वर में कहा– "राजप्रासाद में मन नहीं लगता मां! मैं अरण्यवासिनी हो गयी हूँ। मेरे भाग्य में अरण्य–वास ही जैसे लिखा है, पूज्ये!"

देवी कौशल्या ने आर्द्र स्वर में कहा– "ऐसा क्यों सोच रही हो तुम, जनकनन्दिनी?"

"क्यों न सोचूँ माँ?"– सीताजी ने कहा– "जन्मते ही मुझे महाराजा जनक, पिताश्री के उद्यान-खेत की सीता में लपेटकर रखा गया। यह तो मेरा सौभाग्य था कि मुझे स्वयं महाराज जनक ने देखा और मुझे अपनी पुत्री मानकर पाला–पोषा-उछेरा हाँ माँ! न जाने मैं किसीकी औरस पुत्री हूँ। किसकी?"

"पृथ्वी माता की बेटी!" कौशल्या जी ने आह भरते हुए कहा– "पिता वह जो पाले-पोसे– माता वह जो अपना दूध पिलाए। तुम सभी भांति से जनकनन्दिनी हो। तुम देवी की दी हुई सीता हो। तुम क्या नहीं हो, पुत्री!"

"मैं...... मैं सीता हूँ– पृथ्वी की बेटी। निश्चय ही एक दिन मैं अपनी माँ पृथ्वी की गोद में सो जाऊँगी–चिर निंद्रा में, माँ! आप उनसे कह देना।"

"सीता!"– कौशल्या चमकी– चिहुँकी।

"अवश्य मेरे परमेश्वर राघव रामजी से कह देना।"– सीता ने अश्रुपात करते हुए कहा– "विवाह होते ही मुझे अपने प्राणपति के साथ वनवास जाना पड़ा। घोर वनों में नंगे पाँव रात-दिवस घूमना पड़ा। भयभीत राक्षसों का संहार देखना पड़ा। यह तो भाई लक्ष्मण थे, जो हम दोनों, वनवास की घोर अवधि सुविधापूर्वक काट सके। पद–पद पर संकट, विघ्न, बाधा–अँधेरा, माँ! फिर मेरा हरण! ओह! जब मैं स्मरण करती हूँ तो स्तब्ध रह जाती हूँ।"

सहसा श्रीराम आते दिखे। कौशल्या जी चिहुँकी और कहा– "लो वह राम आ गया। राम?"

श्रीराम ने त्वरा के साथ माँ के निकट आते हुए कहा– "क्या माँ?"

कौशल्या जी ने उदासीन स्वर में कहा– "यह सीता क्या कह रही है? कहती है एक दिन वह पृथ्वी में समा जाएगी।"

श्रीराम ने सीता की ओर निहारते हुए कहा– "सीते?"

सीताजी ने कहा– "आर्यपुत्र! मैं..... मैं अभागी जो हूँ।"

श्रीराम ने कहा– "तुम अभागी हो तो फिर मैं कौनसा सद्‌भागी हूँ। तुम पृथ्वी की पुत्री हो, तो मैं आकाश का क्षत्रिय पुत्र हूँ।"

"मैं चित्रकूट जाकर बसना चाहती हूँ"– सीताजी ने कहा– "किन्तु तुम और माँ सुनते ही नहीं।"

श्रीराम– "अवश्य चित्रकूट चलेंगे, किन्तु पहले राज्य का विवाद तो समाप्त हो जाय। भरत को राज्यसिंहासन पर दृढ़तापूर्वक स्थापित कर दूँ तब, चलेंगे। तुम तब वन में ही रहना चाहोगी, तो मैं तत्पर हूँगा। अभी जब अयोध्या महाराज का राजसिंहासन विधाता का कंदुक हो रहा है। सब जब उद्वेलित हैं, तब चित्रकूट जाकर रहना पलायन होगा–निष्क्रमण। सीते! तुम स्वयं को क्यों छिजा रही हो। तुम्हारे इस जी–जलापे से मैं अशान्त–क्लान्त हो जाता हूँ।"

"राम को एक चिन्ता थोड़े ही है, पुत्री!"– कौशल्या ने कहा– "राम को भू-मण्डल, मानव जाति और प्राणियों की पड़ी है। कैसे आया राम? यों अकस्मात्!"

श्रीराम ने कहा– "गुरुदेव और भरत प्रजा की सभा निमन्त्रित कर, स्थिति की समीक्षा कर प्रजा की आज्ञा लेने के लिए सहमत हो गये हैं। उस सभा का अध्यक्षत्व आपको करना है, माँ।"

"मुझे?" कौशल्या जी ने चमककर पूछा।

"आपको..... मातेश्वरी! आपको"– श्रीराम ने कहा– "आप ही हैं जो अयोध्या के राज्य की मातामही हैं।"

श्रीमती कौशल्या जी ने सस्मित कहा– "मैं राजमाता नहीं हूँ, श्रीमती राझी कैकेई जी हैं। यह तुम सब जानते हो। मैं तो तेरी माँ हूँ, राम! और कुछ नहीं हूं। मुझे तेरी माँ ही रहने दे।"

"वह तो तुम त्रिकाल तक रहोगी, माँ!" श्रीराम ने कहा– "सीते! इस राज्य और उसके सिंहासन के सत्वाधिकार का निर्णय हो जाने दो, बाद में तुम्हारी इच्छानुसार वन चलेंगे। ठीक?"

श्री सीताजी ने नमित पलकों से मानो जी भरकर श्रीराम को देखा, तनिक घूरा और कहा– "ठीक!"

सहसा कौशल्या जी ने पूछा– "तुम दोनों को क्या हो गया है? दोनों यों तो स्वयं परस्पर प्रसन्न हो, मगन हो, किन्तु देशकाल, समाज और कुटुम्ब के प्रति उदासीन हो– अलग–थलग।"

श्रीराम– "स्वभाव से मैं वीतरागी, वनवासी हो गया हूँ, माँ! सोचो तो सही चौदह वर्ष की घोर अवधि! षड्ऋतुओं के विभिन्न वायुमण्डल में नंगे पाँव घूमना, वृक्षों और कुटियाओं में निवसना, कन्द–मूल–फल ही खाना तथा घास पर सोना। मैं और लक्ष्मण तो नंगी पृथ्वी पर ही हाथ का सिराहना कर सोते थे। अब राजमहल का गदकारा गदीला पर्यंक रुचता ही नहीं। तुम्हारी यह लाड़ली बहु अवश्य घास के बिछौने पर सोती थीं। जनकनन्दिनी सीता घास पर सोती थीं। एक क्षण के लिए भी सीता के तेवर नहीं चढ़े। प्रसन्न मन से वनवास के सभी सुख और सभी दुःख उठाए।"

"वनवास में सुख" कौशल्या जी ने पूछा– "भला... सुनूँ तो......?"

श्रीराम ने हँसते हुए कहा– "इसी अपनी राजपुत्री से पूछो, माँ! मंदाकिनी और गोदावरी जैसी पुण्य सलिला नदियों की तरंगों में घंटों नहाना तथा जलक्रीड़ा करना, प्रातःकाल ही वनफूलों से सजना, गेरू का महावर लगाना तथा टेसू की बिंदिया करना और अपना गर्विला मुखारविन्द सरोवरों के स्फटिक मणि की आभा के समान जल में देखना। चन्द्र का प्रतिबिम्ब पकड़ने के लिए जल–कुंड में खड़े– खड़े किलोल करना– यह क्या कम सुख है? सुख यही है, मां!"

श्रीमती सीता ने मुँह बिचकाया, कहा– "अधीर होकर कृष्णमृग के अत्यन्त रुचिकर माँस को आरोगना, ऋषि–मुनियों के पास यज्ञ–वेदियों को निहारना तथा वेद मन्त्रों के उद्गीत सुनना, राक्षसों की छाया देखते ही धनुष बाण चढ़ाकर रण में उतर आना–यह क्या कम सुखद है? सच्चा सुख तो यही है। नहीं, राम?"

"आर्य क्षत्रिय के लिए, श्रीमती! यही सुख है।" श्रीराम ने कहा– "क्षात्रधर्म का धारण, भरण और पोषण तथा मर्यादाओं में सने अपने गृहस्थ धर्म का निभाव– समाज कंटकों, दुष्टें, आततायियों तथा अत्याचारियों का नाश करना। अंधकार, दुःख, दारिद्रय और भय–इनका समूल नाश करना–यही क्षत्रिय का धर्म है, अटल कर्तव्य है।"

"धन्य दशरथनन्दन धन्य!" श्री सीताजी हँसी और अपने आवास की ओर जैसे छटक भागीं।

9

चारों वर्णों तथा विशिष्ट गणमान्य गणों, विद्वानों एवं सुधीजनों की विराट् सभा को गुरुदेव वशिष्ठ जी ने सम्बोधित करते हुए कहा– "श्रीराम, लक्ष्मण, जानकी के चौदह वर्षों की घोर अवधि काट लेने तथा राक्षसों का संहार कर अरण्यों की प्रजा तथा ऋषि– मुनियों का काज कर लेने पर अयोध्या वापस आने पर आप–सभी को अपार हर्ष हुआ है तथा हम सब इस सतयुग के उद्भव की आशा से भर गये हैं। इस नवप्रभात के सूर्य श्री राघव राम हैं तथा आर्य सभ्यता को पुनः ज्वलन्त करने और यज्ञ संस्कृति के उद्धार तथा मानवता के परित्राण के लिए ही दशरथनन्दन श्रीराम का धराधाम पर अवतार हुआ है। भगवान परशुराम जी के क्षत्रिय संहार के बाद मानो आर्यावृत से क्षत्रिय–बीज ही नष्ट हो गया। शेष क्षत्रिय समुदाय भीरू तथा भयत्रस्त–सा हो गया तथा प्रजा राक्षसों के अत्याचार से पीड़ित होने तथा देवता असुरों के उत्पातों से त्रस्त रहने लगे। सृष्टि भय से भरने लगी और ईश्वरीय मंगल की गति–विधि विपरीत होने लगी। अँधेरा छा गया पृथ्वी पर तथा गौ, सन्त, सज्जन, ऋषि–मुनि पितृ तथा देवता सभी निस्तेज और निष्प्रभ होकर मन ही मन भगवान को पुकारने लगे.... मनाने लगे। पृथ्वी की इस पुकार को मानो परमात्मा ने राघव राम के रूप में अवतरित होकर सुनी– जगद्कल्याण का दिव्य कार्य पुनः उठा तथा सृष्टि मंगल के समारोह पुनः–पुनः हो उठे। वेद–मन्त्रों की ध्वनि से मुखरित यज्ञ–वेदियों की अग्नियाँ प्रज्वलित हो उठीं। राक्षसत्व का जैसे बीज ही उखड़ गया। श्रीराम और लक्ष्मण ने यह अद्वितीय साधना की–पुरूषार्थ किया। विश्व के परमार्थ के लिए श्रीराम, लक्ष्मण तथा जानकी ने असह्य कष्ट झेले। नंगे पाँव से आर्यावर्त की परिक्रमा कर पृथ्वी को निर्भय किया, आकाश को अभय दिया। श्रीराम की जय हुई, रावण की पराजय हुई और यों संसार में सतयुग का पुनः आरम्भ हुआ। आज अयोध्या में श्रीराम, लक्ष्मण, जानकी का अभिनन्दन कर हम आर्यत्व के नवप्रभात का ही स्वागत कर रहे हैं।"

"जय श्रीराम!"– मानो शत–सहस्र कण्ठों से ध्वनि उठीं।

गुरुदेव वशिष्ठ ने कहा– "चारों वर्णों की यह विराट् मेदिनी वैदिक वर्णाश्रम धर्मपंथ के आर्य यात्रियों की सभा है। श्रीराम का यह अभिनन्दन प्रजा जनों के प्रभु का

ही अभिनन्दन करना है। लोगों! श्रीराम को आशीर्वाद दो कि वे सत्य, न्याय, धर्म और अभय और शान्ति का राज्य स्थापित करें। राघव का नाम मैंने इसी भाव से 'राम' रखा था। क्योंकि मैं जान गया था, मनुष्य मात्र को असत् से सत्, तम से ज्योति और मृत्यु से अमृत की ओर प्रेरणा देने वाले, प्रकाश से पूर्ण तथा सभी सिद्धियों से भवित दशरथनन्दन राघव राम वास्तव में मुनियों के मन में रमे रहने वाले वेदान्त पुरुष राम हैं। हाँ, यज्ञोपवीत की साक्षी से मैं कहता हूँ, मुझे भास हो गया था, राघव रामचन्द्र श्री हरि नारायण विष्णु का मानवावतार ही हैं, जैसे। पिछले चौदह वर्षों की असाधारण घटनाओं ने सिद्ध कर दिया है कि श्रीराम महापुरुष हैं, महामानव हैं, यह हमारा आपका परम सौभाग्य है कि हमें ऐसा दिव्य प्रकाशवान नेतृत्व प्राप्त हुआ है।"

"श्रीराम, श्रीराम........! राम-राम!!" धुनें उठी।

श्री लक्ष्मण उठे, बोले– "राझी महारानी माँ कैकई ने तो श्रीराम को वनवास दिलवाया था, किन्तु श्रीरामजी ने मां कैकई के इस घोर कर्म को विश्व मंगल के दिव्य कर्म में बदल दिया। महाप्राण श्रीराम का प्रचण्ड धनुष राक्षसों को बींधता रहा और आर्यावर्त के मार्ग, पथ, पगडंडियाँ और लीकें पवित्र और स्वच्छ–शान्त होती चली गयीं। रावण–वध अत्याचारों का अन्त है, अधर्म की समाप्ति है और विश्व मंगल का उदय है।"

श्री भरत भी उठे। श्री भरत ने उपस्थित मेदिनी को पलकों से मानो कूंतते हुए कहा– "परम् श्रद्धेय श्रीराम जी को, माँ कैकई के माँगने पर, पूज्य पिताश्री ने प्राण देकर भी वनवास दिया। दो वरदान देने की बात उन्होंने जीवन न्यौछावर करकर भी रखी। यों रघुकुल की रीति एक बार और उजागर हुई, किन्तु श्रीराम, लखन और श्रीमती भगवती भाभी को पूरे चौदह वर्ष, नंगे पाँव भय से भरे वातावरण में घूमना पड़ा। श्रीराम प्रभु ने अकेले ही चित्रकूट से दण्डकारण्य तक तथा अन्य स्थानों पर राक्षसों का सफाया कर दिया और श्रीलंका की प्रचण्ड और प्रबल रावण–सत्ता को ललकारा। रावण ने भाभी भगवती पवित्र को भी पुनीत करने वाली सीताजी का हरण किया। निरीह अबला को धोखा देकर अपहरण किया। पितृ जटायू ने सीताजी के परित्राण के लिए अपने प्राण दिये। इस अत्यन्त करुण वार्ता को त्रिकाल कहता ही रहेगा। अवश्य माँ कैकई पर मैं अत्यन्त नाराज हुआ, खीज उठा तथा क्रोध से छटपटाते हुए मैंने उनकी भर्त्सना की, जी भर कर अपनी माँ को कोसा और प्रायश्चित्-स्वरुप प्रतिज्ञा ली कि मैं राज्य ग्रहण नहीं

करूँगा। पतित–पावन श्रीराम के चरणों में पड़ा मैं अपने जन्म–जन्मों के पापों के लिए क्षमा माँगता रहूँगा। माँ ने जो दो वरदान माँगे और प्राप्त किये– वे दो वरदान अब ऐसा लगता है कि विधाता के इंगित तथा ईश्वर की इच्छा तथा भाग्य के आदेश से ही माँगे गये थे। आर्य चतुर्वर्णों! वनवास की दीर्घ और घोर तपस्या का राम प्रभु ने पृथ्वी को अभय दिया, आकाश को शान्ति तथा दिग्दिशाओं में पुनः वैदिक वर्णाश्रम धर्म पंथ ही उद्घाटित किया। अतः श्रीराम प्रभु हमारे जैसे भाई ही नहीं है। पतित पावन दीनबन्धु, करुणायतन ईश्वरीय महामानव हैं। हम इनको वचन देते हैं कि आर्य सभ्यता तथा आर्य संस्कृति एवं वैदिक वर्णाश्रम धर्म के उत्कर्ष के उनके नेतृत्व के हम सदैव पृष्ठपोषक हैं तथा बने रहेंगे। इस धरती को धर्म की ही प्यास लगी रहती है। इस आकाश को प्रकाश की ही पड़ी रहती है। सृष्टि में ईश्वर ने सत्य का, न्याय का प्रस्तार ही कर रखा है– यह सृष्टि न्याय–धर्म से ही स्वयं संयोजित और स्वयं संचालित होती है। हम आर्य इसको धर्म-वैदिक वर्णाश्रम धर्म कहते हैं। हमारे ये वैदिक वर्ण संकीर्ण तथा विभाजित कर परस्पर टकराने वाली जातियाँ या सम्प्रदाय नहीं हैं। मानव जीवन की शाश्वत– अभिव्यक्ति की मूल प्रकृति के यह अनादि चिरन्तन स्वभाव है तथा शूद्र से ब्राह्मण तक और ब्राह्मणेतर से ऋषित्व तक मानव जीवन का मोक्षपरक उत्थान करने वाले धर्म–पंथ के पड़ाव हैं– आश्रम हैं। मैं श्रीराम जी को वचन देता हूँ कि धर्म–धारण, भरण तथा पोषण के उनके विश्ववन्द्य कार्य को मैं उनकी इच्छानुसार करता रहूँगा। हाँ, मैं राज नहीं करूँगा।"

श्रीराम ने तनिक तीव्र स्वर में पुकारा– "भरत! सावधान!!"

श्री भरत– "क्षमा, श्रीराम जी! मेरा हृदय चीरकर देख लें– कौन उसमें विराजमान हैं? तुम हो राम, जानकी हैं– हाँ मेरे इस भव की माँ नहीं है– मेरा भाई नहीं है। तुम–तुम हो मेरे प्रभु, राम!"

और भरत ने सिर धुनाकर चीत्कार की– "जय.... श्रीराम!"

ध्वनि उठी, धुनें गूँजी, शब्द ब्रह्म निनादित हुआ– "जय श्रीराम!"

✦✦✦

पूर्णिमा की चन्द्र ज्योत्सना में भू-मण्डल मानो डूबा हुआ था। श्रीराम पौढ़े हुए थे– सीताजी जग रही थीं– अपने पर्यंक पर बैठी हुई श्रीमती सीता! पूर्णिमा के पूर्णेन्द को तक रही थीं और बीच–बीच में श्रीराम के प्रफुल्ल इंदिवर से मुखारविन्द

को देखकर मन ही मन मुस्कुरा उठती थीं। यह पूर्णिमा का चन्द्रमा, ज्योत्सना–पतिमयंक श्रीराम के मुख की अन्यतम दिव्य शान्त मधुर कान्ति को मानो देख नहीं सकता। श्रीराम–मेरे राम सुन्दर हैं– सुन्दरतर हैं–सुन्दरतम हैं। मानो सौन्दर्य के मूर्तिमान चित्रण हैं। सीताजी पुनः–पुनः सस्मित हँसी–तापसी वेश में मेरे राम मानो यज्ञ ज्वालाओं से तपती हुई स्वर्ण मूर्ति से दिखते थे। घनश्याम पंचकेशी में इन्द–मुख, पतली किन्तु भरी हुई भवें, लम्बतीर्ण नाक, प्रवाल के मानो बने पतले रक्ताभा से भरे अधर, विशाल वज्र वक्षस्थल, नीलमणि की कतरन से केश–कपाल से भरा हुआ सिंहसा उदर। सीताजी मानो मानस–पटल पर श्रीराम का चित्रण ही करने लगीं। वन केसरी सी जंघाएँ–सघन, पुष्ट और चरण? कमल के प्रफुल्ल फूलों से चरणारविन्द। सीताजी ने सहसा पुकारा– "राम।"

श्रीराम ने चिहुँकते हुए कहा– "हाँ.......?"

"सो रहे हो या जाग रहे हो?" सीताजी ने पूछा।

श्रीराम ने जाग्रतावस्था में पूर्णरूपेण जागते हुए कहा– "सो भी रहा था, जाग भी रहा था। तुम?"

"निद्रा नहीं आ रही– जागती बैठी हूँ। पूर्णेन्द को देख रही हूँ।" सीताजी ने जमुहाई लेते हुए कहा– "पूर्णेन्द–पूर्णिमा, राम!"

"पूर्णिमा? सीता तुम।" श्रीराम ने कहा– "और पूर्णेन्द भी तुम, सीते! चन्द्रमा स्त्रीलिंग है, सूर्य पुल्लिंग, व्याकरण।"

श्रीमती सीता ने ठहाका मारकर हँसते हुए कहा- "तुम, तुम न जाने क्या हो, मेरे राम।"

"क्या हूं रे!"

राम ने मुस्कराते हुए कहा– "मनुष्य हूँ, मानव जीव हूँ– इस भव में। पिछले भव में न जाने क्या हूँगा?"

सीताजी ने रोम–रोम में जागते हुए कहा– "मुझे लगता है, तुम्हारे और मेरे पिछले जन्म थे ही नहीं। यह पूर्णिमा और पूर्णेन्द का एकमात्र जन्म है– भव है। तभी तो इस भव में सुख बिछल जाता है, दुःख गहर जाता है। संकट, विघ्न और संताप उभरते ही रहते हैं और तुम्हारा रामबाण सबका निराकरण कर देता है।

तुम राजा हो, राजा राम–मेरा विवाह राजा राम से हुआ। भगवती गौरी ने राजा राम के लिए ही वर माला प्रदान की थी!! हाँ, यह सच है।"

"तो क्या हुआ ?" श्रीराम जी ने पूछा।

"क्या हुआ?" सीताजी चिहुँकी– "मेरा राम जैसे मुझे नहीं मिला। राजा राम की मैं तो जैसे प्रजाजन हुई। नहीं? यही–प्रिय मेरे! यही। तुम राजा राम हो–राम नहीं हो; हो क्या?"

श्रीराम ने सहसा कहा– "क्या हो गया है तुमको सीते! जबसे अयोध्या लौटी हो, तबसे यह व्याकुलता तुममें मानो उभरी पड़ी है। आशंका, संकल्प–विकल्प से तुम भर गयी हो।"

"अग्नि में जो तपी हूँ।" सीता ने कहा– "सबके सामने मुझे अग्निस्नान के लिए आज्ञा दी। राजा राम थे तो वह राजाज्ञा मैंने मान ली। यह मन राजप्रासाद के वैभवशाली जीवन की छटाओं से उचट गया है। राम! मन केवल तुममें है और तुम न जाने क्या हो? बिछलते–छटकते ही रहते हो। तुम– तुम एक दिव्य अगाध, अतल रहस्य हो–एक अपार आश्चर्य हो। हाँ, हो। तभी तो ऋषि–मुनि तुमको मर्यादा पुरुषोत्तम कहते हैं। तुमको श्रीहरि का मनुजावतार कहते हैं। भूतल की प्रजा तुम्हारा नाम जपने लगी है। राम!"

श्रीराम उठे। सीता के पर्यंक पर जाकर उनको अपने वक्षस्थल में मानो समा लिया– "सीते! मैं तुम्हारा राम हूँ और कुछ भी नहीं हूँ।"

सीताजी ने पूर्णेन्द–सा अपना सौन्दर्य का सारवत् मुख मण्डल श्रीराम के विशाल वक्षस्थल में भर लिया– "राम! राम! राम! मेरा....... मेरा क्या होगा?"

"तुम्हारा क्या होगा? जो मेरा होगा–वही तुम्हारा होगा।" श्रीराम ने सीताजी को अपने पुनीत आलिंगन में बाँध लिया।

सीताजी ने श्रीराम के विशाल वक्षस्थल में स्वयं को समाते हुए कहा– "तुम– तुम, राम! जितना भी मैं तुमको चाहती हूँ, तुम उतने ही जैसे दूर हो जाते हो। तुमको भजती हूँ तो चित्त भर आता है। तुम्हेँ क्षण–क्षण पाकर भी जैसे सदैव के लिए नहीं पाती–राम! मेरे प्रियतम! मैं तुममें अर्पित–समर्पित लीन हो जाना चाहती हूँ। देह का यह बिछोह सहा नहीं जाता, प्रिय मेरे! मैं सच कहती हूँ, राम! रावण के बन्दीगृह में मैंने प्रत्येक लव काष्ठा, पल, क्षण, प्रहर तुमको ही भजा है, ध्याया है तुमको ही!"

"मुझे ज्ञात है, प्रिये! सीते! मैं तुम्हारे देह, मन, प्राण, चित्त, बुद्धि और अहं को– तुम सच्चिदानन्द आत्मवत् को जैसे सदैव से जानता हूँ। मैं...... मैं जैसे तुम्हारा ही अंगीभूत देह हूँ। नर–नारी महाशक्ति परात्पर परमेश्वरी के सच्चिदानन्द चिति की ही अग्रियाँ हैं– ज्वाला हैं। शान्त हो जा, सीते! धरती और आकाश को पवित्र– पुनीत करने वाली तुम मेरी शक्ति, विश्वास, मेरी भक्ति और मेरी मुक्ति हो। शान्त हो जाओ। मैं धरती की ध्रूज और आकाश का उद्वेलन देख सकता हूँ, किन्तु तुम्हारा यह क्षुब्ध विलाप नहीं। ना...... सीते, यदि मुझे जीवित रखना चाहती हो तो प्रसन्न–चिर प्रसन्न रहना होगा। सुख– दुःख तो प्रकृति का धर्म है, आते ही रहेंगे, किन्तु सीता और राम को इन आँधियों से ऊपर उठते रहना है।"

सीता और सिमटी– "मुझे कोई आगम भय लगता है।"

श्रीराम ने अब तीव्र स्वर में कहा– "भय? किसका भय? कैसा भय? तुमने क्या कम सहा है कि अब और सहना है! मेरा रामबाण किसी भी भय को तुम्हारी छाया को भी छूने नहीं देगा। जागो, सीते! तुम स्वयं महादेवी–त्रिपुर सुन्दरी शिवा हो। जो तेज तुम्हारी देह से अग्निस्नान में उद्भसित हुआ– वही तुम्हारी पहचान है। तुम शिवा का ही मनुज स्वरुप हो।"

सहसा सीता ने राम की स्थिर आँखों में देखते हुए कहा– "तब तुम श्री हरि नारायण के मनुजावतार और मैं भगवती कल्याणी शिवा का मनुजावतार! वाह रे राम! क्या कहा है! किन्तु मैं तुम्हारी भांति सृष्टि–मंगल का क्या कार्य कर सकती हूँ?"

"तुम अंधकार को चीर कर ज्योति जगा सकती हो।"- श्रीराम ने कहा– "तुम राग को वैराग्य, अंधकार को प्रकाश और अज्ञान को भस्म कर ज्ञानोदय कर सकती हो। परमात्मा का सगुण साकार प्रतीक तो मानव ही है। कब तक अशोक वाटिका की त्रस्त सीता बनी रहोगी? अशोक वाटिका की अशोक सीता बनकर मेरे हृदय–कमल पर बिराजो, सीते–प्रिये!"

✦✦✦

भरत, लक्ष्मण और शत्रुघ्न ने प्रजा की विशाल और विराट् सभा के लिए उद्यत श्रीराम को सस्नेह घेर लिया। सस्नेह श्रीराम का आलिंगन कर कैकई ने कहा– "राम! चल। मैं तुम्हें देवी कौशल्या जी तथा सुमित्रा जी के साथ सभा–मंच पर ले जाऊँगी। भरत श्रीमती देवी कौशल्या जी का प्रतिनिधि है और तुम राम। मेरे।"

श्रीराम ने श्रीमती कैकेई को नमन कर कहा– "भरत! भरत ही तो। अयोध्या के राजसिंहासन को कंदुक बना रखा है। आपने राज्य अपने सपूत बेटे भरत के लिए माँगा और पिताश्री ने आपकी माँग तुरन्त मान ली थी– परिच्छेद समाप्त! अब और वार्ता की आवश्यकता ही कहाँ रही? किन्तु यह मेरा प्रियवर भरत, धर्ममूर्ति तो है ही, वह अब न्यायमूर्ति भी बनना चाहता है। अयोध्या का राज्यसिंहासन विरासत में राज्यमान राज्य श्री भरत का हो चुका है।"

श्रीमती कैकेई ने तनिक गम्भीर स्वर में कहा– "इसका निर्णय तो मैं ही करूँगी। मैं अब जान गयी हूँ कि राज्य का सत्व क्या है? राज्य का शील तथा उत्तराधिकार क्या है? पूर्व में मैं केवल अपने पूत और सिंहासन को ही जानती थी। अब मैं राम को जानती हूँ, राज्य को जानती हूँ। चलो राम प्रजा की विराट् सभा को लक्ष्मण तथा सीता सहित–भरत सहित शत्रुघ्न के साथ अपने मंगलकारी दर्शन दो। लोग तुम्हारे दर्शनों के लिए अधीर हैं, राम!"

श्रीराम ने आर्द्र कण्ठ से कहा– "आपकी इच्छापूर्ति करना मेरा स्वधर्म था, आज भी है। माते! मुझ पर दया करो और मुझे अपना स्वधर्म पालन करने दो। कृपा होगी।"

श्रीमती कैकेई ने तनिक अमर्षपूर्वक कहा– "माँ को पुत्र धर्मपालन की शिक्षा देगा तो माँ और बेटे का आत्मीय रक्त सम्बन्ध क्या होगा? मेरी इच्छा की पूर्ति तुमने राम चौदह वर्ष का घोर वनवास काटकर सहस्त्रों बार कर दी है। देव– प्रेरणा ही वह थी कदाचित् जो मैंने तुम्हें वन भेजा। किन्तु मेरा वह वनवास का वर माँगना, तुम्हारे प्रति मेरा घोर, प्रज्ञा अपराध था। भरत ठीक ही कहता है– वह मेरा घोर अटल कठोर पापकर्म था और मुझे उसका अमोघ प्रायश्चित करना ही है। भरत के लिए ही राज्य मैंने माँगा था– यही शर्त थी विवाह के समय। तो वह मेरी शर्त थी– भरत की नहीं, राम! तुम्हारी नहीं। मैं अपनी यह शर्त प्रजा के दरबार में वापस ले लूँगी। हाँ, राम!"

लक्ष्मण ने सहसा कहा– "सुबह का भूला शाम को घर लौट आए तो अच्छा है– यह पुण्यतम प्रायश्चित है माँ कैकेई!"

कैकेई ने लक्ष्मण को निहारते हुए कहा– "सत्य कटु ही होता है, पुत्र मेरे! लक्ष्मण! तुमने ठीक ही कहा– मैं अपने चित्त के मोहान्धकार में भटक गयी थी। तुम्हारे मुख–मण्डल देखकर मैं अपने आत्मा के प्रभात में जाग उठी हूँ। मैंने

चुपचाप अपने किए कर्म का फल भोगा है और भोगूँगी-भोगती रहूँगी। राजमाता निस्संदेह देवी कौशल्या जी ही हैं– निश्चय ही।"

"नहीं–मैं नही, तुम कैकई।"– कौशल्या जी ने कहा– "तुमने राज्य भरत के लिए अपने पति से माँगा–विवाह की शर्त जो थी और महाराज ने क्षण में राज्य भरत को प्रदान कर दिया– तो राज्य भरत का हो गया। उन्होंने प्राण-भरत को राज्य देने के खेद में नहीं, वनवास को लेकर–राम वनवास को लेकर ही दिये हैं– यह मैं जानती हूँ।"

कैकई– "वनवास का वर देने की पीड़ा में प्राण त्यागे उन्होंने–ठीक है, दीदी! पूज्य!! अब मैं अपना स्वधर्म पालूँगी, राम! जनता के विशाल विराट् साक्ष्य के समक्ष चलो– तुमको मेरे प्राणों की सौगन्ध है। चल राम! मेरे आत्मज। लक्ष्मण, तुम भी चलो और जानकी तू भी। रावण के बन्दीगृह से मुक्त हो, अपने सतीत्व के तेज में स्नात तुम दिव्य आर्य महिला हो चुकी हो। चल पुत्री, तू रघुकुल की अक्षय कीर्ति है, अगाध पुण्य राशि है।"

सुमित्रा देवी ने कहा– "अब चलो, रोना–धोना बहुत हो चुका।"

भरत ने श्रीराम का बाहु थामते हुए कहा– "शरणागति राम मेरे!"

"तथास्तु! भरत तेरी जय हो!"

✦✦✦

विशाल तथा विराट् सी प्रजा सभा चारों दिशाओं में लहरा रही थी। विशाल मंच पर अयोध्या का राजघराना सुशोभित था। मन्त्रिमण्डल तथा ऋषि-मण्डल के अति विशिष्ट जन भी सुशोभित थे। मंच के पास बने उपमंचों पर सेना के विशिष्ट अधिकारी तथा सेनापतिगण तथा लोकगण भारी संख्या में उपस्थित थे। पूर्णिमा की रात्रि में ज्वार के समान प्रजा के असंख्य लोग उत्साहित थे, उत्सुक और आतुर थे और बार–बार गुरुदेव वशिष्ठ को पुकार कर महाराज दशरथ की जय-ध्वनि कर रहे थे। बार–बार और अनेक बार श्रीराम, लक्ष्मण और जनकनन्दिनी सीता जी को पुकार रहे थे– पुकार द्वारा अभिनन्दन कर रहे थे। शान्तिपूर्वक बैठे हुए लोग भी जैसे हिल रहे थे। महर्षि वशिष्ठ ने पुकार कर पूछा– "आज की इस ऐतिहासिक सभा का सभापति कौन होगा, लोगों! मेरा प्रस्ताव है– राजमहिषी कौशल्या जी.....।"

"स्वीकार है.....” करतल ध्वनि हुई।

देवी कौशल्या ने सबको नमस्कार कर कहा– "लोगों! भरत इस समय राजा हैं, उनकी मातुश्री कैकई.....।"

लोग उठ खड़े हुए– "नहीं.... इस समय कोई राजा नहीं है और यदि है तो हम हैं। राज्य प्रजा का है– यह गुरुदेव वशिष्ठ जी ने हमें बता दिया है, यह हमें राघव राम ने बता दिया है। राजा सिंहासन का, राज्य प्रजा का।"

गुरुदेव वशिष्ठ ने कहा– "श्रीमती कैकई? नहीं! वह भरत की माँ है और भरत के पास इस समय भी ऋषि–मण्डल के मार्गदर्शन और नियमन में राज्याधिकार का दायित्व है। अतः इस सभा का सभापतित्व देवी कौशल्या जी को ही करना है। लोगों ने स्वीकृति प्रदान कर दी है।"

श्रीमती कैकई ने पुकारा– "देवी कौशल्या जी, दीदी! सभापति का आसन स्वीकार करो। मैं तो प्रजा के कटघरे में खड़ी हूँ, हाँ, पूज्या! राम को वनवास दिला कर मैं चिरकाल के लिए प्रजा के कटघरे तथा लोकमत की निन्दनीय नारी हो गयी हूँ। भरत की माँ? हूँ–हूँ–हूँ और मैंने भरत के लिए विवाह की शर्त के अनुसार राज्य माँगा था। हाँ, किन्तु अब पछता रही हूँ। भरत राज नहीं चाहता– राम का प्रेम चाहता है, महर्षे!"

"महात्मा भरत की जय!" लोगों ने जय ध्वनियाँ कीं।

लक्ष्मण ने सहसा जयकार की– "श्रीराम की जय!"

"जय राम! श्रीराम! जय–जय राम!" लोग बोल उठे।

महर्षि वशिष्ठ ने उठकर देवी कौशल्या जी को सभापति के सुशोभित आसन पर बिठाया और लोगों को सम्बोधित करते हुए कहा– "महादेवी राजमाता, राज्यश्री देवी कौशल्या, राम, भरत, लक्ष्मण और शत्रुघ्न, गणों और सेनापतियों, सैनिकों और प्रजाजनों! अयोध्या तथा अयोध्या महाराज्य के निवासियों! आज आपकी सभा के समक्ष अयोध्या का राजसिंहासन, राज्य का उत्तराधिकार तथा रघुवंश की अटूट और अकाट्य रीति–नीति रघुवंश का भाग्य और भविष्य–मैं उपस्थित करता हूँ। आपको–लोगों को ही यह निर्णय करना है कि राज्य का, अयोध्या के सिंहासन का सत्वाधिकार अतः उत्तराधिकार किसका है? श्री राघव राम यह कहा करते हैं कि एक राजा के सभी पुत्र समान उत्तराधिकारी हैं और वे

रघुकुल के ज्येष्ठ पुत्र को राज्य देने की परम्परा में नहीं विश्वास करते हैं। महात्मा भरत भी राज्य के प्रति निर्मोही हैं। वचन-पूर्ति रूप प्रदत्त राज्य को महात्मा भरत राघव श्रीराम का ही राज्य मानते हैं। तभी तो श्रीरामचन्द्र राघव राम की चरण-पादुका को राज्यसिंहासन पर स्थापित कर चौदह वर्ष श्रीराम वनवास की अवधि तक उन्होंने अयोध्या महाराज्य की सम्भाल की। राज्याधिकरण श्रीमान वीर शत्रुघ्न ने संचालित किया। अवश्य, पिछले चौदह वर्षों में ऐसा एक पल के लिए भी नहीं लगा कि राज्य महामना महाराज दशरथ का नहीं है, राघव राम का नहीं है। भरत जी ने अयोध्या के राजसिंहासन को श्रीराम के चरणों का सिंहासन मानकर अयोध्या राज्य की श्रीराम-रक्षा ही साधी है। वीरवर शत्रुघ्न जी ने राज्य को श्री, समृद्धि तथा सुकृति प्रदान की है। अवश्य आप-हम सब राघव राम के अयोध्या लौटने की प्रतीक्षा में पलक पांवड़े बिछाये रहे किन्तु राज्य तो जैसे राम नाम के पुण्य से ही चलता रहा। अब महात्मा धर्म धुरीण भरत जी प्रस्ताव रखेंगे।"

भरत उठे। महर्षि को प्रणाम करके तथा देवी कौशल्या जी के चरण स्पर्श कर तथा अपनी जननी को नमस्कार कर मंच पर तन कर खड़े हो गये। सघन का जलजला पंचकेशी श्रावण के घनश्याम मेघ लहरियों सी खुभ रही थीं और भरी भारी भुरभुरी भवें मानो आकाश के दो दिकों का संधान करने स्वयं ही तनी हुई थीं। भरत जी का समस्त मुख-मण्डल अस्ताचल के सूर्य बिम्ब सा लग रहा था। सूर्य संध्या की गोद में सो जाने के लिए मन्द-मन्द अनन्त में तकता खड़ा था। महात्मा भरत ने अपनी गहन-गम्भीर दृष्टि में अखिल-निखिल को सम्भालते हुए कहा– "जय राम! जय जननी! जय गुरुदेव! जय धरती! जय आकाश!" और दोनों हाथ गगन में उठाकर भरत ने चीत्कार की– "श्री हरि! हरि ॐ! श्री सत्यनारायण हरि!"

"सत्यनारायण हरि!"– गगनभेदी ध्वनियाँ उठीं।

भरत ने कहा– "जननी द्वारा मुझ पर लादा गया एक पाप नहीं, दो महापाप हैं। उनके बोझ से मेरा रोम-रोम थिज गया है। माँ ने पिताश्री से दो वरदान क्या माँगे- पुनाम नर्क में मेरे जाने का मार्ग प्रशस्त कर दिया। अपने पुत्र - प्रेम में माँ ने मुझे सभी पुण्यों से रहित कर दिया। मैं ठूँठ एक वृक्ष-सा संसार के रेतीले प्रदेश में खड़ा हो गया। अयोध्या और उसके राजप्रासाद मेरे लिए शून्य से हैं, अंधकारमय हो गये। लोगों! मैं अन्तरात्मा में बुझ गया। एक ऐसे लोक में चला गया जो नर्कों का लोक है– पापों से भरा पड़ा है। मैं जैसे यहाँ प्रेत हो गया हूँ,

जो पश्चात्ताप की अग्नि में जलता हुआ नर्कों में डोलता–डुलता रहता तथा आसन्न पीड़ा से चीत्कार किया करता है। श्रीराम को, मेरे इष्ट देव को वनवास! कोमल कुसुमों की बनी मेरी भगवती भाभी को नंगे पाँव वन–वन भ्रमना...... ऐसी यातना! किस लिए? मुझे राज्य मिला था...... इसलिए? मैं इस बीहड़ राज्य को लेकर क्या करता? पिता ने छटपटा कर श्रीराम के पीछे प्राण दे दिये? माताएँ विधवा हो गयीं। अयोध्या की प्रजा अनाथ हो गयी। लोगों के पतित–पावन, दीनबन्धु राम वन की ओर चल दिये–वन–वन की ठोकरें खाने के लिए। यह तो विधि वाम होते हुए भी सानुकूल थी। सृष्टि के अगाध संचित से पृथ्वी के अन्यतम सौभाग्य का योग बन रहा था। धरती ने गौ स्वरूप परित्राण के लिए परमात्मा को पुकारा। ऋषि–मुनियों के रक्त ने उबलकर राम को पुकारा था और वही प्रभु ईश्वर का पावन–पावन राम राघव रामचन्द्र के स्वरुप में अपने मध्य विराजमान हैं। तब मैं कहता हूँ यह धरती और आकाश राम का, यह राज्य राघव राम का।"

"अवश्यमेव!" लोगों ने चीत्कार की– "जय राघव राम का।"

भरत ने कहा– "चारों वेदों की साक्षी तथा शास्त्रों की सम्मति से मैं कहता हूँ, अयोध्या का राज्य मैंने चित्रकूट में श्रीराम के चरणारविन्दों में समर्पित कर दिया था। माँ ने पिताजी से राज्य मेरे लिए माँगा था। माँ को धन्यवाद! किन्तु मुझे राज्य नहीं चाहिए, मुझे राम चाहिए। लोगों! मेरी यह पुकार सुनो।"

लोगों के मुखिया एक साथ उठे– "धन्य भरत वीर! धन्य! निस्संदेह आप धर्म स्वरुप हैं। राज्य राम का– अवश्य!"

भरत ने सिर धुनाकर कहा– "किन्तु श्रीराम माने .... तब ना? राम मेरे अन्तरात्मा के विरुद्ध राज्य मुझे ही देना चाहते हैं। पूछिये श्रीराम जी से- यह बैठे हँस जो रहे हैं। राम! मेरे राम! तुम्हारी दुहाई ही।"

श्रीराम उठे- "लोगों! मेरे प्रियजनों! भरत तो अत्यन्त भावुक है। मुझे ही चाहता है, भजता है, परन्तु आप ही बता दें– पिताश्री महाराज दशरथ द्वारा उसे प्रदत्त राज्यसिंहासन पर मैं बैठ ही कैसे सकता हूँ? फिर मैं मानता हूँ, रघुवंश का ज्येष्ठ राजपुत्र ही सिंहासन का उत्तराधिकारी हो। यह सिद्धान्त, यह रीति, यह परम्परा अनुचित है। उचित तो यह है कि राज्य उसका जो पराक्रमांक हो, धर्मधुरीण हो, सत्य वक्ता हो, तथा सत्य–सन्धक हो, सचित्र और जो एक पत्निव्रती हो, न्यायपूर्वक हो। भरत यह सभी–कुछ मूर्तिमान है। भरत स्वयं धर्म का स्वरुप

है। भरत सत्य और न्याय का साधक है। भरत कुटुम्ब रत्न तथा रघुवंश वल्लभ है। अन्यतम वीर है, धीर है तथा परमात्मा के प्रति मन–वचन– कर्म से समर्पित है। भरत मुझसे अधिक राज्य का पात्र है।"

भरत सहसा चीत्कार कर उठे– "रामजी! राम! नहीं..... नहीं मैं पतित हूँ, अधमाधम हूँ, राम मेरे!"

श्रीराम ने जलद–गम्भीर स्वर में कहा– "भरत पतित है। यह जगत पंक है, यह आकाश मलिन है, सृष्टि की ये भवयोनियाँ नर्क हैं। भरत अधम? तब फिर कौन अधम–अधमाधम नहीं है। तब क्या परमात्मा ने, ईश्वर ने, परमेश्वर ने पतितों और अधमों का ही संसार रचा है? नहीं, लोगों! मुझे तो यही लगता है, भास होता है कि यह जगत परम् कल्याण और परम् सौन्दर्य का वाचक है। प्रभु के दिव्यतम विज्ञान की आश्चर्यजनक अभिव्यक्ति है और यह सृष्टि? प्रभु की शान्त, दिव्य, सुन्दर, मंगलमय लीला–चिद्विलास है। जगत विज्ञान से, अतः शास्त्र से तथा सृष्टि धर्म से अतः शील से ही प्राप्त होती है, दिखती, भाती तथा धर्म द्वारा और सहित ही चलती है। यह धर्ममूर्ति है, विधाता धर्माधिष्ठात्री है और परमेश्वर? श्री हरि सत्यनारायण है। अतः भरत का यह उद्भ्रान्त कथन मात्र है कि वह पतित और अधम है। मैं प्रतिज्ञापूर्वक कहता हूँ कि भरत धर्म और न्याय की मूर्ति हैं और राजा होने के लिए परम् पात्र हैं।"

लोग जैसे थीज हो गये, जम गये।

श्रीराम ने पुनः गम्भीर स्वर में कहा– "और फिर रघुवंश चक्रवर्ती, महाराज दशरथ ने, पिताश्री ने मातुश्री की इच्छापूर्ति के लिए राज्य भरत को प्रदान कर दिया है। अतः और अतएव अयोध्या का राज्यसिंहासन भरत का है। भरत का। मुझे राज्य कब चाहिए था? मुझे तो बुलाकर कहा गया था कि राज्याभिषेक होगा। मैंने अपने सत्व का, यदि मेरा सत्व था तो, राज्य नहीं माँगा। हम चारों भाई साथ जन्मे, साथ–साथ खेले–कूदे तथा शिक्षित और प्रशिक्षित हुए। हम चारों अभिन्न हैं– देह से ही भिन्न हैं लोगों! मन से, प्राण से, बुद्धि और चित्त से–अहम और आत्मा से एक हैं– अभिन्न हैं। भरत–वही राम, लक्ष्मण, वही राम, शत्रुघ्न, वह राम–मैं राघव रामचन्द्र। अतः भरत के राजसिंहासन पर बैठने पर हम चारों मानो ही सिंहासनारूढ़ हो जाते हैं।"

भरत उठे और दोनों हाथ आकाश में उठाते हुए बोले– "लोगों! मुझे सुनो। मैं राम में, लक्ष्मण राम में, शत्रुघ्न राम में–हम तीनों राम में, राम के चरणों में अर्पित–समर्पित हैं। हम राममय हैं– राम हम में नहीं हैं। राघव श्री रामचन्द्र रघुवंशमणि हैं और हम तीनों उनके अनुचर हैं, दास हैं। अतः रामजी को ही राजा बनना होगा। बोलो– जय रामजी की।"

गगनभेदी ध्वनि उठी– "जय राम.... श्रीराम...... जय–जय राम।"

श्रीराम तपाक से उठे और मंच पर तनिक आगे आकर खड़े हो गये। सबको सविनय नमस्कार कर जलद–गम्भीर स्वर में बोले– "यह भरत की मुझ पर कृपा है, लक्ष्मण की अपूर्व श्रद्धा है, शत्रुघ्न का अटूट स्नेह है, किन्तु मैं पिताश्री महाराज रघुवंश शिरोमणि दशरथ चक्रवर्ती द्वारा प्रदत्त राजसिंहासन भरत का ही मानता हूँ। वनवास की दुर्गम तथा घोर अवधि ने मुझे संसार को समझने का विवेक ही प्रदान किया है। मैं मन की आँखों और अन्तरात्मा की साक्षी से जगत को देखने लगा हूँ। ऋषि– मुनियों के परित्राण तथा योगक्षेम के परमार्थ को साध लेने के पश्चात् अब मेरे लिए आर्य सभ्यता तथा उसकी दिव्य मोक्ष मार्गी संस्कृति के धारण–भरण और पोषण का ही कार्य शेष रह गया है। निर्बलों की रक्षा, असहाय की सहायता, अशक्तों को शक्ति देने एवं गौ, सन्त, भक्त तथा सज्जन की प्रसन्नता के लिए ही मैं जीवन को यज्ञ मानकर जीना चाहता हूँ। मुझे परमात्मा चाहिए, राज्य नहीं। मेरा मन एक दिव्य उपरति से भर गया है। मेरा चित्त उदास होकर स्वयं ही शान्त हो गया। मेरे प्राण प्रभु–प्रार्थना के लिए आकुल हैं। मैं मनुजों के उत्कर्ष, भाभियों के मंगल, माताओं के अक्षय पुण्य तथा प्रजा के अनुरंजन के लिए ही काम करना चाहता हूँ। मैं सीता का सुहाग तथा उसकी अद्वितीय तपस्या की फलश्रुति के लिए ही जीते रहना चाहता हूँ। मैं जगत के कल्याण तथा सृष्टि का हित ही चाहता हूँ। दुखियारों का दुःख काट सकूँ, दस्यु–पीड़ितों का उद्धार करता रह सकूँ और समाज–कंटकों का नाश कर सकूँ– यही मैं चाहता हूँ। अतः राज्य भरत का, सेवा लक्ष्मण की तथा पुरुषार्थ शत्रुघ्न का। और..... और माताओं का अमोघ आशीर्वाद तथा गुरुदेव वशिष्ठ महाशय की कृपा ही चाहता हूँ।"

"नहीं....... नहीं– राम! नहीं।" ध्वनियाँ उठीं।

सहसा कैकई ने पुकारकर कहा– "राम! कह चुके अब मुझे कहने दो। राज्य किसका है? यह अन्तिम निर्णय मैं करूँगी। राम! भरत के लिए राज्य मैंने

माँगा था। भरत ने स्वीकार नहीं किया। विवाद समाप्त।" और कैकई उठीं। मंच के आगे आकर तन कर खड़ी हो गयीं और अपार जन समुदाय को नयनों में भरते हुए बोलीं– "लोगों! मैंने अपने पति से, भरत अपने पूत के लिए राज्य माँगा, क्योंकि हमारे विवाह की यह अलिखित शर्त थी। प्रत्येक क्षत्राणी माता अपने पूत के लिए राज्य ही चाहती है। वह राजमाता बनना चाहती है। मैं भी चाहती थी, अतः राम को वनवास मैंने भेजा, जिससे भरत का राज्य दृढ़ हो जाय। मुझे पता न था कि भरत राम से भी बढ़कर न्यायप्रिय और धर्मभीरू है। मुझे पता नहीं था कि भरत तो मुनि है– महात्मा है, ऋषि है– राजर्षि है। मुझे पता न था कि राम और भरत दो देह एक मन हैं। एक बुद्धि हैं– एक चित्त तथा एक प्राण हैं। दोनों ही दिव्य हैं, भव्य हैं, एक और अनोखे हैं। मुझे पता नहीं था कि रघुवंश की रीति रघुवंश के वचन से भी कहीं अधिक अटूट है। लोगों! मैं अपने पुत्र–मोह में पतित होकर घोर अन्याय कर बैठी। ऐसा पाप कर बैठी जो चिरकाल तक धोये नहीं धुल सकता। भरत ने मेरी जो भर्त्सना की है– उसकी मैं पात्र थी– अवश्य ही। मैं रघुवंश–रघुकुल की कलंक बन गयी। किन्तु राम के परम् पुरुषार्थ ने तथा परमार्थ के दिव्य जीवन तथा बहुरानी सीता की अपूर्व साधना ने तथा सतीत्व ने मेरी आँखें खोल दी हैं। मैं रोम–रोम में पश्चात्ताप की आग में झुलसी हुई हूँ। लोगों! मुझे–मुझ पापिन को क्षमा कर दो और न्याय करो। मैं प्रजारूपी परमात्मा की साक्षी से भरत को राज्य देने की अपनी माँग निरस्त करती हूँ और भरत के स्वर में स्वर मिलाकर कहती हूँ– राज्य राम का है। राज्य राजा राम का ही था और है। जय श्रीराम!"

गगन के गगन पैरती हुई "जय राम!" की ध्वनि उठी।

एक तुमुल स्वर उठा। धरती को फोड़कर तथा गगन को कँपाता हुआ अधीर किन्तु धीर प्रजा का स्वर फूटा– "राम! राज्य आपका। राज्य राम का।"

श्रीराम ने चीत्कार किया- "प्रजाजनों!"

"यह हमारी इच्छा है, आज्ञा।" प्रजा के नायक बोले।

महर्षि वशिष्ठ उठे और दोनों हाथ गगन में उठाकर बोले– "तथास्तु!"

10

सभा में अपूर्व शान्ति छा गयी और महर्षि वशिष्ठ की शान्तिपूर्ण– "तथास्तु"– शब्द ध्वनि मानो सतत् विराट् कम्पन्न होकर सभी के कानो में समा गयी। श्रीराम ने महर्षि को देखा, घूरा और निहारा, फिर बोल उठे– "गुरुदेव!"

महर्षि वशिष्ठ ने मंच पर आगे आकर कहा– "शान्त राम! शान्त! तुमने प्रजाजनों को पुकारा और प्रजाजन ने एक स्वर में अपनी इच्छा ही नहीं, आज्ञा तुमको सुना दी। तब, अब विचार– विमर्श के लिए क्या शेष रह गया था? कुछ भी तो नहीं। तुमने और सबने यह माना है, स्वीकार किया है, राज्य और राज्य की भूमि की आत्यन्तिक स्वामिनी प्रजा है– लोक है। लोकमत ही राज्य की अटल और अमोघ आज्ञा है। सम्राटों और चक्रवर्तियों की आज्ञाएँ टाली जा सकती हैं, किन्तु प्रजा की आज्ञा अटल है, मृत्युवत् अनिवार्य है। मैं रघुकुल का सनातन गुरु तथा पुरोहित हूँ। राज्य के स्वार्थों तथा प्रजा के हितों को लेकर ऋषि–मण्डल सहित मैं ही धरती के प्रति उत्तरदायी और आकाश के समक्ष नतमस्तक हूँ। रघुवंश की अटूट तथा सतत् राज्य–मर्यादा तथा रघुकुल की रीति के अनुसार चक्रवर्ती पराक्रमांक महाराज दशरथ के राज्य के एकमात्र उत्तराधिकारी तुम हो, राम! तुम दशरथनन्दन रघुवंशमणि राम! तुम हो। महाराज दशरथ ने श्रीमती राज्ञी कैकई के विवाह के समय क्या वचन दिये थे– शर्त बदी थी– यह ऋषि– मण्डल की जानकारी में नहीं थी, मन्त्रिमण्डल ने उसे स्वीकारा तो क्या, विचार तक नहीं किया। सैनिकों, गणों तथा प्रजाजनों की स्वीकृति और अनुमति भी प्राप्त नहीं थी। अपनी नववधू श्रीमती राज्ञी कैकई को दिया गया आश्वासन कि राज्ञी का पुत्र ही रघुवंश के राज्य का उत्तराधिकारी होगा– यह वचन उनका अपना था। इसे निजी कामना ही कहा जाएगा। सत्य, न्याय की दृष्टि से या क्षात्र धर्म के निर्वाह की दृष्टि से किसी भी राजा-महाराजा को या चक्रवर्ती को राज्य का सत्वाधिकार यों हस्तान्तरित करने का सत्व प्राप्त नहीं है, न था और न होगा। अतः प्रजा ने जो इच्छा व्यक्त की है, जो आज्ञा दी है– वह उचित और योग्य है तथा राजधर्म के मर्म से मण्डित है। शताब्दियों से तपते आ रहे रघुकुल के महाराज्य की चक्रवर्ती परम्पराएँ और रीतियाँ किसी से भी भंग नहीं की जा सकतीं– किसी से भी नहीं। अतः रामजी! अपने रघुवंश का राजसिंहासन सम्भालिए। आपने आर्यावर्त का परित्राण किया है, आर्य सभ्यता को अंधकार और अज्ञान से मुक्त

किया है। मानव जाति के जन्मजात अरि और बैरी को समाप्त कर आपने और श्री लक्ष्मण ने समूची मानव जाति को जीवन की आशा दी है तथा मोक्ष का मार्ग बताया है। अतः राम! प्रजा की इच्छा पूरी करो, भगवन्!"

भरत उठे– "महर्षे! आपकी जय हो! आपने रामजी को सत्य का नित्य तथा धर्म का मर्म ही बता दिया है। आपने ही राज्य, राज्यधर्म तथा उत्तराधिकारी की समझ को राज्य के सम्मत और रीति– युक्त कथन कहा है। राम! सिंहासन स्वीकार कर मेरी माँ और मुझको नरकों से बचाओ।"

कैकई ने भी कहा– "हाँ राम! मुझ पतित का उद्धार करो। मैं भरत की माँ कैकई तुमसे कहती हूँ– आज्ञा देती हूँ कि अयोध्या का राजसिंहासन सम्भालो। अयोध्या का राज तुम निर्विघ्न और सहर्ष प्राप्त करो, राम!"

भरत ने श्रीराम के चरण थामे– "अब राम! रामजी! मान जाओ, मेरे प्रभो! दीनबन्धो! करुनायतन मान जाओ। हम पतितों और पापियों की आर्त पुकार मान जाओ। सुना? राम!"

लक्ष्मण ने गम्भीर स्वर में कहा– "रामजी! भैया!"

देवी कौशल्या अब उठीं, बोलीं– "राम। कुटुम्बी-परिजन, पुरजन-प्रजाजन– सब चाहते हैं कि तुम राजसिंहासन पर बैठो। यह क्यों भूल जाते हो, महाराज ने सबकी सम्मति से तथा ऋषिमण्डल की अनुमति लेकर तुम्हारा राज्याभिषेक करने की घोषणा की थी। राझी कैकई को दिया गया वचन तो एक पति का कथन था, राजा का नहीं। किन्तु तुम्हारे राज्याभिषेक की घोषणा राज्य–घोषणा थी–अटल, अनिवार्य राजाज्ञा थी। भरत इस मर्म को जानता था। इसीलिए तुम्हारे राज्य सिंहासन को मस्तक पर धर कर वह चित्रकूट आया था। तुमने पादुका दी, तभी भरत के सत्य को स्वीकार कर लिया था।"

भरत बोल पड़े– "जय जगदम्बे! सत्युत।"

देवी कौशल्या ने भरत को नयनों में भरते हुए कहा– "राजा राजा ही होता है। वह पुत्र, पति, पिता, दादा, नाना बाद में है। राजा का सीधा सम्पर्क, सम्बोध और सम्बद्ध प्रजा से ही होता है। प्रजा ही राजा को जन्म देती है तथा जीवित रखती है। सच तो यह है कि राजा प्रजा का पिता नहीं प्रजा ही राजा और राज्य की माता–पिता है। महाराज दशरथ की वन्दना करते हुए भी मैं कहूँगी, राझी कैकई को दिया गया–भरत को राज्य देने का उनका वचन मिथ्या वचन था– था भी और

नहीं भी था। भरत का तुम्हारी पादुका का राज्य तुम्हारी वनवास अवधि तक ही था। भरत का राज्य राम का राज्य था। श्रीराम की थाती था। अतः निस्संकोच होकर प्रजा की आज्ञा शिरोधार्य करो। आर्यावर्त और समूची मानव जाति को श्रीराम-राज्य चाहिए जो प्रजा की रक्षा, उन्नति और कल्याण कर सके। जो दुष्टों, अत्याचारियों, अधर्मियों को निर्बीज कर सके, जो दुःख, दारिद्रय तथा भय मिटा सके, जो मानव ही नहीं प्राणिमात्र का मंगलमय परित्राण कर सके। अतः राम! पृथ्वी की सुनो और अपने वंश परम्परागत राज्यसिंहासन पर उपविष्ट हो" और फिर देवी कौशल्या ने लोगों को हाथ उठाकर कहा- "मैं आज श्रीराम पंचायतन का राज्य घोषित करती हूँ। राम, भरत, लक्ष्मण, शत्रुघ्न, सुग्रीव तथा हनुमान तथा सीता-राम पंचायतन।"

तुमुल हर्ष ध्वनियों के बीच गुरुदेव वशिष्ठ ने देवी कौशल्या को नमस्कार कर कहा- "धन्य माते! तथास्तु!!"

श्रीराम, भरत, लक्ष्मण, शत्रुघ्न, सुग्रीव तथा हनुमान ने देवी कौशल्या को साष्टांग प्रणाम किया।

श्रीराम ने सजल-आर्त नयनों से कौशल्या को निहारा तथा आर्द्र स्वर में कहा- "जगद जैसी तेरी इच्छा-आज्ञा।" और लोगों को सम्बोधित करते हुए कहा- "श्रीराम पंचायतन-लोगों! आप सब की इच्छा, आज्ञा तथा मातुश्री का आशीर्वाद शिरोधार्य करता हूँ।"

महर्षि वशिष्ठ ने उठकर दोनों हाथ गगन-मण्डल में उठाते हुए कहा- "हे धरती, हे आकाश! तब आज और अभी श्रीराम-राज्य का ब्राह्ममुहूर्त आरम्भ हुआ है। हे प्रभु तेरी जय हो! श्रीराम पंचायतन! धन्य! हम सब ऋषि-मुनि, सन्त-सज्जन, चारों वर्ण तथा समूची एवं समस्त प्रजा, गिरि- कानन, नद-नदियाँ उद्भिज कीट पतंग, पशु-पक्षी सब प्राणिमात्र आज निश्चिन्त हुए, हर्षित हुए। आज पृथ्वी पर शान्ति, अभय और अभेद।"

श्रीराम ने कहा- "लोगों! आपकी प्रसन्नता और रंजन के लिए, मैं धर्मस्वरूप भरत की साक्षी, लक्ष्मण की सहायता, शत्रुघ्न के पुरुषार्थ, महाराज सुग्रीव की सलाह और हनुमान के पुरुषार्थपूर्वक सीता के सुख और माताओं के मोक्ष के लिए राज्यसिंहासन का दायित्व सम्भालता हूँ।"

"श्रीराम-राज्य!"- ध्वनि उठी।

"जय श्रीराम!" गगनभेदी पुकार उठी।

✦✦✦

विशाल राजकक्ष में रत्न खचित स्वर्ण सिंहासन पर श्रीराम–सीता विराजे और श्रीराम का राज्याभिषेक आरम्भ हुआ। सर्वप्रथम मातुश्री देवी कौशल्या जी ने राम–सीता को तिलक करते हुए कहा– "सीता–राम की जोड़ी अमर रहे।"

सीता–राम ने मातुश्री कौशल्या जी के चरण स्पर्श कर प्रणाम किया। दोनों ही एक साथ बोले– "माँ!"

"आयुष्मान हो! कल्याण हो! चिरंजीवी भवः!"– कौशल्या जी बोलीं– "गुरुदेव क्या मैं स्वप्न देख रही हूँ? राम–राजसिंहासन पर? तब...... तब वह अँधेरी रात बीत गई?"

गुरुदेव वशिष्ठ ने कहा– "नवप्रभात.... राम–राज्य का नवप्रभात हो गया, भगवती! हो गया.... प्रभो! तेरी जय हो।"

तभी कैकई आई और तिलक की स्वर्ण थाली कौशल्या जी के हाथों से लेकर बोलीं– "राम! राजतिलक मैं करती हूँ। इस कुंकुम में मेरे प्राण रमे हैं। आज भरी राजसभा में राजसिंहासन की साक्षी में राम, तुमसे, सीते! तुमसे भी मैं क्षमा माँगती हूँ।"

सीता राम उठे और कैकई को नमस्कार करते हुए बोले– "माँ!" कैकई ने सीता–राम को अपनी बाहुओं में जकड़ लिया। "राम... राम! सीते!"

अर्द्धमूर्च्छित सी कैकई को भरत ने सहसा थाम लिया। तभी महर्षि वशिष्ठ ने श्रीराम को मुकुट पहनाया और बोले– "कोटि दीपावली जगमगो–राम–सीता! तुम्हारा राज्य अमर रहे।"

सीताजी ने कहा– "राज्य तो इनका–रामजी का। मैं तो राम की अनुचरी, सेविका।"

श्रीराम ने कहा– "राम राज्य की तुम शक्ति हो, प्रेरणा हो, कसौटी हो, सीते! प्रणाम! गुरुदेव!"

आशीर्वचन आरम्भ हुए। ऋषियों और मुनियों ने वेदमन्त्रों से भी सीता-राम का अभिषेक करते हुए दिशाओं को गुंजायमान कर दिया। दिशाएँ वेदमन्त्रों

की पुनीत ध्वनियों से, शाश्वत उद्गीथ से भर उठीं और मानो स्वयं ही वेद का गान करने लगीं। श्रीराम के दिव्य शान्त, धीर-गम्भीर किन्तु प्रसन्न वदन को स्पर्श कर वेदमन्त्र स्वयं ही वैखरी से परा में और परा से पश्यन्ती में बदल कर श्रीराम-सीता के स्वरुप में ढलने लगे। ऋषिवर्य अगस्त्य ने श्रीराम-सीता का अभिषेक करते हुए धीर स्वर और गम्भीर गिरा में कहा- "आज परमात्मा स्वयं प्राणियों का उद्धार करने, वेद-वेदान्त और वर्णाश्रम धर्म का परित्राण करने स्वयं श्रीराम-सीता का स्वरुप धारण अयोध्या के राजसिंहासन पर विराजमान हैं। यह पृथ्वी ईश्वर के राज्य की धरती है। इस रामराज्य की सीमाएँ दिशाओं की सीमाएँ हैं। श्रीरामराज्य प्रभु का राज्य है- ईश्वर का शासन है। यही कारण है कि रावण जैसा तिमिर फैल उठा तथा रक्त बहा-ऋषियों का रक्त बहा। भारत भूमि पर अत्याचारों के अम्बार लग गये। निस्संदेह यह युग अंधकार का युग था। धर्म की हानि हो गयी थी। अधर्म को धर्म स्वरुप मानव-चित्त पर लाया जा रहा था। मनुष्य भीत, त्रस्त तथा निस्तेज हो गया था। मानव जाति का क्षात्र तेज निष्प्रभ हो गया था। अरण्य की वैदिक संस्कृति राक्षसों के पादाघात से चकनाचूर हो गई थी। पृथ्वी पर हा-हाकार मचा हुआ था। तभी गौ की पुकार पर प्रभु स्वयं माता कौशल्या की गोद में पधारे- स्वयं प्रभु। रावण जैसा प्रचण्ड, प्रबल मायावी, परम् प्रवीण और मनीषी को प्रभु ही निपट सकता था, मानव नहीं, देव नहीं, सूर, नाग, नर नहीं। आज का दिवस श्रीराम राज्याभिषेक पृथ्वी के चिर सौभाग्य का दिवस है और मैं अगस्त्य इस धन्य दिवस को सप्त सिन्धुओं और समुद्रों को समर्पित करता हूँ।"

महर्षि वशिष्ठ ने अभय वरद हाथ उठाकर कहा- "तथास्तु!"

महर्षि वाल्मीकि ने अपने प्रसन्न किन्तु गम्भीर स्वर में सभी को सम्बोधित करते हुए कहा- "श्रीराम-सीता-राम जैसे मेरे अन्तःकरण में ही सच्चिदानन्द आलोक में सुशोभित हो रहे हैं। अयोध्या के राजसिंहासन पर तो श्रीराम सुशोभित हैं, किन्तु श्रीराम मुनियों के मन में भी रम रहे हैं। धन्य भरत! धन्य कैकेई और धन्य लक्ष्मण! धन्यातिधन्य श्रीमती जनकनन्दिनी सीता! पृथ्वी की पुत्री सीता! धन्य-धन्य-धन्य, प्रभो! मुझे प्रेरणा दें कि मैं राम-सीता की गाथा लिख सकूँ। प्रभो! अनादि जीव को वह धरम-परम् विरह वेदना दे जिससे सिहर कर मैं राम-गान गा सकूँ।"

श्रीराम और श्रीमती सीताजी ने महर्षि वाल्मीकि को प्रणाम किया। मुस्कुराकर जनकनन्दिनी सीता बोलीं– "ऋषिवर! आपके दर्शन पाकर मैं प्रसन्न हो गयी। मन करता है आपके आश्रम में कुछ दिवस रहूँ। वनवास में अरण्य और आश्रमवास ही मुझे अच्छे लगते हैं। भुवनों तथा प्रासादों के नगर महानगर तो मुझे क्लान्त ही करते हैं– आसन– सिंहासन नहीं।"

महर्षि वाल्मीकि ने श्रीराम को सम्बोधित करते हुए पूछा– "राम! जनकनन्दिनी क्या कह रही हैं?"

श्रीराम ने कहा– "सीता मानो वनदेवी हो गयी है– महर्ष! राजा राम को तो पत्नी और प्रजा– दोनों की पूर्ति करनी है।"

सीताजी ने तिरछे नयनों से राम को निहारते हुए कहा– "राम! मैं...... मैं अब राजा राम की प्रजा हूँ– पत्नी तो बाद में। राघव रामचन्द्र जी की पत्नी हूँ। राजा राम की राघव रामचन्द्र जी भी प्रजा ही है।"

"प्रजा राजा की अन्तरात्मा है।"– श्रीराम ने कहा– "सीते! हम अहर्निशि प्रयत्न करेंगे कि प्रजा प्रसन्न रहे और मन–वचन–कर्म से प्रजा–धर्म का धारण– पालन करे। अभय, अभेद्य और अमृत– यही हमारे राजदण्ड का लक्ष्य है– होगा। राम– राज्य जन–मन–रंजन के लिए है– होगा। प्रजा प्रसन्न रहे– यही तो परमात्मा की साधना है।"

"तथास्तु! राम!"– महर्षि वाल्मीकि ने कहा– "अब मैं चला। भगवती सीते! जब मन हो– आश्रम चली आना।"

"अवश्य पूज्य! अकेले आऊँगी। यह तो अब राजा हैं, कैसे आएँगे? मैं ही आऊँगी।" सीता ने हँसते हुए कहा।

श्रीराम ने कहा– "तुम अकेली हो ही नहीं। अकेली रह ही नहीं सकती। सीते! जब तक मैं हूँ, तुम हो? जब तक तुम हो, मैं हूँ।।"

लक्ष्मण बोल पड़े– "सीताराम?"

✦✦✦

श्रीराम पंचायतन का अयोध्या में स्वागत होने लगा। महानगर अयोध्या की संस्थाओं, संगठनों तथा गणमान्य नागरिकों ने राजा राम का स्वागत तथा अभिनन्दन – अभिषेक आरम्भ किया। एक–एक कर ऋषि–मुनि तथा उनके

दिव्य-दीप्तिवान वृन्द श्रीराम को बधाई देने के लिए आने लगे। महर्षि विश्वामित्र भी जैसे हठात् आए और सीधे श्रीराम के पास जा पहुँचे। श्रीराम हड़बड़ाकर सिंहासन से उठे और बोले– "महर्षे! गुरुदेव! आप? .... यों अनायास.....।"

महर्षि विश्वामित्र ने चरण धुलवाते हुए सस्मित कहा– "तुम्हारे पिताश्री थे– महाराज थे तो कहलवा कर आया करता था और आया भी कितनी बार? तुमको और लक्ष्मण को अपने यज्ञ की रक्षार्थ लिवा ले जाने आया था। हाँ, वत्स राम! तब से आज के मंगल कर दिवस की प्रतीक्षा थी। क्षितिज के पार राम! मैं तुम्हारी आहट सुना करता था। घोर वनों में विचरते तथा राक्षसों का संहार करते हुए तुमको मैं अपने मानस पटल पर दीप्त देखा करता था। आर्य और आर्यावर्त का तुमने परित्राण कर दिया– हम जी गये, राम!"

श्रीराम ने महर्षि को प्रणाम करते हुए कहा– "ऋषि ही मानव को संजीवित करता है। उसकी ऋत से भरी दृष्टि से जातियाँ संजीवित तथा राष्ट्र दिव्य हो जाते हैं। ऋषि-मण्डल के निष्काम मार्गदर्शन में मन्त्रिमण्डल राज्य का संयोजन– संचालन करता है और राज्य के ऋषिवर्य पुरोहित प्रजा के कल्याण के मन्त्र राजा को बताते और जताते रहते हैं। ऋषि से दूर राजा राक्षस हो जाता है। रावण ऋषि से दूर और मुनि से घृणा करने वाला राजाधिराज था। इसलिए प्रचण्ड तथा वैभवशाली राज्य होते हुए भी रावण-राज्य अधर्म तथा अत्याचार का वाहक हो गया। राजा जब तक महर्षि के चरणों में नतमस्तक होता रहता है, तब तक उसका राज्य तपता है- सन्मार्ग पर चलता है।"

महर्षि विश्वामित्र ने कहा– "सत्य कथन है राजा राम! किन्तु सिंहासन पर आसीन होने में तुमको विलम्ब क्यों हुआ? क्या लोगों से मनुहार........?"

"नहीं...... नहीं........ गुरुवर्य!"– श्रीराम ने कहा– "वनवास की अवधि समाप्त होते ही मेरे राज्य का सत्य उद्भवित नहीं होता था। सत्य और न्याय की दृष्टि से राज्य मेरा रहा ही नहीं– हम चारों का राज्य हो गया। भरत के मना करते ही राज्य ऋषियों की साक्षी से प्रजा के पास जाकर ठहर गया था, प्रभो!"

महर्षि विश्वामित्र– "जानता हूँ– राज्य राजा का नहीं प्रजा का ही है अन्ततोगत्वा। राजा राम प्रजा की इच्छा और ऋषियों के आशीर्वाद से उद्भवित राजा हैं। श्रीराम-राज्य का जन्म राज्याधिकार तथा उत्तराधिकार के दावों से

नहीं, प्रजा की प्रसन्नता और प्रभु के भक्तों के आशीर्वाद से ही उत्पन्न होता है। राघव राम मैं तो तुम्हारा शान्त-दिव्य मुख-मण्डल देखने के लिए ही आया हूँ।"

श्रीराम ने मुनिवर्य को पुनः-पुनः प्रणाम करते हुए पुनः कहा– "आपश्री द्वारा प्रदत्त दिव्य अस्त्रों ने ही मुझे रावण-विजय के लिए सक्षम किया है। महर्षि वशिष्ठ– राजगुरु ने रघुकुल को राजधर्म की दीक्षा दी है। आप श्रीमद् ने रघुवंश के हम कुलपुत्रों को अस्त्र-शस्त्र तथा शास्त्र की प्रशिक्षा प्रदान की। महर्षे! आपने अपनी विलक्षण तपस्या तथा विचित्र साधना से राजर्षि से ब्रह्मर्षि तक का पद प्राप्त किया है। पृथ्वीतल के आप श्रीमद् ज्ञानी और विज्ञानियों में अग्रगण्य हैं। आपके आशीर्वाद से भू- मण्डल के राज्य पावन होंगे–होते रहेंगे।"

श्रीमती सीता ने प्रणाम करते हुए कहा– "मुझे भी महर्षे! आशीर्वाद......!"

महर्षि विश्वामित्र ने सस्मित कहा– "तुम्हारा अखण्ड सौभाग्य श्रीराम को दिव्य करता रहे, भरत को विश्वस्त करता रहे, लक्ष्मण को अभंग उत्साह देता रहे तथा शत्रुघ्न को धैर्य देता रहे। तुम वैदेही जनकनन्दिनी, हे श्रीराम वल्लभे! तुम सचमुच में पृथ्वीपुत्री हो– आर्यों के अन्तःकरण की श्री बनी रहो।"

भरत ने मुनिवर्य को प्रणाम किया, कहा– "श्रीराम-राज्य का उद्भव तो हो चुका, श्रीमद्! उसका भविष्य? महर्षे?"

महर्षि विश्वामित्र ने गम्भीर स्वर में कहा– "सीताराम के अन्तःकरण में सुरक्षित है, भरत की गहन-शान्त आँखों में छिपा है, लक्ष्मण की बाहुओं में टिका है तथा शत्रुघ्न के पुरुषार्थ में वह लीन है। श्रीराम! आपके कमल-नयनों की दृष्टि में ही पृथ्वी का भविष्य समाया हुआ है। आप सृष्टि परम्परा में जन्मे राजा नहीं हैं– यह मैं तभी जान गया था, जब आप धराधाम पर अवतरे थे। माता कौशल्या इसकी साक्षी हैं। माँ कौशल्या ने आपका प्रथम दर्शन श्री हरि स्वरुप ही किया था। उसके पश्चात् शिशु-स्वरुप। है न माँजी?"

कौशल्या ने तनिक लजाते हुए कहा– "सत्य है महर्षे! आज भी वह स्वरुप दिव्य और विराट् रूप मेरे मन के नयनों में भरा है। यही कारण है कि राम को मैं श्रीराम ही मानती हूँ। मैं भी जानती हूँ कि राम अवतारी पुरुष हैं।"

"मर्यादा पुरुषोत्तम" महर्षि अत्री अब बोले– "हम श्री रामावतार का रहस्य जानते हैं। इस पृथ्वी पर जीवन की मर्यादायें जीर्ण-शीर्ण होकर स्वयं ही घिस-घिसकर समाप्त प्रायः हो गईं। रक्तपात, अग्नि संघात, हत्या तथा अत्याचार का

जैसे सतत् क्रम आरम्भ हो गया। आसुरी वृत्तियाँ उत्तेजित होकर प्रचण्ड होती गईं। मानव में क्रमशः राक्षस का उद्भव होता गया। रावण इसका उदाहरण है– ऋषि वंश में जन्मा, भगवान शिव का समर्थ आराधक, पराक्रमांक तथा चराचर विजयी महाराज आशुतोष शिव के वरदान से मानव के सिवाय और सबसे निर्भय हो गया- मृत्युंजय ही हुआ समझो। रावण को मृत्यु का वर देकर मानव का मृत्यु देकर भगवान शिव ने ही प्रभु के मानव योनि में अवतार धारण करने का मार्ग प्रशस्त कर दिया। हां, श्रीराम! हम तो आपको प्रभु का मनुजावतार मानते हैं–मानते रहेंगे। रावण जैसे प्रचण्ड–चण्ड प्रबल राक्षसराज को प्रभु के सिवाय कौन मार सकता था? मार सका कोई? देवता, सुर, असुर, नर, नाग मार सका क्या? नहीं। रावण ने हम ऋषि–मुनियों का जितना रक्त बहाया है– उतना किसी भी आततायी ने नहीं। जितने यज्ञ रावण ने बुझाए हैं और जितने आश्रम उस नराधम ने उजाड़े उतने सारे किसी ने नहीं। राम! तुमने ऐसे प्राणियों के शत्रु को समाप्त किया। अरे वह शक्ति स्वरुप परात्परा! देव स्वरूपा हमारी वन्दनीया जनकनन्दिनी को छल–बल से हर ले गया। तुम्हारा श्रीराम बाण ही इस तिमिर को जला सकता था और बाण नहीं।"

श्रीराम ने उपस्थित सभी ऋषि–मुनियों को पुनः–पुनः नमस्कार करते हुए कहा– "मैं तो आप सबके दिव्य श्रीचरणों का चंचरीक हूँ और रहूँगा। राजसिंहासन पर तो मैं धर्म संकट से ही बैठा हूँ। अखिल–निखिल की इच्छा को मैं टाल नहीं सकता था। मैं माता कैकई की इच्छापूर्ति के लिए प्रतिश्रुत था। हाँ, था तो। अतः यह राज्य मेरे पास प्रजा की थाती तथा प्रजा का विश्वास है। मैं अहर्निशि जन–मन– रंजन के लिए तथा वेद–वेदान्त एवं वैदिक वर्णाश्रम धर्म के धारण, भरण और पोषण के लिए ही राज्य चलाऊँगा। भरत मुझे धर्म का मार्गदर्शन देंगे, लक्ष्मण शक्ति और बल के संग्रह–विग्रह के कार्य में मेरी सहायता करेंगे तथा शत्रुघ्न? राजा राम का महामात्य–भरत का था, वैसे ही-उससे भी अधिक विश्वासपात्र।"

हनुमान चिहुँके – "भगवती माँ सीता, प्रभो?"

"सीता?" श्रीराम बोले– "मेरे एकान्त की शान्ति! यावत् जीवन की आनन्द मंदाकिनी। मेरी परा–अपरा शक्ति–श्री, सुकृति और यश–गरिमा।"

सीताजी मुस्कुरा उठीं– "नहीं–नहीं राम! मैं भी तुम्हारी प्रजा हूँ। राजा राम! हम सभी तुम्हारी प्रजा हैं और तुम? हमारे राजा–राजा राम।"

11

श्रीराम–राजा राम ने घोषणा की– "अयोध्या महाराज्य का राजसिंहासन श्रीराम पंचायतन का आसन है। हम चारों भाई इस राजसिंहासन के चार स्तम्भ हैं। श्रीराम पंचायतन का तात्पर्य– अर्थ, धर्म, काम और मोक्ष के वैदिक वर्णाश्रम धर्म–पंथ का राज्य ही है और होगा। वेद, वेदांग, वेदान्त तथा वैदिक वर्णाश्रम धर्म का धारण और पालन ही राम राज्य का एकमात्र और आत्यन्तिक उद्देश्य है। श्रीराम पंचायतन का प्रमुख होने के नाते मैं राजा हूँ और राजा होने के नाते मेरा एकमात्र उद्देश्य जन–मन–रंजन साधना ही है। शताब्दियों से अयोध्या महाराज्य की चक्रवर्ती परिधियों में प्रजा अपने वर्णों में संस्थित है और आश्रमपूर्वक भव–संसार तरने के लिए साधना–मग्न है। वेद में वर्णित भगवान के शरीर समान आर्य के वर्ण हैं– जन्मजात। यह समस्त प्रकृति वर्ण-स्वरुप अभिव्यक्त है तथा जीव–जगत में आश्रमों में ही ठहर कर अपना प्रारब्ध भोगते हैं। जीव के भव–बन्धन का उद्देश्य भव–बन्धन मात्र से छूटकर अर्थ, धर्म तथा काम के पुरुषार्थ करते हुए अन्त में मोक्ष प्राप्त करना है। इसके लिए मैं प्रजा को आश्वस्त करता हूँ कि पृथ्वी पर अभय छाया रहेगा, अभेद का ही परस्पर व्यवहार होगा तथा दारिद्रय, कष्ट तथा भय का स्वयं ही निराकरण होकर इसका अभाव होता जाएगा। संभृत, सम्पन्न, श्री, सुकृति से मण्डित मानव जीव ही प्रसन्न रह सकेगा और उसके मन का रंजन निस्संदेह परमात्मा की खोज के लिए परम् सुख प्राप्त करते हुए भी उपरत होकर परम सत्य प्राप्त करने का उत्साह है। इस मृत्युलोक में मानव जीवन का एकमात्र उद्देश्य चारों पुरुषार्थ करते हुए तथा चारों पदार्थ प्राप्त कर अन्त में वैराग्य प्राप्त करना है। ज्ञान और भक्ति प्राप्त करना है। महामना सुग्रीव जी– हमारे सम्माननीय मित्र इसके उदाहरण हैं। मेरे परम् प्रिय हनुमान पुरुषार्थ और असम्भव को सम्भव करने वाले परम् उत्साही महावीर संसार में जीते हुए भी भगवान की अपायंनी भक्ति के अविछिन्न जीवन के पूर्णेन्द हैं। हनुमान से मैं प्यार करता हूँ। सुग्रीव जी का मैं स्वयं के समान आदर करता हूँ और महाराज राक्षसराज विभीषण को मैं अपना एक अनुज ही मानता हूँ। प्रतिज्ञापूर्वक मैं घोषणा करता हूँ कि राक्षस जाति पुरुषार्थ तथा पराक्रम की वीर जाति है। केवल अपवाद रूप लंका काण्ड हुआ। विधि तथा पृथ्वी का भाग्य मानव जाति के भविष्य को अंधकार से ज्योति की ओर, असद् से सद् की ओर तथा मृत्यु से

अमृतत्व की ओर ले जाने के लिए अन्त में लंका काण्ड होना अनिवार्य था। अंधकार सघन होते ही विछिन्न होने लगता है। तिमिर अज्ञान संक्रामक होते ही स्वयं खजने लगता है। आत्मवेदना अज्ञान तिमिर को जला देती है। लोगों! निर्भय हो जाओ तथा अत्याचार, अन्याय और अधर्म के अंधकार को समाप्त करने के श्रीराम पंचायतन राज्य के प्रयत्नों में तन–मन– वचन से सहकार कीजिए। यही राजा राम का प्रजा को आह्वान है। यही आपके अनन्य सेवक राम का निवेदन है। राजा राम के धर्म महामात्य तथा धर्म सभा के अध्यक्ष महात्मा भरत ने राजा राम की आज्ञा यों विज्ञप्त की–श्रीराम पंचायतन का वेद–वेदांग तथा वेदान्त या वैदिक वर्णाश्रम धर्म में अटूट तथा अमोघ विश्वास है और शताब्दियों से ही नहीं सनातन से रघुकुल का राज्य इसी को सूर्यवंशी नरेशों की राज्य तथा समाज की नीति मानता आ रहा है तथा प्रजा को भी इस ओर सन्नद्ध करता आ रहा है। किन्तु देश–काल के विपरीत प्रभाव से इस नीति में परिपालन की दृष्टि से तनिक शिथिलता, तनिक अवज्ञा और असावधानी आती गई है। हम आर्य प्रजाजन स्वप्न में भी अनार्य नहीं हो सकते। आर्य जीवन की सर्वतोभावेन आकांक्षा ही अमृत की अभिलाषा है। आर्य वही है जो वेदों को मानता है, वेदांग का अध्ययन–अनुशीलन करता है तथा वेदान्त दर्शन के अनुरूप और अनुसार वैदिक वर्णाश्रम धर्म पंथ पर जीवन जीता हुआ अन्त में अमृत, ज्ञान तथा ज्ञान ही चाहता है- आर्य जीवन का अन्तिम तथा अटल ध्येय मोक्ष की प्राप्ति करना ही है और यह ध्येय वेद–वेदांग, वेदान्त तथा वैदिक वर्णाश्रम धर्म पंथ के अनुसार जीने से ही प्राप्त हो सकता है। आसुरी, संस्कृति मृत्यु की उपासना है। राक्षसी संस्कृति देह सुख को ही विज्ञान के बल पर प्राप्त करने और भोगने की वृत्ति है, जो मृत्यु की उपासना करती है। कामजन्य इन्द्रिय सुखों को ही जो मानव जीवन का ध्येय मानता है, पृथ्वी पर जो मानव योनि में मानव देह धारण कर सुख–परम् सुख के लिए पुण्य करता है तथा देहावसान के पश्चात् स्वर्ग में जाना चाहता है- अवश्य वह असुर तथा राक्षस नहीं है, किन्तु वह अमृत का पुत्र आर्य भी नहीं है। वह सदाशयी शुद्ध–बुद्ध मानव है और राज्य का आदरणीय है। इसी मानव नागरिक को समाज, जाति, कुल, वंश तथा राष्ट्र का अग्रणी होने तथा राष्ट्र का धीर–वीर पुनीत नागरिक माना जाएगा। किन्तु मृत्युलोक में पुण्य कर स्वर्ग–सुख की कामना भव–बन्धन ही है और वह मुक्ति या मोक्ष नहीं है। पुण्य से सुख तथा पाप से दुःख ही मिलता है– अनिवार्यतः। यही काल की गति–विधि का अचूक प्रारब्ध है। सृष्टि का त्रिकाल संचित अनादि और सनातन काल की गतिविधि एवं फलश्रुति है। अतः नागरिकों!

राजा राम का आशीर्वाद है– शुद्ध–बुद्ध बनो। निर्मल चित्त होकर शान्ति, अभय तथा अमृत प्राप्त करने के लिए वैदिक वर्णाश्रम धर्म पंथ पर ही मन से, वचन से, कर्म से चलो..... चलते रहो..... चरैवेति-चरैवेति।"

पराक्रमांक परम् वीर भट्टारक महामहिम श्री लक्ष्मण ने प्रजा को सम्बोधित किया– "भगवान परशुराम जी के नृशंस संहारों के पश्चात् आर्य क्षात्र–वट सूख गया, निष्प्रभ हो गया। आर्य क्षत्रिय और प्रजा आरक्षित हो गयी तथा अत्याचार और अधर्म की शिकार होती चली गई। अधर्म, अत्याचार तथा अन्याय का आखेट ही चल पड़ा। जाग्रत एवं संवेदनशील क्षत्रिय नरेश अपने–अपने राज्यों की सीमाओं में सिकुड़ गये। अपने–अपने राजप्रासादों में चुपचाप मूक द्रष्टा बनकर राक्षसों के भयंकर अत्याचारों को देखते रहे। ऋषि–मुनियों को हड्डियों के ढेरों को अपनी अपलक पलकों से तोलते रहे। राष्ट्र से लज्जा चली गई तथा निर्बल की आह से गगन के गगन थर्राने लगे। धरती मानो डोल उठी, आकाश कुण्ठित होता गया–विषम होता गया। गौ प्रभु को पुकार उठी। ईश्वर ने ही गौ की पुकार सुनी। धरती की हाय प्रभु को ही लगी, अन्यथा राजाओं के राज्यों की सीमाओं के ठीक पास राक्षसों के जनस्थान स्थापित कैसे हो सकते थे? राजाओं, नरेशों, नृपतियों तथा महाराजाओं के नाक के नीचे आश्रमों का उजड़ना तथा यज्ञों का विध्वंस कैसे सम्भव था? तपोधनी ऋषियों और मुनियों का निर्मम– नृशंस वध कैसे हो सकता था? आर्य क्षत्रिय नरेशों, राजाओं–महाराजाओं एवं तथाकथित चक्रवर्तियों ने राक्षसों, दुष्टों तथा असुरों का तनिक भी प्रतिरोध नहीं किया। अपने सिंहासनों की रक्षा करते रहे तथा अपने राज्यों की सीमाओं को परस्पर विदेशी सीमांत बनाते रहे। आर्यावर्त की वैदिक राजधर्म की पद्धति, परम्परा तथा रीति–नीति समूचा आर्य क्षत्रिय तथा वैदिक राजधर्म टूटता खूटता चला गया। धिक्कार है हमें–क्षत्रिय कभी इतना नहीं टूटा–इतना कभी नहीं झुका, इतना कभी नहीं मुड़ा। इसीलिए महर्षि विश्वामित्र जी हमें अपने यज्ञ की रक्षा के लिए लिवा ले गये थे। महर्षि वशिष्ठ गुरुदेव की जय हो– उन्होंने घबराए हुए पूज्य पिताश्री को साहस बँधाया, धैर्य दिया और हमें मुनिवर्य के साथ जाने की अन्त में आज्ञा दे दी। तभी महर्षि विश्वामित्र ने हमें राक्षसों, आततायीयों, अधर्मियों तथा नृशंस दुष्टों को ललकारने की प्रेरणा दी तथा क्षात्र धर्म के निर्वाह का प्रशिक्षण भी दिया। रघुवंश के क्षात्र–गुरु महर्षि विश्वामित्र हैं– शास्त्र गुरु महर्षि वशिष्ठ हैं। श्रीराम–राज्य का उदय महर्षि विश्वामित्र तथा महर्षि वशिष्ठ दोनों गुरु देवों के अमोघ आशीर्वाद

का ही वरदान हैं। श्रीराम–राज्य के राजा राम के सेनाधिपति की भांति मैं प्रजा को वचन देता हूँ कि एक भी अत्याचारी, एक भी अधर्मी, एक भी आततायी तथा अनार्य दस्यु राजा राम के अनुशासन से बच नहीं पायेगा। सत्य-संधान, न्याय पुरुस्सरता, धर्म संस्थापन तथा तन–मन–रंजन भी राम-राज्य के अटल आदर्श हैं। आप सबके आशीर्वाद सहित मैं श्री राजा राम को नमस्कार करता हूँ और भगवती जगदम्बा–स्वरुप श्रीमती भाभी सीताजी को प्रणाम करता हूँ।"

श्रीराम ने कहा– "तथास्तु!"

श्रीमती सीता ने कहा– "चिरंजीवी हो भाई लक्ष्मण!"

✦✦✦

महारानी सीताजी ने राजा राम को प्रणाम किया और कहा– "राजन्! मैं आपकी प्रजा पहले हूँ और धर्मपत्नी बाद में, जीवन संगिनी बाद में हूँ। अभय प्रभो!"

श्रीराम ने ठहाका मारकर कहा– "वाह, कल्याण शोभने! वाह!! तुम्हारा यह परिहास मुझे सदैव याद रहेगा।"

"परिहास?" सीताजी ने सस्मित कहा– "नहीं तो! राजन्!! यह प्रजा की एक माननीय महिला का अपने राजा पति को नमस्कार है। रघुवंश की रीति भी यही है कि राजा होते ही रघुवंशी वीर शिरोमणि महाराज केवल राजा ही रह जाते हैं। पिता, पति, भाई– सब कौटुम्बिक सम्बन्ध गौण हो जाते हैं– स्वतः ही।"

श्रीराम जी ने मुस्कुराते हुए कहा- "सीते! यह तुम्हारी महानता है। वस्तुतः तुम सत्य ही कह रही हो। राजा होते ही वह अन्तःकरण और ईश्वर के प्रति समर्पित प्रजा का अनन्य सेवक हो जाता है। प्रजा का धर्मपूर्वक परिपालन करना और राष्ट्र में अभय तथा परस्पर स्नेह सम्बन्ध बनाये रखना ही राजा का एकान्त कर्तव्य हो जाता है।"

"यही तो मैं कह रही थी।"– सीताजी ने कहा– "वनवास के दरम्यान आप पति परमेश्वर थे और अब आप प्रजा परमेश्वर हो गये हैं।"

"नहीं, नहीं सीते!"– राम ने कहा– "मैं प्रजा का परमेश्वर नहीं हूँ। जन–मन–रंजन कराने वाला एक प्रजा सेवक हूँ। राजा का अर्थ और तात्पर्य प्रजा का शासक होना नहीं–प्रजा की सेवा करने वाला समर्पित मूर्धन्य मानव है– प्रथम नागरिक।"

सीताजी ने तनिक हँसते हुए कहा– "यह आपका राजा स्वरुप है, पर पति स्वरुप आप क्या हैं?"

श्रीराम ने कहा– "तुम्हारा भक्त, एक पत्नीव्रत धारी पति। और क्या? क्या स्वरुप हो सका है अन्य। हम तो अनन्य और अभिन्न जीवन साथी, संगी हैं।"

सहसा जैसे सीताजी ने पूछा– "मुझे...... मुझे कभी त्यागोगे तो नहीं?"

श्रीराम ने आघात खाते हुए कहा– "तुम्हेँ...? मैं त्यागूँगा? यह क्या सीते!"

सीताजी ने आर्द्र स्वर में कहा– "तुम्हारा वियोग ही मेरे सौभाग्य की ज्योति प्रतीत होती है– ऐसा प्रतीत होता है। पंचवटी से हटी, जाकर तुम्हारे वियोग में अशोक वाटिका में बन्दी रही और आज मुक्त होकर भी मुझे लगता है– मुझे अपने राम का वियोग बना ही रहेगा। अब आप रावणारी राम नहीं हैं। राजा राम हैं, हाँ स्वामिन्।"

श्रीराम ने सीताजी को सादर अपने पार्श्व के निकट करते हुए कहा– "सीते! तुम मेरे प्राणों में रमी हुई हो, बुद्धि में बसी हुई हो, चित्त में घुली हुई हो– मैं तुममें लीन हूँ। प्रिये! तुम्हारी श्री, सुकृति और जय ही चाहता हूँ।"

श्रीमती सीताजी ने कहा– "राजा राम! यह आपकी कृपा है।"

श्रीराम ने सीता को गहरे स्नेह की दृष्टि से देखते हुए, अपने कंज–नयनों में भरते हुए कहा– "तुम ही हो, सीते! जिससे मेरी जय होती है। तुम मेरी जिजीविषा हो–यावत् जीवन–चेतना हो। तुम्हारे चिन्तन में सृष्टि लीन हो जाती है, जगत मानो अरूप हो जाता है।"

"राम!" सीता ने कहा– "ऐसा होता, तो फिर अग्नि परीक्षा क्यों?"

"जगत के मानव, समाज तथा सृष्टि की मर्यादा की रक्षा के लिए।" श्रीराम ने कहा– "तुम मुझसे अधिक पवित्र हो। तुम सत्य की सती हो, विभूति हो, तुम राम की सीता हो और मैं राम। तुम चाहे मुझे राजा राम कहो–मानो। मैं तुम्हारे अगाध–अमोघ प्रेम से ही जी रहा हूँ। तुम नहीं होती तो क्या मैं रामराज्य का यह बोझ उठा सकता था?"

"राम–राज्य का बोझ?" सीता ने तनिक हँसते हुए कहा– "बोझ तो मैं हूँ, राजन्!"

श्रीराम ने यों ही आघात खाते हुए कहा– "सीते....!"

"हाँ, राजन्!" सीता ने कहा और उसके सरोज नयन डबडबा गए– "राम कितना चाहती हूँ मैं तुमको–राजा न कहूँ–राजा राम नहीं–मेरे प्राणनाथ, प्राणेश्वर, मेरे पति परमेश्वर ही मानकर तुमको भजती रहूँ, किन्तु जब से तुम राजसिंहासन पर बैठे हो और मुझे संग बिठाया है, तब से जैसे तुम राजा राम ही हो गये हो।"

"किन्तु क्या मैं राम मिट गया हूँ?"– श्रीराम ने पूछा– "क्या मैं राघव रामचन्द्र तुम्हारा प्रेमी, पति, तुम्हारा वल्लभ नहीं हूँ? हूँ। हमारा विधिवत् विवाह हुआ है।"

"तब मैं विवाह से ही तुम्हारी पत्नी मात्र हूँ?"– सीताजी ने पूछा– "राजा तो अपने राजधर्म के कारण, राज्य की रक्षा के लिए विवाह करता है। पिताश्री ने माँ कैकई से ऐसा ही तो विवाह किया था।"

"वह समय जगत से बीत गया है, सीते!" श्रीराम ने कहा– "पृथ्वी के अभय एवं सौभाग्य का समय आरम्भ हुआ है। मैं जैसे प्रतिपल अणु भी हूँ और विराट् भी हूँ। मैं स्वयं को तुममें देखकर सारे जगत में पाता हूँ। सत्य, धर्म, न्याय और आत्मरंजन की प्रसन्न साधना का यह समय है। पृथ्वी पर समूचे युग का सूत्रपात हुआ है और तुम उसके ब्रह्ममुहूर्त हो।"

श्रीमती सीता ने सहसा श्रीराम के चरण पकड़ लिए– "राम! राम मेरे! मेरे परमेश्वर- मैं.... मैं तो आपकी अनुचरी हूँ।"

श्रीराम ने सीताजी को उठाया और प्रगाढ़ आलिंगन में बाँधते हुए कहा– "तुम मेरी परमेश्वरी हो– श्री हो, शक्ति हो, मेरी भव–चेतना हो।"

सीताजी ने अपना पूर्ण चन्द्रानन श्रीराम के विशाल वक्षस्थल में गड़ाते हुए कहा– "राम! न जाने तुम क्या हो? तुम्हारा पार मैं पाती नहीं। तुम मेरे अस्तित्व का सत्य भी हो और असत्य भी हो। मायामयी मैं नहीं तुम हो–मायापति! हां राम!"

श्रीमती सीता ने अपलक नयनों से श्रीराम को निहारते हुए कहा– "हाँ, यही। तुम मायापति..... मैं माया।"

श्रीराम ने सीता को नयनों में समेटते हुआ कहा– "माया क्या है? जानती हो तुम?"

"मैं....... माया और क्या?" सीताजी ने कहा।

श्रीराम ठहाका मारकर हँस उठे, बोले– "माया है नहीं। चित्त का भ्रम है, बुद्धि का विभ्रम है– माया? ना।"

सीताजी ने भी कहा– "तब मायापति हैं क्या?"

"अवश्य हैं– वही हैं। मायापति– अर्थात् ब्रह्म, परमेश्वर, परमात्मा, परम शिव।" श्रीराम ने सीता की पीन पतली भवों पर उँगली फिराते हुए कहा– "वेदान्त कहता है– ब्रह्म ही है– परमात्मा। ब्रह्म ही सत्य है– ब्रह्म ही है। ब्रह्म के सिवाय न कुछ था, न है और न होगा।"

"चलो तब जीव को छुट्टी मिली, जगत को मोक्ष मिला।"– सीताजी ने कहा– "तब श्रीमान ही हैं– हम नहीं। यदि ब्रह्म ही था, ब्रह्म ही है और ब्रह्म ही होगा– तो फिर यह जगत, यह जीव, यह माया, भ्रम और विभ्रम क्यों है गुरुदेव?"

श्रीराम ने कहा– "यह सनातन अनादि रहस्य है, आश्चर्य है, अकथनीय, अवर्णनीय जीव– चेतना है। मुझे भी कभी–कभी लगता है कि ब्रह्म ही है– जगत नहीं, जीव भी नहीं। माया–ईश्वर की माया ही जीव है, जगत है।"

सीताजी उठ बैठीं– "हनुमान से पूछा? हनुमान तो कहते हैं कि राम हैं– सीता हैं, अयोध्या है, सब है।"

राम ने हँसकर कहा– "हनुमान तो बावरा है। मेरे सिवाय वह किसीको देखता ही नहीं, जैसे जानता ही नहीं।"

"मेरे समान है। मैं भी आपको ही देखती हूँ, आपको ही जानती हूँ।"– सीताजी ने कहा– "मैं अयोध्या को नहीं, राजसिंहासन को नहीं, जगत को नहीं–केवल तुमको, राम! रुमको ही जानती हूँ– तुमको ही भजती हूँ– भजूँगी।"

"तुम महारानी हो– श्रीमती राजमहिषी सीता देवी हो।" श्रीराम ने परिहास के स्वर में कहा– "तुमको संसार देखना होगा, जगत जानना होगा, ब्रह्म की इस व्यवहारिक सत्ता को समझना होगा। तुम्हारे सहयोग और सहकार के बिना मैं अयोध्या के राज्य को कैसे चलाऊँगा?"

"क्यों भरत हैं, लक्ष्मण हैं, शत्रुघ्न हैं– सब हैं।" सीता ने कहा– "सर्वोपरि गुरुदेव वशिष्ठ महर्षि हैं।"

"सब हैं, किन्तु मुझे तो तुम चाहिए, सीते! प्रिये!"

✦✦✦

राजसभा में श्री हनुमान ने राजा राम को प्रणाम करते हुए कहा– "महाराज विभीषण जी की प्रार्थना है , प्रभो!"

"प्रार्थना?" श्रीराम ने कहा– "महाराज विभीषण हम सभी के आदरणीय श्रीलंकापति हैं। वे हम सब से कहें, अपनी इच्छा हमें बताएँ। हम उनकी हर सम्भव इच्छा की पूर्ति पर विचार करेंगे।"

श्री हनुमान ने पुनः प्रणाम किया और कहा– "महाराज राक्षसराज लंकापति विभीषण जी ने श्रीमानेश्वर के श्री चरणों में व्यक्तिगत रूप से तो शरणागति ली है, किन्तु श्री लंकापति के स्वरुप में महाराज विभीषण श्रीमानेश्वर को अपना अधिष्ठाता ही मानकर चल रहे हैं। महाराज विभीषण अयोध्या की राजसभा में एक नरेश की भांति स्थान चाहते हैं।"

श्रीराम ने सस्मित कहा– "हनुमान जी! यह कैसे सम्भव हो सकता है। श्रीलंका स्वतन्त्र राक्षस राज्य है। हम सार्वभौम सम्राट बनना पसन्द नहीं करते। हम सहकार और सहयोग की अटूट सन्धि में विश्वास करते हैं। शस्त्र बल तथा कूट से हम राज्य जीतकर हम अयोध्या के राज्य को साम्राज्य में विस्तृत करना नहीं चाहते। हम सभी नरेशों का बन्धुत्व चाहते हैं।"

श्री हनुमान जी ने कहा- "प्रभो! आपकी जय हो, किन्तु महाराज विभीषण लंका का राज्य आपका ही मानते हैं। आपने ही तो उनको लंका का राज्य प्रदान किया है।"

श्रीराम हँसे, बोले– "जैसे भरत ने मुझे प्रदान किया– वैसा क्या? यह निस्संदेह महाराज विभीषण का विवेक है, किन्तु हमारी राजनीति राजधर्म की ही क्रियान्विति है, प्रिय मेरे! श्री लंकापति महाराज विभीषण हमारे बान्धव हैं। इस राजसभा में बान्धव विभीषण जी का स्थान हमारी बाईं ओर होगा और महाराज सुग्रीव का दायीं ओर। शत्रुघ्न जी इस व्यवस्था को नियमित कर दो।"

शत्रुघ्न ने विनयपूर्वक कहा– "जैसी महाराज रामजी की आज्ञा।"

पुरोहित महर्षि वशिष्ठ ने राजा राम को आशीर्वाद देते हुए कहा– "शस्त्र बल तथा राजनीति के कूट से तथा विग्रहों की जय से प्राप्त राज्य रक्तरंजित दस्युता है। भूमि की सीमाओं के राज्य प्रजा की रक्षा तथा शत्रुओं के नाश और जन–मन–रंजन के लिए हैं। उनका शस्त्र बल से विस्तार करना राज्य–लोलुपता है। सार्वभौम साम्राज्य तो राज्यों के नृपतियों का स्नेहशील परस्पर उन्नति, उत्कर्ष,

सहयोग और सहकार के लिए बन्धुत्व है। महाराज रामजी ने ठीक ही कहा है–तथास्तु, राजन्!"

हनुमान ने पुनः प्रणाम किया और कहा– "महाराज विभीषण श्रीमानेश्वर के दर्शनार्थ अयोध्या आना चाहते हैं। श्रीमानेश्वर के राजतिलक के पश्चात् काफी समय व्यतीत हो गया है और महाराज विभीषण जी श्रीमान के दर्शनार्थ व्याकुल हैं।"

श्रीराम ने श्रीमती सीता की ओर स्नेहशील दृष्टि से देखते हुए कहा– "उनसे हमारा निवेदन कीजिए, हनुमान जी! कि वे हमें दर्शन देने के लिए अयोध्या पधारें। अयोध्या महाराज विभीषण जी का पलक पावड़ा बिछाकर स्वागत करेगी। पृथ्वीतल पर मानव जाति के विभिन्न समुदायों में और राष्ट्रों में हम गहरी मैत्री चाहते हैं और इसके लिए हम प्रयत्न करते रहेंगे। महात्मा भरत हमारा यह सन्देश लेकर आर्यावर्त में ही नहीं, जम्बूद्वीप की यात्रा करेंगे। श्रीराम पंचायतन का विश्व बन्धुत्व का हमारा सन्देश देने तथा मैत्री का सूत्र पिरोएँगे।"

महात्मा भरत ने प्रणामपूर्वक कहा– "जैसी महाराज रामजी की इच्छा–आज्ञा!"

श्रीराम ने पुनः कहा– "श्री भरत महाराज विदेहराज राजा जनक पूज्य श्री के दर्शन करेंगे और उनका आशीर्वाद प्राप्त कर श्रीराम सन्देश के लिए यात्रा आरम्भ करेंगे। महाराज श्रीमद् जनक की इच्छानुसार यह श्रीराम पंचायतन सन्देश प्रचारित किया जाएगा। महाराजा विदेह श्रीमद् जनक ऋषि–मुनियों के श्रद्धेय हैं तथा वेदान्त ज्ञान के लिए मनीषी हैं, विद्याओं के वाचस्पति हैं।"

श्री भरत ने कहा– "महाराज श्रीराम जी की आज्ञानुसार मैं शीघ्र ही जनकपुरी जाऊँगा। महाराज की स्वीकृति हो तो मैं वानरराज श्रीमान सुग्रीव जी को भी साथ ले जाऊँ।"

श्रीराम ने उत्साहपूर्वक कहा– "सत्युत! आर्य–वानर मैत्री को पुष्ट करने तथा आर्य जगत के लिए यह मैत्री धुरी का कार्य कर सके इसके लिए श्री भरत और श्री सुग्रीव से बढ़कर और कौन सन्देशवाहक तथा रामदूत होगा? तथास्तु!"

श्रीमती सीताजी ने आशापूर्वक श्रीराम को देखा। श्रीराम मुस्कुराए और बोले– "महारानी सीते क्या आप भी अपने पूज्यपाद पिताश्री और मातुश्री के दर्शनों के लिए जनकपुरी सिधारना चाहती हैं?"

श्रीमती सीता ने लजाते हुए कहा– "हाँ, महाराज!"

"तब जैसी महारानी सीता की इच्छा"– श्रीराम ने कहा।

सहसा प्रमुख दौवारिका ने व्यक्त होते हुए कहा– "जनकपुर से सन्देशवाहक, महाराज!"

"जनकपुर से.....?" श्रीराम चिहुँके– "लो, भरत!"

महात्मा भरत ने कहा– "सन्देशवाहक को सभा में सादर उपस्थित करो।"

"जी महाराज!" दौवारिका ने कहा और क्षण भर में जनकपुरी के महाराज के सन्देशवाहक को राजा राम के समक्ष उपस्थित किया। श्रीराम ने अभय प्रदान करते हुए कहा– "क्या सन्देश है पूज्य पिताश्री का?"

जनकपुर के सन्देशवाहक ने प्रणामपूर्वक कहा– "महाराज राम की जय हो!! सन्देश लिखित है महाराज!"

महर्षि वशिष्ठ ने सन्देश ग्रहण किया और कहा– "तथास्तु! महाराजा राम! महाराज जनक आज आर्यावर्त ही नहीं, समस्त जम्बूद्वीप में अग्रणी हैं, अग्रज हैं। आर्यों के लिए ही नहीं समस्त मानव जाति के लिए वह प्रेरणा और प्रकाश के महास्त्रोत हैं। उनका सन्देश शिरोधार्य है।"

श्रीराम ने कहा– "महर्षे! सन्देश से सभी को अवगत कीजिए– कृपया।"

महर्षि वशिष्ठ ने सन्देश पढ़ना प्रारम्भ किया–

"महाराज राम! रघुवंशमणि, इक्ष्वाकु कुल-भूषण! हे रावणारी! तुमको मेरा अपार आशीर्वाद!! श्रीराम पंचायत के राज्य को आरम्भ कर श्रीमान ने भूतल पर सात्विक सपनों और उदात्त मनोरथों को सजीव तथा साकार करने का विश्व कल्याण महायज्ञ ही आरम्भ किया है। अतः और अतएव सभी संकोच त्यागकर मैं राजा राम का अभिनन्दन करने के लिए अयोध्या आ रहा हूँ। भूतल पर अयोध्या युद्धहीन शान्ति, अभय और मंगल की राजधानी हो गयी है। राम! तुम्हारी जय, मानव जाति की जय हो!"

श्रीराम ने कहा– "भरत तुम स्वयं जाकर महाराज जनक जी को लिवा लाओ। श्रीमती माण्डवी को साथ लेते जाओ।"

भरत ने नमनपूर्वक कहा– "राजन्! विदेह श्री के सन्देश के यह अन्तिम शब्द हैं– यह सृष्टि प्राणियों के लिए तथा प्राणियों की है। समस्त जगत वेदान्त पुरुष की धारणा और मान्यता है सत्य, धर्म और न्याय तथा सुख सन्तोष का राष्ट्र ईश्वर का सर्वोत्तम धारणा तथा उच्चतम उदात्त संकल्प है। इसीलिए वह अपनी प्रतिभा, क्षमता एवं धीमान संकल्प पूर्वक अवतार धारण करता है। यह तथ्य मुझे ज्ञात है राम! तुमको देखकर, तुमको पाकर ध्यान में आया। महाराज राम! आपके दर्शन कर तथा आपकी वन्दना कर मैं परम ब्रह्म को पूर्णतः साध सकूँगा। मैं निर्गुण को सगुण स्वरूप आप में रामजी, आप में ही ध्यान करता हूँ। भगवान परशुराम ने क्षत्रिय वट को निर्बल और निष्प्रभ कर दिया, आपने इसे पुनः संजीवित कर क्षत्रियों को ही नहीं, आपने सभी वर्णों को आत्मविश्वास जागृत कर दिव्य दृष्टि प्रदान की। रावण–विजय आत्मा की, सच्चिदानन्द परमात्मा की ही जगत तथा जीव और ब्रह्म की विजय है, राम!"

श्रीराम ने शान्त–गम्भीर स्वर में कहा– "मैं...... वेदान्त पुरुष? नहीं–नहीं, भरत, लक्ष्मण और शत्रुघ्न! मैं..... मैं तो तुम्हारा भाई हूँ। क्षत्रिय आर्य हूँ। सत्य, न्याय और धर्म को चाहने वाला एक मानव हूँ। प्राणियों की आर्ति हरने के लिए और उनमें आत्मचैतन्य जागृत करने के लिए ही जीना चाहता हूँ। भरत, लक्ष्मण तुम भी जनकपुर के लिए अभी हमारी प्रार्थना लेकर जाओ...... अभी..... सत्वर।"

✦ ✦ ✦

माण्डवी ने भवें तरेर कर कहा– "मैं अकेली जनकपुर कैसे चलूँ? सीताजी हैं, श्रुतकीर्ति, उर्मिला......। सभी हैं।"

भरत ने वस्त्र सजाते हुए कहा– "रामजी चाहते हैं। सीताजी तो रामजी के साथ हैं। रामजी जहाँ, वहाँ सीताजी, सीता–राम! सुना? उर्मिला लक्ष्मण को छोड़कर कहीं नहीं जाएगी। अरे..... हाँ....... लक्ष्मण साथ आ रहा है, तो उर्मिला भी चले। पीहर..... तुम लोगों को पीहर जाने की अहर्निशि लगी रहती है।"

"और आप लोगों को ससुराल।"– माण्डवी ने कहा– "सास–श्वसुर माता–पिता का स्थान नहीं ले सकते। श्वसुर और सासू कितने ही अच्छे हों– भले हों– माता पिता से मिलने की हर नहीं मिटा सकते।"

"तो फिर तुम लोग ससुराल आती ही क्यों हो?"– भरत ने परिहास करते हुए पूछा।

“पतिदेवों के लिए।”– माण्डवी ने मुस्कुराते हुए कहा– “मैं और उर्मिला–श्रुतकीर्ति और सीता को छोड़कर जनकपुर जाएँ- यह उचित नहीं है। फिर पिताजी और माताजी को लिवा लाने के लिए ही तो जनकपुर जा रहे हैं।”

भरत ने माण्डवी को निहारते हुए कहा– “जैसा तुम कहो.... जैसा चाहो। प्रिये! मैं तो तुम्हारे कहने में हूँ।”

“अरे वाह! यह खूब कही?”– माण्डवी ने हँसते हुए कहा– “तुम तो रामजी के कहने में हो। रामजी जो कहे–वह करना, रामजी की आज्ञा पालना तथा सीता–राम नाम रटन करना.... यही तो।”

भरत ने उर्मिला को भेंटते हुए कहा– “यही तो–सीता–राम!”

उर्मिला ने बनावटी रोषपूर्वक कहा– “सीता–राम! किन्तु और कोई कहे या न कहे, आप तो कहो।”

“क्या री?”– भरत।

“उर्मिला–भरत!” उर्मिला ने सहसा हँस पड़ते हुए कहा– “अवश्य ही श्रीराम जी और दीदी सीताजी–दोनों ही विलक्षण हैं, विचित्र हैं, रहस्यमय हैं तथा साधारण मानवों से कहीं श्रेष्ठ हैं। बचपन में भी दीदी मानो सो वर्षों की प्रोढ़ हो, यों बरतती थीं। उनका मन जैसे किसी में भी नहीं था। केवल शिव– पार्वती का ध्यान करती तथा पूजा करती रहती थीं। खेल-कूद, झूला, तीज-त्यौहार आदि में वह केवल हमारा मन रखने के लिए साथ हो जाती थीं। पूर्ण चन्द्रमा के समान शान्त तथा पूर्णिमा के समान सुन्दर दीदी सीता... मानो क्या कहूँ? कवि होती तो सीताजी पर कविता रच देती और रामजी-जीजाजी?– महान मानव–महान राजा–राजा राम!”

भरत– “राम कभी अकेले नहीं थे और कभी अकेले पुकारे भी नहीं जाएँगे। राम–अर्थात्– ‘सीताराम!’ मैं तो सीता–राम का ही भजन किया करता हूँ। हाँ, प्रिये! मन ही मन साँस–साँस में राम– सीता–राम भजता रहता हूँ। अभय चित्त में बना रहता है, मन में शान्ति!”

“शान्ति!” उर्मिला फुसफुसाई– “इस संसार में शान्ति कहाँ? अभय कहाँ? पिताजी हमें वेदान्त-परम ब्रह्म की बात कभी–कभी बताते रहते थे। उनके पास भी बड़े ऋषि-मुनि, योगी आते ही रहते हैं, क्योंकि आपके श्वसुर जी को लोग विदेह कहते हैं?”

"महाराज पूज्य चरण जनक देहातीत हैं। उन्होंने 'अहं ब्रह्मास्मि' का अनुभव कर लिया है।"– भरत ने कहा– "राजर्षि विदेह जनक इन्द्रियातीत तूरीय जीवन जी रहे हैं। वे योगी, ज्ञानी–ध्यानी हैं– हाँ, माण्डवी प्रिये! हम चारों भाई सद्-भाग्यशाली हैं, जो ऐसे दिव्य और भव्य श्वसुर हमें प्राप्त हुए हैं।"

"और हम जो आप चारों भाइयों को मिली हैं– वह तो तब परम् सौभाग्य है। है न?"– माण्डवी ने उन्मुक्त परिहास किया।

भरत ने भी हँसते हुए कहा– "अवश्य मेव प्रिये! हम चारों भाइयों का परम सौभाग्य तो तुम चारों भगिनियों की प्राप्ति है, जीवन संगिनी तथा अर्द्धांगिनी के रूप में, पत्नी रूप।"

माण्डवी ने भरत को अपनी बाहुओं में समेटने की चेष्टा करते हुए कहा– "तुम, स्वामिन्! मेरे भगवान हो। दीदी सीता के राम, तो मेरे तुम।"

12

सरयू नदी का जल-प्रवाह जैसे प्रतिपल विस्तृत-अधिक विस्तृत हो रहा था। सरयू की श्यामल-दुग्ध लहरें मानो सिद्ध स्वरुप थीं। अनेक रूपों में छितर कर, अनेक उत्तोलों में उभरकर- घुमड़कर बहना, उनकी जैसे प्रकृति थी। महाराज विदेह जनक का स्वागत करने राजा राम, ऋषि- मण्डल तथा मन्त्रिपरिषद के सदस्यों के साथ भरत, लक्ष्मण, शत्रुघ्न एवं सीताजी, माण्डवी, उर्मिला तथा श्रुतकीर्ति और तीनों राजमाताएँ सरयूतट के विशाल प्रांगण में उपस्थित थीं। अयोध्या महाराज्य के प्रमुख गण तथा चतुरंगिनी सेना के सेनापति एवं प्रमुख प्रवर भी उपस्थित थे। महाराजा जनक श्रीराम- राजा राम के दर्शन करने एवं उनका अपने राज्य की ओर से अभिवादन करने आ रहे थे। ब्रह्म ज्ञानी विदेह जनक यों श्रीराम पंचायतन के राज्य की मानो प्राण प्रतिष्ठा ही कर रहे थे। राम-राज्य का मंगलारंभ श्रीराम के राजतिलक के साथ हुआ किन्तु उसकी प्राण-प्रतिष्ठा तो ब्रह्मज्ञानी, देहाभिमान से भी शून्य विदेह महाराज जनक ही कर सकते थे। राजा जनक राजा राम के रहस्य और मर्म को आत्मसात् भी करना चाहते थे और यह आत्मसात् राजा राम का अभिवादन एवं अभिनन्दन करने से ही प्राप्त किया जा सकता था।

अपने द्रुतगामी रथ में महाराजा जनक अनायास सोचते आ रहे थे- परम् तत्व ही परम् सत्य है और परम् सत्य.....? सत्यम् ज्ञान अनन्त ब्रह्म-हाँ, अवश्य-निश्चय ही। किन्तु निर्गुण, निर्विशेष, निरीह ब्रह्म तब निराकार और साकार दोनों ही हैं? ब्रह्म ही जब जगत है, जीव है, काल है, सर्वम् खलु इदम ब्रह्म ही है, तब सभी जीव ब्रह्म ही तो हैं, किन्तु निर्विकार, अजन्मा, निराकार तथा अमृत स्वरूप ब्रह्म सृष्टि के कालक्रम में कैसे? महाराजा जनक ने सिर धुनाया और सारथी से कहा- "जन्मा, तब से गुत्थी सुलझा रहा हूँ, किन्तु ब्रह्म का रहस्य सुलझ कर पुनः तत्क्षण उलझ-पुलझ जाता है। जलधि का अगाध स्पष्ट स्फटिक समान नीर-निधि तरंगों से उद्वेलित हो जाता है। तब सारथी, तब ब्रह्म निर्गुण और सगुण- दोनों ही उपाधियों से मण्डित है।"

"हो सकता है प्रभो!" सारथी ने कहा- "मैं तो संसार में हूँ। संसार में जी रहा हूँ, किन्तु न अपने को और न जगत को जानता हूँ तथा न ही उसकी सृष्टियों को।

मैं तो जैसे अपने 'मैं' को ही जानता और मानता हूँ।" महाराजा जनक ने साश्चर्य पूछा– "अपने आप को तो जान गये हो न? तो फिर बताओ न मुझे तुम कौन हो?"

"मैं कौन हूँ, प्रभो?" सारथी ने अटपटाते हुए कहा– "मैं..... मैं हूँ, महाराज! श्रीमानेश्वर का सारथी.... और कौन हूं?"

विदेह बोले– "यही..... यही सारथी महोदय! यही जीव–केवल मैं हूँ– अनुभव करता है। जागृति, स्वप्न और सुषुप्ति में मैं हूँ– अनुभव करता है। किन्तु वह नहीं जानता कि वह कौन है?"

सारथी ने पलभर के लिए लगामें शिथिल करते हुए नम्रतापूर्वक पूछा– "तब मैं कौन हूँ? प्रभो। ज्ञान दीजिए। आप श्रीमान अनेकों योगियों, ऋषियों, मुनियों और सद्हस्थों से वेदान्त चर्चा करते रहते हैं। मुझ पामर को भी उपदेश दीजिए। जी, प्रभो!"

महाराज जनक ने कहा– "चिन्तन किया कर सारथी कि तू कौन है? क्या है? क्या तू देह है? या देहातीत नित्य सत्य है? सोच, मनन कर, श्रवण कर, चिन्तन कर। मैं तुझे बता तो सकता हूँ कि तू कौन है? क्या है? इतना निश्चय है कि तू देह नहीं है, देहातीत आत्म चैतन्य है।"

"आत्मा? परमात्मा?" सारथी ने सुदूर देखते हुए कहा– "वह.... वह आ गया, विशाल सरयूतट। वह भीमकाय अजगर की भांति सरयू का पाट दिख रहा है। भीड़ है, प्रभो!"

विदेह जनक ने भी देखा, देखते हुए बोले– "लोग हैं। क्या राघव राजा राम भी हैं? हैं तो– वह, वह रमणीय मणिमय मुकुट दिख रहा है। अरे..... सभी हैं, सारथी?"

"क्यों न हों प्रभो!"– सारथी ने कहा– "श्रीमान विदेह महाराजा जनक हैं, श्रीमती सीताजी के पिता, हमारे राजा तथा जगत के ज्ञानी। आपश्री का अभिनन्दन तो सुर, नर, नाग, देवता, मुनि भी करते हैं। महर्षि वाल्मीकि आपको ब्रह्म स्वरुप मानते हैं। मैं कभी–कभी आपसे आज्ञा प्राप्त कर उनके आश्रम में जाया करता हूँ। अब तो वाल्मीकि महर्षि हो गये हैं– यों हमारी जाति के हैं, जी, शूद्र।"

महाराज जनक ने कहा– "महर्षि पद पाकर सभी वर्णों का जीव, अनादि जीव उपरत हो जाता है तथा केवल परमात्मा को ही भजता रहता है। वह ऋषि हो जाता है।"

"ऋषि?" – सारथी ने पूछा।

"जो प्रतिपल ईश्वर को देखे, देखता रहे और भजता रहे"– विदेह ने कहा।

सरयूतट जैसे जागकर स्वयं ही विस्तृत होकर सामने, पास आ गया। सरयूतट गगनभेदी ध्वनि से गूँज उठा– "विदेह महाराजा जनक की जय!"

गुरुदेव वशिष्ठ, माताएँ, चारों भाई, चारों वधुएँ, मन्त्रीगण, ऋषि–मण्डली तथा अन्य गणमान्य स्थिर होते हुए रथ को घेर कर विदेह जनक पर पुष्पवर्षा करने लगे।

गुरुदेव वशिष्ठ ने कहा– "स्वागत है राजन्!"

विदेह जनक ने गुरुदेव वशिष्ठ के चरण छुए और कहा– "आप राघव राम के गुरुदेव हैं अतः मेरे भी हुए, महर्षे! प्रभु की जय हो! राघव राम की जय–जयकार हो!"

महर्षि वशिष्ठ ने कहा– "त्रिकाल में, त्रिकाल तक केवल प्रभु राम की जय गूँजती रहती है। हम आप तो प्रभु के भक्त हैं, द्रष्टा हैं, मनीषी हैं, अथवा विरही हैं। आप राजन् परम् ब्रह्म के द्रष्टा तथा परमात्मा के विरही हैं। आपकी जय! प्रभु की जय है!!"

राघव राम, राजा राम ने विदेह के चरण छुए और कहा– "मैं राघव राम राजा राम प्रणाम करता हूँ और अयोध्या महाराज और समस्त प्रजा की ओर से आपश्री का स्वागत करता हूँ। आपश्री के आशीर्वाद की मुझे चिर प्रतीक्षा थी।"

देवी कौशल्या ने वारणा लेते हुए कहा– "समधि! कृतार्थ किया– दर्शन देकर।" कैकई ने भी निछावर करते हुए कहा– "पधारिये महात्मन्! राजन्! स्वागत।"

सुमित्रा देवी ने निछावर होते हुए कहा– "आपके दर्शन साक्षात् पिताश्री के ही दर्शन हैं।"

सीताजी, उर्मिला, माण्डवी तथा श्रुतकीर्ति ने विदेह जनक को अपने बाहुओं में भर लिया– "पिताजी, पिता! हमारे पिता! माँ को क्यों नहीं लाये?"

"माँ के पास तो तुमको मैं ले जाऊँगा।"- विदेह जनक बोले।

लक्ष्मण ने कहा– "सैनिकों! सावधान!!"– चतुरंगिणी सेना के दस्ते सावधान हुए।

शत्रुघ्न ने कहा– "गणमान्य नागरिकों! सावधान!!" गणमान्य नागरिक सावधान, पंक्तिबद्ध हो गए।

राजा राम ने कहा– "हमारी अपलक पलकें आपश्री के दर्शन कर सहज हुईं। अयोध्या पवित्र हो गई, प्रभो!"

विदेह जनक ने श्रीराम से भेंटते हुए कहा– "धन्य तो मैं हुआ हूँ, राम!"

श्रीराम ने पुनः नमन करते हुए कहा– "हम रघुकुलवंशी आज पवित्र हो गये। पुनीत हो गये। जम्बूद्वीप में आप श्रीमद् जैसे ज्ञानी, मानी तथा वेद–वेदान्त दर्शन का मनीषी और कौन है? ब्रह्मर्षि, महर्षि और राजर्षि आपश्री के चरणों में वन्दन करते हैं। अयोध्या के राजसिंहासन को आशीर्वाद देने के लिए यों आप श्रीमान का पधारना त्रिलोकी के लिए मंगलमय है– मंगलजन्य है।"

भरत ने विदेह को प्रणाम करते हुए कहा– "समूचा क्षत्रिय वर्ण आज आपके दर्शनों से आश्वस्त हो गया है, आपश्री के दर्शन कर तथा राजधर्म का अन्तिम उपदेश पाकर क्षत्रिय मात्र ही नहीं, चारों वर्ण अपने अन्तःकरण में पुनः जाग उठेंगे। आर्यावर्त तथा आर्य को आज पुनः उस आत्मविश्वास की अनिवार्य आवश्यकता है जिससे वह स्वयं को सत्य का सन्धक, ज्ञान का पिपासु तथा अमृत का पुत्र समझे–माने। अहोभाग्य हमारे राजर्षि! राजा राम की महती चिन्ता यही है– चारों वर्ण अपने–अपने धर्म में जाग उठें और पृथ्वी पर अभेद, अभय तथा ज्ञान के लिए उत्कर्ष प्रज्वलित हो उठें। वैदिक वर्णाश्रम धर्म, वेदान्त और वेद पुनः मानव अपने हृदय में ग्रहण करे, बुद्धि से संचित करे तथा जिजीविषा में ओत-प्रोत कर दें।"

लक्ष्मण ने भी प्रणाम करके कहा– "आर्य क्षत्रिय की सभी चतुरंगिणी सेनायें मानव के शान्तिमय जीवन की रक्षा में लगे– ऐसा आशीर्वाद प्रदान करें देव! भगवान परशुराम जी का विष्णु धनुष श्रीराम ने भंग कर दिया था– वह आज पुनः जुड़ जाए और क्षत्रियों के आत्मबल से अखूट शक्ति से संचित हो जाए। शिव धनुष और विष्णु धनुष दोनों एकाकार होकर वह श्रीराम राजा राम का धनुष हो जाए। मानव और मानवता, अहिंसा और सत्य, न्याय और संभृति इस पृथ्वी पर छा जाए। अंधकार और उसके भय दूर होकर आकाश में सुहावना मनोरम प्रकाश छा जाए।"

शत्रुघ्न ने प्रणाम कर कहा– "प्रकाश और प्रकाश, प्रभो! हम रघुवंशी आज अपने पितृओं के साथ आपकी कृपा पाकर तर गये हैं।"

विदेह जनक ने आर्द्र स्वर में कहा– "पुत्रों! पुत्रियों! तथास्तु!!"

❖ ❖ ❖

गुरुदेव महर्षि वशिष्ठ ने सस्मित राजा जनक से पूछा– "आप राम के दर्शन के लिए स्वयं अयोध्या पधारे–आश्चर्य है! महाराज आप राजा अवश्य हैं, किन्तु सिद्ध हैं, बुद्ध हैं– निर्विशेष, निरीह, निर्गुण ब्रह्म के उपासक हैं– वेदान्त पुरुष हैं। आपको जब देह का भी भान नहीं है, तब जगत और जीव के दर्शन करने की यह आपश्री की यशोमती इच्छा! समझ में आता नहीं है।"

श्रीराम ने भी सहज उपविष्ट होकर कहा– "फिर मुझे ही–हमें ही आपके दर्शन तथा आशीर्वाद के लिए जनकपुरी आना चाहिए था। मैं तो भरत और लक्ष्मण को भेज ही रहा था कि श्रीमान का सन्देश मिला।"

विदेह हँसे, बोले– "मुझे आभास हो चला था कि तुम सब आओगे–जनकपुरी। किन्तु जनकपुरी में तो मैं जामातृ राम, भरत, लक्ष्मण और शत्रुघ्न से मिलूँगा– मिलता। मैं अपने जामातृों के दर्शन नहीं करना चाहता था। मैं तो राजा राम के दर्शन कर कृतार्थ होना चाहता था।"

महर्षि वशिष्ठ चिहुँके– "विदेह जनक यह क्या कह रहे हैं? कितना ही महान हो, जीव तो जीव ही है। राजा राम मानव जीव हैं– अवश्य हम अभिनिश्चित हैं कि दशरथनन्दन रघुवीर राम श्री हरि का मनुजावतार हैं। पृथ्वी का भार उतारने तथा अभय, शान्ति एवं कल्याण के लिए परम् धाम छोड़कर धराधाम पर पधारे हैं– किन्तु आप तो सगुण ब्रह्म में मानते ही नहीं। ब्रह्म सत्यम् जगन्मिथ्या–सर्वम् खलुइदम ब्रह्म–प्रज्ञानं ब्रह्म–अयमात्मा ब्रह्म–अहम् ब्रह्मास्मि–वेदान्त के इस अमिट वाक्यों के आपश्री ज्वलन्त विश्वासी हैं। आप वेदान्त का श्रवण, मनन, चिन्तन ही नहीं, वेदान्त दर्शन को पी चुके हैं, पचा चुके हैं। आपके लिए जीव और जगत है ही कहाँ? और हैं भी तो क्षण मात्र के लिए। आप भ्रमों–विभ्रमों की जीवन चिति नहीं, आप सच्चिदानन्द चिति की नर मूर्ति हैं– विदेह!"

विदेह ने सस्मित कहा– "अहम् ब्रह्मास्मि! ऋषिवर! मैंने कह दिया और श्रीमद् ने मान लिया? वेदान्त के सोपान वाक्य तो अनादि जीव के लिए ब्रह्म– चैतन्य की ओर ध्यानपूर्वक गतिशील होने की सीढ़ियाँ हैं। भव–बन्धन में बँधे जीव

की जिजीविषा हैं– क्षण–क्षण भोगने की इच्छा है। देह के साधन द्वारा जीवात्मा जगत को ही तो सूँघता है, स्पर्श करता है, देखता है, स्वाद लेता है, अर्थात् भव जीता है। किन्तु जो जीवकाल से मुक्त होकर भवेच्छा से छूटना चाहता है तथा अपना ब्रह्म स्वरुप प्राप्त करना चाहता है, उसके लिए वेदान्त के महावाक्य ही पंथ के विश्राम हैं।"

भरत ने पूछा– "तब मुक्ति और मोक्ष में सूक्ष्मातिसूक्ष्म अन्तर है? भवेच्छा? काल से मुक्ति?"

महात्मा विदेह जनक ने मुस्कुराते हुए कहा– "तुम धर्म का मर्म जानते हो– स्वयं धर्म– मूर्ति हो। श्रीराम के वनवास और राज्य को लेकर तुमने जो धर्म व्यक्त किया तथा निभाया वह जगत में चिरकाल तक आदर्श बना रहेगा, किन्तु धर्म जगत तथा भव–संसार में जीने के लिए आत्मा का अनुशासन है। धर्म मोक्ष के द्वार तक ले जाता है, किन्तु मोक्ष तो भवेच्छा के सर्वथा शान्त हो जाने पर ही प्राप्त होता है। आत्मा शाश्वत मुक्त है, उसकी सच्चिदानन्द स्वस्थिति ही मोक्षावस्था है। काल–मुक्ति? कर्म और कर्म के भव–बन्धनों से मुक्ति। काल मुक्ति से भव– बन्धन सदा के लिए कट जाता है तथा अनादि जीव सिद्ध हो जाता है। हाँ, भरत!"

"कृतार्थ हुआ, श्रीमद्!" श्री भरत ने कहा– "मुझको आपश्री, गुरुदेव तथा रामजी की इस वेदान्त गोष्ठी में श्रवण का ही अधिकार है, तर्क करने का नहीं। क्षमा चाहता हूँ।"

गुरुदेव वशिष्ठ ने कहा– "क्षमा माँगने की कोई आवश्यकता नहीं है। वार्ताकार से श्रोता के आधारभूत– सत्व है– जिज्ञासा। फिर अथ तो धर्म–जिज्ञासा के शान्त होने के बाद ही अथ तो ब्रह्म जिज्ञासा आरम्भ होती है। जिज्ञासा आत्मा–परमात्मा, परम् शिव को समझने और उसका चिन्तन करने की स्वयं जाग्रत चित्त वृत्ति है। धर्ममूर्ते! भरत! तुम सच्चे जिज्ञासु भी हो।"

श्रीराम ने हँसते हुए कहा– "भैया भरत! मैं दावे के साथ कह सकता हूँ तुमको मोक्ष और मुझको काल मुक्ति ही मिलेगी।"

विदेह ने मुस्कुराकर पूछा– "ऐसा क्यों?"

श्रीराम ने तनिक लजाते हुए कहा– "राजा हुआ हूँ, प्रभो! राजा तो राष्ट्र का सर्वोच्च गृहस्थी होता है। स्वयं निस्पृह कितना भी रहे, प्रत्येक प्रजाजन की गृहस्थी का रक्षक, पोषक और योगक्षेम–वाहक होना चाहिए। राजा अर्थात्–त्रिकाल के

लिए भव–बन्धन। गुरुदेव ने मुझे बताया है– परार्थ साधने से मोक्ष नहीं मिलता। मोक्ष परमार्थ, ब्रह्म जिज्ञासा से ही मिलता है। धर्म-धारण और पालन से पुण्य करने से तो स्वर्ग ही मिलता है। फिर मैं मोक्ष चाहता भी हूँ क्या? अन्ततोगत्वा मैंने राजतिलक करवाया है। प्रजा का रंजन करने की मेरी मनोकामना, मेरा आजीवन मनोरथ–राजा का समस्त धर्मपालन ही मुझे जीवात्मा के भव–चक्र में अटकाए रखता है। परमात्मा? नमन! नमस्कार! किन्तु मैं जीव की निस्वार्थ सेवा ही करते रहना चाहता हूँ। मैं अपने लिए नहीं, प्राणियों और जगत के मंगल और कल्याण के लिए ही जीते रहना चाहता हूँ। जी, प्रभो!"

विदेह ने सस्मित कहा– "राम! तुमने आज मुझे समझा दिया है। मेरी बुद्धि को शुद्ध तथा बुद्ध कर दिया। आज मुझे पता चला कि यह सगुण–निर्गुण ब्रह्म का रहस्य क्या है?"

"क्या है विदेह?"– गुरुदेव वशिष्ठ ने पूछा

"अनादि जीवात्मा, अनादि जगत, अनादि और अज परम् ब्रह्म"– विदेह ने कहा– "ब्रह्म, जीव और जगत! को जान लो, पहचान लो– विश्वास कर लो, सभी रहस्य खुल जाएँगे। बुद्धि ऋतुंभरा से भर जायगी और चित्त ब्रह्म साक्षात् के लिए निर्मम हो जाएगा। समदृष्टि मिल जाएगी और ब्रह्म की सत्ताओं का ज्ञान हो जाएगा। व्यवहारिक ब्रह्म सत्ता को जानते ही प्रतिभासिक ब्रह्म सत्ता का भान हो जाएगा तथा स्वप्नावस्था के अस्तित्व का मर्म समझ में आते ही ब्रह्म की तुरीय पारमार्थिक सत्ता सगुण स्वरुप उपस्थित हो जाएगी। हाँ, महर्षे सगुण को बिना निर्गुण नहीं और निर्गुण ब्रह्म के बिना जीव और जगत नहीं। प्रभो! तेरी जय हो।"

श्रीराम– "जय हो! विदेहराज जनक– पिताश्री! आपकी जय हो। आज अपने कथन से आपने मेरी बुद्धि को भ्रमहीन तथा चित्त को निर्मम कर दिया। कभी– कभी मुझे लगता है कि मैं जगत को अनादि से जानता हूँ, जीव को जानता हूँ।"

विदेह– "और ब्रह्म को?"

"कभी–कभी गुनगुनाता हूँ– चिदानन्द रूपम शिवोहम शिवोहम" श्रीराम ने कहा।

✦✦✦

राजर्षियों, ब्रह्मर्षियों तथा महर्षियों, गणमान्य नागरिकों की सभा में महर्षि वशिष्ठ ने सबको आशीर्वाद देते हुए सम्बोधित किया– "आज अयोध्या व हम सब धन्य हुए हैं, क्योंकि त्रिभुवन– विख्यात विदेह महाराज जनक स्वयं चलकर राजा राम का अभिनन्दन करने पधारे हैं। आध्यात्मिक आर्यावर्त के सभी मार्ग जनकपुरी जाकर ही जैसे सफल हो जाते हैं। विशाल ऋषिकुलों के संरक्षक शत-सहस्त्र गुरुकुलों के अभिभावक तथा गुरूगृहों के त्राता महाराजा जनक अवश्य राजन् हैं, किन्तु साक्षात् वेदान्त मूर्ति भी हैं। विदेह जनक के दर्शन कर लीजिए और वेदान्त दर्शन का साक्षात् कर लीजिए। मानव जाति का आविर्भाव और उद्भव वेद से ही होता है– हुआ है तथा मानव जाति का केवल एक ही दर्शन है– वेदान्त। वेदान्त दर्शन ही इस मृत्युलोक में मानव–जीवन का अन्यतम और अन्तिम आत्यन्तिक लक्ष्य प्रतिष्ठित करता है। संस्कृतियाँ मानव जीवन या समस्त शाश्वत जीवन का उद्देश्य इंगित नहीं कर सकतीं। जीवन के उद्देश्य एवं लक्ष्यों का मार्मिक सार तत्व तो वेदान्त दर्शन ही बताता है अन्य दर्शन आत्मानुशासन हैं– देहातीत होने के लिए साधनाएँ हैं और इन साधनाओं की आम्नाएं हैं। दर्शन साधना या अनुशासन आदि नहीं है। दर्शन–आत्मा का ज्ञान साक्षात् करना है। दर्शन विदेह राजराजेश्वर महाराज जनक हैं। मैं नमस्कारपूर्वक कहता हूँ कि राजा राम वेदान्त पुरुष हैं और विदेह जनक वेदान्त मूर्ति हैं।"

"धन्य...... धन्य!!" ध्वनि उठी।

महर्षि वशिष्ठ ने पुनः कहा– "आप सबकी ओर से मैं पुरोहित वशिष्ठ, राजर्षि महर्षि विदेहराज जनक महाराज का स्वागत करता हूँ और उनसे प्रार्थना करता हूँ कि वे अपने सन्देश हमें पृथ्वी के लिए दें। धरती और आकाश के लिए अपना उपदेश करें– यही राजा राम का सच्चा अभिवादन करना होगा।"

विदेह जनक ने कहा- "तथास्तु, महर्षे।"

और राजा जनक उठे और पुष्पमालाओं से मानो गुंथे हुए मंच पर उपविष्ट होते हुए बोले– "सर्वम् खल्विदम् ब्रह्म। महाराज राम, महात्मा भरत पराक्रमांक लक्ष्मण तथा धीर-गम्भीर शत्रुघ्न, राजमाताओं, पुत्रियों और परम् माननीय नागरिकों, पूज्यपाद गुरुदेव वशिष्ठ जी, महर्षियों और मुनियों!! आज मैं अयोध्या स्वयं चलकर इसलिए आया हूँ कि राजा राम का दर्शन कर सकूँ। उनका अभिवादन तथा श्रीराम पंचायतन का अभिनन्दन करूँ। मैंने राजा की उपाधि

मानो इसी दिन के लिए सम्भाल रखी थी। क्षत्रिय वर्ण में जन्मा हुआ मैं आर्य क्षत्रिय एवं वैदिक वर्णाश्रम धर्म पंथ का एक राजसी पथिक हूँ। मैं शस्त्र और शास्त्र दोनों धारण कर राज–काज प्रभु के श्री चरणों में पूर्णतः समर्पित होकर चला रहा हूँ। किन्तु मेरा यह राजधर्म का तप अधूरा ही रहा। श्रीराम के वनवास के पुरुषार्थ को देखकर मुझे यह लगा कि मेरा राजधर्म पूर्णतः सफल नहीं हुआ। राजा राजा ही प्रथमतः है, साधक बाद में है। मैं जब तक राजसिंहासन पर आरूढ़ हूँ, तब तक मैं वेदान्त स्वरुप परम् ब्रह्म का साक्षात् नहीं कर सकता। ब्रह्मलीन होने के लिए महाकाल के प्रवाह से मुक्त होकर दिव्य शून्य में साथ में ही लीन होना होता है। मैं तो राज रुपी जगत को अहर्निशि नयनों में समाये हुए सत्यनारायण की खोज कर रहा हूँ। किन्तु श्रीराम ने मनुजावतार धारण कर भगवान परशुराम को क्षात्रवट के परम् अहम् से मुक्त किया, अनादि जीव के अन्यतम अहम् रावण को समाप्त कर आत्मतत्व को ही जैसे मुक्त किया–आत्मा का उद्धार किया तथा परम् ब्रह्म स्वरुप परमात्मा का अमिट आभास मानव को प्रदान किया। मैं जैसे जन्म–जन्मान्तर से सत्य को देखने, जानने आदि के लिए जन्म धारण करता आया हूँ और इस अपने अन्तिम भव में मैंने निर्गुण–सगुण–साकार–निराकार की आत्यन्तिक प्रतिज्ञा को बुद्धि से देख लिया है– समझ लिया है, किन्तु जगत की माया तथा सृष्टि की लीला मुझे समझ में नहीं आई– मैं बुद्धि से जगत में ब्रह्म को प्राप्त करना चाहता था, किन्तु जगत में यन्त्रारूढ़ मोहमयी अनिर्वचनीय माया ही मिली– ब्रह्म नहीं। ब्रह्म सत्यम् जगत्मिथ्या रटता रहा, किन्तु बुद्धिगत मैं ब्रह्म ही है, ब्रह्म सत्य है– इस परम सत्य के प्रति विश्वस्त नहीं हो सका। जगत के परे और पार, समान और विपरीत मैं परम् सत्य की सोच ही नहीं सकता। जीव जगत में शाश्वत जीवन जीते हुए परमात्मा को प्राप्त करना चाहता है और यही निराकार और साकार सत्य का रहस्य छिपा हुआ है। श्रीराम का अब तक का जीवन–चरित्र, निर्गुण तथा सगुण सत्य के परम् रहस्य की शान्ति और अभयपूर्ण अभिव्यक्ति है। लोगों! श्रीराम को पाकर जैसे मैं सगुण और निर्गुण के परम सत्य को देखने के लिए समर्थ हो गया। श्रीराम का अभिवादन कर मैं यह कहता हूँ– शास्त्र से परम सत्य अभिनिश्चित तो किया जा सकता है, प्राप्त नहीं। परमात्मा को प्राप्त करने के लिए तो आर्त प्रार्थना चाहिए-आत्म निवेदन ही चाहिए। श्रीराम के दर्शन कर मैं अपने त्रिपुर में विश्वस्त हो गया हूँ कि ब्रह्म ही सत्य है और यह जगत मिथ्या है-है भी और नहीं भी। महर्षि वशिष्ठ और महर्षि वाल्मीकि ने वेदान्त दर्शन का योग्य तथा उदात्त मन्थन कर ब्रह्मामृत को खोज निकाला है और उस

ब्रह्मानन्द की साकार मनुज मूर्ति इक्ष्वाकु वंश के रघुवीर श्रीराम हैं। मैं आज ब्रह्म को जान गया, परमात्मा के श्रीचरणारविन्द भी पा गया। महात्मा विभीषण की भांति मैं भी परमात्मा से प्रार्थना करता हूँ– हे हरि! यह भव पीर हरो।"

श्रीराम तपाक से सिंहासन से उठे और विदेहराज जनक के चरणों में गिर पड़े, आर्त स्वर में पुकार उठे– "प्रभो! त्राहिमाम–त्राहिमाम! मैं–मैं तो एक अनादि जीव हूँ और अपने इस भव में एक मानव हूँ– मानव। मैं ब्रह्म स्वरुप नहीं हूँ– ब्रह्मानन्द का उन्मेष हूँ– ब्रह्माग्नि का स्फुर्लिंग हूं- मैं अज्ञान का आवरण ओढ़े मूढमति जीव हूं- मैं आत्मा हूं-परमात्मा नहीं। परमात्मा! प्रभो! तेरी जय हो।"

महर्षि वशिष्ठ ने शान्त धीर–गम्भीर स्वर में कहा– "राम! श्रीराम! शान्ति! विदेह महाराज जनक जो कह रहे हैं– वह ठीक है, उचित है। राजा राम आप महामानव हैं और इसी मनुज स्वरुप आप श्री हरि के अवतार हैं। क्या आप सामान्य जीव की भांति संसार के भव भोगने के लिए जन्मे हैं? अपनी गहन, उदार तथा महिमामयी अन्तर आत्मा से पूछिये महिमन्! क्या आप नियति के सुख–दुखमय बन्धनों से बन्धने और काटने के लिए जन्मे हैं? क्या प्रारब्ध की आप जीव–चेतना हैं?"

श्रीराम ने शान्त होते हुए कहा– तनिक सिर धुनाते हुए कहा– "महर्षे! दया करो। मैं नहीं जानता– मैं क्या हूँ? मैं एक रहस्य हूँ। परमात्मा के तादात्म्य का घोष– प्रतिघोष हूँ। मैं शरीर हूँ-देह हूँ तथा संसार–यात्रा कर रहा हूँ। मरणाधीन मैं श्री हरि का अवतार कैसे हूं?"

महर्षि वशिष्ठ ने सस्मित कहा– "मानव ही परमात्मा का पूर्ण प्रतीक है, प्रभु की सच्चिदानन्द अभिव्यक्ति एवं अभिव्यंजना-दोनों है। मानव कालाधीन जीव है तो कालातीत आत्मचैतन्य भी है। इसीलिए मानव ही सत्य का सन्धक, न्याय का उपासक तथा धर्म का धारक एवं इतर प्राणियों का त्राता है। मानव ही भवपाश से मुक्त होकर शिव बन जाता है।"

विदेह ने श्रीराम को जलद–गम्भीर स्वर में कहा– "श्रीराम! अपने परम आत्मविश्वास को यों संकुचित नहीं होने दो। मैं हाथ उठाकर कह सकता हूँ, तुम्हारे स्वरुप में ईश्वर का पुनः धराधाम पर अवतार हुआ है– पूछ लो अपनी जननी से।"

कौशल्या जी बोलीं– "तुमने राम! कुक्षी से बाहर होने से पूर्व चतुर्भुज नारायण श्री हरि स्वरुप दर्शन दिये थे। तब भयभीत होकर मैंने ही प्रार्थना की थी– हे श्री हरि बाल रूप दर्शन दो और तब ही तुम जन्मे थे।"

विदेह ने कहा– "सीता का जन्म भी इसी तरह हुआ था। सभी देव जैसे सीता को राजप्रासाद के खेत की सीता में दबाकर जैसे अन्तर्ध्यान हो गये थे और मुझे तभी प्रेरणा हुई–धरती–पुत्री स्वरुप पधारी हैं– हाँ, राम!"

श्रीराम ने शान्त किन्तु जलद–गम्भीर स्वर में कहा– "मानव! इस पृथ्वी पर तेरी जय हो! यदि ऋषि–मुनियों की आँखों में मैं श्री हरि का मनुजावतार हूँ तो ऋषि–मुनि के पुनीत नयन ही जानें– मैं अपनी आँखों में एक मानव हूँ– पर दुःख भंजक, प्राणियों को अभय देने का पुरुषार्थ करने वाला दैन्यपूर्ण मानव हूँ और सीता? सीता मुझ राम का अभिन्न अंग है– सीता है तो मैं राम हूँ और अब तो मैं मानव–राजा हूँ– राजा राम हूं।"

विदेह ने कहा– "राजा राम! हम आपका अभिवादन करते हैं, अभिनन्दन!"

"कृतार्थ हुआ, भवान्! प्रणाम!"– श्रीराम ने कहा।

महर्षि वशिष्ठ ने कहा– "कृतार्थ पृथ्वी और आभारी आकाश हुआ है, राम! राजन्! हम सब प्राणियों पर कृपा करो। भय और त्रास की यह कालरात्रि छिन्न–भिन्न कर अब शान्ति, अभय तथा परमार्थ के पुरुषार्थ का नवप्रभात उदित करो, राम!"

हनुमान ने सहसा नाचते हुए गाया– "पावन–पावन राम हरि–हरि ॐ।"

13

उर्मिला ने सहज ही लजाते हुए श्री लक्ष्मण से कहा– "जनकपुरी जाकर क्या करूँगी आर्य पुत्र? आपके चरणों में ही ठीक हूँ। आप अभी तो आये हैं–पूरे चौदह वर्षों के बाद। आपको छोड़कर कहीं भी जाने–आने को जी नहीं चाहता।"

लक्ष्मण ने हँस पड़ते हुए कहा– "यह तुम्हारा मुझ में मोह है। विदेह कह रहे हैं तो तुमको अवश्य जाना चाहिए।"

उर्मिला ने तनिक सिर उठाया, कहा– "मुझसे पुनः क्या कतरा रहे हो? मैं अच्छी नहीं लगती? यहाँ भी सोचते पड़े रहते हो। सीताराम की सेवा के बिना दूसरी बात ही कब करते हो? और अब तो पराक्रमांक, परम् भट्टारक, महासेनापति जो हो गये हो। राजा राम के दाहिने हाथ जो ठहरे।"

"और बायां हाथ?" लक्ष्मण ने पूछा।

"महात्मा भरत–श्रीमती माण्डवी के आर्यपुत्र।"– उर्मिला ने कहा– "रघुवंशी क्षत्रिय पतियों की जैसे पत्नियाँ होते हुए भी नहीं होती। पत्नी पाँव दबाने और पंखा झलने के लिए ही होती है क्या?"

"तब फिर किस लिए होती हैं, उर्मि?"– लक्ष्मण ने उर्मिला की चिबुक तनिक उठाते हुए पूछा– "किन्तु तुम कब मेरे पाँव दबाती हो, कब मुझे पंखा झलती हो, भला?"

उर्मिला ने अपने तेजस्वी पति को घूरते हुए कहा– "पाँव तो आपके राजा राम की सेवा में अहर्निशि खड़े रहते हैं और पंखा तो माँ स्वयं झलती हैं। तब मैं क्या करूँ? कितना चाहती हूँ आपके थके पाँव को सहलाती रहूँ। आप भोजन अरोगोगे तब पंखा झलूँ। परन्तु आप चारों भ्राता साथ ही भोजन करते हैं– साथ ही उठते–बैठते हैं। केवल सोते अलग–अलग अपने शयनागारों में हैं। आप लोग हमारा मुँह शयनागार में ही देखते हैं– जी, हाँ।"

लक्ष्मण ने सस्मित कहा– "तुम्हारा मुखारविन्द मेरे हृदय में है, उर्मि!"

"हृदय?" उर्मिला ने हँस पड़ते हुए कहा– "श्रीमान के हृदय है भी?"

लक्ष्मण ने तनिक विस्मित होते हुए कहा– "है तो.... तुम ही तो मेरा हृदय हो। मां तो मेरा प्राण है, चेतना है– और रामजी मेरे स्वामी हैं।"

"तुम हनुमान नहीं हो, आर्यपुत्र!"– उर्मिला बोली– "तुम श्री राजा राम के दाहिने हाथ हो, भरत जी बाएँ हाथ हैं, शत्रुघ्न जी तो राज्य के चरण हैं। रामजी का सेवक तो केवल हनुमान है, दीदी सीता भी नहीं। श्रीराम जी की सेवा हनुमान जी के सिवाय और कौन कर सकता है?"

"क्यों?" लक्ष्मण ने पूछा।

"श्रीराम की सेवा–रामकाज करना है।"– उर्मिला ने कहा– "और राम का काज परम पुरुषार्थ से ही हो सकता है। हनुमान जी ने तो पुरुषार्थ कर दिखाया, वह क्या और कोई कर सका? दिव्य औषधि का पहाड़ श्री हनुमान जी ही ले आए थे– तुम जब मरण मूच्छी में पड़े थे, रामजी घबरा उठे थे।"

लक्ष्मण ने गम्भीर स्वर में कहा– "हनुमान! तुम सच कहती हो हनुमान ने श्रीराम का साक्षात् कर दिखाया है।"

उर्मिला ने कहा– "अपने रामजी का?"

लक्ष्मण ने हँस पड़ते हुए कहा– "अपने रामजी तो स्वरुप मात्र हैं! दशरथनन्दन राम, राघव राम हैं, किन्तु हनुमान जी के राम! हनुमान जी ही जाने। सिवाय सीता–राम के संसार में उनके लिए और कोई नहीं है।"

"आप भी नहीं?" उर्मिला ने पूछा।

"कोई भी नहीं।" लक्ष्मण ने कहा– "जगत को सीता–राम मय मानते हैं हमारे आंजनेय।"

"रामजी को वश में कर लिया है।" उर्मिला ने कहा– "रामजी हनुमान को ही देखते हैं– जानते हैं। भरत जी, आप, भैया शत्रुघ्न सब बाद में। माताएँ भी बाद में। सुना? हनुमान जी हम सबको सीता माई कहते हैं।"

"अच्छा?"– लक्ष्मण ने साश्चर्य पूछा– "सीता माई! यह अच्छा परिहास है। हनुमान जी को संसार के सम्बन्धों को यों विकृत क्यों करना चाहिए? मैं पूछुँगा।"

"नहीं–यह मत करना मेरे देवता।"– उर्मिला ने कहा– "संसार की सभी स्त्रियों–नारियों को हनुमान जी सीताजी स्वरुप देखते हैं, भक्त जो ठहरे। यह

भक्त लोग ऐसे ही होते हैं, स्त्री में पुरुष और पुरुष में सभी भगवान के रूप, सभी कुछ भगवान के भरोसे।"

लक्ष्मण– "आश्चर्य होता है भक्त को देखकर। भक्त से मिलकर मैं हठात् हो जाता हूँ। योगी को देखता हूँ, मैं मूक हो जाता हूँ– नागरिक को देखकर मैं पवित्र अमर्ष से भर उठता हूँ। अत्याचारी, अन्याय, अधर्मी तथा दस्यु को देखकर मैं तिलमिला जाता हूँ। रामजी के चरणों में बैठकर मैंने यह जान लिया है कि संसार शक्ति से संचालित होता है– शक्ति। शस्त्र-अस्त्र की शक्ति, उर्मिले! जब भैया राम जी ने भगवान परशुराम का विष्णु धनुष तिनके की भांति तोड़ दिया– भंग कर दिया, तब भगवान का क्रोध लुप्त हुआ और वे परम् समर्थ होते हुए भी विनीत हो गये। मैंने भगवान परशुराम जी को सर्वप्रथम ललकारा था, हाँ, मैं ईश्वर से भी नहीं डरता, राम राखे उनको कौन चाखे?"

"आप तब विधाता से भी नहीं डरते?" उर्मिला ने पूछा।

"विधाता?" लक्ष्मण सहसा गरजे– "ईश्वर की चेरी है, यम की सहचरी है। मैं केवल राम से ही डरता हूँ। किन्तु मेरा यह भय भी श्री रामजी का आदर है। मैं भी हनुमान जी की तरह राम को ही देखता हूँ। माँ ने मुझे राम बता दिया है। राम राजी रहें– बस।"

उर्मिला ने लक्ष्मण का हाथ थामते हुए पूछा– "रामजी में ऐसा क्या है? जो तुम राज नहीं चाहते, माता–पिता नहीं चाहते, पत्नी भी तुम नहीं चाहते, संसार की श्री सुकृति यश कुछ भी नहीं चाहते। राघव रामजी ही सब कुछ हो गये तुम्हारे। नाथ! यह क्या रहस्य है?"

लक्ष्मण ने ऊर्ध्व स्वांस भरते हुए कहा– "संसार प्रारब्ध का खेल है। माता, पिता, स्त्री, पुत्र, पौत्र, कलत्र–सभी सम्बन्धी और उनका ममत्व, श्री, सुकृति यश और ऐश्वर्य सब नाशवान हैं, उर्मिले! नाशवान को चाहकर–लेकर मैं क्या करूँ? रामजी की सेवा में मुझे सब–कुछ मिल जाता है। मैं सन्तुष्ट– तुष्ट हूँ–हो जाता हूँ। राम चाहिए जीव को उर्मिले!"

"राम"– उर्मिला ने निसास रखते हुए कहा– "मुझे तो तुम चाहिए। तुमने मुझे चौदह वर्षों तक देखा नहीं, भाला नहीं। तुम मेरे नाथ, स्वामिन्! तुम.... अब क्या कहूँ। तुम्हारी कृपा चाहती हूँ, प्रभो मेरे!"

लक्ष्मण ने तनिक झुँझलाते हुए कहा– "मेरी कृपा चाहती हो। कृपा क्यों? तुम और मुझमें अन्तर ही क्या है? पति–पत्नी तो देह से, मन से, चित्त से एक होते हैं। तुम मेरी अर्द्धांगिनी हो, भार्या हो, धर्मपत्नी हो।"

उर्मिला ने कहा– "यह तो सभी विवाहिताएँ होती हैं, किन्तु पति क्या पति ही होता है? पति पत्नी के लिए और भी कुछ होता है।"

"वह क्या होता है?" लक्ष्मण ने कहा– "मैं कवि नहीं हूँ। मैं क्षत्रिय धनुर्धर हूँ, क्षात्रवट मेरा स्वभाव है। तुम मेरी क्षत्रिय पत्नी हो, उर्मिला! जीवन संगिनी भी।"

उर्मिला– "जीवन संगिनी भी।"

लक्ष्मण– ''सौ तो हो ही– शंका क्या है?''

"कुछ नहीं।" उर्मिला ने कहा।

लक्ष्मण ने कुछ तीव्र स्वर में कहा– "कुछ तो है ही। तुम मुझ से क्या असन्तुष्ट हो? रामजी के साथ वन में जाते समय तुम से मिल न सका– स्थिति ही ऐसी थी। फिर क्या तुम से मिलकर तुम्हारी अनुमति लेकर मुझे वन में रामजी के संग जाना था? माँ ने आज्ञा दी और मैंने उसको तत्काल तुरन्त पाला। तुम मेरी भार्या हो, किन्तु माँ तो माँ है। पिता का आदेश, माँ की इच्छा–मेरे जीवन के ये दो ही मार्गदर्शक हैं, आर्ये!"

उर्मिला ने कहा– "ठीक है, सत्युत है, किन्तु कभी आपके साथ पूर्णिमा की रात्रि को सरोवर के तट पर बैठने को जी करता है। पूर्णिमा में नहाते हुए कमल दल को देखना चाहती हूँ।"

"तात्पर्य?"लक्ष्मण ने पूछा।

उर्मिला– "जगत पर कविता रचना चाहती हूँ, तुम पर काव्य करना चाहती हूँ।"

"मुझ पर कविता?..... काव्य?" लक्ष्मण ने ठहाका मारकर कहा– "काव्य तो सीताजी– रामजी पर ही लिखे जा सकते हैं। मैं काव्य का नायक नहीं हूँ और न ही हो सकता हूँ। जगत की कविता? क्या? जगत और संसार शास्त्र से, शस्त्र से ही संयोजित तथा संचालित हैं, लक्ष्मी मेरी।"

उर्मिला ने लजाते हुए कहा– "जैसा तुम कहो, पर मैं तो तुम्हारी कविता ही जैसे हो गयी हूँ। चौदह वर्ष मैंने तुमको चन्द्रमा-स्वरुप ध्याया है और मैं जैसे उस पूर्णेन्द की ज्योत्सना बन गई हूँ। ऐसा ही अनुभव किया है– तुम मेरे एकान्त हृदयाकाश के पूर्णेन्द हो।"

"अच्छा, ज्योत्सना मेरी। अब शयन का समय हो गया है।" लक्ष्मण ने कहा– "क्षत्रिय को सोते समय अपने इष्ट का ही ध्यान करना चाहिए। रामजी का।"

"मेरा नहीं?" उर्मिला।

"तुम्हारा ध्यान?" लक्ष्मण बोले– "उर्मि! तुम मेरा इष्ट नहीं हो। तुम मेरी पत्नी हो, भार्या हो, जीवन संगिनी हो।"

उर्मिला– "तुम कुछ भी मानो– कहो, परन्तु मैं तुम्हें रामजी से भी अधिक मानती हूँ। हृदय से जानती हूँ तुमको।"

रामजी से अधिक इस संसार में कोई भी नहीं हो सकता– मैं भी नहीं, भरत जी भी नहीं– नहीं। सीताराम, आर्ये! वे ही हमारे जीवन का एकमात्र इष्ट हैं।

उर्मिला ने अपने सरोज नयनों में उबकते हुए आँसू मानो पलकों से पी लिए।

◆ ◆ ◆

सीताजी ने अपने पूज्य पिता विदेह, महाराजा जनक से विनयपूर्वक कहा– "अभी तो क्षमा करें तात! अभी अयोध्या छोड़कर अन्यत्र जाने को जी नहीं चाहता। अवश्य राजप्रासाद में मेरा मन नहीं लगता। चौदह वर्षों के वनवास से अब वन में ही रहना, बस जाना चाहती हूँ। राजभवन में मैं उदास हो जाती हूँ। यह ऐश्वर्य एवं चरम् सुख-सुविधा मुझे काटने लगती है, पूज्य!"

विदेह जनक ने सीताजी को घूरते हुए कहा– "क्या बात है? श्रीराम को वनवास बहुत ही फला है। अयोध्या का राज्य तब इतना फलता क्या। राक्षसों का संहार कर राम-लक्ष्मण तथा तूने, पुत्री! तूने पृथ्वी का बड़ा उपकार किया है। हम जो नहीं कर सके, वह श्रीराम ने कर दिखाया है। हम सब आर्य क्षत्रिय व्यक्तिगत या मिलकर भी राक्षसों के एक भी जनस्थान को नष्ट नहीं कर सके। चित्रकूट से दण्डकारण्य तक राक्षसों के शक्तिशाली शिविर पड़े हुए थे किन्तु आर्य नरेश, नृपति, राजा महाराजा सब उन्हें देखते रहे। केवल श्रीराम से ही यह दृश्य देखा नहीं गया। ऋषि-मुनियों की हड्डियों के अनगिनत ढेरों को देखकर श्रीराम का

हृदय काँप उठा था, पुत्री! तूने स्वयं ही श्रीराम को हाथ उठाकर प्रतिज्ञा करते हुए देखा है– "राक्षसों से विहीन पृथ्वी कर दूँगा।" श्रीराम ने यह वचन मानो प्रभु को दिया था और रामजी ने यह कर दिखाया।"

सीताजी ने कहा– "यह सत्य है और उनके इस यश से ही मैं अब राजमहलों का सुख नहीं चाहती। मुझे यह ऐश्वर्य भाता नहीं। मैं.... मैं अब वनदेवी की भांति ही शेष जीवन बिताना चाहती हूँ। मैं महाराणी सीता नहीं, जनकदुलारी ही बनी रहना चाहती हूँ।"

विदेह ने सीता के सिर पर हाथ फेरकर कहा– "नहीं–नहीं, यह असम्भव है। तुम जनकदुलारी तो हो ही, किन्तु उससे भी बढ़कर तुम रघुकुल की ज्येष्ठ वधु हो– श्रीराम, महाराजा राम की जीवन-संगिनी, अर्द्धांगिनी, धर्मपत्नी हो। राजभवन में मन क्यों नहीं लगता? मन से सभी विषाद हटा दे, पुत्री! तूने अपने अमोघ और दीर्घ तप से पृथ्वी का भार हल्का कर दिया है। तूने राघव राम को महाराजा राम बनाया है। तू वास्तव में पृथ्वी पुत्री है, हमारी दुलारी तथा कौशल्या जी की धन्य पुत्रवधू है, सीते! जो हो गया– सो हो गया। रावण द्वारा हरण तथा अशोक वाटिका के दुखद जीवन को जगदम्बा शिवा के चरणों में अर्पित कर दो।"

सीता ने मुस्कुराकर पूछ लिया– "देवपूजा है यह, नहीं?"

विदेह जनक ने कहा– "यह सारा जगत अब महाकाल शिव का संकल्प-विकल्प है, पुत्री! देवपूजा? हां, है तो। किन्तु देवता परमात्मा की विभूति है। मैं अब तक निराकार परम सत्य, सत्यनारायण परम् ब्रह्म निर्गुण का ही ध्यान करता आ रहा था– किन्तु तुम्हारे स्वयंवर समारोह में श्रीराम की छवि निहारते ही हृदय आंदोलित हो उठा। एक रहस्यमय विचित्र आह्लाद उत्पन्न हुआ और जैसे सारा यह हृदय एक धीमान शान्त आलोक से भर गया। मैं जैसे निर्गुण के अवकाश से मुक्त होकर अपने हृदयाकाश में सगुण नारायण के समक्ष उपस्थित हो गया– श्रीराम! हाँ, ऐसे हैं, रहस्यमय किन्तु अचूक-द्वन्द्वमय किन्तु निर्द्वन्द्व तेरे पति श्रीराम।"

सीताजी ने नयन नमाते हुए कहा– "वनवास की अवधि में वे मुझे राम ही दिखाई दिए– अन्तरात्मा में रमे राम। किन्तु अब अयोध्या के राजसिंहासन पर वह मुझे राजा राम ही दिखाई देते हैं– राजा राम। भव्य विभूतिपाद महाराजाधिराज राघव राम ही दिखते हैं।"

“पुत्री!” विदेह ने तनिक अकुलाते हुए कहा।

“हाँ, पिताश्री हाँ।” सीताजी ने कहा– “राजा राम अयोध्या के राजप्रासाद में विराजते हैं, मुझे तो पर्णकुटी का वनवासी राम चाहिए। मैं राजा राम की आज्ञांकित प्रजा तो हूँ किन्तु क्या मैं अपने राम की पुजारी भी हूँ? मैं पृथ्वी की यदि पुत्री हूँ तो मुझे आकाश के राम चाहिए– हाँ, पिताश्री मेरे।”

राजा जनक ने सीता को घूरते हुए सहज ही पूछा– “वनवास के दुःख भूल नहीं सकी है क्या सीते? पुत्री! यह क्यों भूल जाती है कि तू पृथ्वी–पुत्री ही नहीं है, महाराजाधिराज श्रीराम राघव की जीवन संगिनी भी है। मेरे लिए तो श्रीराम इस जगत में सगुण ब्रह्म की छवि हैं। उनके दर्शन करके जब मैं समाधिस्थ होता हूँ तो सारा जगत बिला जाता है– सृष्टि अलोप हो जाती है और सत्–चित्–आनन्द का ज्योतिर्मय आलोक हृदयाकाश में छा जाता है। सारे संशय मिट जाते हैं और संकल्प–विकल्प मिट जाते हैं, थम जाते हैं, नष्ट हो जाते हैं। किन्तु....”

“किन्तु.....?” सीताजी ने पूछा।

“जब जागता हूँ, तब भी जगत दिखता नहीं, राम ही दिखते हैं।” राजा जनक ने कहा।

“राम......” सीताजी चिहुँकी– “मुझे तो पूज्य! राघव राम–राजा राम ही दिखते हैं। राम पंचवटी में थे वन में, उनके पीछे चलते हुए मैं उनके सिंह स्कन्धों को देखा करती थी। धीर चाल, जलद– गम्भीर स्वर और क्षितिज को देखते हुए उनके कंज–नयन–इंदीवर! उनके स्कन्ध पर निश्चिन्त लेटे हुए से धनुष और कसे हुए तरकस को भी देखती थी, तब यही सोचती थी– यही मेरे मन मन्दिर के प्रभु राम हैं। किन्तु अब अयोध्या के राजमन्दिर में राजा राम ही दिखाई देते हैं–राम नहीं–मर्यादा पुरुषोत्तम राघव रामचन्द्र, दशरथनन्दन रघुवंशमणि।”

विदेह ने सस्मित कहा– “अशोक वाटिका के कष्ट और त्रास से तुम्हारा चित्त क्या सदा के लिए क्षुब्ध हो गया है?”

“नहीं.......” सीताजी ने कहा– “क्षुब्ध नहीं, विरक्त हो गया है। अब संसार में मन जैसे लगता नहीं। यन्त्र की भांति जीती हूँ। सजीव क्षण उनके चरणों में बैठकर उनके मुखारविन्द देखते रहने के ही शेष रह गये हैं। वह क्षण भी जैसे हनुमान जी कें हैं– हनुमान के अलावा हम दिखते ही नहीं जैसे और वह भक्त जी रामजी को पलभर भी अकेला नहीं छोड़ते।”

सहसा महाराजा जनक बोल उठे– "लो हनुमान जी आ गये। महाराज राम का कोई सन्देश है क्या?"

"स्वयं श्री चरणों में पधार रहे होंगे।" सीताजी ने कहा– "इस जगत में अब आप ही हम दोनों के तात हो, पिता हो, पितामह हो–रक्षक तथा मार्गदर्शक हो।"

विदेह ने मुस्कुराते हुए कहा– "अन्तरात्मा, पुत्री! प्राणियों को ईश्वर की दया तथा जीवों को उसकी करुणा ही मार्गदर्शन करती है। प्रभु ही आचार्य हैं, माता–पिता हैं, पति हैं–स्वामी। परमात्मा ही सबके अन्तःकरण में छिपा भव–भव का मार्गदर्शन करता है। प्रभु ही है– परमात्मा। जीव तो आत्मा का भ्रम मात्र है।"

सीता ने अपने दिव्यतम पिता का–भव्य मुख ताका और कहा– "तब मैं चलती हूँ। मैं जनकपुरी अभी नहीं आऊँगी। उर्मिला, माण्डवी, श्रुतकीर्ति को ले जाइए। तात! मैं तो उनके पास, उनके साथ ही बसूँगी। पीहर से अब मेरा वास्ता ही नहीं है। नाता ही क्या? और ससुराल? इक्ष्वाकु वंश का रघुकुल–अयोध्या का विख्यात राजघराना और उसकी मैं ज्येष्ठ कुलवधू। ससुराल की मर्यादाओं में घिरी, बंधी–मैं सीता।"

जनक– "चिरंजीवी हो, पुत्री! आइये, आइये हनुमन्ते।" महावीर हनुमान ने द्वार में ही नमन करते हुए कहा– "श्रीमान महाराज राम राजसभा में श्रीमद् को याद कर रहे हैं। सभी वर्णों के गणों की सभा है। महाराज चाहते हैं, आप उनको सम्बोधित करें।"

"अवश्य हनुमन्ते! अवश्य।" विदेह ने कहा– "चलो मुझे राम के पास ले चलो। हनुमान!"

✦✦✦

अयोध्या महाराजा श्री राजा राम की सभा में सब उपस्थित थे– ऋषि–मुनिगण, सैनिक, प्रतिनिधि, ऋषि–मण्डल तथा मन्त्रिमण्डल। श्रीमती कौशल्या जी, सुमित्रा जी, श्रीमती कैकई तथा अन्य मान्य महिला महिषियाँ भी सुशोभित थीं। माण्डवी, उर्मिला, श्रुतकीर्ति स्वर्ण–सिंहासनों पर आरूढ़ थीं और श्रीमती सीताजी राजा राम के दक्षिण पार्श्व में विराजमान थीं। राजसभा का यह मुक्त नागरिक अधिवेशन था।

शान्ति, उत्सुकता तथा गम्भीर आतुरता व्याप्त थी। श्री हनुमान जी राजसिंहासन के पास अपने प्रबल कन्धे पर स्वर्ण गदा टिकाए मानो समस्त राजसभा को अपलक निहार रहे थे। महाराज विदेह जनक उच्च स्वर्ण सिंहासन पर विराजमान थे। किन्तु उनकी मुख मुद्रा से स्पष्ट ही ज्ञात होता था कि स्वर्ण और काष्ठ में विदेह समदर्शी भाव से उपविष्ट थे। चारों वर्णों के गणमान्य व्यक्ति भी विराजमान थे। अपूर्व उत्साह का वातावरण था और सभी महाराज जनक को श्रवण करने के लिए प्रतीक्षारत थे। महर्षि वशिष्ठ ने अपने मधुर स्वर में कहा– "श्री राजा राम की आज्ञा से राजसभा का यह नागरिक अधिवेशन आहूत है। महाराज जनक सम्बोधित करेंगे। महाराज राम चाहते हैं कि राजसभा में ऐसे महत्वपूर्ण अधिवेशन सत्र में कई बार आहूत किये जाएँ और नीति, न्याय, धर्म तथा वैदिक वर्णाश्रम धर्म को लेकर नागरिकों को आलोकित किया जाए। अतः नागरिकों! महाराज विदेह जनक पूज्यश्री अब हमें सम्बोधित करेंगे– महाराज जनक! कल्याण हो!!"

महाराज जनक धीरे–धीरे उठे और ऋषिवर वशिष्ठ को प्रणाम कर बोले– "नमस्कार नागरिकों! आज मैं धन्य हो गया– महाराजा राजा राम की इस राजसभा में निमन्त्रण पाकर मुझे ऐसा लगता है कि मेरा भव सफल हो गया। जनकपुरी की राजसभा में राजसिंहासन पर बैठ मैं जैसे स्वयं को भूल जाता हूं– विसर जाता हूं। प्रजाजनों में मुझको शान्त, धीमान ज्योति का आभास दिखाई देता है और मैं मन ही मन चिहुँक उठता हूँ– प्रजा ईश्वर का अवतार है– राजा ईश्वर का दिव्यतम अंश है। प्रजापालक तथा प्रजा का पिता स्वरुप होते हुए भी राजा, प्रजा के मध्य और समक्ष एक नायकवत् है तथा राजा तथा प्रजा का सदीप सूत्र मुझे अधूरा-अपूर्ण लगता है और मैं स्वयं ही कह उठता हूँ– यथा प्रजा–तथा राजा।"

सभा में मानो जागृति की लहर उठी।

विदेह ने अपने जलद–गम्भीर और अत्यन्त सम और शान्त स्वर में पुनः–पुनः मानो कहा- "सृष्टि प्रजा है और प्रजा में ही सृष्टि है। यह अनित्य किन्तु सनातन अनादि सृष्टि प्रजा द्वारा ही प्रतिनिमिष व्यक्त होती है। अतः प्राणी और जीव ईश्वर के दिव्य ज्योति स्फुलिंग है। अणु तो वह स्वरुप से है, किन्तु चेतना में ईश्वरीय अनन्त, अगाध तथा विराट् है। परमात्मा निस्संदेह तथा निर्विवाद सृष्टि में प्रजा द्वारा एवं सहित है। प्रभु की यह रचना, यह अविराम सृजन, यह दिव्यतम गहन आनन्दोन्माद, यह भगवती लीला वर्ण चेतनाओं द्वारा तथा सहित अभिव्यक्त

होती है। यह सृष्टि उसका अभिव्यक्त नियम वर्ण की चेतना से पूर्ण तथा वैदिक वर्णाश्रम पंथ की सृष्टि की अभिव्यक्ति तथा अभिव्यंजना का सर्वोदयी धर्म है। प्राणियों की जिजीविषा ही जन्म–मरण गतिविधि में वर्णमयी है। अतः और इसीलिए ऋषियों तथा आचार्यों ने कह दिया है कि मानव का आविर्भाव ज्ञान से हुआ है। वेद ही, ज्ञान ही जीवन–चेतना का मूल स्रोत हैं। आत्मा–परमात्मा का यह तादात्म्य वेदोक्त ज्ञान, संज्ञान तथा विज्ञानमय है। सभी प्राणियों में मानव श्रेष्ठ इसीलिए है, क्योंकि मानव ही-परम सत्य को परम ब्रह्म को चाहे और साधना करे तो निस्संदेह प्राप्त कर सकता है। मोक्ष या मुक्ति मानव ही पा सकता है– सुर, असुर, देव, किन्नर, गन्धर्व आदि नहीं। इसीलिए मानव जाति का ही वेदान्त दर्शन है। दर्शन केवल वेदान्त ही है और सब दार्शनिक प्रतिज्ञाएँ हैं, आम्नाएँ हैं– स्थापनाएं तथा धारणाएँ हैं। इस महान दिव्य और भव्य मानव का अनादि जीवन–पंथ वैदिक वर्णाश्रम धर्म धारण तथा पालन है। मनुष्य को इसी धर्म द्वारा अपनी मुक्ति अथवा मोक्ष प्राप्ति करना ही है। चाहे जितने जन्म मोक्ष की ललक से ही न टाले जाएँ। अन्त में तो यह असार अनित्य, अज्ञान का आवरण छिन्न– भिन्न होगा ही, किन्तु प्रभु की रचना वैराग्यमयी है, मृत्युमयी तथा सनातन अमर्ष से भरी हुई है।

हनुमान बोल उठे– “विदेह तेरी जय हो।”

“जय रामजी की”– विदेह बोले– “राम! सगुण या निर्गुण के तर्क जाल से छूटकर मैं यह कहता हूँ– हाँ, राम हैं। मुनियों के चित्त में, मन में, प्राणों में रमे हुए राम हैं। सत् चित्-आनन्द घन राम हैं–हैं……. हैं। राम को प्राप्त करने का भी जीवन–मार्ग वैदिक वर्णाश्रम धर्म का धारण, पालन तथा पोषण है। इसीलिए श्रीराम–राज्य वेद, वेदान्त तथा वैदिक वर्णाश्रम धर्म का राज्य है-है। जय श्रीराम!”

“जय श्रीराम! श्रीराम! जय राम!”– गगनभेदी ध्वनि उठी और गगन के गगन पार कर व्योमों में लीन हो गयी। राजा जनक ने पुनः कहा– “वर्ण सृष्टि की प्रकृति है। पुरुष और प्रकृति की विलक्षण युक्ति से ही वर्ण–वृत्ति का जन्मजात उद्भव होता है। आज भी कुछ दार्शनिक इस मूल प्राकृतिक सिद्धान्त में सन्देह कर सकते हैं और वर्ण–धर्म के इतर कर्म विपाक कर सकते हैं। किन्तु काल बाधित और कालान्तरगत गतिविधि कर्ममूलक वर्णाश्रम ही है। जीव के प्रारब्ध का आविर्भाव और न्यास तो जीव की इच्छानुसार भोग भोगने, भव–बन्धन में बन्धकर जगत के ऐश्वर्य–भोग के लिए ही होता है। यही विधि है। विधाता जीव को

दुःख या दण्ड नहीं देता, अवश्य वह दुःख और दण्ड से निस्तार तथा परित्राण तो करता है– किन्तु जीव की इच्छा स्वातन्त्र्य में विक्षेप नहीं करता। जीव इच्छा करने में सर्वतन्त्र, स्वतन्त्र, स्वाधीन तथा प्रतिभा पयोनिधि है। जीव की प्रतिभा जीव की इच्छा है। जीव की इच्छा त्रिकाल और उसके परे और पार अनन्त अनादि के लिए देह द्वारा सृष्टि के भोग भोगने की है तथा यह जीवेच्छा सर्वतोमुखी तथा स्वाभाविक है। इच्छा का उद्रेक हुआ नहीं...... कि भव – बन्धन बंधा नहीं। जीव का प्रारब्ध जीव की इच्छाओं को भोगने का कर्मपूर्वक और परक् काल–कार्यक्रम ही है तथा जगत के अनादि संचित के अन्तर्गत तथा अधीन है। समुद के तरंगों के समान जीव के प्रारब्ध उद्भवित होकर उदबुदते रहते हैं। यही अनादि अनन्त भव बाधा है। श्रीराम राज्य का अन्तिम उद्देश्य जीव की मुक्ति तथा मोक्ष–सिद्धि की प्राप्ति ही होनी चाहिए। यावत् जीवन भव बन्धनों में समाकर भी अन्ततोगत्वा परम ब्रह्म में लीन होता ही है– होगा ही।"

"ब्रह्म" – ऋषियों ने पुकारा– "सर्वम् खलुइदम ब्रह्म।"

राजा जनक ने अपूर्व उत्साहपूर्वक कहा– "तत् त्वमसि श्वेतकेतो। जीव श्वेतकेतु है। ज्ञान स्वरुप सच्चिदानन्द घन का भव–भावी चिद्घन। परमेश्वर परात्परी चिति की स्वप्न लीला है। यह सगुण जगत उसे अचिन्त्य–चिन्त्य परम् ब्रह्माणी की महेच्छा है, अनादि, अनन्त तथा अमोघ। एकोहम बहुस्याम–यही ब्रह्म भावना जगत तथा सृष्टि–कल्प, सर्ग तथा प्रलय स्वरुप चिदानन्द जीवन जलधि में कल्लोलित–हिल्लोलित है– व्यक्त है। सांख्य का अव्यक्त ही सच्चिदानन्द है चिद्–ब्रह्म! परम् ब्रह्म ही जगत का स्वरुप निर्धारित करता तथा सृष्टि का उपादान व्यक्त करता है- असंग और असम्प्रक्त होते हुए भी ब्रह्म जगत में प्रविष्ट है। इसीलिए वेदान्त कहता है– सर्वम् खलुइदम ब्रह्म... अयमात्मा ब्रह्म!"

श्रीराम ने नयन भींचकर अपने अन्तरात्मा में प्रभु को प्रणाम करते हुए कहा– "अहम् ब्रह्मास्मि।"

राजा जनक ने पुकार कर कहा– "ब्रह्म परम ब्रह्म स्वयं स्वयमेव जीव ब्रह्म में लीन होकर ब्रह्म स्वरुप अपना मोक्ष प्राप्त करता है। लोगों! राम–राज्य में हमें अपना मोक्ष ही प्राप्त करना है। मार्ग का एक ही पंथ है– वैदिक वर्णाश्रम धर्म पंथ तथा वेदान्त दर्शन द्वारा ही हम जीवों को मोक्ष को समझना है, किन्तु ज्ञान प्राप्ति तो अज्ञान को जान लेने पर ही आरम्भ हो जाती है। जगत को जानते ही उसकी

अनित्यता और असारता जान लेते ही ज्ञान की किरण फूटने लगती है। ज्ञानोदय जीव के चिदाकाश में सच्चिदानन्द ब्रह्म के साक्षात्कार का ब्रह्म मुहूर्त है। ज्ञान का उदय ही क्रमशः परम् ब्रह्म सत्यनारायण के शाश्वत अनादि अनन्त-सत्य और ज्ञान में मुखरित हो जाता है। हे ईश्वर तेरी जय हो! रामराज्य हमें मुक्ति के लिए, मोक्ष के लिए चाहिए ही– अनिवार्यतः।"

महर्षि वशिष्ठ उठे और अभय वरदहस्त गगन में उठाते हुए बोले– "मुक्ति और मोक्ष के लिए ही रामराज्य-श्रीराम पंचायतन! लोगों! अब तक पृथ्वी पर जितने राज्य हुए और हैं– सभी राष्ट्र का हित करने वाले तथा मानव समुदाय एवं प्राणियों का योगक्षेम साधने के लिए हुए हैं। किन्तु राज्य-सत्ता के मतभेदों ने निरन्तर रणभूमियाँ धधकाये रखी हैं। समाज और राष्ट्र का अहित करने वालों की कमी नहीं रही। अत्याचारी तथा आततायी बने ही रहे हैं। सुर के साथ असुर रहे ही हैं-हैं ही। वैदिक वर्णाश्रम मार्ग पर चलने और चलते रहने वालों में ही परस्पर ऊँच-नीच की भावनायें बनी रही हैं। ब्राह्मण विद्याहमह् में स्वयं को सर्वोच्च मानता रहा है तथा क्षत्रिय सत्ता के मद में चूर स्वयं को राजाधिराज महाराजा ही मानता रहा है– उसकी इच्छा न्याय हो गयी, उसका आदेश सर्वोपरि पालनीय हो गया। वैश्य अपने पुण्य कोष को लेकर स्वयं को कीर्तिकाय मानने लगे तथा शूद्र? स्वयं को हेय समझने लग गये। श्रीराम जी के उद्भव पूर्व वर्णाश्रम धर्म पंथ उबड़ खाबड़ एवं विकृतियों का दृश्य होता गया। समाज की सिद्धि और सनातन मर्यादाएँ स्वयं ही जीर्ण होकर टूट गईं। सर्वत्र भय निस्तेज और निष्प्रभता छा गयी। महर्षि विश्वामित्र के यज्ञ की रक्षा कर राम और लक्ष्मण ने आर्य मानव समाज तथा राष्ट्र में उत्क्रान्ति आरम्भ की। ताड़का-वध मायाचार और अत्याचार का प्रथम वध था। राक्षसों के वर्चस्व तथा आधिपत्य के विरुद्ध महर्षि विश्वामित्र उठे-उठ खड़े हुए। उन्होंने महाराज दशरथ से राम-लक्ष्मण को माँगा। राजा दशरथ पहले तो घबराए, किन्तु मैं जानता था श्रीरामावतार के ध्येयों की मंगलमयी पूर्ति का समय आ गया है। श्रीराम और श्री लक्ष्मण के धनुषों की टंकार ने आर्यावर्त की शून्य दिशाओं को जगाया। जीवन के अँधेरे दिक् मानो बिंध गये। श्रीराम-लक्ष्मण के बाणों से चारों ओर आग्नेय प्रकाश छा गया। आर्य क्रान्ति का मंगलारंभ हुआ। इस वरदायी मंगल क्रान्ति की मानव जाति को मानो युगों से प्रतीक्षा थी– प्राणिमात्र सहम गया था और गौ, सन्त, सज्जन, भक्त मन ही मन गहन विषाद में डूबे प्रभु से आर्त प्रार्थना कर रहे थे, तभी पृथ्वी का भार

मिटाने, जगत का कल्याण करने तथा प्राणियों का मंगल साधने के लिए प्रभु स्वयं श्रीराम, भरत, लक्ष्मण तथा शत्रुघ्न के स्वरुप में धराधाम पर पधारे– यह मैं अपने यज्ञोपवीत की साक्षी से कहता हूँ।"

श्रीराम ने सहसा पुकारा– "महर्षे! दया करो। मैं राघव रामचन्द्र दशरथनन्दन हूँ। एक अनादि मानव हूँ, जीव हूँ। अवश्य ही मैं परम् तत्व को ही देखना, देखते रहना चाहता हूँ। नाना जीवों के साथ आध्यात्मिक तादात्म्य का सतत्–अटूट अनुभव करते रहना चाहता हूँ। मैं त्रैलोक्य और चौदह भुवनों के राज, वर्चस्व, सिद्धि, निधि कुछ भी नहीं चाहता। मैं परमात्मा के दर्शन करते रहना चाहता हूँ। प्राणियों को परम धाम की ओर उन्मुक्त करते रहना चाहता हूँ तथा जीवन के शाश्वत मोक्ष मार्ग पर आरूढ़ करना चाहता हूँ– हाँ, महर्षे! हाँ।"

महाराज जनक ने कहा– "धन्य हो, वत्स राम! धन्य हो!"

✦✦✦

महात्मा भरत ने चातुर्य वर्ण धर्म–सभा को निहारा और महाराजा राम से विनय की– "आशीष दीजिए हमें राजन्! यह धर्म सभा वर्ण–धर्म परिषद् श्रीमान की इच्छानुसार ही बनाई गई है। चारों वर्णों को सम, समान और विषमताओं– विकृतियों से रहित रखने तथा वर्णाभिमान को संयत रखने के लिए ही यह वर्ण धर्म सभा स्थापित की गई है। महाराज को मैं विश्वास दिलाता हूँ कि हम सभी सदस्य मन–वचन–कर्म से वैदिक वर्णाश्रम धर्म पंथ को प्रशस्त करेंगे। सौभाग्य से महाराज्य का प्रत्येक नागरिक सन्तुष्ट है, सम्पन्न और न्यायपूर्वक सम्भृत है। राज्य में अकाल मृत्यु नहीं होती। जब से श्रीमान हमारे राजा बने हैं, मृत्यु प्रारब्धानुसार होते हुए भी अकाल तथा अकस्मात् नहीं होती। दीर्घ जीवन ही आप श्रीमान् के राज्य के नागरिकों तथा प्राणियों का प्रथम वरदान है– प्रसाद है। जी, प्रभो! हमें मार्गदर्शन प्रदान कीजिए।"

श्री राजा राम ने सभासदों को निहारते हुए कहा– "क्या कहूँ? भैया भरत जब तुम इस पवित्र तथा पुनीत कर सभा के कार्यकारी अध्यक्ष हो तो मुझे क्या कहना शेष है? तुमने भरत! मुझे धर्म का स्वरुप अवगत किया है। तुम्हेँ देखकर ही– तुम्हारे अनिंद्य जीवन को देखकर ही मैंने धर्म का साक्षात्कार किया है। इसीलिए तुमको मैंने वर्ण–धर्म–सभा के संयोजन–संचालक तथा वर्णोत्कर्ष और अभ्युदय

के लिए सर्वाधिकार सम्पन्न सत्व दिया है। धर्म मूर्ते! हम मानव जीवों का उद्धार करो–करते रहो।"

भरत ने विनीत स्वर में कहा– "रामजी! आपकी जय हो। मैं जो कुछ भी हूँ–आपकी कृपा से ही हूँ। धर्म तो त्रिकाल से भी विराट् है। धर्म देवताओं को धारण करता है, जगत को नियमित रखता है तथा सृष्टि के प्रारब्धों को मोक्ष की ओर प्रचोदित करता है। सत्य का हार्द्र धर्म है, सत्यनारायण का स्वरुप धर्म है। धर्म ही कल्प की प्रवृत्ति, सर्ग की गति तथा प्रलय का शून्य है। आप इस तत्व को जानते हैं, अवश्य ही जानते हैं। धर्म को देखने, सेवन करने तथा परमात्मा को भजने की वृत्ति आपने ही मुझे प्रदान की है।"

श्रीराम ने कहा– "अवश्य भरत! तुमने राज नहीं माँगा, तुमने धर्म माँगा तो परमात्मा ने तुम्हेँ धर्म का स्वरुप ही प्रदान किया। राजमन्दिर में तुमने पर्णकुटी बनाई तथा हमारे अयोध्या लौटने तक तुमने तापसी–वनवासी का जीवन ही बिताया–तुमने मेरे लिए सत्य, न्याय तथा धर्म की दृष्टि–मति शत्रुघ्न को दी। राज-काज शत्रुघ्न ने चलाया, किया। कष्ट, संकट तथा आपदा के दिवस निकल गये और आज हम रघुवंश का नवोत्थान आरम्भ कर रहे हैं।"

"सीता–राम, आपकी जय हो।"– भरत ने कहा– "मैं तो अब वर्णों की प्रगति, उत्कर्ष और अभ्युदय का ही कार्य करूँगा। राज-काज आप, लक्ष्मण तथा शत्रुघ्न जाने।"

श्रीराम बोले– "सीता, हनुमान, विभीषण तथा सुग्रीव भी–पंचायतन! हम सब मिल– जुलकर पृथ्वी पर शान्ति, अभय, अभ्युदय तथा सर्वोदय का राज्य संचालन करेंगे। राम–राज्य का यही उद्देश्य है– होगा।"

महर्षि वशिष्ठ अब बोले– "वर्णाधिष्ठातागण अब निवेदन करें। महाराज राम को आश्वस्त करें।"

ब्राह्मण वर्ण के अधिष्ठाता वेदतीर्थ महोदय ने महर्षि को प्रणाम किया तथा राजा राम को नमस्कार कर कहा– "महात्मा भरत, महाराजा राम तथा चारों वर्णों के सामान्य नागरिकों ब्राह्मण, क्षत्रिय, वैश्य और शूद्र–चारों वर्ण परमात्मा का कारण, स्वप्न तथा जाग्रत देह हैं– त्रिपुर की चेतनाएँ हैं। ब्राह्मण ब्रह्म चैतन्य की दृष्टि, मति एवं धृति है– ऋतुंभरा। ब्राह्मण पितामह दिव्यतम देव ब्रह्मा का प्रतीक मानव है और सभी शास्त्रों, शस्त्रों और प्रतिज्ञाओं का ध्याता और कर्त्ता है। सभी

सिद्धियाँ, निधियाँ तथा बल और शक्तियाँ ब्राह्मणों के मार्गदर्शन और उद्बोधन से ही कृत-कृत्य होते हैं।"

"ब्राह्मण पर ही मानव को शुद्ध-बुद्ध, संयमित-नियमित तथा संस्कारवान बनाए रखने का दायित्व है। अतः राजराजेश्वर श्रीराम महाराज की साक्षी से हम ब्राह्मण अपने वर्ण धर्म में संस्थित होकर कहते हैं, हम चारों वर्णों को वैदिक वर्णाश्रम धर्म पंथ पर चलते रहने में नेतृत्व करेंगे। जय श्रीराम!!"

क्षत्रिय वर्ण के अधिष्ठाता ने सभी को नमस्कार करते हुए कहा- "राघव राजा राम ने हम सभी को जगा दिया है। श्रीराम जी की सौगन्ध हम मानव जाति की रक्षा तथा उसे भय और भेद से मुक्त रखने के लिए हम अपना स्वेद और रक्त सदैव की भांति देते रहेंगे। हम संगठित होकर राजा रामजी के नेतृत्व में तथा महात्मा भरत जी के मार्गदर्शन में अन्याय, अत्याचार, दुष्टता और दस्युता का सामना करेंगे-करते रहेंगे।"

वैश्य वर्ण के श्रेष्ठी ने कहा- "हम पुण्य बल का विकास करते हुए समाज को धन-धान्य पूर्ण बनाए रखेंगे तथा पुण्यों का सृजन करके, संग्रह करके मानव जाति और प्राणियों का मंगल करते रहेंगे।"

शूद्रवर्ण के नायक ने कहा- "हम सेवा करते रहेंगे। श्रीराम जी हमारे हृदय में विराजमान हैं। हमें ज्ञात है हम पृथ्वी पर प्राणियों के चरण हैं। समाज की गतियाँ हमसे उद्भवित हैं तथा हम शूद्र ही प्रभु के श्री चरणों में सर्वप्रथम समर्पित हैं।"

श्री राजा राम ने कहा- "सभी वर्ण अपने धर्मों से भिन्न होते हुए भी आत्मचैतन्य की दृष्टि से एक और एकाकार हैं। आध्यात्मिक तादात्म्य से सिंचित चारों वर्ण मानव जाति और मानवता हैं। हम चारों वर्णों को सम तथा समान आदर और प्रतिष्ठा प्रदान करते हैं- करते रहेंगे। हमारी इच्छा है- सभी वर्ण अपने-अपने धर्मों में संस्थित होकर अपने मानव जीवन को सफल तथा धन्य करें- तथास्तु!!"

14

महाराज राजा राम ने अखिल आर्यावर्त वर्णाश्रम धर्म पंथ की स्थापना कर विदेह जनक को उसका अध्यक्ष मनोनीत किया। भरत श्री को उसका कार्यकारी महानिदेशक एवं आमात्य एवं शत्रुघ्न को अयोध्या राज्य के वर्णाश्रम पंथ का कर्मवान एवं महारथी लक्ष्मण को अखिल आर्यावर्त वर्णाश्रम धर्म पंथ का नायक नियुक्त किया गया। वैदिक वर्णाश्रम धर्म पंथ का अखिल–निखिल आर्यावर्त तक ही नहीं, क्रमशः वह इतर प्रजाओं के राज्यों तक भी व्याप्त होने लगा। वानर महाराज्य की राज सभा में महाराज सुग्रीव के प्रस्ताव पर वानरों के लिए वैदिक वर्णाश्रम धर्म पंथ की जीवन–यात्रा के लिए राज्य–मान्य नीति निर्धारित की गयी और राक्षसों ने महाराज विभीषण के नेतृत्व में वेद, वेदान्त तथा वैदिक वर्णाश्रम धर्म पंथ के लिए राक्षस तथा आर्य मैत्री का अभिवचन तैयार किया। स्वयं महाराज विभीषण अपना महत्वपूर्ण प्रस्ताव लेकर अयोध्या पधारे और राजा राम के दर्शन की इच्छा व्यक्त की। श्रीराम जी ने उन्हें राम–राज्य की महती और महिम सभा में सादर आमन्त्रित किया। श्रीराम ने सस्मित कहा– "मान्य सभासदों! आज हम सब का सद्‌-भाग्य है कि राक्षसों के अधिष्ठाता तथा अधिनायक, हमारे मित्र महाराज विभीषण अयोध्या हमें दर्शन देने को पधारे हैं। आप सब की ओर से मैं इनका स्वागत करता हूँ और अयोध्या महाराज्य की ओर से उनको नमस्कार करता हूँ। महाराज विभीषण तथा मित्रवर्य महाराज सुग्रीव ने पृथ्वी का नया इतिहास अपने बुद्धिमान एवं निष्ठ पुरुषार्थ से लिखना आरम्भ किया है। आर्य, वानर और राक्षस महाजातियों के मैत्री–सम्बन्ध ही विश्व के बन्धुत्व एवं प्राणी मात्र के अभय एवं मानव जाति के अभ्युदय के लिए वैश्वानर की रीढ़ है। इस महिमामय सम्बन्ध का सूत्रपात अवश्य संघर्ष से हुआ है। महाराज बालि चाहते थे– राक्षस और वानर मिलकर आर्यावर्त पर अपना वर्चस्व स्थापित करें। किन्तु दिवंगत महाराज रावण की कूटनीति थी कि वानरों को पराभूत कर आर्यावर्त को राक्षसवृत्त ही बना दिया जाए। प्रकाण्ड पण्डित तथा अनन्य त्रिपुरारि–भक्त राक्षसाधिपति रावण चाहते थे– पृथ्वी राक्षसमय हो जाए और इसीलिए उन्होंने आर्य भूमि पर जनस्थान बनाया तथा आश्रमों पर आक्रमण आरम्भ किया। छल–बल तथा कल–माया से रावण महाशय ने यज्ञों को भंग एवं ऋषि–मुनियों का संहार आरम्भ किया। मंदाकिनी से गोदावरी तक मुनियों

की हड्डियों के ढेर लग गये। आर्यावर्त के चारों वर्ण पराभूत होते गये– निस्तेज, निष्प्रभ। आर्य नरेश, नृपति, राजाधिराज और महाराज इस जघन्य आतंक को मूक देखते हुए अपने राज्यों की सीमाओं में स्वयं को ही अभियुक्त बनाकर बैठे रहे। त्रिपुरारि–भक्त रावण का दुस्साहस बढ़ता गया और परस्पर विषम चतुर्वर्णों का जीवन–आश्रम पंथ ध्वस्त होता गया। समस्त आर्यावर्त में विषाद छा गया–अंधकार छा गया। बाल्यकाल से ही हम चारों भाई इस घोर मूक दृश्य को देखते रहे और मन ही मन काँपते रहे। विधि की प्रेरणा से महर्षि विश्वामित्र ने राक्षसों के अत्याचारों के विरुद्ध हमारे धनुष बाणों को निमन्त्रित किया और लक्ष्मण और मैं महर्षि के विशाल यज्ञ की रक्षा कर सके। राक्षस महिषी ताड़का अपने सेनापतियों के साथ मारी गयी। चित्रकूट के जनस्थान का हमने सफाया कर दिया और खर–दूषण को शत–सहस्र राक्षसों सहित मृत्यु को प्रदान किया– मृत्यु। शत्रु को परास्त करना होता है। वैरी को मृत्यु देना होता है। राक्षसराज रावण और उसके हामी राक्षस मानव जाति के वैरी थे।"

महाराज विभीषण ने "हाँ" इंगित करने के लिए अपना राजमुकुट मण्डित सिर हिलाया। महाराज राघव रामचन्द्र जी ने पुनः अपने जलद–गम्भीर स्वर में कहा– "मानव जाति के शत्रु तथा वैरी एवं प्राणियों को भयभीत कर आततायी, अत्याचार करने वाले निस्संदेह और निर्विवाद वध्य हैं। अन्ततोगत्वा आर्य क्षत्रिय का यह अटल और अनिवार्य धर्म है कि पृथ्वी को अभय से पूर्ण कर रखें, प्राणियों का योगक्षेम साधें तथा सधवायें। मानव जाति का अभ्युदय और निःश्रेय सहज ही साधता चले– ऐसा शासन बनाए रखें। आर्य, वानर तथा राक्षस मैत्री का यही लक्ष्य है और इसी लक्ष्य की पूर्ति के प्रथम दाव में हमारी रावण–विजय है। जो व्यक्ति महात्मा भक्त एवं आर्य संस्कृति के अनन्य उपासक राक्षस कुल रत्न को भरी राजसभा में अपमानित कर देश से बाहर चले जाने की आज्ञा कर सके तथा पर स्त्री गमन की घोर कामुकता में अन्धमुग्ध बनकर जो अपने कुल का ही सर्वनाश करने से नहीं हिचके, जो अपरिमित तथा अजय अहंकार में चूर प्राणियों को कष्ट ही दे, दुःख दे, घोर और नृशंस अत्याचार करे, जो ब्राह्मणों को सताये, ऋषि– मुनियों के प्राण हरे उस व्यक्ति का संसार से उठ जाना ही श्रेयस्कर है– था।"

महाराज सुग्रीव ने कहा– "सत्युत् भगवन्! रामजी की जय हो!"

"जय मानव और मानवता की। जय प्राणियों की–जय परमात्मा की!" श्रीराम ने कहा– "जय महान, उदार और उदात्त विचारों की, उत्तम विचारों की–उद्देश्यों

और लक्ष्यों की! जय सत्य सिद्धान्तों की! जय वेद–वेदान्त की! जय वैदिक वर्णाश्रम धर्म की! जय सबकी, जगत की, सृष्टि की, जय परमात्मा की, कीर्ति मानव की, भोग सुरों का तथा जीव की मुक्ति-यही, यही बान्धवों! यही महाराज विभीषण आपकी जय हो! राक्षस जाति का आप उद्धार करें। उनको मानवता की संवेदना प्रदान करें और पृथ्वी की समस्त प्रजाओं को राक्षसों की मार से अभय अर्पण करें। तथास्तु!"

महाराज विभीषण ने उठकर सबको प्रणाम किया और कहा– "मैं तो महाराज रामजी को श्रीलंका पधारने का समस्त राक्षस जाति की ओर से निमन्त्रण लेकर उपस्थित हुआ हूँ। महाराज रामचन्द्र जी राघव राम ने श्रीलंका का राज्य जीता है और युद्ध की विजय परम्परानुसार लंका का राज्य श्रीराम जी का ही है। मुझे तो श्रीराम जी ने अनुग्रहवशात् राजसिंहासन पर बिठाया है। जिस प्रकार महात्मा भरत जी ने श्रीराम वनवास की अवधि में श्रीराम पादुका का राज्य चलाया था, मैं श्रीराम–बाण का ही राज्य सम्भाल रहा हूँ। अतः अपने राजराजेश्वर को श्रीलंका ले जाने तथा राक्षस प्रजा से उनका अभिनन्दन करवाने को मैं अपना राजकाज ही मानता हूँ। श्रीमती महिषी मन्दोदरी देवी भी इसी मत की हैं तथा श्रीलंका की समस्त प्रजा श्रीराम–सीता–राम के दर्शन कर कृतार्थ हो जाना चाहती है।"

महाराज श्रीराम ने सस्मित सभा को सम्बोधित किया– "श्रीलंका राज्य की प्रजा रघुकुल के राज्य की प्रजा नहीं है। रणभूमि की विजय कोई भी स्वतः और सहज ही किसी भूमि–खण्ड का राजा नहीं हो सकता। राजा राज्याभिषेक से ही होता है और मैंने श्रीलंका विजय से पूर्व ही समुद्र के जल से तर्पण द्वारा श्रीमान विभीषण जी को लंका का राजा घोषित किया था। महाराज विभीषण जी हमारे सान्निध्य में आए। लंका विजय उनके मार्गदर्शन से ही सम्भव हो सका है। रावण के कुल में श्री विभीषण जी ही शेष बचे हैं, अतः राज्य उनका ही है। इसीलिए विजेता की भांति हम श्रीलंका नहीं जाएँगे। श्रीलंका की प्रजा के लिए दर्शनार्थ अवश्य जा सकते हैं।"

महर्षि वशिष्ठ– "धन्य राम! धन्य!"

श्रीराम ने महर्षि को पुनः नमस्कार करते हुए कहा– "यह आपका आशीर्वाद है। रघुकुल को आप गुरुदेव की अटूट और सतत् कृपा मात्र है। महर्षि विश्वामित्र का संरक्षण तथा अन्य ऋषिवरों का कारुण्य प्राप्त है। श्रीलंका हम लंका राज्य

की प्रजा के अभिनन्दन के लिए ही जा सकते हैं। किन्तु अभी वह मंगलजन्य अवसर नहीं आया है– अभी तो महाराज विभीषण जी को अपने स्वर्गीय भ्राता के द्वारा स्थापित राक्षस शिविरों के भग्नावशेष मिटाना है। रावण विचारधारा को निष्प्रभ करना है। श्री रावण विचारधारा मानव जाति की संस्कृति और जीवनोद्देश्यों के विपरीत तथा विषम थी। वह अंधकार, राग–द्वेष तथा वैर की आतंककारी विचारधारा थी। निरी भोगवादी जीवन नीति – नीति ही नहीं कही जा सकती। मानव–जीवन ज्ञान का, सत्य एवं अमृत का अभिलाषी जीवन है और इस कालचक्र का निर्वाह और निभाव वैदिक वर्णाश्रम धर्म धारण–पालन करने से ही सम्भव एवं शक्य है। इसीलिए ज्ञान और अमृत की अभिलाषा को अखिल मानव जाति के प्राणों में, मन में, चित्त में स्थापित करना ही होगा। हमारे राज्य का यही अभीष्ट है। हमारा इष्ट मानव है। मानव जागरण एवं मानव का सर्वाधिक मंगल करना है। मानव जीवन मोक्ष मार्गी, प्रकाश को यान्त्रिक बनाना है।”

महाराज विभीषण उठे, सभा को नमस्कार कर विनीत स्वर में बोले– “पूज्य महाराज श्रीराम ने जो उद्बोधन किया, उसका प्रत्येक शब्द हम राक्षस लोग शिरोधार्य करते हैं तथा महाराज राम को हमारे पूज्य आदरणीय चक्रवर्ती राजा राम को यह वचन देते हैं कि राक्षस जाति आर्य संस्कारों को ग्रहण करने के लिए घर–बाहर और अन्यत्र भी साधना करेगी। राक्षसों के आततायी और क्रूर शिविर भविष्य में नहीं होंगे और शीघ्र ही आर्यावर्त के जनस्थानों के भग्नावशेष को भस्मीभूत कर दिया जाएगा। हिंसा, भोग और मृत्यु की संस्कृति से हम घबरा गये हैं। राक्षस नाम आज कुकर्मी, अन्यायी, अत्याचारी का पर्यायवाची शब्द हो गया है। रावण के राज्य में राक्षस जाति का घोर पतन हुआ है- इसमें सन्देह नहीं हो सकता है। यह निर्विवाद सत्य है कि श्री रावण ने त्रैलोक्य को पीड़ित ही किया है। मानव जाति से सद्गुणों का ध्वंस करने के लिए कुछ भी उठाकर नहीं रखा गया है, किन्तु यह भी सत्य है कि इसी अँधेरे में श्रीराम-राज्य का मंगलमय उदय हुआ है। हम राक्षस राजा रामजी को सिर आँखों पर श्रीलंका ले जाना चाहते हैं। राक्षसों के आबाल वृद्ध नर–नारी श्रीराम के पावन दर्शनों के इच्छुक हैं। उन सबकी ओर से मैं ही यह विनीत प्रार्थना कर रहा हूँ। स्वीकार करो, देव!”

श्रीराम ने कहा– “पहले श्री लक्ष्मण तथा हनुमान जाएँगे। राज्ञी श्रीमती मन्दोदरी देवी को हम सभी आश्वस्त करना चाहते हैं। अवश्य हम यह भी चाहते

हैं कि आर्य संस्कारों के उद्बोधन के लिए ऋषि–मुनियों का एक दल श्री लक्ष्मण के साथ जाए। तथास्तु!"

✦ ✦ ✦

श्रीलंका के राज्य–सभागार में लंका के गणमान्य नागरिक सामन्त तथा उत्तमोत्तम विद्वान एकत्र हुए। महाराज विभीषण का आग्रह था कि सब गणमान्य नागरिक राजसभा के नागरिक अधिवेशन में आहूत हों। महाराज विभीषण के दक्षिण में महामहिषी राज्ञी मन्दोदरी सुशोभित थीं और बाएँ पार्श्व में महोदय महामहिम श्रीमान लक्ष्मण विराजमान थे। हनुमान सामन्तों और सरदारों की पंक्ति में सर्वप्रथम उपविष्ट थे। सभागार में निविड़ चुपचापी थी और एक व्याकुल शान्ति छाई हुई थी। महाराज विभीषण ने सभा को घूरा–निहारा और कहा– "सभा आहूत है पुरोहित जी, सभा का उद्देश्य चरितार्थ हो।"

"जो आज्ञा महाराज।" सभा पुरोहित ने नमनपूर्वक कहा– "जैसी महाराज की इच्छा– आज्ञा।" पुरोहित जी ने भी सभा के प्रत्येक चेहरे को घूरा और कहा– "श्रीलंका की रणभूमि की आसन्न पराजय के पश्चात् पुनरुत्थान का आरम्भ होना ही है। अयोध्या के महाराज राघवेन्द्र श्री रामचन्द्र जी की इच्छा तथा आज्ञा से महाराज विभीषण हमारे–आपके मान्य महाराज अभिषिक्त हुए हैं। महामहिम राज्ञी मन्दोदरी श्रीमती ने भी महाराज विभीषण जी के राज्याभिषेक को अपना मंगलमय आशीर्वाद प्रदान कर दिया है। अपने पूर्व महाराज के दिवंगत होने के पश्चात् केवल महोदय विभीषण जी ही शेष रहे हैं। अन्य भ्राता, पुत्र, पौत्र, कलत्र, निकटस्थ सगे सम्बन्धी सब रणभूमि में खेत रहे हैं। वीरगति प्राप्त की है उन्होंने आईए–सर्वप्रथम हम रणबांकुरे वीरों को अपनी कृतज्ञ श्रद्धांजलि अर्पित करें। श्रीलंका के महाराज्य के संस्थापक तथा उन्नायक स्वप्नद्रष्टा महामहिम पराक्रमांक महाराज श्रीमान रावण श्री को नमस्कार करें। अवश्य अपने पूर्व महाराज श्री ने महारानी सीताजी का हरण कर उचित नहीं किया। किन्तु हम सब जानते हैं, पराक्रमांक महाराज राजराजेश्वर रावण हठी थे और राक्षस जाति तथा श्रीलंका राज्य के उन्नयन के लिए उचित तथा अनुचित सभी–कुछ कर बैठते थे। श्रीमती सीता देवी की बन्दी अवस्था में हमारी श्रेष्ठ राक्षस महिलाओं ने उनकी निश्चय सेवा की है– इनको भी धन्यवाद है! मैं श्रीमती त्रिजटा श्री का नामोल्लेख करता हूँ।"

हनुमान जी बोल पड़े- "सुरसा भी।"

"हाँ जी? सुरसा?"- पुरोहित जी बोले- "समुद्रवासिनी वह मायाविनी जो आपको निगल जाना चाहती थी?"

"मुझे तो काल ही निगल सकता है, महाशय जी। श्रीराम राखे- उसे कौन चाखै।"

पुरोहित जी बोले- "वह सभी राक्षस नर – नारियों का उल्लेख करता हूँ, जिन्होंने वानर, आर्य और राक्षस जातियों के बीच शान्ति, सद्भाव तथा मैत्रीपूर्ण सम्बन्धों के लिए अपने प्राण जोखिम में डालकर भी प्रयास किया है। आभार, वन्दन!!"

महाराज विभीषण ने उठकर वीरगति प्राप्त सभी श्रेष्ठ राक्षसों की स्मृति में वन्दन कर श्रद्धांजलि स्वरुप कहा- "निस्संदेह ही हमारे पूर्व राक्षस नरेश ने आर्यों पर अत्याचार कर अत्यन्त निन्दनीय कार्य किया है और वानरों को संतप्त कर केवल हेय स्वार्थ सिद्धि की घृणास्पद चेष्टा की है। सर्वोपरि आर्य अरण्यों में अत्याचार, अधर्म तथा घोर हिंसा में लिप्त राक्षसों के 'स्थान' स्थापित कर ऋषि–मुनियों का वध करना, यज्ञ–वेदियों को रुधिर से बुझाना तथा यज्ञों का दारुण भंग करना– यह सब कार्य समूची मानवता की हानि तथा धर्म की ग्लानि के कार्य थे जो हमारे पूर्व महाराज राजराजेश्वर रावण श्री ने किये। इतने से भी रावण श्री को सन्तोष नहीं हुआ। उन्होंने राघवेन्द्र श्री रामचन्द्र, रघुवंश शिरोमणि, श्री हरि के मनुज स्वरुप श्रीराम जी की सती शिरोमणि धर्मपत्नी तथा जीवन संगिनी का मायावी छद्म कर हरण किया। इस पुनीतकर आर्य महिषी को अशोक वाटिका में रखकर बन्दिनी बना आतंकित किया कि बलात् विवाह कर सकें। यह सब कहते मेरा सिर लज्जा से झुकता है।"

श्रीमती महिषी मन्दोदरी ने सहसा कहा- "हमारी भी। हम सबने उनको बहुत समझाया किन्तु विनाशकाले विपरीत बुद्धि! विधि! कौन क्या कर सकता था। वंश उजड़ गया। लोगों! अब तो राक्षस जाति को श्रीराम की कृपा तथा हमारे साधु महाराज विभीषण जी से ही आशा है। राक्षस जाति का भाग्य विभीषण जी के वरद हाथों में है।"

"हैं.... हैं..... हैं"- ध्वनि उठी।

विभीषण ने कहा– "कृतार्थ हुआ। वचन देता हूँ कि अबसे राक्षस जाति सत्य, न्याय, शान्ति, सौहार्द्र तथा धर्म मार्ग पर ही चलेगी– जीयेगी। राजा राम हमारे संरक्षक हैं, होंगे तथा राम नाम सदैव के लिए राक्षसों के लिए वन्दनीय तथा स्मरणीय होगा–रहेगा। मुझे यह कहते हुए हार्दिक प्रसन्नता है कि वीर शिरोमणि–रघुकुल दिनमणि श्रीमान लक्ष्मण जी, राघवेन्द्र श्रीराम जी के प्रतिनिधि स्वरुप कृपा करके पधारे हैं, साथ में हनुमान जी भी हैं।"

"हनुमान! कपि? हनुमान?" ध्वनियाँ उठीं।

"श्रीराम भक्त– श्रीराम दूत हनुमान।"– विभीषण ने तीव्र स्वर में कहा– "भक्त प्रवर– अतुलित बलधाम, अंजनिपुत्र, श्रीरामेष्ट सिंगाक्ष अमीत विक्रम श्री हनुमान। उदधि उत्क्रमण, सीता शोक विनाशिन, श्री लक्ष्मण प्राणदाताच, दशानन दर्पहर हनुमान! आप सबकी ओर से उन श्रीमान का स्वागत है।"

सभा में शान्ति छा गयी। एक स्वर उठा– "लंका– दहन।"

"हाँ , लंका दहन"– श्री विभीषण ने जलद–गम्भीर स्वर में कहा– "हमारे पूर्व महाराज और हम सबके कुकर्मों का परिणाम। श्री हनुमान जी को हम जीवित जला देना चाहते थे– नहीं हाँ.... हाँ जीवित जला देना चाहते थे। तब वे क्या करते? अपनी सिद्धि के बल से उन्होंने स्वर्ण की श्रीलंका जला दी, किन्तु यही हनुमान एक नई स्वर्ण लंका के निर्माण में हमारा मार्गदर्शन करेंगे– अवश्य करेंगे। नई लंका आर्य, वानर एवं राक्षस संस्कृतियों की राजधानी होगी। श्रीराम! तेरी जय हो–हम यह अवश्य करेंगे।"

"संस्कृतियों की राजधानी! अवश्य"– ध्वनियाँ उठीं।

महाराज विभीषण ने कहा– "नागरिकों, गणों, पार्षदों! आपका आभार! तथास्तु! अब मैं श्रीमानेश्वर वीरवर लक्ष्मण से निवेदन करता हूँ– हमारा मार्गदर्शन करें। श्रीराम जी की ओर से हमें उद्बोधित करें। कृपया..... श्रीमान।"

श्री लक्ष्मण ने सस्मित सभा को देखा और तनिक मुस्कुराते हुए उठे, बोले– "श्रीलंका के नागरिकों, श्रीलंका महाराज्य के श्रीमान प्रजाजनों, आप सबका आज दर्शन कर मैं स्वयं को कृतार्थ मानता हूँ। हमारा आपने स्नेहशीलवत् स्वागत किया– इससे निस्संदेह युद्धभूमि की अपनी मृत्यु मूच्छी की विस्मृति पूर्ण वेदना में भूल गया हूँ। निस्संदेह श्रीराम जी कृपा तथा श्रीमान विभीषण जी के अनुग्रह और महादेवी श्रीमती मन्दोदरी जी की करुणा से युद्ध के घाव सदैव के लिए

भर गये हैं। युद्ध जैसे हुआ ही नहीं, यह हमारी अंतस की चेतना है और आर्य, वानर तथा राक्षस यही चाहते हैं कि हम सत्य, ज्ञान और अमृत की संस्कृति को प्राप्त करें। मानव जाति को प्राणियों के योगक्षेम, जगत के मंगल तथा सृष्टि की सुख–शान्ति के लिए एक और असीम जाति बनाएँ। श्रीराम जी का सन्देश है कि हम सब मानव इस दुखी पृथ्वी को सुखी बनाएँ–असन्तुष्ट को सन्तुष्ट और विकल को शान्त करें। हम पुण्य का मंगल का ही सृजन अपने पुरुषार्थ से करें। अयोध्या महाराज्य की ओर से आप सभी को नमस्कार करता हूँ और अपना धनुष आपके अभिवादन में टंकारता हूँ।"

ध्वनि उठी– "जय राम!"

विभीषण ने हर्ष–विभोर होते हुए कहा– "त्राहिमाम्..... त्राहिमाम्, राम! हम तेरी शरण में हैं। महारथी लक्ष्मण जी के संरक्षण तथा रामदूत हनुमान जी की अनुमति में हैं।"

राज्ञी महिषी मन्दोदरी देवी ने उठकर शान्त किन्तु ओजस्वी स्वर में सभा को सम्बोधित करते हुए कहा– "हम राक्षसों को अपने अपराध स्वीकार करने ही चाहिए। हमारे महाराजा राजेश्वर ने जो अधर्म और अत्याचार किया है, उसका प्रायश्चित यही है कि हम सभी राजा राम की शरण में अपने को अर्पित करें। सीताराम सामान्य मानव नहीं हैं। असाधारण और विलक्षण शक्ति तथा प्रतिभा के सिद्ध मानव हैं। रामजी ने अपने वनवास के प्रारम्भ से ही मानव समुदाय को कर्म विपाक की विषमता से उबारना आरम्भ कर दिया था। उनके प्रचण्ड, क्रोधी तथा आततायी राक्षस पुंगवों का वध कर श्रीराम जी ने सद्गुण–सम्पन्न राक्षसों को सर्वनाश से उबार लिया। नाश हुआ भी तो उनके वंश का हुआ। अन्याय से सामाजिक श्रेय साधा नहीं जा सकता। अत्याचार से मानव मर जाएगा, किन्तु मानव की आत्मचेतना बुझाई जा सकती नहीं। अधर्म से जाति का भाग्य अंधकारमय हो जाता है और भाग्य तो सत्कर्मों का उदात्त प्रारब्ध है– जगत का संचित मंगलमय भाग्य ही होता है। महाकाल, सदाशिव जीवों के प्रारब्धों और तद्सार भवों के त्राता हैं। ॐ नमः शिवाय–महामन्त्र स्वयं सिद्ध तथा चैतन्य मनुष्य को भाग्य के अँधेरे से हटाकर भविष्य के मंगलमय प्रकाश की ओर ले जाता है। मानव को राग–द्वेष तथा मोह से मुक्त कर देव बना देता है। राक्षसों को अब मानव बनकर देवत्व प्राप्त करना है। यह हम श्रीराम–सीता की शरण में आकर ही कर सकते हैं। श्रीराम प्रभु के मनुजावतार हैं और पृथ्वी के सौभाग्य

तथा सृष्टि के शील, उसकी शक्ति एवं सौन्दर्य के लिए ही अवतरित हुए हैं। श्रीमान हनुमान जी ने तो श्रीराम की प्रेरणा से ही जो किया, किया और ठीक ही किया। पापों की नगरी स्वर्ण लंका मानव के निवास के योग्य कब थी? वह केवल नष्ट होने के लिए ही नहीं थी। भोग–विलास और पापाचार के जीवन की स्वर्ण लंका अब प्रसन्न पुण्यों की पूरी होगी तथा लंका की प्रजा सत्य और ज्ञान के लिए पुरुषार्थ करने वाली महानगरी होगी। श्रीलंका अब शांति, शील तथा सौन्दर्य की महानगरी होगी। श्री हनुमान जी ने हमें अपना यह भावी उदात्त भविष्य बता दिया है– उसके लिए आभार!"

श्री हनुमान मंच पर आये, बोले– "श्रीराम! जय राम! जय–जय राम!– मैंने कुछ भी नहीं किया, न ही मैं कुछ भी कर सकता हूँ। मैं वानर हूँ– शाखामृग हूँ– क्या कर सकता हूँ? मैं विद्वान, मनीषी और ऋषि भी नहीं हूँ– वानर हूँ, केवल। मैं जो कुछ भी करता हूँ, किया है और करूँगा– वह सब राम–नाम का प्रताप ही है। श्रीराम पावन–मधुर नाम की ही शक्ति हैं, जो जगत और संसार को स्वस्थ तथा सम और शान्त रखती है। प्रभु की इच्छा से ही ज्ञान होता है, चेतना होती है, जन्म–मरण सधते हैं। मेरे प्रभु श्रीराम हैं– राघवेन्द्र श्रीराम, अयोध्यानाथ श्रीराम हैं, मेरी जगदम्बा सीताजी हैं– राम–सीता। मेरा जन्म है, मरण है– जन्म–जन्मान्तर है। जीवन की चाह है, मनोरथ है तथा एकमात्र उद्देश्य है– श्रीराम–नाम। मैं कुछ भी नहीं चाहता– राज्य, ऐश्वर्य, धन–धान्य, रत्नाभूषण कुछ भी तो नहीं चाहता। मैं कामिनी और कांचन नहीं चाहता। मैं केवल रामजी की कृपा चाहता हूँ, करुणा चाहता हूँ, दया और क्षमा चाहता हूँ। मुझे तो सर्वत्र श्रीराम ही दिखाई देते हैं– सब में सभी रूपों में और वेशों में श्रीराम–सीता ही दिखाई देते हैं। मैं तो स्वयं को ही सीता–राममय देखता हूँ, हाँ।"

ध्वनि उठी– "वाह, सर्वत्र राम दिखते हैं आपको? शाखामृग तो हो फिर?"

हनुमान जी ने कहा– "फिर क्या? किन्तु.... परन्तु क्या? प्रश्न क्या..... उत्तर क्या? सन्देह क्या? कुछ भी तो नहीं–केवल जय राम! जय–राम–जय–जय राम!"

विभीषण बोले– "शान्त! सादर हनुमान को सुनो।"

श्री हनुमान ने कहा– "मैं कुछ कहना भी नहीं चाहता था– सुनना–सुनाना भी नहीं चाहता था। लंकावासियों ने आज स्वयं को पुनीत नागरिक कर दिया है। श्रीराम भजो, सीता–राम भजो, नागरिकों! सब मिल जाएगा–कांचन–कामिनी,

धन्य-धान्य, ऐश्वर्य भूति-विभूति सब। श्रीराम के पतित-पावन चरणों में स्वयं को अर्पित-समर्पित कर दो। श्रीराम आपके योगक्षेम को वहन करेंगे। यह मैं दावे से कहता हूँ और यही आपको तथा आपके राज्य को मेरा आशीर्वाद है। रामजी की कृपा से ही मैं आशीर्वाद देने तथा शुभकामना करने के लिए पात्र हो गया हूँ। आप पुनीत हुए हैं और मैं पावन हुआ हूँ– राम–नाम से।"

15

राज्ञी मन्दोदरी ने महाराज विभीषण को बुलवा भेजा : वार्ता! महाराज विभीषण ने पूजन समाप्त कर कहा– "हम अभी चलते हैं।" शीघ्रगामी राजरथ में सुशोभित होते हुए महाराज विभीषण श्रीलंका के प्रमुख राजमार्ग पर होते हुए राजमन्दिर की ओर चले। महाराज विभीषण ने महाराजा अभिषिक्त होने पर भी अपना निवास त्यागा नहीं था। राज्याभिषेक के मंगलमय अवसर पर ही महाराज विभीषण ने घोषणा की थी कि– "मेरा यह तन राम द्वारा है और मेरा निवास संस्कृति का संगम मन्दिर है, अतः राजप्रासाद में निवास करने का प्रश्न ही नहीं उठता। जिस राजमन्दिर से प्रताड़ित होकर मैं रामशरण में लुढ़का, उस राजमन्दिर को अब राजभवन ही होना होगा। राजकाज के लिए मैं राजभवन आऊँगा और श्रीलंका का राज्य श्रीरामकाज मानकर ही चलाऊँगा।"– महाराज विभीषण की इस घोषणा का मूक स्वागत हुआ था। महिषी मन्दोदरी ने इस घोषणा को विभीषण के योग्य ही घोषणा कहा था। विभीषण सहसा जैसे अपनी इस घोषणा को मन के कानों से सुनने लगे। मन्दोदरी ने विभीषण को देखते ही कहा– "भाई मेरे, भले आए–पधारें! स्वागत है।"

विभीषण ने मन्दोदरी के चरण छुए– "क्या आज्ञा है?"

मन्दोदरी ने कहा– "उनकी वर्षी मैं, श्रीमती सीता से क्षमा याचना के स्वरुप में मनाना चाहती हूँ। उनका श्राद्ध मैं आर्य संस्कारवत् करना चाहती हूँ। हम आर्यों के सोलह संस्कार ज्यों के त्यों ग्रहण करेंगे–अवश्य। जब तक राक्षस आर्य-राक्षस नहीं होगा, श्रीलंका का राज्य अधर्म, अत्याचार और अन्याय का राज्य ही माना जाएगा। भैया, मेरी सुनो, श्रीमती महारानी सीताजी को श्रीलंका में पधराओ। अशोक वाटिका को वास्तव में अशोक वाटिका श्रीराम निवास बना दो। राक्षस महिलाओं को मैं स्वयं सम्भालूँगी।"

"देवी धान्यमालिनी?" विभीषण ने पूछा।

"वह तो साधु होना चाहती है।" मन्दोदरी ने कहा– "संन्यासिनी मैं भी होना चाहती हूँ। उनके इस प्रकार चले जाने के पश्चात् मुझे अब जी कर करना ही क्या है?"

“क्यों?” विभीषण ने कहा– “आपको हम राक्षसों को सन्मार्ग बताना है– मार्गदर्शन करना है। मैं वचन देता हूँ, आपके दिव्य मनोरथ के अनुसार ही श्रीलंका का राज्य चलेगा।”

“कहना सरल है– करना कठिन।”– मन्दोदरी।

“असम्भव को सम्भव करना ही पुरुषार्थ है, राज्ञीश्री।” विभीषण ने कहा– “यदि मेरी राम चरणों में भक्ति एक क्षण के लिए भी सच्ची है, यदि मैंने मन– वचन–कर्म से श्रीराम शरणागति ली है और उन प्रभु ने कृपापूर्वक मुझे अपनी अपायनी भक्ति प्रदान की है तो राक्षस जाति सदा के लिए देवताओं का समुदाय होकर रहेगी। हम अपने पूर्वजों के प्रति प्रामाणिक होकर रहेंगे, किन्तु राक्षस जाति को अंधकार से प्रकाश की ओर खींच ले चलें न! अवश्य–जय श्रीराम।”

मन्दोदरी ने भी कहा– “जय श्रीराम!”

“धन्य हैं देवी! आप धन्य हैं!” विभीषण ने कहा – “पति को मृत्यु देने वाले की जय आप बोल रही हैं। धन्य!!”

मन्दोदरी ने कहा- ‘‘अधर्मी, अत्याचारी, अन्यायी तथा स्त्रैण नर पति परमेश्वर होता नहीं, हो सकता ही नहीं। अवश्य राजेश्वर रावण मेरे पति, भर्तार थे, किन्तु धर्म का सम्बन्ध आत्मा और परमात्मा से है, जगत के बनावटी बन्धनों से नहीं! रामजी जगत और सृष्टि से परे और मान्य पूज्य हैं। वह पतित–पावन हैं। महर्षि पुलस्त्य जी ने मुझे यही बताया था। उन्होंने इंगित किया था कि राक्षस जाति के उनके वंश का नाश भी श्री हरि स्वयं करेंगे।”

“भाईश्री रावण ने निस्संदेह धर्म की ग्लानि ही कर दी थी। घर और बाहर की सभी मर्यादाएँ त्यागकर आर्यों पर आक्रमण और अतिक्रमण करना वानरों को संतप्त रखना तथा साधु और सज्जन राक्षसों को कठोर वश में किये रहना– उनका स्वभाव हो गया था। आप पटरानियां होते हुए भी रंगनिवास रमणियों से ठठा रहता था। हाँ, मैं यह सब जानता था, फिर क्या करता? आपने–मैंने, सबने भाईश्री को समझाने की प्राणप्रण से चेष्टा की, किन्तु वाम विधि ने सहायता नहीं की, साथ नहीं दिया। बड़े भाई थे तो थे, किन्तु राजा भी तो थे– राक्षसों के राजा। उनकी लात खाकर मैं लंका में एक पल भी कैसे रह सकता था। श्रीराम की शरणागति प्राप्त कर मैंने जाति द्रोह या देशद्रोह नहीं किया, भाभी श्रीमती! मैंने राक्षस जाति और श्रीलंका के राज्य के परम हित में ही श्रीराम की शरण गही है।”

“मैं जानती हूँ, राज भैया!”– मन्दोदरी ने कहा– “लोग तो फिर भी कहेंगे। मुझे तो परम सुख हुआ कि तुमको लंका राज्य की प्रजा ने एक स्वर से अपना राजा स्वीकार कर लिया। यह तुम्हारे चरित्र की साधुता और धन्यता है।”

विभीषण ने मन्दोदरी को प्रणाम करते हुए कहा– “यह आपका आशीर्वाद और रामजी की दया है, अन्यथा मैं राक्षस तो हूँ, श्री रावण का अनुज हूँ– था और रहूँगा। राक्षस जाति मेरा भाग्य है– प्रारब्ध और मैं उसके हित के लिए ही जन्मा हूँ। हाँ, मैं राक्षस जाति के द्वारा और सहित भू-मण्डल पर मानव मात्र का बन्धुत्व तथा संस्कृतियों का मंगलमय संगम ही स्थापित करना चाहता हूँ। रामजी की यही इच्छा है, आज्ञा है। श्रीलंका का राज्य मैं श्रीराम बाण के लिए चला रहा हूँ। श्रीमान महात्मा भरत जी ने रामजी की पादुका का राज्य चलाया, मैं श्रीराम बाण का राज्य चलाऊँगा। भाभी श्रीमती! मुझे और कुछ नहीं चाहिए। भाईश्री रावण का यों खेत रह जाना तो निस्संदेह दुखद है, किन्तु काल की गति कौन रोक सकता है।”

“श्रीराम!”– मन्दोदरी ने कहा।

“राम”– विभीषण चिहुँके– “श्रीराम न जाने क्या हैं? मुझे तो सर्वत्र श्रीराम–नाम की मौन धुनि ही बजती लगती है। श्रीराम इस जगत से भी बड़ा प्रसन्नकर रहस्य हैं। हैं और नहीं भी हैं और सदैव हैं, वे ही हैं। त्रिजटा मुझे कह रही थी श्रीमती सीता की राम रटनी की मौन हृदय ध्वनि अशोक वाटिका के गगन में रमी हुई है, हाँ।”

“इसीलिए मैं स्वयं अयोध्या जाकर श्रीमती सती शिरोमणि सीताजी को श्रीलंका पधराना चाहती हूँ। श्रीलंका महाराज्य की प्रजा को श्रीमती सीताजी के श्रीचरणों की धूलि मस्तक पर लगानी होगी। सर्वप्रथम मैं लगाऊँगी। सीताजी पर जो अत्याचार हुए, उन्हें रोकने या विफल करने का दायित्व मेरा था– मेरा। सुना? देवर जी।” मन्दोदरी।

“जी, जी भाभी…….. सुना।” विभीषण ने कहा- “श्रीमती सीताजी पर हुआ अत्याचार मानव जाति के इतिहास में सभी नर्कों के भी नर्क ही माने जाएँगे। ईश्वर और विधाता हमें क्षमा नहीं करेंगे–कभी नहीं।

“भगवती सीता जी अवश्य राक्षस जाति को हृदय से क्षमा कर सकेंगी– ऐसा मेरा अटल विश्वास है। सती को किसी से द्वेष, वैर या क्रोध नहीं होता। अपने

सतीत्व में दृढ़ और अपने पति परमेश्वर में दत्तचित्त एक निष्ठ नारी–गौरव महिला तो सन्त से भी अधिक सन्त होती है। इसीलिए मैं श्री अयोध्या जाना चाहती हूँ, सीताजी के पधारते ही श्रीलंका पवित्र तथा राक्षस जाति पावन हो जायगी और तुम्हारा राजकुल दिव्य–भव्य हो जाएगा।"- देवी मन्दोदरी।

विभीषण ने पुनः–पुनः नमस्कार करते हुए कहा– "यह आप श्रीमती का अमोघ आशीर्वाद है, पूज्ये!"

✦ ✦ ✦

भेष बदल कर महाराज विभीषण श्रीलंका के रात्रि–दर्शन के लिए निकले। सामान्य राक्षस नागरिकों में भी नट का भेष धारण कर विभीषण लटकते–मटकते चले। नटी के रूप में साथ श्रीमती विभीषण भी थीं। श्रीलंका के एक श्रेष्ठी के भव्य निवास के द्वार पर जाकर विभीषण ने पुकारा– "श्रेष्ठिन! दर्शन चाहते हैं।"

श्रेष्ठी ने द्वार स्वयं खोलते हुए कहा– "पधारिये! नट–नटी हैं? नटों के दिवस तो चले ही गये थे। श्रीलंका के सभी नाट्य गृह सुनसान थे। नाट्य अभिनीत होना ही समाप्त हो गया था। श्रीलंका के कलाकार भयभीत एवं त्रस्त रहते थे। महान कुंभकर्ण देव को भोजन तथा निद्रा ही प्रिय थी। दिवसों बाद नाट्य आदि पर वार्ता तो सम्भव होगी? हम श्रीलंका के नाट्य गृहों के संगठन के संरक्षकों में अग्रणी हैं, महाशय!"

"महाशया जी! शुभ नाम"

"नटराज......." विभीषण ने स्वर बदलकर कहा– "और यह मेरी पत्नी राज़ी नटी।"

नटी ने कहा– "हम तो अपने–आपको परात्परा की यक्षिणी ही मानते हैं और यह हमारे श्रीमान? यक्ष हैं...... यक्ष।"

"सद्–भाग्य ....!"– श्रेष्ठी ने कहा – "परन्तु इस सुनसान रात्रि को? यों बिना अपनी मण्डली के? हाँ.....?"

विभीषण– "कला और कलाकार रात्रि में ही कुमुदिनी की भांति खिलते हैं। मण्डली? महाराज विभीषण की आज्ञा प्रसारित होंगी– तब।"

"अयोध्या के राघव रामचन्द्र के दास हैं हमारे नये महाराज विभीषण। घर का भेदी लंका ढाहे–परन्तु जो हुआ सो हुआ। अवश्य राजेश्वर रावण के अधर्म

की सीमा ही नहीं रही। रघुवंश की पट्टमहिषी राजवधू को सामान्य शूद्र कन्या की भांति उठा लाए– आश्चर्य! अत्यन्त दुखद–भवान्!"

"महाराज विभीषण, श्रीमती मन्दोदरी देवी तथा कई राज्यसभा सभ्यों ने अराजक तथा अधिनायक रावण को बहुत समझाया–बार–बार समझाया, परन्तु अपने अनुज को लात मारकर लंका से बहिष्कृत किया। तब विभीषण क्या करते?"

"क्या करते?" श्रेष्ठी ने कहा– "अपने घर में सिकुड़े रहते।"

"कैसे श्रीमन्! लंका राज्य के बाहर जो कर दिया था- श्रीलंका में विभीषण रहते तो मृत्यु दण्ड मिलता, नहीं?"

"हाँ, हाँ..... ऐं......।"– श्रेष्ठी ने कहा– "परन्तु फिर भी शत्रु के शिविर में जाकर शत्रु की शरण में जाना–राक्षस चरित्र के लिए अशोभनीय, असह्य था। जो हुआ सो हुआ किन्तु विभीषण जी का उद्देश्य सम्यक था– समीचीन। राक्षस जाति तथा श्रीलंका को बचाने गये थे, राम–शरण! नहीं?"

"ऐसा ही लगता है।"– नटी ने कहा– "अन्यथा एक बार श्रीलंका को भस्मीभूत होना पड़ता। आप और हम जीवित ही नहीं बचते।"

श्रेष्ठी– "ठीक ही कहा श्रीमती! किन्तु फिर भी घर का भेदी लंका ढ़ाहे। विभीषण जी पर लगा कुलकलंक अमिट ही है। मैं तो विभीषण जी के तर्क को समझता हूँ। तर्क से वंश की मर्यादा नहीं पलती– हृदय से, संस्कार से पलती है।"

विभीषण जी ने कहा– "ठीक कहते हो, किन्तु वंश की मर्यादा, आम्नाय आदि अधर्ममय हो जाएँ, तब? तब भी क्या वंश–मर्यादा को पकड़कर रखा जाए? विभीषण महाराज ने उनके ज्येष्ठ भ्राता के अधर्म और अन्याय के विरुद्ध ही राम–शरण ली थी– नहीं?"

यह तो है ही, किन्तु आर्य क्षत्रिय राक्षस जाति के शत्रु ही हैं– रहे हैं।- श्रेष्ठी ने कहा– "होगा, हो गया सो हो गया। अयोध्यापति श्रीरामचन्द्र जी के प्रताप से महाराज विभीषण जी लंका के राजा हो गये। जब हो ही गये तो हमने भी सिर झुका दिया।"

"क्यों?"– विभीषण ने पूछा– "नहीं मानते- प्रजा यदि विभीषण को राजा नहीं चाहती तो विद्रोह करती, विरोध कर सकतीं थी।"

"कैसे करती......?" श्रेष्ठी ने कहा– "राघव रामचन्द्र जी की असीम सैन्य शक्ति तथा रामबाण...... एक उस हनुमान ने लंका भस्मीभूत कर दी थी और ऐसे तो कितने ही हनुमान थे सैन्य में।"

विभीषण जी ने कहा– "चलो महाराज विभीषण जी से कहें कि वे गद्दी त्याग दें। घर के भेदी तथा शत्रु की शरण में जाने वाला लंका का राजा हो ही कैसे सकता है? लंका नरेश केवल धर्म, न्याय, नीति और सत्य का विरोधी ही नहीं रहा– भगवान का भी वैरी बनकर रहा। दशानन महान रावण स्वयं को परमात्मा से भी बड़ा अजेय मानते थे– नहीं?"

"वही तो।" श्रेष्ठी– "और इसीलिए हम प्रजाजनों ने घर के भेदी को अन्त में महारानी मन्दोदरी के कहने पर राजा स्वीकार किया है– अब देखते हैं महाराज विभीषण राक्षसों को आर्यों का मित्र बनाते हैं, या आर्यों का दास।"

"ठीक ही करेंगे.......।" विभीषण ने कहा– "इस विषय में क्या पुनर्विचार करने की आवश्यकता है?"

"नहीं–नहीं" श्रेष्ठी ने कहा– "हमने महाराज विभीषण को घर का भेदी बताने के लिए क्षमा कर दिया है और मन–वचन–कर्म से अपना महाराज स्वीकार किया है। राजेश्वर के कुकर्मों से उनका वंश ही नष्ट हो गया। कुंभकर्ण देव भी गये, तब राक्षस जाति के लिए महाराज विभीषण ही अन्तिम और शेष थे। फिर हम चाहते आर्यों से राक्षसों का अब स्नेह तथा विश्वास का सम्बन्ध हो। रामबाण, महाशय हनुमान भी गया। लक्ष्मण का धनुष राजा के पाप कर्मों का जितना दण्ड भोगना था, हम प्रजाजनों ने भोग लिया और अब बस.....।"

नटी ने कहा– "सत्युत् है, महोदय! राक्षस जाति का भविष्य अब आर्य–राक्षस मैत्री में ही निहित है।"

"महारानी मन्दोदरी देवी!" श्रेष्ठी ने कहा– "हमारी प्रेरणा–स्त्रोत हैं, आशा है, हमारी आत्म शक्ति हैं।"

विभीषण ने हँसते हुए कहा– "आप तो आर्य जैसी बात कर रही हैं।"

"जी हाँ आर्य अर्थात्–प्रकाश का पुत्र, ज्ञान की सेवी तथा सत्य एवं न्याय का शिष्य। आर्य अर्थात्, विश्व मानव–वसुधैव कुटुम्बकम्–यही.... यही राज्यों का एक मात्र लक्ष्य होना चाहिए। इस बार इसी कथ्य को लेकर मैं महापौर के पद के लिए सन्नद्ध हो रहा हूँ।"

विभीषण– "हम आपकी सहायता करेंगे। क्यों? नहीं?"

श्रेष्ठी– "महारानी मन्दोदरी देवी का आशीर्वाद मुझे प्राप्त है। अब तो महाराज विभीषण जी को ही मेरी पीठ थपथपानी है। लंका का महापौर बनना महाराजा से तनिक ही निम्न है। नहीं?"

"अवश्यमेव, भवान्! अच्छा, अब आज्ञा।"

✦ ✦ ✦

महाराज विभीषण ने राजसभा का विशेष अधिवेशन आहूत किया। श्रीलंका महाराज्य के गणमान्य गणों, सैनिक प्रतिनिधियों तथा समाज के वरिष्ठों और विशिष्टों को सादर आमन्त्रित किया गया। महामहिषी मन्दोदरी देवी और श्रीमती धान्यमालिनी, त्रिजटा, सुरसा आदि राक्षस महिलाओं को भी सादर बुलाया गया। अयोध्या से साग्रह वीर लक्ष्मण तथा महाबली हनुमान को विशेष रूप से सविनय आमन्त्रित किया। महाराजा राम को भी विभीषण ने त्रिजटा के साथ कहलवाया– नगर चर्चा है कि मैं घर का भेदी हूँ और लंका गढ़ मैंने ढहा दिया है। श्रीमान के प्रताप और महामहिषी मन्दोदरी की अनुकम्पा से प्रजा ने मुझे महाराज स्वीकार किया है, किन्तु मन से नहीं। प्रजा के हार्दिक और प्रसन्न समर्थन के बिना मैं, आपका दास, राज कर ही कैसे सकता हूँ? आपश्री के चरणों में शरण लेने पर अब मेरी कोई भी वासना शेष नहीं रही। मैं तो अब हनुमान जी की भांति आपकी भक्ति ही चाहता हूँ। मैंने श्रीलंका की समस्त प्रजा के पंचों तथा गणों को आहूत किया है और उनके करकमलों में मैं लंका राज का मुकुट पुनः थमा देना चाहता हूँ। मुझे आज्ञा प्रदान की जाए। श्रीराम ने त्रिजटा से कहा– "महाराज विभीषण को हमारा नमस्कार कहना, आपका निश्चय सत्युत है– आदर्श है। प्रजा हृदय से समर्थन न करे तथा प्रसन्नचित्त राजाज्ञा को न माने तो उस व्यक्ति को राज करने का नैतिक सत्व प्राप्त नहीं होगा– तथास्तु....।"

श्री लक्ष्मण ने सरोष कहा– "जी, तथास्तु। किन्तु यह क्या हमारी समस्या है? महाराज! यह श्रीमान विभीषण जी की अपनी समस्या है– निपटाएँ। श्रीलंका की प्रजा को आश्वस्त करना और अपनी गरिमा बनाए रखना उनका अपना तप है। श्रीमानेश्वर महाराज रामजी का नहीं। संसार है– कहेगा। संसार की सुनना होगा, नहीं प्रभो!"

"प्रजा में परमात्मा का निवास होता है, लक्ष्मण!" श्रीराम ने कहा– "प्रजा का एक जन भी आलोचना करे, कटु सत्य कहे तो उसका आदर करना राजा का धर्म है। प्रजा को प्रसन्न, सन्तुष्ट और धर्म में दत्तचित्त रखना राजा का अनिवार्य कर्तव्य है।"

"तब .... आपश्री भी यही करेंगे?"– लक्ष्मण ने पूछा।

"अवश्य! प्रजा को प्रसन्न रखना और उसके रंजन के लिए सर्वस्व त्याग करना ही मेरा राजधर्म है– होगा।"

लक्ष्मण ने श्रीराम का देदीप्यमान मुख मण्डल साश्चर्य देखा और चुप हो गये। श्रीलंका के विशेष गण प्रतिनिधि सम्मेलन में श्रीरामदूत की भांति श्री हनुमान गये और महाराजा राम के विशेष प्रतिनिधि के रूप में लक्ष्मण को जाना ही पड़ा। उर्मिला ने कहा– "मैं भी चल सकती हूँ क्या?"

"क्यों? क्या करोगी राक्षसों के महानगर में? फिर महाराजा राजा राम की अनुमति आवश्यक है।"

उर्मिला– "सुना है, राक्षस बड़े भयंकर और वीभत्स होते हैं।"

"कुछ राक्षसों में भी सुन्दर नर–नारी होते हैं।"– लक्ष्मण ने कहा– "श्यामल, तीव्र ताम्रवर्णी होने से ही राक्षस भयंकर नहीं हो जाते। उबड़–खाबड़ मुँह वाले अनेक आर्य सज्जन भी तो हैं। मन्थरा...... नहीं?"

"हुँह......" उर्मिला ने कहा– "परन्तु श्रीमान को जाना ही क्यों चाहिए। महाराज स्वयं जाएँ।"

"राजा राम महाराज ने विभीषण को श्रीलंका का राजतिलक युद्ध जीतने के पूर्व ही किया था। बाद में मुझे ही भेजा था। मैंने ही महाराज विभीषण को तिलक किया था, अपने अंगुष्ठ के रक्त से, प्रिये! मुझे ही तब जाना चाहिए और लंका की प्रजा में महाराज विभीषण की पैठ जमानी चाहिए।"

श्री लक्ष्मण की राजसभा के प्रवेश–द्वार पर महाराजा विभीषण ने स्वयं आकर अगवानी की। महामहिषी मन्दोदरी ने श्री लक्ष्मण को बाहु थामकर महाराज विभीषण के समकक्ष रत्नभूषित आसन पर बिठाया था। महाराज विभीषण ने श्री लक्ष्मण के समकक्ष महाबली हनुमान को भी बिठाया था। राजसभा के शत सहस्र व्यक्तियों के शत सहस्र नयनों में शान्त आश्चर्य पुनः भर गया था।

हनुमान–यही...... वही हनुमान...... वानर हनुमान....... किलकारी हनुमान। हनुमान ने सभासदों के नयनों में जैसे निहारा और महाराज विभीषण जी की ओर देखकर मुस्कुराने लगे। महाराज विभीषण जैसे समझ गये, बोले– "सर्वप्रथम मैं रामजी के परम भक्त और रामदूत आंजनेय हनुमान जी से निवेदन करता हूँ कि वे कृपया हमें सम्बोधित करें। श्री हनुमान जी ने वीरवर लक्ष्मण की ओर देखा और श्रीमान लक्ष्मण जी का इंगित पाकर, धीरे से उठे और अपने दोनों पाँवों को जमाते हुए बोले– "जय श्रीराम।"

"जय श्रीराम........।" सभा गाजी– गूँजी।

श्री हनुमान ने कहा– "मैं तो रामजी का दूत हूँ, किन्तु वानर हूँ– शाखामृग। आप सब स्वर्ण और रजत पात्रों में उदक पीते हैं, मैं अपनी हथेली में पीता हूँ। आप सब पाक शास्त्रानुसार पकाया गया भोजन अरोगते हैं। मैं वनफल, कन्द–मूल खाता हूँ– अवश्य पका हुआ भोजन भी कर लेता हूँ – मधु पीता हूँ, खूब मधुपान करता हूँ। आप सब वारुणी पीते हैं– मद्यपान। मैं भला आप सब राजसी लोगों को क्या कह सकता हूँ? यह तो रामजी की कृपा है जो मैं वानर राज्य का दूत बनाकर अयोध्या से भेजा गया हूँ। सीता मैया मुझे अपना वत्स कहती हैं और रामजी तो मेरे माई बाप हैं। मैं चाहता हूँ– रामजी की कृपा आप सभी पर बनी रहे और आप सब रावण राज्य को भूल जाओ तथा राम–राज्य के आलोक में जागो– जागते जाओ। रावण के चले जाने पर अंधकार और अधर्म का युग ही चला गया है। आकाश में अब श्री रामबाण स्थित है। वानरों की गदायें और आर्य क्षत्रियों के धनुष–बाण जगमगा रहे हैं। रामजी ने अनुग्रह कर महाराज विभीषण को राजतिलक किया है– मिटाना चाहते हो?"

"नहीं........ नहीं......." कुछ ध्वनियाँ उठीं।

"तब क्या चाहते हो?" हनुमान के गर्ज कर कहा- "महाराज विभीषण श्री राम की शरण में गये हैं और श्री राम जी ने इनको राजा बनाया है। रावण के परास्त होने के बाद विभीषण जी का विधिवत राजाभिषेक किया गया है। आप सब साक्षी थे। नहीं?" "थे-थे- है"- कुछ बोल उठे।

"तब.......?" हनुमान ने पूछा– "घर का भेदी लंका ढाहे यह वाक्य किसी रावणी राक्षस का ही हो सकता है। लंका अब पुण्य की नगरी है। राक्षस जाति के न्याय, नीति एवं धर्मपूर्वक जीवन के निवासों की नगरी है, महानगरी है।

राजमहिषी देवी मन्दोदरी के वत्सों की नगरी है। फिर? भेद? क्या भेद बताया महाराज ने? बताइए...... बोलिए।"

"नाभि में अमृत....." किसी ने कहा।

"यह तो विश्वविदित आश्चर्य था"– हनुमान ने गर्जना की– "सभी जानते थे– नर, नाग, किन्नर, गन्धर्व, देव–दानव–सभी जानते थे। रावण जैसा भी था, परम पराक्रमी तथा महान तापसी था– दशानन कहलाता था–इच्छामृत्यु था–तभी। किन्तु अधर्म के कर्मों ने उसकी जिजीविषा को मृत्युमयी बना दिया था। मित्रों, तभी तो श्री हरि को धराधाम पर आना पड़ा। हाँ, श्रीराम जी की सौगन्ध।"

"सत्युत्"– कुछ बोले।

श्री हनुमान ने कहा– "महाराज विभीषण को श्रीराम जी की कृपा और प्रताप से ही राज मिला है। अतः आप सब नागरिकों को श्रीराम कृपा का हृदय से सम्मान करना चाहिए। दशानन श्री रावण का अपना कुटुम्ब ही रणभूमि में वीरगति प्राप्त कर गया है। महान कुंभकर्ण जी का वंश था ही नहीं।"

महादेवी मन्दोदरी ने सहसा कहा– "मुझे आश्चर्य है– यह प्रश्न उठा ही कैसे?"

महाराज विभीषण ने उठकर कहा– "भाभीश्री! यह प्रश्न मेरे मन में उठा है। मैं नगर चर्चा के लिए जाता हूँ। राजा की यह प्राचीन मर्यादा उचित लगती है मुझे। प्रजा का मन, विचार, निश्चय आदि को जानने का यही एकमात्र साधन है। जो राजा नगर चर्चा नहीं करता, वह लोकमत को जान ही नहीं सकता। लोग मुझे घर का भेदी और लंका को ढहाने वाला मानते हैं– अतः यह आवश्यक है कि मैं राजगद्दी त्याग दूँ। लोग मुझे कुलद्रोही और समाज विरोधी मानते हों तो मैं उनका नरेश कैसे बना रह सकता हूँ?"

लक्ष्मण ने अब कहा– "श्रीराम की इच्छा, आज्ञा। महाराज विभीषण। श्रीराम का प्रदत्त राज्य किया जाता है, त्यागा नहीं जाता।"

विभीषण ने उच्छ्वसित स्वर में कहा– "किन्तु महाशय।"

"किन्तु, परन्तु, अथ, इति, ननुनच सब आपश्री ने श्रीराम के चरणारविन्दों में अर्पित कर दिया है। आपने श्रीराम की शरण ली है– शरणागत की रक्षा और योगक्षेम अब श्रीराम के हाथ हैं, महाराज।"

"किन्तु..... प्रजा।"– विभीषण बोल पड़े।

"प्रजा राजा की वत्सला है। उसकी भावना जानो, किन्तु करो वही जो शाश्वत न्याय है, अनन्त नीति है– सत्य महाराज।"

और फिर श्री लक्ष्मण ने सभासदों से पूछा– "श्रीराम–राजा राम की ओर से पूछता हूँ क्या महाराज विभीषण सिंहासन त्याग दें? कहिए।"

सभा में शान्ति छा गयी। शत सहस्त्र स्वांस–प्रस्वांस की हल्की, मृदु आँधियाँ चलती रहीं। कुछ क्षणों की स्तब्धता को सहसा भंग करते हुए मन्दोदरी ने तीव्र स्वर में कहा– "नहीं.... कदापि नहीं। राक्षस वंश के एकमात्र प्रतिनिधि द्विवर विभीषण हैं– श्रीराम की जय हो। महाराज विभीषण! प्रजा को जो इच्छा हो, वह कहने दीजिए। अपने अन्तरात्मा से पूछिये क्या आप देशद्रोही हैं? कुलद्रोही हैं? वंशघातक हैं? आपके अन्तःकरण में श्रीराम विराजमान हैं– वे ही उत्तर देंगे। प्रजाजनों! कहो, आप सब का क्या कहना है?"

श्रीलंका के महापौर ने उठकर कहा– "महाराज विभीषण आपकी जगह कोई भी राक्षस जाति का हित साधने के लिए वही करता जो आपने किया। इस पृथ्वी पर राघव राम से बढ़कर कौन न्यायमूर्ति, धर्ममूर्ति, सत्यवक्ता तथा सर्वगुण निधान महापुरुष है? महामानव है? प्रजा की ओर से सविनय निवेदन है, आप श्रीलंका के सिंहासन पर विराजे रहें और हमारा पिता स्वरुप पालन करें।" और फिर महापौर ने सभी सदस्यों से पूछा– "कहिये..... कहिये!"

सभा सदस्यों की गहन–गम्भीर ध्वनि उठी– "तथास्तु!!"

16

कि ष्किन्धा के राजकक्ष में सभी वानर सामन्त श्रेष्ठ बैठे थे। महाराज सुग्रीव ने सभी को निहारा; कहा– "अन्ततोगत्वा लंका की प्रजा ने महाराज विभीषण को स्वीकार कर ही लिया। अच्छा ही हुआ।"

जाम्बुवन्त ने कहा– "होना ही था। लंका की प्रजा और करती भी क्या?"

सहसा सुग्रीव ने पूछा– "मेरे विषय में वानर प्रजा क्या कहती है?"

"जय.... जय"– द्विविद ने कहा– "और क्या कहेगी। राजा तो शक्ति से ही बनता है। शक्ति और आतपहीन व्यक्ति नरेश हो ही नहीं सकता।"

सुग्रीव ने सरलतापूर्वक कहा– "तब हमारे पास तो शक्ति नहीं है। महाराज बालि के पास थी......"

नील ने कहा- "रामबाण की शक्ति जो मिली श्रीमान को। रामबाण.... प्रत्येक योद्धा रामबाण की सुनते ही मन ही मन दहल जाता है।"

नल– "महान् है रामबाण। जिसे लगे वही जाने!"

सुग्रीव– "हम सावधान नहीं हो जाते तो हमें भी लगता। श्रीराम अजेय हैं, अपराजित महायोद्धा हैं।"

केसरी बोले– "श्रीराम क्या नहीं हैं? सर्वगुण सम्पन्न, परम पराक्रमी, धीर–वीर ईश्वरावतार ही हैं। सुना है, महर्षि वाल्मीकि श्रीराम की कथा लिख रहे हैं?"

सुग्रीव– "वाल्मीकि महर्षि? हाँ–महर्षि.... पहले दस्यु थे, नहीं? पीछे राम–नाम लेकर ही महर्षि हो गये। वाह! धन्य!"

केसरी बोले– "सुना है राम–नाम से पत्थर तैर जाते हैं। यह क्या सच है नील?"

नील ने कहा– "सेतुबन्ध महाशय....... सेतु। श्रीराम–नाम से ही तो है– वारिधि में झेले गये हैं। निस्संदेह दशरथनन्दन राघव राम विभूति हैं, अद्वितीय दिव्य शक्तियों के धनी हैं। सिद्ध–हैं–बुद्ध हैं। सच श्रीराम राम हैं। उनके दर्शन करते ही मन में दिव्य शान्ति छा जाती है। ऐसा लगता है श्रीराम प्राणियों के अभय, मंगल तथा शान्ति के लिए ही रघुकुल में अवतरे हैं।"

सुग्रीव ने कहा– "मेरा अहोभाग्य है, जो श्रीराम ने मुझे अपना मित्र स्वीकार किया। वानर राज्य के इतिहास में यह राम–सुग्रीव मैत्री सदैव बखानी जाएगी।"

केसरी ने सस्मित कहा– "महाराज बालि के समय में यह आर्य–वानर मैत्री की धारणा मति में बैठती नहीं थी, किन्तु सीताजी के हरण की धारणा से मुझे दिखा; रावण राज्य वानरों को निगल जाएगा। हमारे शत सहस्त्र पशु राक्षस चुरा ले गये हैं और खा गये हैं।"

"हत्यारे कहीं के........" नल ने कहा।

जाम्बुवन्त ने सिर हिला-हिलाकर कहा– "हमें क्यों बुलाया है, महाराज? क्या आपका मन उचट गया है, तो वार्ता–विलास के लिए हमें आमन्त्रित किया गया है?"

सुग्रीव ने ठहाका मारते हुए कहा– "श्रीमान्, ऐसा ही समझिये। मैं कभी-कभी सोच में पड़ जाता हूँ– राघव राम ने महाराज बालि को वृक्ष के पीछे छिपकर मारा–आमने-सामने नहीं.....यह क्या उचित था?"

जाम्बुवन्त– "उचित-अनुचित क्या राजनीति में है भी? हो भी सकता है? पाप पुण्य, उचित-अनुचित-यह सब पण्डितों का वाणीविलास है। राजपुरुष तो इतिहास को जानता है, केवल राजसिंहासन को ही मानता है और राज्य, महाराज-वेदमन्त्रों से अभिषिक्त तो होता है, किन्तु शस्त्रबल से ही मिलता है। श्रीराम को वानरों का सहयोग चाहिए था, आर्य–वानर सन्धि तथा आर्य–वानर सांस्कृतिक सम्प्रेषण चाहिए था। श्रीराम के समक्ष पृथ्वी का आर्य भविष्य है। रामराज्य, अर्थात् आर्य-सभ्यता तथा उसकी सिद्ध-बुद्ध संस्कृतियों का राज्य- वेद-वेदान्त, वैदिक वर्णाश्रम धर्म का जीवन–पंथ।"

दधिमुख– "और श्रीमान् राजेश्वर आपश्री भी तो यही चाहते थे। महाराज बालि राक्षसाधिपति रावण के मित्र तो थे, परन्तु उसको समझते नहीं थे। रावण पृथ्वी से आर्य तथा मानवता का अनुरागी प्रत्येक व्यक्ति को समूल नष्ट कर देना चाहता था– पृथ्वी को राक्षसस्थली बना देना चाहता था। रावण को आत्मा से तात्पर्य नहीं था, परमात्मा को वह जानता नहीं था।स्वयं को वह शिव कहता था, जी हाँ!"

निशठ बोले– "रावण, अर्थात्–अहम्–मूर्तिमान अहंकार।"

शठ– "इसीलिए श्री हरि को ही राम–रूप अवतरित होना पड़ा। ऋषि-मुनि तो यही कहते हैं। यह ईश्वरावतार है क्या? कैसे होता है?"

महाराज विभीषण ने कहा– "इसका उत्तर तो हनुमान ही दे सकते हैं। हाँ, नगर चर्चा क्या है? मैंने आदेश दे रखा है। सभी श्रेष्ठ सामन्त प्रजामत जानेंगे। इस आज्ञा का पालन हो रहा है, या नही। प्रतिमास यह अन्तरंग सभा होगी और उसमें नगर चर्चा का सार रखा जाएगा। जो राजा प्रजामत जानता या कूंतता नहीं रहता; वह स्वयं ही हत्प्रभ हो जाता है। प्रजा की सहानुभूति, श्रद्धा तथा राजकरण में निष्ठा ही, अच्छे न्याय तथा योग्य-राज्य के चैतन्य हैं।"

जाम्बुवन्त ने कहा– "प्रजा आपको स्वीकार करती है। आर्य–वानर मैत्री सन्धि को भी शिरोधार्य करती है, किन्तु....."

"किन्तु क्या? यही न कि हमने महाराज बालि को छल से मरवाया–राज्य के लिए?"

"यही महाराज! यही-यही प्रवाद है।"– जाम्बुवन्त ने कहा– "यही प्रजा है; क्या कहा जाए? सभी राजसिंहासनों की स्वामिनी प्रजा होती है। राघव रामचन्द्र जी ने यह प्रमाणित कर दिया। वनवास की अवधि समाप्त होने पर, जब तक प्रजा ने नहीं कहा–तब तक राजसिंहासन पर बैठना स्वीकार नहीं किया! नहीं किया।"

"जब राजसिंहासन राज्य परम्परा से उनका ही था, सभी राजवंशों में ज्येष्ठ राजकुमार को ही राज्य का सहज उत्तराधिकारी माना जाता है।"– केसरी ने कहा– "आप अपवाद हैं, श्रीमान!"

महाराज सुग्रीव ने गम्भीर स्वर में कहा– "मुझे ज्ञात है, राघव राम ने मुझे वानर राजवंश का अपवाद मानकर ही सिंहासन पर बिठाया है। परम्परा तथा न्याय से अंगद ही वानर राज्य का उत्तराधिकारी है।"

अंगद ने कहा– "राज्य प्रजा का है। श्रीराम का निर्णय वेद–वाक्य है– अमिट है। मुझे गर्व है कि महाराज सुग्रीव श्री राघव राम के मित्र हैं और उनके अनुसार ही वानर राज्य का संचालन कर रहे हैं। राजनीति में मैं हूँ ही कहाँ?"

"राजनीति और राज्य तुम्हारे रक्त में है, अंगद!"– महाराज सुग्रीव बोले– "सिंहासन पर बैठते ही और राजमुकुट धारण करते ही सब कुछ सीख जाओगे– यह मेरा आशीर्वाद है!"

केसरी ने कहा– "तथास्तु महाराज! धन्य!"

✦ ✦ ✦

प्रजाजनों को शान्त गम्भीर स्वर में सम्बोधित करते हुए महाराज सुग्रीव ने कहा– "अवश्य मैंने महात्मा राघव रामचन्द्र जी को युद्ध विषयक मत-सम्मत दिया था। अवश्य मैंने दशानन के विरुद्ध राम-रावण युद्ध में अपना पराक्रम व्यक्त किया था। अपना विशाल वानर सैन्य महात्मा राम की सेवा में समर्पित कर दिया था। किसलिए? क्या छल से अपने भाई का वध करवाने के लिए पुरस्कार स्वरुप अर्पित किया था? क्या मैं वानर राज्य का लोभी था? क्या मैंने महाराज सुग्रीव होकर भी महाराज बालि को उनका राज्य वापस नहीं किया था? महाराज बालि से मेरे सैद्धान्तिक मतभेद थे। राक्षसों के अधिपति स्वर्गीय रावण की दृष्टि, मति तथा धृति मुझे कभी समझ में नहीं आई। रावण का आर्यों को नष्ट करने का अभियान मुझे न तो जँचा और न ही रुचा। मैं 'वसुधैव कुटुम्बकम्' को ही राज्य और राजा का आदर्श मानता हूँ। मैंने सदैव माना है कि वानरों को अब मानव जाति के इतिहास में अपनी गरिमा का स्थान पाना ही होगा। दैवी सम्पदा से धनी हम वानर अपनी मरकट मति और शाखामृग प्रवृत्ति से छूट नहीं पाये हैं। हमारे धार्मिक संस्कार, आध्यात्म्य के ओज से रहित निरी प्रथाएँ हैं। हम वानर श्री हरि विष्णु को अपना आराध्य देव मानते हैं; किन्तु क्या हम श्री हरि ॐ का पूजन भी करते हैं?...... जाप करते हैं? हम ऐसे आस्तिक हैं जो परमात्मा में नहीं केवल सिद्धियों में ही विश्वास करते हैं। राक्षस भी विज्ञान बल से दैहिक सुख तथा राग-रंग चाहता है। ईश्वर की उसे पड़ी नहीं है। वानर ईश्वर को मानता तो है, किन्तु ईश्वर को भजता नहीं। वानरों को वेद, वेदान्त तथा वैदिक वर्णाश्रम धर्म पंथ की अनिवार्य आवश्यकता है।"

जाम्बुवन्त ने ध्वनि की– "सत्युत्! हूँ..... हाँ....... हाँ।"

कुछ वानर श्रेष्ठ चिहुँके– "वेद!"

"वेदान्त? क्या?"– कुछ वानर-नररत्न कह उठे।

"वर्णाश्रम धर्म पंथ? आर्य जीवन पंथ।"– महाराज सुग्रीव ने शीतल गर्जना की– "मानव जाति के लिए इस पृथ्वीलोक में उसका सहज प्रकृतिगत तथा अनादि शाश्वत जीवन-मार्ग है तो वह वैदिक वर्णाश्रम धर्म पंथ है। इस मृत्युलोक में मानव को अपना जीवन-ध्येय अटल निश्चय करना ही होगा और आर्य ऋषियों ने अपनी दिव्य साधना तथा अखण्ड तपस्या द्वारा जगत् के विष में अमृत का यह मार्ग प्राप्त किया है। मेरे दादाश्री आर्य ऋषियों की इस दिव्य दृष्टि का बखान

करते थकते नहीं थे। राजर्षि महात्मा पुलस्त्य भी वेद, वेदान्त, वर्णाश्रम धर्म पंथ आदि को मानते थे। क्या मानव जन्म तनिक जगत् को भोग कर मर जाने के लिए ही अवतार धारण करता है? या अपने अनादि दिव्य, भव्य और उदात्त को निस्संदेह प्राप्त करने के लिए मानव योनि में जन्मता है। प्रत्येक जीव का अन्तरंग जीवन चैतन्य बन्धन मुक्त होकर परम् सुख की शाश्वत अनुभूति ही चाहता है। मैं मानव हूँ, मेरा जीवन–ध्येय राज्य के वैभव भोगकर मर जाना नहीं है। राज्य द्वारा राम को प्राप्त करना है। राम– सच्चिदानन्दन राम-कौशल्यानन्दन राम– दशरथनन्दन राम, राघव राम।"

"श्रीराम, राघव राम।"– सभा गाज उठी।

महामात्य केसरी ने महाराज सुग्रीव को इंगित कर कहा– "तो क्या महाराज सुग्रीव सिंहासन से उतर आवें, भ्रातृ–द्रोह जो किया है? मैं भी आरम्भ में ऐसा ही मानता था, किन्तु ज्यों–ज्यों दशानन रावण के कुकर्म प्रकाश में आते गये तथा आर्यों पर उसके अत्याचार जब अत्यन्त घोर हो उठे, तब मैं भी महाराज सुग्रीव की दृष्टि, मति और धृति को जानने लगा। सुग्रीव–राम मैत्री वानर जाति के इतिवृत्त में नर और नारायण की मैत्री है। महाराज सुग्रीव ने समग्र वानर जाति और मानव जाति के कल्याण के श्रीराम जी से मैत्री ही नहीं की, वानर–सिंहासन को पुनीत बनाये रखने तथा वानर महाराज्य के शाश्वत कल्याण के लिए श्रीराम की सहायता ली। कहिये, अब आप लोग क्या सोचते हैं?"

अंगद ने हुमुस के साथ उठते हुए कहा– "तो आप श्रीमान् सोचते हैं- मेरे आदरणीय पिता राक्षसों को नहीं समझ सके। दशानन की उनकी निजी बाल मैत्री ने उनको वानर भाग्य तथा भविष्य के प्रति अन्धा तथा आर्यों के प्रति पूर्वाग्रह ग्रसित कर दिया। पिताजी को अपने बल का ही अभिमान था। राज्य केवल बल से ही चलते हैं क्या? प्रजा का लालन–पालन, धर्म, न्याय तथा नीतिपूर्वक ही होता है- होगा और तभी प्रजा कल्याण का समग्र राज्य उद्भवित होकर विकसित होता चलेगा। जो राज्य जीवन का शाश्वत धर्म त्यागकर केवल भौतिक बल द्वारा ही शासन करता है, वह मेरे मत में प्रजा, विधाता, ईश्वर तथा श्री हरि का प्रशापराधी है।"

जाम्बुवन्त ने दाद दी– "सच है, सत्युत! वाह रे अंगद! वाह! तुम वानरकुल– मणि हो– मणि।"

अंगद ने जाम्बुवन्त को प्रणाम करते हुए कहा– "मैं एक वानर हूँ और वानरकुल का चरमोत्कर्ष चाहता हूँ। मानव जाति की सेवा में वानर अग्रगण्य हों तथा सदैव बने रहें– यही मैं चाहता हूँ। श्रीमान् लक्ष्मण जी के दर्शन करने के बाद जैसे मैं राज्य नहीं चाहता, सत्ता नहीं चाहता। मैं तो वंश, जाति तथा कुल का कल्याण हो– ऐसी ही सेवा करना चाहता हूँ। महात्मा हनुमान मेरे आदर्श हैं। राघव रामजी मेरे एकान्त इष्ट हैं।"

महाराज सुग्रीव ने कहा– "राघव राम अब समस्त वानर जाति के लिए मित्र नहीं इष्ट– आराध्य देव ही हैं। मैं वानर सुग्रीव दशरथनन्दन राघव राम को श्री हरि का मनुजावतार मानकर प्रणाम करता हूँ– स्वयं को वानर राज्य और धराधाम सहित श्रीराम के श्रीचरणों में समर्पित करता हूँ। मैं श्रीराम जी की कृपा चाहता हूँ। बन्धुओं! मुझे श्रीरामजी ने यह राज्य दिया है। श्रीराम जी चाहेंगे तो मैं राज्य त्याग दूँगा– अंगद! अंगद को सौंप दूँगा।"

वरिष्ठतम वानरों ने एक स्वर में कहा– "श्रीराम जी की इच्छा शिरोधार्य, भवान! आप धर्म, न्याय तथा नीतिपूर्वक वानर राज्य चला रहे हैं। हम केवल यही चाहते हैं कि हम किसी भी मानव समुदाय के दास न बन जायं। हम मानव मात्र के मित्र, साथी तथा बन्धु बने रहें– हम वानर।"

महाराज सुग्रीव ने वरदहस्त उठाते हुए कहा– "तथास्तु भवान्।"

✦✦✦

महाराज सुग्रीव वानर-प्रजा से आश्वस्त होते हुए भी एक गहन विकलता में डूबने लगे। वानर प्रजा ने मुझे राजसिंहासन पर अब स्वीकार कर लिया है, किन्तु न जाने क्यों मेरे अन्तःकरण में टीस उठती है। भाई को छल से मरवाया मैंने। कुछ भी हो, बालि मेरे ज्येष्ठ भ्राता थे, समर्थ और शक्तिशाली वानर-नरेश थे। रावण जैसे बलशाली को वश-विवश कर लिया था उन्होंने और मैं उनकी गदा के सामने खड़ा ही जैसे नहीं हो सकता था। गदा-युद्ध जो हुआ, वही प्रमाण है इस बात का। तब...... तब क्या करूँ?

राझी सुग्रीव नींद से चमक जागीं– "फिर क्या हुआ? वही बड़बड़ाहट.......।"

"मैं बड़बड़ा रहा हूँ?" सुग्रीव ने झल्लाते हुए पूछा।

"और क्या?"– राझी बोली– "अब पश्चाताप करने चले हैं। ऊँह...... बड़े सन्त बने हो?"

"तू चुप कर।"– सुग्रीव ने झल्लाकर कहा– "जब देखो तब व्यंग्य...... वक्रवाक्य!"

"तुम स्वयं ही व्यंग्य हो–वानर जाति के लिए एक अबूझनीय व्यंग्य हो। बातें तो वेद– वेदान्त की करते हो, बड़ी पण्डिताई बघारते हो, किन्तु तुमको राज्य और राजमहिषी तारा ही चाहिये थी। राघव राम ने तो अपने स्वार्थ की पूर्ति के लिए ही तुमसे मैत्री साधी थी। हाँ.... और क्या?"

"श्रीराम जी की निंदा मत कर देवी! उस महात्मा का क्या स्वार्थ हो सकता था? दुष्ट और अत्याचारी, अधर्मी रावण को समाप्त करने के लिए रामजी को हमारे पृष्ठबल की आवश्यकता थी– फिर हम समान दुखी थे।"

"समान दुखी..... आप और रामजी राघव?"– राझी ने पूछ लिया।

"क्यों नहीं, भला?"– सुग्रीव बोले– "रामजी को राज्य नहीं मिला–वनवास पठाये गये। चौदह वर्ष नंगे पाँव वृक्षों की छाया तले बिताये। नगर, पुर, ग्राम, बस्ती में जा नहीं सकते थे। फिर राक्षसों का अत्याचार और उनके संहार का कार्य। राक्षस–राजा रावण जैसे प्रबल और प्रचण्ड अरि का सामना; ऊपर से पत्नी का हरण। रावण सीताजी को हरण कर कहाँ ले गया– अरे, कौन हर ले गया– इसकी विडम्बना। रामजी पर जो दुःख टूटा–वह तो अवर्णनीय दुःख है, देवी! किन्तु उस महान् राजपुरुष ने न्याय और नीतिपूर्वक अपना कठिनतम कर्तव्य किया–निभाया। घर–बाहर की सारी दिव्य मर्यादाएँ पालीं।"

"और छिपकर महाराज बालि का वध भी किया।"– महिषी बोलीं– "यह अधर्म नहीं था .....? कहिये जी!"

सुग्रीव ने हत्प्रभ होते हुए कहा– "मित्र का धर्म है– मित्र की रक्षा करना। उसकी अभिलाषा की पूर्ति करना।"– सुग्रीव ने कहा– "अग्नि की साक्षी से की गई हमारी मैत्री स्वयं धर्ममूलक धर्म है, राझी! बालि का वध स्वयं वानर जाति तथा राज्य एवं आर्यावर्त के सौभाग्य के लिए अनिवार्य था। गदा–युद्ध का निर्णय मेरे वध से होता। मित्रजू श्रीराम ने अपने अभिन्न मित्र का वध नहीं होने दिया– बालि मुझे मार डालना चाहता था– अवश्य।"

राझी हँसी– "कायर कहीं के। श्रीराम के हाथों पाप करवाने से तो अच्छा था, तुम ही मर जाते।"

"राज़ी"– सुग्रीव ने हड़कम्पपूर्वक चिल्लाकर कहा– "अब एक शब्द भी बोली हो तो जिह्वा खींच लूँगा।"

"मुझे तारा के हाथ मरवा दो भला। तुम्हें स्वतन्त्रता मिल जायगी।"– राज़ी बोली– "यह मेरी सौत पट्ट–राजमहिषी बनना चाहती है। देखती हूँ वह कैसी होती है? सत्व मेरा है, सुन लेना....।"

"हमारी जो इच्छा होगी–वही होगा।"– सुग्रीव ने कहा– "रामजी कहेंगे, वही करूँगा। राम... राम मेरे इष्ट हैं, अधिष्ठाता हैं, भ्राता और भाग्य विधाता हैं, सुना...?"

"सुन लिया....; अब सो जाओ; मुझे भी सोने दो।"– राज़ी।

"निद्रा तो अब तुमको त्यागने के बाद ही आएगी"– सुग्रीव।

"त्यागकर देखो।" राज़ी ने कहा– "मुझे त्यागना इतना सरल नहीं है श्रीमान्।"

सुग्रीव ने भौंचक्का होकर राज़ी को देखना आरम्भ किया। सुश्रोणी गजगामिनी राज़ी अपने उदर–सरोवर में इंदीवर की भांति प्रफुल्लित लेट रही थी। तप्त सुवर्ण की कान्ति से गुँथी उसकी नाभि नन्हें सुवर्ण पुष्प सी खिल रही थी और मन्द शीतल श्वांस–प्रश्वांस में तनिक डोल रही थी। रिमझिम दोनों हस्तलाघव ऐरावत के शिशुओं के सूँड़ की भांति लग रहे थे और कटीमेखला से दबा, सिकुड़ा तनिक अस्त–व्यस्त फैला घाघरा रंगबिरंगी मेघों की छिन्न मस्त विस्तार सा फैल रहा था तथा कदली स्तम्भों के समान सच्चिक्कन पीठ, जंघाएँ मानो कामदेव के मण्डप के स्तम्भ सी ढही हुई थीं। सुग्रीव अपलक–से देखते रहे– "सुन्दर है, सुष्ठ है, सघन–सच्चिक्कन मुह्यमान है। किन्तु फिर भी तारा.....? तारा...... तारा ही है। उसका नाम लेते ही, उसका नाम सुनते ही मुझे रोमांच होने लगता है, मैं सिहर उठता हूँ। इसको भोगता हूँ, परन्तु जैसे सन्तोष होता ही नहीं। इसके साथ रीझता–रिझाता हूँ, किन्तु आह्लाद प्राप्त होता ही नहीं और यह मेरी विवाहिता राज़ी मुझे जैसे अपने बड़रे नयनों में समाये रखना चाहती है। तारा की छाया से भी घृणा करती है यह। यह सौतिया डाह तो है ही, किन्तु राजस अहम् का द्विष भी है– क्या करूँ? तारा से प्रेम करना क्या अधर्म है? नहीं..... यह मेरे अन्तःकरण का स्वभाव है– तारा से प्रीति संजोना। किन्तु लोक व्यवहार की दृष्टि से अनीतिकर है; अनुचित है।.......अनुचित?........ अनीतिकर?......... क्या? प्रेम करना अन्तरात्मा का स्वभाव है। प्रीति ही तो है। यह राजवैभव, यह अपार ऐश्वर्य–यह सत्ता की शोभा–सब है। प्रेम की धड़कन न हो तो किस काम की? प्रेम न करे जीव तो क्या

करे? क्या वैभवों की विष्ठा खाकर सन्तोष मनाये? जीव परमात्मा का अंश है और परमात्मा? सच्चिदानन्द घन प्रेम ही ज्ञान का स्पर्श है, प्रेम ही आनन्द की घनीभूत पीड़ा है– हाँ, सुग्रीव! सुग्रीव मन ही मन स्वयं उदास हो गये। इस स्त्री के प्रति हृदय धड़कता ही नहीं। विवाहिता से प्रेम हो जाता है– यह सूक्त सत्य है क्या? तारा–वही..... वही मेरे मन में रम रही है और वह..... केवल सत्ता के ऐश्वर्य के लिए ही मुझे 'प्रिय' कहती है। वह मेरे आत्मा के सुख के लिए मुझे अत्यन्त प्रिय है– मैं उसके लिए नहीं। क्या करूँ? जब से सिंहासन पर बैठा हूँ, तारा मुझे घेरे रहती है–पट्ट–राजमहिषी बना दो। तब क्या इस राज्ञी का सत्व समाप्त कर दूँ? विवाहिता पत्नी एक ही हो सकती है। यही आदर्श रामजी ने स्थापित किया है। तब तारा को मैं मित्र की भांति रख सकता हूँ। साथी की भांति उसका सद् सेवन भी कर सकता हूँ। उसको राज्ञी नहीं बना सकता। अंगद क्या कहेगा? हनुमान क्या कहेगा? क्या सोचेगा? महामात्य केसरी कभी सहमत नहीं होंगे और श्रीराम प्रभु? अवश्य अप्रसन्न हो जाएँगे। श्रीराम जी की आँखों से मैं गिर नहीं सकता। श्रीराम का आदर और सत्कार मेरे लिए त्रैलोक्य के राज्य से भी बढ़कर है।"

राज्ञी पुनः जाग उठी; बोली– "क्या है?"

"तुम!"– सुग्रीव ने कहा– "वह नहीं–नहीं।"

"कौन नहीं? तारा?" राज्ञी ने फूत्कार करते हुए पूछा।

"हाँ, तारा। बालि की विधवा–मेरी सखी–सहेली।"– सुग्रीव ने कहा– "किन्तु वह राज पट्ट–महिषी नहीं है। हो नहीं सकती। मैं तुम्हारा सत्व छीन नहीं सकता।"

राज्ञी बोलीं– "मेरा सत्व? तुम छीनो तब भी मैं छीनने नहीं दूँगी। श्रीराम जी के द्वार पर धरना दूँगी– समझ लेना।"

सुग्रीव– "नहीं.... नहीं, ऐसा नहीं होगा।"

"वचन?"– राज्ञी।

सुग्रीव– "वचन महादेवी! वचन।"

राज्ञी सहसा हँस उठी– "धूर्त कहीं के। वचन तोड़ने में तुमको देर ही क्या लगेगी? फिर राजा के वचन पर विश्वास करना मूर्खता है। राजनीति में कथन है; वचन नहीं है। मैं समझती हूँ। तुम ही राजनीति को समझते हो और मैं नहीं क्या? समझ लो राजनीति का दूसरा नाम स्त्री है– कामिनी। मैं जानती हूँ– तारा तुम्हारी कामिनी है और मैं......? तुम्हारी विवाहिता पत्नी, राज्याधिकृत स्त्री।"

"नहीं"– सुग्रीव ने कहा– "तुम मेरी पत्नी हो; श्रेष्ठ वानरी हो। तुम वास्तव में जीवन– संगिनी हो, धर्मभागिनी हो– तुम मेरी शक्ति हो।"

"मैं तुम्हारा भाग्य हूँ, पति महाशय!" राज्ञी ने कहा– और सुग्रीव के कण्ठ में दोनों बाहु डालते हुए पुनः कहा– "तारा को उपपत्नी बना लो– समझे? तुम प्रसन्न और सुखी रहो, यही मैं चाहती हूँ, सच।"

✦ ✦ ✦

महाराज सुग्रीव मानो भागकर अयोध्या पहुँच गये। अयोध्या पहुँचने की सूचना श्री हनुमान द्वारा श्रीराम जी को दी गई। श्री हनुमान जी ने श्रीराम जी से कहा– "महाराज सुग्रीव श्रीमानों के मित्र अयोध्या आ रहे हैं।"

"क्यों?"– श्रीराम ने सस्मित पूछा– "अभी तो अयोध्या से गये हैं महाराज सुग्रीव। क्या किष्किन्धा में कोई संकट उत्पन्न हो गया है?"

"श्री हनुमान ने लेटे हुए श्रीराम जी के चरण स्पर्श किये और दबाने की चेष्टा की।" सीताजी झट से बोलीं– "नहीं, हनुमान! यह मेरा सत्व है। मेरा, सुनते हो......?"

"जी....." हनुमान ने खिसियाते हुए कहा– "आपका।"

"क्या?" श्रीराम ने रमुजपूर्वक पूछा।

"यही कि आपके चरण चाँपने का सत्व श्रीमती राजराजेश्वरी महारानी सीताजी का है"– हनुमान जी ने खिन्न मन से कहा– "अन्ततोगत्वा मैं हनुमान ही तो हूँ, अनुचर, दास, आज्ञाकारी–आप श्रीमानों का।"

श्रीराम ने सीताजी को इंगित करते हुए कहा– "देखा, महारानी सीता, सीताजी! हनुमान अप्रसन्न तथा खिन्न हो गया है और हम भक्त–हृदय की म्लानता सह नहीं सकते। हनुमान को तुष्ट और प्रसन्न रखने के लिए मैं सर्वस्व त्याग सकता हूँ, सीते!"

सीताजी ने मुस्कुराते हुए कहा– "किसके लिए आपश्री क्या कर सकते हैं? तनिक सुनूँ तो।"

श्रीराम ने हुमुसते हुए कहा– "प्रजा के लिए मैं अपना अत्यन्त प्रिय त्याग सकता हूँ। पीड़ित और दुखिजन की रक्षा व कल्याण के लिए मैं अपने प्राण दे

सकता हूँ और भक्त की तुष्टि एवं योगक्षेम वहन करने के लिए मैं राज्य त्याग सकता हूँ।"

"धन्य प्रभो!" हनुमान ने श्रीराम के चरण पकड़कर चाँपते हुए कहा– "धन्य!"

"धन्य तो तुम हो– इस मृत्युलोक में भक्त ही धन्य है।"– श्रीराम ने कहा– "सज्जन और सन्त दुर्लभ हैं, भक्त तो असम्भव सम्भव हैं। पृथ्वी पापियों और अत्याचारियों तथा अधर्मियों से भरी है, खद्बदा रही है। तभी तो भगवान को आना पड़ता है।"

"जैसे आप धराधाम पर पधारें हैं?"– सीताजी ने मुस्कुराते हुए पूछा।

"मैं भगवान नहीं हूँ सीते! मानव हूँ।" श्रीराम ने कहा– "इस पृथ्वी पर मानव ही मानव– मंगल तथा जगद्कल्याण के अमोघ संकल्प को लेकर अवतरते हैं– अवश्य, मैं इस भव का लक्ष्य ईश्वर की पूजा और परमात्मा के भजन के लिए ही बिता देना चाहता हूँ। प्रजा ने राजा बनाया है तो प्रजा की प्रसन्नता और जनमनरंजन के लिए ही राजदण्ड धारण किये हुए हूँ। जनमनरंजन! राम–राज्य बहुमत– लघुमत के द्वन्द्व का राज्य नहीं है– लोकमत का राज्य है। एक भी जन अप्रसन्न, असन्तुष्ट, क्लान्त और क्लेश में होगा तो मैं सर्वस्व त्यागकर भी उसको प्रसन्न और शान्त करूँगा। यही मेरा राजधर्म है।"

श्रीमती सीता जी ने सहसा जैसे पूछा– "मुझे भी त्यागकर?"

"ईश्वर न करे, ऐसा दुःखद प्रसंग उपस्थित हो।"– श्रीराम ने कहा– "किन्तु ऐसा कटु, दुखद तथा अत्यन्त अप्रिय प्रसंग आ गया तो मैं प्रजा को समग्र सन्तोष प्रदान करने के लिए तुम को आवश्यकता हुई तो त्याग सकता हूँ। हाँ, सीते!"

श्रीमती सीता चिल्ला सी उठीं– "राम!"

श्रीराम ने सीताजी को बाहुओं में भरकर कहा– "सीते! शान्त!"

श्रीमती सीता जी ने श्रीराम के विशाल वक्षस्थल में अपना चन्द्रानन मानो भर लिया। पुनः उच्छ्वासपूर्वक बोलीं– "मेरे राम! ऐसा...... ऐसा कभी नहीं हो-नहीं!"

श्रीराम ने हँसते हुए कहा– "राजा के जीवन की पलें कालदेवता स्वयं गिनता है। विधाता राजा के जीवन को रचती है तथा ईश्वर स्वयं राजा को शक्ति, धैर्य तथा मर्यादावहन प्रदान करता रहता है। राजा समष्टि पूर्वक है, परक है। व्यक्तिपूर्वक

और परक वह रहता ही नहीं है। राजा सभी का है, प्राणिमात्र का है और किसी का भी नहीं है। राजा अन्तरात्मा और ईश्वर का ही है।"

"माँ–बाप, पत्नी, पुत्र?" सीताजी ने सिर उठाते हुए पूछा।

श्रीराम ने लाड़पूर्वक कहा– "किसी का भी नही–सभी जीव, प्राणी सब उसके हैं, किन्तु वह किसी में आसक्त नहीं हैं। राजा स्वतन्त्र है, स्वच्छन्द नहीं। राजा जगत्, जीव और ब्रह्म का समन्वित व्यक्ति है। राजा? अर्थात् जगत्, जगत् के ऐश्वर्य का प्रवक्ता और सृष्टि के जीवों का रक्षक, पोषक, पालक एवं उनको सुख देने वाला ईश्वरीय प्रतिनिधि।"

"अर्थात् भगवान स्वयं।"– श्री हनुमान ने कहा।

कक्ष में शान्ति–चुपचापी! श्रीराम ने मानो अन्त में हारकर कहा– "सीते! शान्त! प्रजा का प्रजा के लिए प्रतिपल होते हुए भी मैं जैसे एक लव के लिए, काष्ठा के लिए, एक पल के लिए तुम्हारा भी हूँ। हाँ...... सीते!"

17

महाराज सुग्रीव ने राजा राम से विनयपूर्वक पूछा– "क्या करूँ देव! वानर प्रजा मुझे आपकी कृपा होने से सहन भर कर रही है। स्पष्ट और अचूक तो कहते नहीं, किन्तु मुझे भ्रातृ–द्रोही मानते हैं– मन ही मन।"

श्रीराम ने पूछा– "आपका अन्तरात्मा क्या कहता है? कभी–कभी राजकरण में कूट से भी बरतना पड़ता है। अवश्य कूटधर्म न्यायसंगत तथा नीतिपरक हो। बालि वध ऊपर से तो छद्म पूर्वक दिखता है, किन्तु आर्य–वानर मैत्री तथा जगद्कल्याण की दृष्टि से धर्मकार्य था। बालि ने वानर राज्य गृहस्थ की सभी मर्यादाएँ त्याग दी थी। आपका वध वह चाहता ही था। गुहा से लौटने के बाद आपने अनुज की भांति अपना धर्म निभाया। राजसिंहासन स्वेच्छा से बालि को सौंप दिया, किन्तु सत्ता हाथ लगते ही बालि आपको समाप्त करना चाहता था। आपके मित्र और साथी की भांति मैं भला ऐसा कैसे होने देता? अवश्य छद्मपूर्वक मैंने बाण ताका, किन्तु रामबाण तो स्पष्ट था– दिखता था। बालि अपना बचाव कर ही सकते थे। आपको बचाना ही मेरा लक्ष्य था – आप बचें और बालि परास्त हो।"

"जी....." सुग्रीव ने कातर स्वर में पुनः कहा– "किन्तु प्रजा का यह गुह्य मत। क्या कहूँ?"

"अपने अन्तःकरण से पूछिये, महाराज!"– श्रीराम ने कहा– "प्रजामत को तो अन्त में मानना ही पड़ता है। मैं तो जनमनरंजन के लिए राज्य कर रहा हूँ।– आप?"

"वानर जाति तथा आर्यावर्त के अभ्युदय, निःश्रेय तथा उत्कर्ष के लिए ही मैंने आपकी कृपा स्वीकार की है। आपके अनुग्रह से ही मैं राजा हूँ और आपको ही मेरा मार्गदर्शन करना है। अंगद को, आज्ञा हो, तो राज्य सौंप दूँ?"

"अंगद को पूछ लीजिए, मित्रवर्य!"– श्रीराम।

महाराज सुग्रीव ने श्रीराम के चरण थामे, कहा– "मैं आपकी शरण में हूँ। आप में मेरी शरणागति है, प्रभो! मैं भव–पीड़ा मिटाना चाहता हूँ। आप कह दें– वही बस है।"

श्रीराम ने सुग्रीव का आजानुबाहु थामकर कहा– "आपको राजसिंहासन पर बिठाकर मैंने आर्य–वानर मैत्री को अटल और अमोघ किया है। बालि ने तो रावण से ही मानो सन्धि कर ली थी। वानर–प्रजा के मत का तब भी और अब भी, आज भी कोई प्रश्न नहीं उठता। वानर राज्य, वानर–नरेश की छत्रछाया तथा नेतृत्व में ही चलता चला आ रहा है। वानर राज्य अधिनायक राजतन्त्र है। वानर–नरेश ही वानर राज्य की मति–धृति और कृति के लिए प्रजा के प्रति उत्तरदायी है-है, किन्तु प्रजा की अनुमति सिंहासन पर बैठने तथा राज्य करने के लिए कब उपस्थित हुई, महोदय! बालि के अकस्मात के बाद भ्रम से ही सही आप वानर–राज्य सिंहासन पर आसीन हो गये थे– नहीं? और बालि के प्रकट होने पर आपने ही स्वेच्छया सिंहासन त्यागकर बालि को पुनः सौंप दिया था। मैंने भी वही किया– बालि से लेकर आपको सौंप दिया। अवश्य बालि के वंश का सत्व मैंने सुरक्षित रखा– आपके बाद अंगद को राजा मनोनीत कर! बालि से राज्य मैंने जीता था और मैंने ही स्वेच्छया आपको सौंपा है। तब राज्य त्यागने का आपका यह मनोमन्थन व्यर्थ है। यह मेरी अपेक्षा है– वानर–प्रजा या मैं?"

महाराज सुग्रीव ने श्रीराम के चरणों में प्रणाम करते हुए कहा– "आप, राम– राघव राम।"

"तो मैं आज्ञा करता हूँ– न्याय, नीति, सत्य और धर्मपूर्वक राज्य कीजिए– प्रजा का पालन कीजिए तथा वेद–वेदांग का शिक्षण वानर मात्र को दीजिए। सबकी इच्छा से वैदिक सभ्यता के सिद्धान्तों का प्रसार कीजिए। आर्य राज्य का वानर राज्य दास–राज्य नहीं; मित्र राज्य है तथा सदैव रहेगा– यह मेरी प्रतिज्ञा है।"

"जैसी मेरे राम की आज्ञा।"– सुग्रीव ने कहा।

"मेरी आज्ञा ही सही। यद्यपि मित्र, मित्र को आज्ञा नहीं करता, अपनी इच्छापूर्ति के लिए आग्रह ही कर सकता है।" श्रीराम ने मुस्कुराते हुए कहा।

"श्रीमानेश्वर की इच्छापूर्ति करना मेरा परम धर्म है।"– सुग्रीव ने श्रीराम जी को बार–बार नमन करते हुए कहा– "आपश्री के द्वारा प्रदत्त राज्य को मैं अंगद के लिए वानर जाति तथा वानर–आर्य मैत्री के लिए धर्मपूर्वक निभाऊँगा और वानर प्रजा की उन्नति के लिए आवश्यकता हुई तो प्राण भी दे दूँगा।"

श्रीराम ने कहा– "लक्ष्मण और हनुमान को ले जाओ। वानर–प्रजा को ये मेरे लिए समझाएँगे।"

"जैसी आज्ञा, प्रभो!" – सुग्रीव बोले– "किन्तु प्रभो!"

"क्या मित्रवर्य!"– श्रीराम ने आतुरतापूर्वक पूछा।

"यही कि महाशय लक्ष्मण जी को कष्ट करने या देने की आवश्यकता नहीं है। वानर जनता को अकेले श्री हनुमान ही समझा सकता है, बरज सकता है। फिर महामात्य केसरी भी हैं, माता अंजना भी हैं– तारा देवी हैं। पीठ और विवेकशील वानर–सामन्त हैं। गणों से मैं वार्ता कर ही चुका हूँ। आपकी इच्छापूर्ति के लिए प्रत्येक वानर – वानरी अपने सर्वस्व की बलि देने को भी तैयार हो जाएँगे।"

".......जी हाँ"– सुग्रीव ने पुनः सिर धुनाकर कहा– "आपका कंज सौन्दर्य, शीतल, दिव्य, सौष्ठव, चिर प्रसन्न मुस्कान और रामबाण की अमोघ चोट, भगवती श्रीमती भाभी सीताजी के शील से भरे सरोज नयन तथा हँसगामिनी चाल वानरों को अत्यन्त प्रिय है। श्रीमती सीताजी को वानर मात्र अपनी इष्टदेवता तथा माता स्वरुप मानते हैं। वानर तो मुझसे व्यक्तिगत रूप से अप्रसन्न हैं। महान् बालि को वानर प्रजा केवल और निखालिस प्रेम करती थी। बालि वानर जाति का प्रिय सपूत तथा वानर जनता का प्रियतम था-थे। महाराज बालि से वानर मात्र भीत तो रहते थे, किन्तु उनको स्नेह भी अटूट करते थे।"

श्रीराम जी ने हँसते हुए कहा– "प्रजामत का केवल संदर्भ ही होता है। कार्यकारण की सर्वमान्य लीक से भी इधर–उधर, ऊपर–नीचे, सम–विषम प्रजा का कथन होता है। प्रजा के अन्तःकरण में बुद्धि नहीं; ज्ञान की ज्योति जलती रहती है। ज्ञान–दीपक से प्रजा के जगत्–साक्षी नयन त्रिकाल के परे देख लेते हैं। हनुमान को मैं अपने दूत की भांति ही भेज रहा हूँ। आपके विषय में मैं प्रजा की विडम्बना को ध्यान में रखकर चलना नहीं चाहता। मेरे और आपके बीच अटूट मैत्री की पवित्र अग्नि धधक रही है। यही अग्नि आपके प्रति मेरे धर्म का निश्चय करती आ रही है– करती रहेगी। धरती की प्रजाओं में मैं वानर प्रजा को प्रेम करता हूँ, उसका अटल आदर करता हूँ तथा चाहता हूं वानर वेद–विज्ञ हों, वेदान्त के आतुर हों एवं वैदिक वर्णाश्रम धर्म के संस्कारों से संस्कारित हों। किष्किन्धा को यावत् जीवन की यज्ञस्थली देखना चाहता हूँ।"

"जी"- सुग्रीव।

"अयोध्या शान्ति और अभय की राजधानी किष्किन्धा मंगल की स्थली एवं श्री लंका विश्व बन्धुत्व की केन्द्रीय स्थली। युद्ध नही.... नहीं। मानव एक–दूसरे को घृणा तथा रोषपूर्वक मारने के लिए नहीं, परस्पर ज्ञान ज्योति से मुखारविन्द के

दर्शन के लिए है। मानव को भय, क्रोध, कामुकता तथा युद्ध त्यागना ही होगा। किष्किन्धा से आरम्भ करो मेरे माननीय मित्र!"

महाराज सुग्रीव ने श्रीराम के चरण छूए, कहा– "एक बार और किष्किन्धा आपश्री को पधारना ही है, प्रभो!"

"विश्वशान्ति और वसुधैव कुटुम्बकम् का मंगलमय मन्त्र प्रदान करने वाला आत्म चैतन्य–यज्ञ आरम्भ कीजिए। मित्र मेरे! हम अवश्य सीता के साथ आएँगे।" श्रीराम ने कहा– "हनुमान को हमारे दूत की भांति ले जाओ।"

"जी......, कृतज्ञ हूँ– कृतकृत्य हुआ स्वामिन्!"– सुग्रीव ने कहा।

"स्वामिनी तो श्री दुर्गा हैं, सुग्रीव! हम तो मित्र हैं– साथी"–श्रीराम बोले– "जीव की कामिनी शक्ति–परात्पर परमेश्वरी– हाँ है– अवश्य वह माँ ही है– जगदम्बा। मित्र तो मित्र का विधान है, गहन विश्वास है और संकट–दुःख और विडम्बना में मित्र मित्र का सहारा है– शक्ति है।"

सुग्रीव ने कहा– "जी! श्री हनुमान ने वानर गणों से तो समय–समय पर प्रसंगोपात वार्ता की है, किन्तु वानर–प्रजा से नहीं। प्रजा से सीधा सम्बन्ध–सम्पर्क राजा का ही होता है– नहीं...... ?"

''अवश्य''– श्रीराम ने कहा– "राजा का प्रजा से सम्बन्ध सीधा है। सम्पर्क भी गुह्य और गहन है। राजा प्रजा का पिता, रक्षक तथा त्राता भी है। राजा से प्रजा है और प्रजा से राजा। श्री हनुमान न राजा का है और न ही प्रजा का-हनुमान केवल परमेश्वर का है। घट–घट व्यापी परात्पर परमात्मा श्री हरि का है।"

"राम का?"– सुग्रीव बोले।

"मुनियों के मन में रमने वाले राम का..... मेरा नहीं। श्री हनुमान मेरा तो आत्मपुत्र है, स्नेह वत्स है। हनुमान ने मेरा असम्भव के सम्भव कर काज किया है। हनुमान के लिए मैं कोटि जन्म लेकर भी उऋण नहीं हो सकता। हनुमान वानर जाति का रत्न है तो मानव–जाति की गरिमा तथा प्राणिमात्र की निस्वार्थ सेवा मूर्ति है।"

सुग्रीव ने श्रीराम को प्रणाम कर कहा– "श्री हनुमान मेरे लिए तो आमात्यों के आमात्य, साथी के साथी तथा सेवकों के सेवक हैं। हनुमान हनुमान ही हैं। जय आंजनेय!"

"श्री हुँ हुँ हुँ हनुमान।"– श्रीराम ने कहा– "मैं स्वयं हनुमान का स्मरण करता हूँ। हनुमान मेरा स्मरण करता है। यों हम परस्पर प्रेम–स्मरण से ओत–प्रोत हैं। सच, हनुमान का स्मरण कर मैं सृष्टि के सभी नाम जैसे भूल जाता हूँ। हनुमान को देखकर मैं जगत् के सभी रूप विसर जाता हूँ।"

"हनुमान तब हैं कहाँ? प्रभो!"– सुग्रीव ने पूछ लिया।

"हनुमान भगवती भक्ति हैं, मेरे मित्र।"– श्रीराम ने कहा– "वानर प्रजा के अन्तःकरण को निर्मल करने की शक्ति हनुमान के धीर–गम्भीर स्वर में ही है। शान्त हो जाओ, अपनी सभी चिन्ताएँ मुझे सौंप दो। मित्र तो मित्र का दुःखहर्ता, भाई से भी बढ़कर आत्मीय है– मैं राघव रामचन्द्र वानर जाति का हितैषी तथा आपका संकट, आपदा तथा दुःख में समान साथी हूँ। प्राण देकर भी मैं आपका हित साधूँगा। राज्य करो सुग्रीव! किष्किन्धा ही नहीं, समूची पृथ्वी को आपके न्याय दण्ड की आवश्यकता है।"

✦✦✦

मातुश्री अंजना ने हनुमान का सिर सूँघा और कहा– "इन वानरों को समझा हनु! श्रीराम के बिना अपना कोई सहारा नहीं है, चारा नहीं है।"

हनुमान ने कहा– "पिताजी।"

"वे तो हैं ही।"– अंजना ने कहा– "किन्तु वानर–प्रजा जितना तुझे मानती है, सुनती है, उतना उनको नहीं।"

"तो आप जो हैं, माँ।"– हनुमान ने कहा।

"मैं तो हूँ ही.......।" अंजना ने कहा– "अब मैं अपने इस भव से निपट चुकी हूँ– निवृत्त हो गई हूँ। जिस दिन तूने श्रीराम जी की शरण ली–मैं जन्म–जन्मान्तरों के भव बन्धनों से जैसे मुक्त हो गयी।"

"माँ.........।"– आर्द्र स्वर में हनुमान ने कहा– "तू माँ, जननी, श्रीराम के बजाय और कोई परमेश्वर का स्वरूप भक्त भज सकता है, किन्तु माँ का कोई स्थानापन्न नहीं हो सकता। तू, माँ! मेरे राघव राम के समान ही है। मैं वानर–प्रजा को तेरी ओर से भी सम्बोधित करूँगा। महाराज सुग्रीव को यदि कुछ वानर-गण भ्रातृद्रोही मानते हैं तो मानें, उन्हें समझाऊँगा और न मानेंगे तो न मानें। लोकमत का यह अपवाद भी उतना ही समान है, जितना लोकाभिनन्दन। लोकोपवाद को

समदृष्टि से समझना चाहिए और मानापमान की भावना के बिना सहन करना चाहिए। निस्संदेह महाराज सुग्रीव ने भ्रातृ द्रोह नहीं किया। महाराजा बालि को अपना ज्येष्ठ भाई तथा राजा–अपना नरेश माना।"

अंजना ने प्रसन्न होते हुए कहा– "मैं भी यही मानती हूँ, किन्तु तेरे पिताश्री....।"

"वे राजकीय पुरुष हो रहे हैं।" हनुमान बोले– "उनकी दृष्टि में राजा के विरुद्ध होना, युद्ध करना–सब द्रोह है। किन्तु यहाँ भी महाराज बालि ने ही महाराज सुग्रीव को गदा–युद्ध के लिए ललकारा था। सच तो यह है कि बालि महाराज सुग्रीव को गदा–प्रहारों से प्राणहीन ही कर देना चाहते थे। महाराज बालि के समान गदा–योद्धा लंका नरेश रावण ही था-सुग्रीव नहीं।"

अंजना– "तब वास्तविक भ्रातृद्रोही महाराज बालि थे। यही..... न?"

"यही, माँ! यही।" हनुमान ने कहा– "प्रजा एकत्र हो रही है– सभागार चलें।"

"मैं भी.....?" अंजना ने हँसकर पूछा।

"माँ के सहारे के बिना मैं प्रभावशाली नहीं हूँगा।" हनुमान बोले– "राम–नाम के प्रताप से ही मैं रामकाज कर सकता हूँ। तुम्हारे नाम के प्रताप से मैं त्रैलोक्य जीत सकता हूँ।"

"अरे, वाह रे हनुमान!" अंजना ने प्रसन्न-प्रसन्न कहा।

हनुमान ने अपनी माता अंजना को उठा लिया और चक्कर में घूमते हुए कहा– "मैं आंजनेय राघव राम का दास हूँ– हाँ..... हूँ। मुझे श्रीराम का दास, सेवक होने में गर्व है ...... मैया मेरी।"

अंजना ने स्थिर होते हुए कहा– "तू तो वानर राज्य का सर्वतन्त्र-स्वतन्त्र दूत भी तो है– अयोध्या राज्य में वानर राज्य का प्रतिनिधि–दूत; आर्य–वानर मैत्री का पोषक–पालक।"

"यही तो विडम्बना है, माँ!"– हनुमान ने गम्भीर स्वर में कहा– "रामजी मुझे अपना वत्स मानते हैं, सीताजी मुझे अपना पुत्र कहती हैं– मानती हैं और महर्षि वशिष्ठ मुझे वानर राज्य का दूत मानते हैं। सभी मुझे श्रीराम का सेवक ही मानते हैं। धर्ममूर्ति भरत मुझे श्रीराम का भक्त मानते हैं और वीरवर महाशय लक्ष्मण मुझे वानर श्रेष्ठ मानते हैं। श्रीमान् शत्रुघ्न जी श्रीराम जी की पूर्ण सेवा की मेरी साधना से मानो सहमत नहीं हैं।"

"क्यों?"– अंजना ने पूछा।

"यही ...... मैं ब्राह्ममुहूर्त से लेकर श्रीराम जी के निद्राधीन होने तक उनकी कुछ न कुछ चाकरी बजाता रहता हूँ। श्रीराम जी की सेवा न करूँ तो मैं साँस नहीं ले सकता हूँ। श्रीराम जी की अपायनी भक्ति ही मेरा जीवन है, हाँ, माँ!"

"मुझे कभी याद करता है क्या?"– अंजना।

"तू माँ! हृदयाकाश में शक्ति चैतन्य के रूप में छायी हुई हो– मेरे प्राणों में रमी हुई हो। माँ, तू ही मेरा अहम् है, बुद्धि है, मन है, चित्त है– तू ही मेरा अन्तःकरण है। श्रीराम जी की आराधना में भक्तिमती तू है, मैया मेरी!"

अंजना ने प्रसन्न खिलखिलाहटपूर्वक कहा– "तू न जाने क्या है, रे हनुमान।"

हनुमान ने माँ के श्री चरण थामते हुए कहा– "तेरा पूत–रामजी का दास।"

अंजना हँसी, जैसे सहसा बोली– "परिणय क्यों नहीं किया तूने? पौत्र का मुँह देखती। तेरे पिताजी का वंश चलता।"

हनुमान खड़े रह गये– "मैं?...... परिणय? विवाह.....? वंश..... घर...... बाहर? न माँ। ना..... मैं तो श्रीराम जी के चरणारविन्दों की धूलि हूँ। समय की आँधी में उड़ रहा हूँ। माँ! मैं जन्म लेना नहीं चाहता; शरीर से भी मरना नहीं चाहता। श्रीराम की सच्चिदानन्द ज्योति की मैं एक उर्मि हूँ। मैं तेरा पूत होकर भी एक नाम मात्र हूँ। यह रूप तो रामजी के नयनों की कल्पना भर है। तू वंश चाहती है, पौत्र का मुख देखना चाहती है। सीता–राम का मुखारविन्द देख, मैया! कब तक भव–संसार में भटकती रहेगी? कब तक? और क्यों? जब परम् तत्व प्रभु ईश्वर हैं, तो उसी को प्राप्त करना है। काल सबसे बड़ा बन्धन है; यम सबसे बड़ा दुःख है तथा विधाता...... भाग्य माँ! सबसे बड़ा व्यामोह है। राम भज, माँ! स्वर्ग से उतरकर धरातल पर अंवतरी क्यों ?"

"तेरे लिए।"– अंजना ने कहा– "श्री हरि का भक्त पूत चाहती थी जिससे तेरे पिता, मेरा तथा मेरे इष्टदेव महात्मा वायु–सबका मोक्ष हो जाय। माँ हूँ तो पूत–पौत्र का मुँह देखना ही चाहती हूँ। जीवित हूँ नर रूप तो भव की आधारभूत ऐषाणाएँ भी हैं ही।"

"रामजी के चरणों में अर्पित कर दे.......।" हनुमान ने कहा।

अंजना ने गम्भीर स्वर में कहा– "भव–भवों का लोक–लोकान्तरों का, स्वर्गीय जीवन त्याग कर मैं हनु! तेरा मुँह देखने को वानरी होकर जन्मी। तू ठीक ही कहता है; लोक–लोकों के जीवन बन्धनों से मुक्ति तू ही करेगा मेरी। आज तूने मेरा रहा– सहा मोह भी मिटा दिया– चिरंजीवी हो हनुमान!"

"माँ ....।"– हनुमान।

"श्रीराम का नाम सुनते तथा लेते रहने के लिए चिरकाल तक जी हनुमान! यह मेरा अमोघ आशीर्वाद है– सुना?"

"सुना, माँ मेरी!" – हनुमान।

◆ ◆ ◆

वानर प्रजाजनों की विराट् उपस्थिति को पलकों पर उठाते हुए श्री हनुमान ने हुँकार की। महाराज सुग्रीव ने उपस्थित मेदिनी को अपने विशाल लोचनों में मानो भरते हुए सबको नमस्कार किया। महिषी श्रीमती अंजना ने वानर जनों को मन भरकर देखा तथा मुस्कुरा दीं। तारा सुगबुगा उठी और द्विविद, गयन्द, नल, नील, गद, दधिमुख, निशठ तथा शठ वानर श्रेष्ठ सामन्तों ने श्री हनुमान की हुँकार झेली। राजकुमार अंगद ने भवों पर ही मेदिनी को तोला और सस्मित सबको प्रणाम किया। महामात्य श्रीमान केसरी ने सिर हिला–हिलाकर उपस्थिति को शिरोधार्य किया। किष्किन्धा के महापौर ने उठ कर तथा सभी का अभिवादन करते हुए कहा– "आज्ञा महाराज!"

महाराज सुग्रीव ने गम्भीर किन्तु मुखरित स्वर में कहा– "मैं तो आप सब नागरिकों की सर्वोच्च सभा में एक अपराधी की भांति उपस्थित हूँ। मुझे कुछ भी नहीं कहना। महात्मा राघव रामजी ने श्री हनुमान को अपना दूत बनाकर प्रतिनिधि और प्रवक्ता की भांति आप सबका योग्य और उचित समाधान करने भेजा है।"

महापौर– "समाधान........? किसका? महात्मा श्रीराम जी ने किष्किन्धा का राज्य आपको और बाद में राजकुमार अंगद को प्रदान किया है– तो दिया है। सत्य, न्याय और धर्मपूर्वक राज्य कीजिए महाराज। लोकापवाद तो अमिट हैं स्वामिन्। महात्मा राम को भी मन्थरा का अपवाद सहना पड़ा था। मर्यादा पुरुषोत्तम श्रीराम कहते हैं श्री हरि के मानव अवतार हैं। उन्होंने बहुमत, लघुमत

या अल्प लोकमत को स्वीकार नहीं किया। सत्य और न्याय को ही माना–आप भी ऐसा ही कीजिए, महाराज!"

"नहीं, महोदय।"– सुग्रीव ने कहा– "यदि प्रजा मुझे भ्रातृद्रोही आदि मानती है तो मैं वानर राज्य श्री अंगद को सौंप दूँगा। मुझे लोकमत का निर्णय चाहिए। मैं आज समस्त वानर जाति के न्यायालय में उपस्थित हूँ।"

महापौर ने कहा– "यह आपश्री की उदार महानता है किन्तु कुछ सिरफिरों के कहने से प्रदत्त राज्य वापस हो नहीं सकता। श्री अंगद आपके बाद ही हमारे महाराज होंगे। श्रीराम जी ने यह न्याय किया है– यही वानर–राज्य की वंश परम्परा का सत्य भी है। महाराज बालि का वंश वानर–राज्य का उत्तराधिकारी है– आपका नहीं।"

सुग्रीव– "ज्येष्ठ भ्राता और राज्य के सहज उत्तराधिकारी का ही राजवंश होता है– होता आया है। श्रीराम जी ने उसी अक्षुण्ण परम्परा को निभाया है। फिर अंगद मेरे पुत्र से भी बढ़कर हैं– आत्मज हैं। मेरा पुत्र होता तब भी मैं राज्य अंगद को ही देता। अंगद! क्या तुम भी मुझे भ्रातृद्रोही मानते हो?"

अंगद चौंक कर उठ खड़ा हुआ; चिल्लाकर बोला– "नहीं......।" सभा चमक उठी। अंगद की नहीं– चीत्कार भादो के मेघों की विदुत के समान स्वयं ही गर्ज उठी। अंगद ने सिर धुनाया और पुनः कहा – "चाचा सुग्रीव धर्मात्मा, सत्यवादी और न्यायी हैं। यह मैं भली–भांति जानता हूँ। वानर जाति ही नहीं, समस्त मानव जाति के भाग्य तथा भविष्य की महाराज सुग्रीव को गहरी चिन्ता है। इस अत्याचार की आग से दग्ध पृथ्वी पर मानव शान्ति अभय तथा सत्य–न्याय के अनुसार जी सकें और अपने भव– बन्धन काट सकें, यह देखना तथा इसके लिए उपाय करना प्रत्येक मानव का मानव धर्म है | पिताश्री को वानर–सिंहासन की ही पड़ी थी। पृथ्वी के सौभाग्य की चिन्ता उन्हें नहीं थी। बलपूर्वक राज्य चलाना, दुष्ट रावण के साथ राग–रंग का साथ करना और वानरों के योगक्षेम से मुँह मोड़े रखना उनका स्वभाव बन गया था। कई बार मैंने उनसे इस बारे में वार्ता की थी। किन्तु महाबली बालि टस से मस नहीं हुए। सोचिए महात्मा मर्यादा पुरुषोत्तम राम यों महाराज बालि को वृक्ष की आड़ लेकर मारते? निस्संदेह महाराज सुग्रीव को बचाने, उनकी प्राण रक्षा के लिए ही श्रीराम को यह करना पड़ा। फिर श्रीराम बाण न्याय का बाण है और उसका घाव धर्म का घाव है। तभी तो पिताजी ने मेरा

हाथ श्रीराम के हाथ में सौंपा था। स्वयं महाबली महाराज बालि श्रीराम को मरते समय वानर जाति का भविष्य तथा राज्य सौंप गये थे– नहीं? बोलो– क्या मैं अनृत कह रहा हूँ।" "नहीं–नहीं राजकुमार! नही"– ध्वनियाँ उठीं।

महाराज सुग्रीव उठे–धीर–गम्भीर स्वर में बोले– "मैं राजकुमार श्री अंगद का अत्यन्त आभारी हूँ, जिन्होंने मुझे–मुझ वानर को समझने की सहृदय चेष्टा की है। मैं तो एक वानर हूँ। मैं बल, बुद्धि, सत्य तथा न्याय में मानता आ रहा हूँ– मानता रहूँगा। मैं राज्य से मानव को बड़ा, अनिवार्य तथा महत्वपूर्ण मानता हूँ। मानव जाति के सौभाग्य की ही मेरी प्रबल महत्वाकांक्षा है और सदैव रहेगी। मैं मानव धर्म तथा जीवन के सत्य में ही मानता हूँ तथा राजकाज धर्मपूर्वक एवं न्याय परस्सर हो, यही चाहता रहा हूँ। भाई श्री महाबली बालि को मैं विनम्र नमस्कार करता तथा उनकी स्मृति को श्रद्धांजलि अर्पित करता हूँ। निस्संदेह श्रीमान् महाबली बालि बड़े प्रतापी और बलशाली महान् वानर थे। मैं उनकी तेजस्वी स्मृति को प्रणाम करता हूँ और वानर जाति के सौभाग्य और वसुधैव कुटुम्बकम् के आदर्श के प्रति मैं प्रतिश्रुत होता हूँ। मैं अचूक कहता हूँ कि मैं राघव मित्रवर्य तथा नारायण स्वरुप महात्मा रामजी की इच्छा तथा आज्ञा से ही वानर सिंहासन पर उपविष्ट हूँ। इनकी आज्ञा शिरोधार्य कर मैंने महान् उत्तरदायित्व ही ग्रहण किया है। मेरा यह उत्तरदायित्व केवल वानरों के प्रति ही नहीं, सम्पूर्ण मानव जाति के प्रति है। राजा चाहे कितने ही छोटे भूमि के टुकड़े का अधिपति हो, वह राजा है और राजा प्रजा पालक ही नहीं; मानवों का प्रतिनिधि दिव्यदूत भी है।"

राजा कितने ही विशाल प्रदेश का नृपति हो; छोटे से छोटे राज्य के नृपति के समान ही है। राजसिंहासन का समतोल है और राजधर्म सर्वव्यापी, निष्पक्ष और निष्कलंक राजकर्म की अमोघ संस्कृति है। मर्यादा पुरुषोत्तम राघव श्रीराम जी का राज्य हमारे भूमिबद्ध सीमाओं के राज्यों से भी कहीं उत्तम तथा उदात्त राज्य है। श्रीराम जी अपने राज्य का एकमात्र और एकान्त उद्देश्य प्रजा को सुखी करने तथा जनमनरंजन ही बताया है। श्रीराम–राज्य अभावों की सम्पूर्ति तथा संभृति एवं विकसित सम्पदाओं का तन्त्र–मन्त्र ही नहीं, परिपूर्ण एवं तुष्ट–सन्तुष्ट प्रजा के चिद्विलास की प्रसन्नता, आत्मरंजन का ही राज्य है। श्रीराम प्रजा में लीन हैं और प्रजा श्रीराम में लीन हैं। मैं श्रीराम नहीं हूँ–उनका वानर मित्र तथा साथी हूँ। किन्तु मैं यह अवश्य चाहता हूँ कि वानरों का पृथ्वी की प्रजा में महत्वपूर्ण स्थान हो और वानरों की गरिमा हो। हम वानरों को अब मन से, बुद्धि से, चित्त

से आगे विकसित होना ही होगा। दैवी सम्पदा की संस्कृति के द्वारा और सहित वानरों को आध्यात्मिक पूर्णता तथा परिपूर्ण आत्म लाभ के लिए कृतसंकल्प होना ही होगा। आर्य–वानर मैत्री का अर्थ आदि–दैविक और आध्यात्मिक संयोग की अटूट मैत्री है। वानर को राजर्षि और ब्रह्मर्षि की स्थिति तक स्वयं को विकसित करना ही होगा। आर्य प्रतिभा, सभ्यता तथा आर्य संस्कृति का मेल हमें अपनी पुराण वानर संस्कृति से बिठाना ही होगा। श्रीराम का आदर्श भव्य और दिव्य जीवन इसके लिए हमारा पथ–प्रदर्शन करेगा। श्रीराम ने हम वानर जाति का भाग्य और भविष्य भव्य तथा दिव्य किया है। मैं श्रीराम जी द्वारा आप सब वानरों की उन्नति और उत्कर्ष के लिए प्रतिश्रुत हूँ। वानर राज्य की धर्म, न्याय एवं सत्य परक एवं पूर्वक उन्नति के लिए मैं अपना तन–मन–वचन तथा सर्वस्व आज आप लोगों के करकमलों में समर्पित करता हूँ। जय श्रीराम!"

"जय श्रीराम!"– ध्वनि।

"सीताराम"– श्री हनुमान ने जयकार की।

श्रीमती अंजना ने हस्तलाघव उठाते हुए कहा– "सीताराम!"

महाराज सुग्रीव ने श्रीमती अंजना को इंगित किया। श्वेत मेघों में संध्या के पीत चन्द्रमा के समान उनकी गम्भीर किन्तु प्रसन्न मुख मुद्रा मानो उपस्थितों के तनिक चकित से नयनों में छप गई। श्रीमती अंजना ने उठकर कुछ आगे आते हुए कहा– "लोगों! मेरे प्रिय वानर सम्बन्धियों! सुनो! आज मैं अपने जन्म का रहस्य बताती हूँ। पूर्व जन्म में मैं अप्सरी थी– पुंजिकास्थली। स्वर्ग में थी और स्वर्ग के निश्चिन्त आनन्द उठा रही थी। स्वर्ग के सभी सुर, देवता, सब मेरा बड़ा आदर करते थे और मैं उनको स्नेहपूर्वक ग्रहण करती थी। मुझे मृत्यु का भय सताता नहीं था और न ही रोग–शोक की आशंका मुझे सीदती थी। मैं परम् सुख में थी, हाँ।"

"अंजना! आंजनेय! जय हो!!"– वानर गहगहे।

अंजना ने तनिक हास्यपूर्वक कहा– "जय महाराज सुग्रीव की कहो वानरों। महाराज सुग्रीव ने ही जैसे जन्मते ही मुझको स्वर्ग से धरती पर बुलाया। जिस प्रकार देवताओं ने श्री हरि से धराधाम पर अवतार लेने का आग्रह किया; उसी प्रकार मुझे जैसे समस्त वानर जाति ने वानरी स्वरुप जन्म लेने का आग्रह किया। मुझे श्री हरि का सेवक और आप सब वानरों का मित्र, साथी व मार्गदर्शक तपस्वी

और तेजस्वी वानर प्रदान करना था। आंजनेय हनुमान वही वानर है। अवतारी वानर–नर है। हनुमान वानर जाति का गर्व और गौरव हो गया है तथा श्रीराम का तो वह आत्मज है। सीता भगवती का वह वत्स हो गया। सर्वगुण निधान वानरों का अग्रदूत तथा दनुजों के लिए काल स्वरुप हनुमान की बात वेद–वाक्य है। महाराज सुग्रीव का हनुमान सलाहकार है तथा महामात्य केसरी को राजकाज के लिए योग्य निवेदन करने वाला सन्त पुरुष है। मैं स्वयं उनकी जननी उनके कथन को मानती हूँ। उसका मत– सम्मत शिरोधार्य करती हूँ। वानर जाति को समूल नष्ट करने की रावण की दुरभिसन्धि को भांप कर महाराज सुग्रीव को वनवास में साथ देने वाला हनुमान था– अंगद था तथा अन्य वानर श्रेष्ठ थे। क्यों? क्या वे सभी राजद्रोही थे? नहीं। स्वयं महामात्य केसरी ने सारी प्रतारणा को जानकर इन सुग्रीव– साथियों को राज्य तथा समाज का क्रान्तिकारी अग्र सोची सेवक दस्ता ही माना। वनवास में महाराज सुग्रीव ने वानर जाति और मानवता के उद्धार के लिए राघव रामचन्द्र जी से अग्नि साक्षी से मैत्री की। यह मैत्री दो महान् जातियों की अटूट मैत्री थी, है तथा सदैव बनी रहेगी–क्योंकि यह नर–नारायण की मैत्री है। श्री हरि के मनुजावतार भगवान राम क्या किसी राजद्रोही, भ्रातृद्रोही तथा मानवता द्रोही से मैत्री करते? नहीं– श्रीराम ने एक महामानव से मैत्री की है।"

आमात्यवर्य श्री केसरी ने कहा– "निस्संदेह।"

श्रीमती अंजना ने कहा– "पृथ्वी के सौभाग्य तथा मानव–मंगल एवं प्राणियों के योगक्षेम के लिए ही श्री हरि मानव स्वरुप धरकर अयोध्या के राजमन्दिर में अवतरित हुए हैं। संसार के सन्त, सज्जन, ऋषि–महर्षि तथा प्रतापी व्यक्ति यही कहते है–यही मानते हैं। श्रीराम ने ही रावण जैसे आततायी, अधर्मी तथा दुष्कर्मी राक्षस का उसके वंश सहित नाश किया है। वानरों ने अपने महँगे प्राणों का बलिदान देकर भगवान श्रीराम का काज किया है। श्रीराम वानर जाति के इष्ट हैं–आराध्य हैं– वानर के लिए आदर्श हैं। उनके द्वारा ही सुग्रीव श्री को वानर–राज्य सौंपा गया है। श्रीराम ने ही अपने रामबाण से वानर राज्य जीता तथा उसको अपने मित्र तथा साथी सुग्रीव को वरदान स्वरुप दिया है। वानर राज्य वंश परम्परानुसार तो अंगद को ही दिया गया है। तब भ्रातृद्रोह कर राज्य लिया– हथियाया आदि कहना कहाँ तक उचित है? प्रजा का कथन शिव संकल्प है, धूर्जटी का कथन है और प्रजा का वचन ही सत्य का प्रतीक है। क्या अब भी कुछ लोग महाराज सुग्रीव को दोषी–अपराधी मानते हैं?"

"नहीं....... नहीं, माँ, नहीं......" ध्वनि, ध्वनियाँ उठीं।

श्री हनुमान ने बमक कर पूछा– "श्रीराम जी को जाकर क्या कहूँ मैं, बोलिये?"

किष्किन्धा के महापौर ने कहा– "यही कि उनका निर्णय हमें मान्य है। महाराज सुग्रीव अपने जीवनकाल तक वानर राज्य को श्रीराम के लिए और वास्ते चलाएँ।"

श्रेष्ठ वानर सामन्त एक स्वर में चिहुँके– "तथास्तु!"

महाराज सुग्रीव ने प्रजा को नतमस्तक प्रणाम करते हुए कहा– "मुझे श्रीराम का प्रेम चाहिए; धरती का राज्य नहीं, कांचन नहीं, ऐश्वर्य नहीं, कामिनी नहीं; मुझे श्री राघव राम के पादरविन्दों की धूलि चाहिए। श्रीराम ने अपने अन्तःकरण में उजियारा कर दिया है। मैं वानर जाति और सम्पूर्ण प्राणियों के प्रति अपने सर्वस्व का समर्पण करता हूँ। श्री हनुमान श्रीराम दूत हैं तो मैं अब श्रीराम का अनुचर हूँ; माता अंजने! तुम्हारी जय हो! धन्य, आंजनेय! मुझे आज शापमुक्त ही किया तुमने।"

18

अयोध्या पधारे हुए वानर श्रेष्ठ, सामन्तों तथा गणों और विशिष्ट प्रतिनिधियों को अपने कंज–नयनों में भरते हुए राजा राम ने मुस्कुराकर कहा– "स्वागत है! हार्दिक स्वागत है!! आना तो मुझे ही चाहिए था– माता अंजनी का पुनः दर्शन करना चाहता ही हूं। महावीर हनुमान की जननी मेरी जननी के समान ही है। श्रेष्ठ वानरों! आप सबने रावण–राज्य को समाप्त करने में मेरी तपस्या सफल की है। शत सहस्त्र तथा सहस्त्र शत कोटि वानरों ने आर्य–वानर मित्रता एवं धरती के शान्त दिव्य सौभाग्य के लिए समूचे त्रिकाल में भविष्य के अबाधित मंगल के लिए अपने प्राण निछावर किए हैं। मैंने परम् पितामह प्रजापति ब्रह्मा की स्तुति की है। अदम्य उत्साह तथा दिव्य ओजस से सम्पन्न अमित पराक्रमी वानर वानरजाति में जन्म लेते रहे हैं तथा वानर जननियां धन्य कुक्षी होती रहें। वानर जाति का यह अतुल ऋण इक्ष्वाकु वंश के प्रतापी सम्राटों को सतत् चुकाना होगा।"

"राजा रामचन्द्र महाराज की जय!"– विशाल राज्यसभागार ध्वनित–प्रतिध्वनित हो उठा।

रामजी ने कहा– "महाराज सुग्रीव वानर सिंहासन त्याग देंगे–यदि आप सब मुझे यह कह देंगे तो। अवश्य महाराज सुग्रीव जैसे धीमान् पराक्रमी, तपस्वी तथा उदात्त महान् वानर से मैत्री सम्पन्न कर मैं धन्य हुआ हूँ। महाराज सुग्रीव पृथ्वी के राजनेताओं में सर्वोच्च हैं– मुकुटमणि हैं। राजधर्म के मर्म को जानने वाले तथा प्रजा के भाग्य की मंगलकामनाओं से पूर्ण महाराज सुग्रीव मेरे आदरणीय अभिन्न मित्र वानर सिंहासन के लिए जन्मजात योग्य थे। यह तो वंशानुगत राज्य परम्परा है जिसमें ज्येष्ठ राजपुत्र ही सिंहासन पर बैठता है। मैं इस परम्परा का हामी नहीं हूँ। इसीलिए मैंने पिता के वचन को सर्वोच्च धर्म मानकर उसका पालन किया और अन्ततोगत्वा प्रजा की इच्छा तथा उसको प्रसन्न रखने के लिए अयोध्या के राजसिंहासन पर आरूढ़ हुआ, किन्तु फिर भी यह पंचायतन का राज्य है हनुमान जी, सुग्रीव जी, शत्रुघ्न, लक्ष्मण, भरत, सीता और मैं स्वयं–राम–राज्य के पाये हैं। वानर राज्य भी वानर–पंचायतन का राज्य है– अंगद श्री, महामात्य श्री केसरी जी, मातुश्री अंजना देवी, नल–नील श्री, महात्मा जाम्बुवन्त जी–सब वानर राज्य के पंच–परमेश्वर हैं– हाँ...... हैं। आप सब की आज्ञा हो तो वानर पंच–परमेश्वर का आह्वान किया जाय।"

“अवश्य–अवश्य।”– ध्वनि – प्रतिध्वनियाँ।

महाराज सुग्रीव ने श्रीराम के चरण थामे, कहा– “नाथ! इस दास का उद्धार कर दिया, राम मेरे–तेरी जय हो!!”

श्रीराम ने सुग्रीव को वक्षस्थल में भर लिया। इस विशाल वक्षस्थल में सुग्रीव संध्या के सूर्य की भांति समा गये। श्रीराम ने कहा– “तुम भैया मेरे! मेरे साथी हो– मित्र हो, तुमने सीता की खोज की है और मेरी तथा लक्ष्मण की अनन्य सेवा की है। तुम न होते तो क्या हनुमान मेरे पास होता? क्या वानर श्रेष्ठ सामन्त होते? क्या नल–नील होते और क्या विशाल समुद्र पे सेतु बँधता? महाराज सुग्रीव आपका आसन मेरे सिंहासन के पास ही होगा– हाँ।” और फिर श्रीराम ने वानरगणों, प्रतिनिधियों तथा श्रेष्ठ सामन्तों को कहा– “वानर राज्य सिंहासन वंशानुगत से अंगद का है, किन्तु महाराज सुग्रीव को हमने उनके जीवनकाल तक अर्पित किया है। जिससे वानर–आर्य मैत्री परिपक्व हो, जिससे आर्यावर्त का भाग्य सुरक्षित हो और मानव जाति का मंगल मैं साध सकूँ। मैं भी अयोध्या के सिंहासन पर केवल जनमनरंजन तथा मानवों और प्राणियों का योगक्षेम–पृथ्वी पर अभय तथा शान्ति के लिए–वेद–वेदांग तथा वैदिक संस्कृति के उत्कर्ष के लिए उपविष्ट हूँ। मूलतः अयोध्या का राज्य भरत का है, लक्ष्मण का है, शत्रुघ्न का है। हम चारों भाई तथा हनुमान और महाराज सुग्रीव अयोध्या के राम पंचायतन के अभिन्न और अटूट सदस्य हैं। फिर भी आप चाहते हो तो अभी इस समय महाराज श्री अंगद को राज्य सौंप सकते हैं। कहिये..... बोलिये। मैं नहीं चाहता चन्द्रमा में कलंक की भांति महाराज सुग्रीव वानर सिंहासन को भोगते रहें। अतः निर्भय होकर कहें– आप क्या चाहते हैं?”

“जो रामजी चाहते हैं– वही हम चाहते हैं”– नल ने कहा– “रामजी! हम वानर हैं। आपका विश्वव्यापी दृष्टिकोण है, विचार है। हम तो वृक्षों की डालों पर झूलते हुए धरती, पर्वत, नदी आदि को ही देखते हैं, वानरों को ही देखते हैं।”

श्री अंगद ने उठकर श्रीराम के चरण छुए और कहा– “जब तक महाराज सुग्रीव हैं, वानर सिंहासन पर वही सुशोभित होंगे– मैं नहीं। पिताजी ने मुझे आपको सौंपा है, भलाया है और आपका निर्णय मैं पिता का निर्णय मानता हूँ। मुझे राज्य नहीं, मुझे तो आपके श्री चरणों की धूलि चाहिए। आप मेरे इष्ट हैं– राम! और मेरे आदर्श भी हनुमान हैं।”

"कल्याण हो अंगद तुम्हारा!"– महाराज सुग्रीव ने कहा– "मैं तो तुम्हारे राज्य का त्राता मात्र हूँ– यह तुम्हारी थाती है। वानर श्रेष्ठों–मुझे आज्ञा दीजिए। आपकी इच्छा शिरोधार्य है– आपकी आज्ञा का मैं अनुचर हूँ।"

ध्वनि गहगही– "राज्य कीजिए, महाराज! आपकी जय हो!"

महाराज सुग्रीव ने वरदहस्त उठाते हुए कहा– "राज्य मैं अब अपने लिए नहीं; अपने वंश के लिए नहीं, समस्त वानर जाति और अरण्य प्रजा के मंगल के लिए ही श्री राघव राम की आज्ञा और मार्गदर्शन के अनुसार–अनुरूप करूँगा। निर्भय तथा निस्संकोच होकर....। अब भी कह दें; यदि मुझको आप सब भ्रातृद्रोही और राज्यद्रोही मानते हों तो मैं रामजी की इच्छानुसार से श्री अंगद को राज्य सौंप सकता हूँ। मैं दया नहीं चाहता और न ही प्रजा की क्षमा ही चाहता हूँ। मैं प्रजा का विश्वास और प्रेम ही चाहता हूँ। अरण्य प्रजाओं की साधना से, तपस्या से ग्रामों, नगरों और पुरों का लालन–पालन और पोषण होता है। मानव जाति की सभ्यता अरण्य में जन्मी है तथा वेद मन्त्रों से अभिषिक्त–अभिमन्त्रित यज्ञों से फूली–फली है। मानव स्वयं दिव्य है, भव्य है और अज्ञान की मूर्च्छना में अनादिकाल से बेसुध है। मानव को ज्ञान की सुधि चाहिए और वह आर्य संस्कार ही प्रदान कर सकते हैं। मैं राजा से भी बढ़कर और अधिक ऋषि–मुनि को मानता हूँ। मानव जीवन का लक्ष्य शास्त्र बल से सुख-सम्पदा प्राप्त कर सुखी होना है। कष्ट उठाकर भी अन्य जनों को सुखी करना है तथा जगत एवं सृष्टि के महाकाल के मर्म को जानकर परम सत्य के लिए जन्म–जन्मों की तपस्या करते रहना है और यह तभी सम्भव है, जब हम सब मनसा– वाचा–कर्मणा ईश्वर को अपना जीवन अर्पित कर दें। कल्याण हो!"

महर्षि वशिष्ठ उठे; बोले– "गणों, प्रतिनिधियों तथा सामन्तों! मुझे प्रसन्नता है कि आप सबने श्रीराम के राजधर्म को समझ लिया है। अधर्मी, अत्याचारी तथा ईश्वर विमुख को दण्ड देना राजा का परम् धर्म है। अधर्मी, कुकर्मी तथा पापी को प्राण दण्ड देना राजा का परम् कर्त्तव्य है। राघव श्रीराम ने यही किया है। राम–राज्य राजसिंहासन पर बैठकर मटकना नहीं है। राज वैभव को भागते हुए प्रजारंजन तथा पालन के अनिवार्य कर्त्तव्य से विमुख होना नहीं है। राम–राज्य ईश्वर की इच्छा, दया और कृपा के लिए सतत् वैदिक जीवन की साधना करने का राज्य है।"

श्रीराम ने कहा– "जनमनरंजन ही मेरे राज्य करने का एकान्त और एकमात्र लक्ष्य है। प्रजा और मैं तथा विधाता और ईश्वर। यही महर्षे! यही!" और श्रीराम ने सबको नमस्कार किया– "तथास्तु।"

✦✦✦

महाराज सुग्रीव ने श्री अंगद से शान्त–गम्भीर स्वर में कहा– "मन नहीं मानता अंगद! निस्संदेह यह राज्य तुम्हारा है, जन्मजात सत्व है। यह तो ठीक है, श्रीराम जी इच्छा व आज्ञानुसार राजसिंहासन पर उपविष्ट हूँ, किन्तु वानर राज्य की परम्परा भी यही रही है कि राजा के ज्येष्ठ पुत्र को राज्य। स्वयं अयोध्या के राजसिंहासन की भी यह अटूट परम्परा रही है। राजा का राज्य वंशानुगत यही तो राज्य परम्परा है- श्रृंखला है। प्रजामत या तो समर्थन है, या तो अनुमति है। प्रजामत से राज्याधिकार की अनुशंसा थोड़े ही होती है। राज्य का उत्तराधिकार– राजा के ज्येष्ठ राजकुमार का। हाँ, अंगद!"

अंगद ने विनीत स्वर में कहा– "यह ठीक है, किन्तु आपश्री को श्रीराम जी की जय द्वारा ही राज्य मिला है। इसको हमें एक अपवाद मानकर ही चलना है। श्रीराम जी की इच्छा का अनादर प्रभु के प्रति विद्रोह करना है। प्रभु श्रीराम जो चाहें–वही करना वानरों का धर्म हो गया है। श्रीरामबाण नहीं होता तो राक्षस हमें खा जाते। हमारे राज्य को हड़प जाते– ये राक्षस पृथ्वी के सौभाग्य को लील जाते। रावण राज्य? नहीं– स्वप्न में भी नहीं। रामराज्य प्रभो! रामराज्य।"

सुग्रीव– "राज्य तो राज्य है। राजधर्म राज्य के लिए ही है। अवश्य, राज्य प्रजापालन तथा प्राणियों के योगक्षेम निर्वाह के लिए है; किन्तु राजधर्म से विमुख राज्य शासन स्वयं ही खज जाता है, जैसे– रावण का। राजा राजर्षि है, अंगद।"

अंगद– "श्रीराम राजर्षि, ब्रह्मर्षि, महर्षि–सब हैं। श्रीराम जी जैसा मित्र पाना आपश्री का परम् सौभाग्य है। वानर जाति के इतिहास में सुग्रीव–राम मैत्री पृथ्वी की अभिलाषाओं की पूर्ति के लिए शिलान्यास है– सिद्ध होकर रहेगी। आपकी मैत्री का प्रथम वरदान राम की रावण पर विजय है– धर्म की, सत्य की, न्याय की और नीति की जय–विजय, राजन!"

महाराज सुग्रीव ने विभोर होते हुए कहा– "तुम धन्य हो महारथी, अंगद! वानर राज्य तुम और तुम्हारे वंशज शताब्दियों तक भोगेंगे– यह मेरा तुमको वचन है।"

"मुझे राज्य नहीं, राम चाहिए, महाराज!"– अंगद ने कहा– "राज्य को लेकर क्या करूँगा? राज्य और राजाओं को देख लिया– अघा गया हूँ, महाराज।"

"हनुमान बनना है क्या?"– सुग्रीव ने पूछ लिया।

"राम तो बन सकता नहीं; तब फिर हनुमान ही सही।"– अंगद ने कहा– "हुँ.... हुँ....... हुँ...... हनुमान! हनुमान। अंजनीसुनु, वायुपुत्र महाबली हनुमान!"

महाराज सुग्रीव भी बोले– "रामेष्ट! हनुमान अर्थात् रामजी का भी इष्ट। राम– राज्य का एक अडिग स्तम्भ।"

अंगद ने कहा– "आपश्री भी तो राम-राज्य का एक स्तम्भ हैं। राम-राज्य का सम्भव राम-सुग्रीव मित्रता का दिव्य और भव्य वरदान है, मानव जाति को।"

सहसा महाराज सुग्रीव ने कहा– "महाराज विभीषण का कोई समाचार नहीं है। चलो हनुमान ने लंका की प्रजा का समाधान कर दिया। लोकमत सत्य का वट-वृक्ष है, हाँ। विभीषण जी रावण– सैन्य शक्ति आदि का पता नहीं देते तो क्या हम जीत सकते थे? रावण-दशानन-महान् रावण।"

अंगद ने कहा– "रावण महान् तो श्रीराम अति महान्! दशानन हो या सहस्त्रानन रामबाण के समक्ष टिक नहीं सका। सत्यमेव जयते महाराज!"

महाराज सुग्रीव– "श्रीलंका एक बार जाना चाहता हूँ और एक बार ही सही महाराज विभीषण को किष्किन्धा का महँगा मेहमान सत्कारना चाहता हूँ। अंगद! तुम तो जानते हो– समझते हो महाराज विभीषण के साथ मैं मैत्री सन्धि करना चाहता हूँ।"

अंगद ने विनीत स्वर में कहा– "प्रस्ताव महाराज विभीषण की ओर से आना चाहिए।"

"क्यों राजकुमार?" सुग्रीव ने पूछा।

"राम-सुग्रीव मैत्री"– अंगद ने कहा– "श्रीराम के संरक्षण एवं अवलम्ब के पश्चात् आपको किसी से भी मित्रता क्यों करनी चाहिए? न शत्रुता और न ही मित्रता, प्रभो!"

सुग्रीव– "रावण और वानर को भी स्नेह-सगाई में बाँधना ही होगा। मानव जाति के भिन्न-भिन्न राजनयिक और सामाजिक-सांस्कृतिक सम्बन्धों को भी

सहज, सुगम, दिव्य और भव्य करना ही होगा। सीमान्तों के राज्यों की क्षल्लुक राजनीतियाँ अब नहीं चलेगी। राम-राज्य अर्थात् विश्व- मानव का समाज राज्य! विश्व-वसुधा एक अपराजित, शान्त , भव्य, अभयपूर्ण, रिद्धि-सिद्धियों से पुष्ट विराट कुटुम्ब। वसुधैव कुटुम्बकम्-यही श्रीराम और मेरे आदर्श हैं- लक्ष्य हैं।"

अंगद- "राज्य-राजनीति-राजधर्म मुझे तो कुछ भी समझ में नहीं आता। मैं तो जैसे राम जी को ही जानता हूँ, हनुमान जी को ही देखता हूँ, माता अंजना को ही निहारता हूँ। महात्मात्य केसरी जी से ही परामर्श कर लें, महाराज!"

सुग्रीव ने कहा- "केसरी वानप्रस्थ लेना चाहते हैं। उन्होंने मुझे सूचित कर दिया है। मैं चाहता हूँ अंगद! तुम महामात्य का काम करो। राजकाज का अनुभव प्राप्त करना अनिवार्य आवश्यकता है।"

अंगद ने कहा- "हनुमान जी प्रभो! मैं तो अभी राजकाज के विषय में अनुभव रहित वानर हूँ। ना, स्वामिन्! मैं राज की रक्षा कर सकता हूँ। एक बार सौ योजन समुद्र तैर सकता हूँ, शत्रुओं पर पहाड़ उड़ेल सकता हूँ। अडिग पाँव से पाताल को पाँवों तले रख सकता हूँ। किन्तु राज्य मन्त्रणा नहीं कर सकता। मैं राज्य का शस्त्र बल जानता हूँ- मन्त्रणा नहीं।"

महाराज सुग्रीव ने कुछ सोच कर पूछा- "तब किसे बनाया जाय- वानर राज्य का महामात्य।"

अंगद ने तपाक से कहा- "राजर्षि जाम्बुवन्त जी को। अनुभवी हैं, वयोवृद्ध हैं, आपकी सन्धि-विग्रह की नीति में विश्वास करते हैं। शस्त्र तथा शास्त्र दोनों ही बलों के आचार्य हैं- राजर्षि जाम्बुवन्त जी! वानरों के ही नहीं, अरण्यों की प्रजाओं के भी पितृ स्वरूप हैं।"

महाराज सुग्रीव- "वृद्ध जो हैं।"

"महामात्य तो वयोवृद्ध ही चाहिए, प्रभो!"- अंगद ने कहा- "सेनापति पीठ युवा चाहिए, अनुभव वृद्ध आचार्य। राजर्षि जाम्बुवन्त आर्यों, अरण्यकों तथा राक्षसों में समान रूप से विश्वास- भाजन हैं।"

"सत्युत, अंगद!" महाराज सुग्रीव बोले- "तुम तो मेरे लिए राजकाज का निरीक्षण करोगे। राजर्षि जाम्बुवन्त के मार्गदर्शन में वानर प्रजा को सुखी करने और सुखी रखने के लिए राजतन्त्र को देखते-पेखते रहोगे। तुम मेरे लिए और वास्ते होगे।"

अंगद ने प्रणाम करते हुए कहा– "जैसी महाराज की इच्छा।"

✦✦✦

दधिमुख ने शीघ्रता से महाराज सुग्रीव को प्रणाम करते हुए कहा– "महाराज विभीषण इधर आ रहे हैं– जी प्रभो!"

महाराज सुग्रीव ने तीव्र स्वर में कहा– "आ नहीं पधार रहे हैं। आपको कैसे पता चला।"

"स्वयं महाराज विभीषण ने सन्देश पठाया है, स्वामिन्!"– दधिमुख ने कहा– "आपश्री ने निमन्त्रणार्थ जो शिष्टमण्डल भेजा था, उसने भी कहलवाया है– अयोध्या जाते समय लंकापति महाराज विभीषण आपश्री के अतिथि होंगे।"

महाराज सुग्रीव ने प्रसन्न होते हुए कहा– "हमारा आतिथ्य स्वीकार कर महाराज विभीषण ने हम पर उपकार ही किया है। महामात्य केसरी जी को हमारा सन्देश दीजिए और हाँ, गयन्द, नल, नील, अंगद, गद, विक्टास्य, निशठ, शठ सभी श्रेष्ठ वानर सामन्तों को भी बुलाओ। लंकापति का स्वागत हम उमंगपूर्वक करना चाहते हैं। राज्ञी तारादेवी से कहो, किष्किन्धा के सभी नाट्यगृह अभिनाट्यों से लंकापति का मनोरंजन करेंगे। नृत्यगृह रूनझुना उठेंगे। महाराज विभीषण उत्सवों के मुख्य अतिथि होंगें और हम अध्यक्ष।"

"जी"– दधिमुख ने कहा– "जी"

"क्या जी? अरे हम भूल गये"– सुग्रीव ने स्वयं को उपालम्भ देते हुए मानो स्वयं से कहा– "दीपावली भी सजेंगी; किष्किन्धा जगमगा उठेगा। महाराज विभीषण का हम पर ऋण है। समाज द्वारा अपमानित होने पर भी सत्य, न्याय और धर्म के लिए उन्होंने घर–बाहर, जाति–कुल तथा राष्ट्र त्याग दिया–रामजी की शरण में आए तथा रणव्यूह के अपने अनुभूत ज्ञान से कोटिशः वानर सेनाओं को विश्वस्त किया। महात्मा लक्ष्मण जी के प्राण बचाने के लिए राजवैद्य सुषेण को प्राप्त किया और आज लोकापवाद को लेकर राज्य त्यागने को तत्पर हैं। रामजी ने तभी अयोध्या बुलाया है। श्रीराम! कभी सोचता हूँ– रामजी क्या हैं? मनुष्य हैं? देव हैं? सुर हैं या साक्षात् ईश्वर–परमेश्वर हैं?"

दधिमुख– "सीताराम! रामजी तो फिर भी समझ में आ जाते हैं, श्रीमान् हनुमान कहते हैं– राम–नाम रटा करो–रामजी समझ में आते जायेंगे। किन्तु भगवती कल्याणी सीताजी; उनका प्रारब्ध! सोचता हूँ तो हहर उठता हूँ।"

सुग्रीव– "साक्षात् जगदम्बा है– भगवती सीता धरती है, आकाश की संजीवनी है, सृष्टि की चैतन्य चेतना है। स्वयं श्रीराम जी ने मुझसे कहा– सीताजी उनकी शक्ति है।"

दधिमुख– "नर की शक्ति नारी ही होती है, स्वामिन्! मैं तो अपनी परिणीता को अपनी शक्ति मानकर चलता हूँ।"

"चलो आपने तो विवाह किया ही"– महाराज सुग्रीव बोले- "यह हनुमान तो विवाह की सोचता ही नहीं।"

"आप भी मनाइये ना।"– दधिमुख।

"हनुमान!" सुग्रीव ने स्वयं में खो जाते हुए कहा– "हुँ.... हुँ.... हुँ....। हनुमान दशानन के दर्प को हरने वाला, वानर जाति का गर्व और गौरव हनुमान–रघुपति दूत हनुमान–तेरी जय हो–मेरे साथी!"

दधिमुख ने साश्चर्य कहा– "प्रभो! यह क्या? श्रीमान् हनुमान राजेश्वर वानर–नरेश के साथी। आपश्री हनुमान की जय कह रहे हैं, श्रीमन्।"

"हाँ......।" सुग्रीव ने कहा– "मैं वानरों का राजा हूँ–नरेश, किन्तु सचमुच में हनुमान ही वानरों का अधीश है। हनुमान ही सर्व गुण-निघान दनुजों का काल है। श्रीरामबाण और श्री हनुमान एक ही तत्व हैं। मैं तो यह कहूँगा, राम और हनुमान। राम के बिना हनुमान नहीं और हनुमान के बिना राम आधे–अधूरे! सीताराम में पूरे।"

दधिमुख– "तो क्या श्रीमान हनुमान को महाराज विभीषण जी की अगवानी के लिए......।"

बीच ही में सुग्रीव ने कहा– "महाराज विभीषण प्रतापी श्रीलंका के प्रबल राक्षस राज्य के रामजी की कृपा से अधीश हैं, नरेश हैं। हम स्वयं उनकी वानर सीमान्त पर अगवानी करेंगे। हनुमान और अंगद हमारे साथ रहेंगे और हाँ, तुम सब वानर श्रेष्ठ सामन्त भी हमारे साथ होंगे। वानर और राक्षस अरण्यक तथा दनुज शताब्दियों से परस्पर क्षुब्ध रहते आ रहे थे, केवल भूमिगत राज्य के लिए। वसुधा की नीरस भूमि का सीमा बद्ध टुकड़ा कह कर हम राजाओं ने अपने छोटे–छोटे राज्य स्थापित किए तथा वंशानुगत भोगते रहे। सीमान्तों पर खड्ग चलते रहे। हमारे राज्यों की सीमाएँ चीत्कारों से ही भरी रही हैं। हम इस वस्तुस्थिति

को बदलना चाहते हैं। इसके लिए प्रत्येक राज्य को प्रत्येक दूसरें राज्य से वार्ता करनी होगी–सन्धि करनी होगी तथा प्रजाओं के सार्वभौम सम्बन्ध स्थापित करने ही होंगे। हम वानरों, राक्षसों, अरण्यवासियों तथा आर्यों–सब प्रजाओं को एक ही वसुधा की सुधा मानते हैं। विश्व कुटुम्ब तथा विश्व स्नेह सगाई, परस्पर उन्नति और उत्कर्ष के पुरुषार्थ से धरती गाजती रहे और आकाश श्री हरि नारायण की वन्दनाओं से गूँजता रहे, यही–यही हम चाहते हैं।"

दौवारिका ने सहसा मानो प्रकट होते हुए कहा– "महामात्य केसरी, प्रभो। दर्शनार्थ आ रहे हैं– जी... यह.... यह पधार ही गये।"

महाराज सुग्रीव उठे और द्वार तक केसरी को लाने मानो दौड़े; बोले– "आप; पितृतुल्य हमारे हनुमान के पिता! मुझे याद कर लेते। मैं चला आता। बस मुझे पुकारने भर की आवश्यकता थी। एक पुकार..... और मैं चला आता। क्या आज्ञा है?"

"आज्ञा?..... नहीं, प्रभो! महाराज! अंजना भी मेरे साथ वानप्रस्थ ले रही है। हम दोनों ऋषि–मुनियों के आश्रमों के पड़ोस में पर्णकुटी रचकर रहेंगे और आप तथा वानरों की उन्नति, योगक्षेम के लिए प्रार्थना करते रहेंगे।"

"हनुमान......" केसरी को घूरते हुए सुग्रीव ने कहा।"

"हनुमान" केसरी ने कहा- "उसके पिता, माता, सब तो श्री राघव राम हैं। उसको हमने सूचित कर दिया।" केसरी ने कहा।

"सूचित किया है? तात्पर्य?" महाराज सुग्रीव ने पूछा।

"हनुमान अंजना सुनु है, वायुपुत्र हैं।" केसरी ने कहा– "मैं तो उसके इस भव का पिता हूँ और वह मेरा वत्स–नन्दन है। हनुमान वास्तव में दिव्य वायुपुत्र है। हम स्त्री–पुरुष उसे वानर योनि में जन्म देने के लिए निमित्त मात्र हैं।"

सुग्रीव ने महाशय केसरी को घूरा; कहा– "विधाता! भाग्य ही प्रबल है श्रीमान्! मैं तो वानरों का महाराजा हूँ, किन्तु हनुमान वानरों का अधिष्ठाता, इष्ट और आदर्श है। हनुमान के कारण ही समस्त वानर जाति है। नहीं, सारी अरण्य प्रजाओं का अभ्युदय सम्भव हुआ। स्वयं राघव राम यह मानते हैं कि उनकी जय हनुमान के असाधारण और अन्यतम पुरुषार्थ से हुई है। जय राम की–विजय हनुमान की। आप दोनों धन्य हैं, जो ऐसा वत्स मिला, ऐसा पुत्र प्राप्त हुआ, ऐसा नन्दन सुलभ हुआ।"

"आपका आभार, महाराज! अब हमें विदा कीजिए।" केसरी ने कहा– "अंजना मेरी प्रतीक्षा कर रही है।"

◆◆◆

महाराज विभीषण की अगवानी के लिए महाराज सुग्रीव तथा श्रेष्ठ वानर सामन्तगण, वानर सेना के सजे–सजाए गुल्मों और वरिष्ठतम दलपतियों के साथ सीमान्त पर गये। किष्किन्धा नगर राक्षसराज के स्वागत के लिए दुलहन की भांति सजी थी तथा उसके नाट्य और नाचघर हमहमा उठे थे। राक्षस महिषी त्रिजटा के नेतृत्व में महाराज विभीषण ने एक अगुआ नेतृमण्डल किष्किन्धा भेजा था। महिषी त्रिजटा ने महाराज विभीषण के ठहरने आदि के किष्किन्धा– प्रबन्ध को देखकर पूर्ण सन्तोष व्यक्त किया था। महाराज विभीषण ने परिहास में त्रिजटा से कहा था- "दशानन रावण मेरे बड़े भाई के बालपन के मित्र थे और आप श्रीमती त्रिजटा महान् बालि की सखी थीं। नहीं......?" त्रिजटा ने मुस्कुराते हुए कहा– "बालि की भव्य संस्कृति की सखी मैं आज भी हूँ। महान् दशानन के कूट से मैं बालि को बचाती रही। नहीं........? अवश्य महाराज सुग्रीव! गुफा के युद्ध में बालि का परित्राण तो मैंने ही किया था।" महाराज सुग्रीव ने मुस्कुराकर कहा था: "आप धन्य हैं। श्रीमती! महान् बालि के इस सौभाग्य से हमें असूया है, देवी त्रिजटा!" त्रिजटा ने कहा था: "मैं स्वप्न में आगम देख लेती हूँ। महान् दशानन के राक्षस वंश की इतिश्री मैंने स्वप्न में ही देख ली थी। भगवती सीता को घेर कर बैठी हुई आततायी राक्षस महिलाओं को मैंने अपने स्वप्न बताये थे तथा रामजी की विजय, सीता के शोक का विनाश, श्रीलंका के नये सौभाग्य महाराज विभीषण जी के राज्य के लिए भी बता दिया था– वही हुआ। मुझे स्वप्न में मानो स्वयं ब्रह्मा ही इंगित करते हो। हाँ! लंकिनी तथा मैं- हम दो राक्षक महिलाऐं साक्षस होती हुई भी आर्य है- आर्य! हम ब्रह्मा, विष्णु और महेश को मानती हैं। श्री हरि का स्मरण करतीं तथा अब श्रीराम जी को भजती हैं।" महाराज सुग्रीव ने यह सुनकर सुखद आश्चर्य ही व्यक्त किया था और कहा था: "मानव जाति की एकता, सौभाग्य, श्री, सुकृति तथा यश के लिए ही श्री हरि निस्संदेह राघव राम के स्वरुप में धराधाम पधारे हैं, त्रिजटे! यह हमारा अत्यन्त सौभाग्य था कि अग्नि की साक्षी से हम रामजी के मित्र बन सके। वानर, राक्षस, आर्य–पृथ्वी के इन तीन मानव–भेदों को एक मानव चैतन्य में डुबोना ही पड़ेगा। रामजी महामानव हैं– श्री हरि के मनुजावतार हैं तो ऐसे महान् मानव के राज्य में, मानव मात्र अपनी

जाति–वंश एवं कुल का अभिमान रखते हुए भी आत्मा के एक अभिन्न तथा समान ही दिव्य होगा। अवश्य होगा। और इसीलिए मैंने महाराज विभीषण जी को किष्किन्धा एक मानव साथी की भांति आमन्त्रित किया है– वसुधैव कुटुम्बकम्– त्रिजटे! बहुत हुआ। मनुष्य छोटे–छोटे टुकड़ों में बँटकर धरती की सीमाओं का अपराधी बन्दी हो गया। इस रहस्यमय आश्चर्यमयी सृष्टि में मानव ही श्री हरि की सर्वोपरि एवं सर्वश्रेष्ठ कृति है, धृति है, मति है। मानव द्वारा ही धर्म जागृत होता है तथा सनातन होकर जगमगाता रहता है। मानव द्वारा ही सत्य उजागर होता है तथा न्याय सफल–धन्य होता है। मानव है तो उद्-भिज है, कीट है, पतंग है, सुर–असुर है, देव है। मानव है तो राज है, ऐश्वर्य है, भोग है। मानव है तो परमात्मा है; प्रभु स्वयं नारायण श्री हरि ही नर रूप व्यक्त होते हैं।

त्रिजटा ने तब महाराज सुग्रीव से निवेदन किया था; "सृष्टि के जीव उसी के रूप–स्वरुप हैं। आर्य, वानर, राक्षस, देव, दानव, गन्धर्व, किन्नर सब उसी छविमान की झलक हैं। महाराज विभीषण और आपकी सन्धि पृथ्वी की शान्ति, अभय तथा प्रकाश के लिए अनिवार्य है। मैं बालि को भी कहती थी– समझाती थी। किन्तु महाबली बालि तो महाबली ही थे। राज्य–उनको सर्वोपरि राज्य तथा राज्य सत्ता चाहिए थी। महान् दशानन को भी राज्य और वर्चस्व चाहिए था। अन्यतम भोग–संभोग चाहिए था। राजा के राज्ञी–निवास राजा की राज्याकांक्षा को सूचित करते हैं। क्षमा करें महाराज! मैं तारादेवी की ओर इंगित नहीं करती।" महाराज सुग्रीव ने हँसकर कहा था– "त्रिजटे! तारा तो एक टीस भर रह गयी है। एक आलोकमयी धारणा, एक जल्पना।"

सीमान्त पर विशाल मण्डप में अभूतपूर्व प्रसंग मानो स्वयं प्रगट हुआ। अपने सामन्तों से आवृत्त दोनों महाराजा बाथ भर–भर कर मिले। "महाराज सुग्रीव! आपकी जय हो।" विभीषण ने हर्ष विभोर होकर कहा– महाराज सुग्रीव ने किलकारी करते हुए कहा–"महाराज विभीषण देव! आपकी विजय हो।"

वानरों और राक्षसों ने जय ध्वनि की– "जय सीताराम!"

स्वागत का उत्तर देते हुए महाराज विभीषण ने शान्त–गम्भीर स्वर में कहा– "श्रीराम– जय राम–जय–जय राम! मित्रों! बन्धुओं! बान्धवों! आज मैं राक्षस धन्य हो गया और आप वानर सफल हो गये। आज पृथ्वी की आशा मानो फलवती होने के लिए जाग उठी है। निस्संदेह हमें युद्ध को समाप्त करना होगा–

रणभूमियों को उपवनों में परिवर्तित करना ही होगा। पृथ्वी प्राणियों के योगक्षेम तथा कल्याण का धाम होगी। आकाश में श्रीराम के स्तवन नित गूँजते रहेंगे और देवतागण मानव की आरती उतारते रहेंगे। हाँ, यही महाराज सुग्रीव और मेरी एकान्त अभिलाषा है। श्रीराम जी की साक्षी! इसीलिए हम राक्षस और वानर आर्य संस्कार धारण कर महापुरुष महामानव श्रीराम के राज्य के पुनीत स्तम्भ होंगे। अरण्यों में वेदमन्त्रों से संयुक्त यह अमृताभिलाषी मानव की सभ्यता पृथ्वी जितनी ही पुरातन, किन्तु नित नवीन है। आर्य; अर्थात्-ज्ञान का जिज्ञासु, अमृत का आकांक्षी, तपस्वी तथा परमात्मा का आराधक मानव।"

"राम! तेरी जय हो!"– गगनभेदी ध्वनियाँ उठने लगीं।

महाराज विभीषण ने मानो पुनः-पुनः कहा– "कुल, वंश, जाति-पाँति, वर्ग, मण्डल, गोत्र आदि सब मानव-संकल्प विकल्प हैं, देश कालानुसार तात्कालिक मान्यताएँ, सत्याश्रित सिद्धान्त नहीं है। सत्य ही सिद्धान्त रूप यावत् जीवन की सभ्यता का शाश्वत अजर-अमर मूलाधार है। सत्य ही ज्ञान स्वरूप अनन्त, अव्यक्त है जो क्षण-क्षण सगुण नाम-रूपों में व्यक्त होता है। सत्य का यह व्यवहारिक काल-स्वरुप है और वह स्वरुप मनुज रूप में श्रीराम हैं-श्रीराम। दशानन रावण से प्रताड़ित, पीड़ित और बहिष्कृत मैं श्रीराम के शरण में गया। उन उदारचेता प्रभुवत् राघव श्रीराम जी ने अपनी शरण में मुझे लिया, यद्यपि उस समय श्रेष्ठ वानर सामन्तों तथा स्वयं महाराज सुग्रीव श्री ने भी मुझे शंका की दृष्टि से देखा था। परन्तु पतित-पावन रामजी ने तब श्री हनुमान जी से कहा था– शरणागति लेने वाले शरणागत की प्राण देकर भी मैं रक्षा करूँगा। मेरी शरण में आने वाला जीव न मित्र है न ही शत्रु-वह पीड़ित जीव है और मैं पीड़ित जीव को जैसे सहन नहीं कर सकता। जीव की पीड़ा हरना तथा भव भीति हटाना मेरा स्वभाव है।" श्रीराम ने यही कहा था तब और श्रीराम के इस कथन ने ही मुझे तम से प्रकाश की ओर धकेला। मुझे श्रीराम साक्षात् भगवान के रूप में भासित हुए और मैं शान्त हो गया-समदर्शी हो गया। मैं श्री राम के चरणों में जगत् तथा सृष्टि और उसके राज्य तथा वैभव त्याग कर गिर गया। पतित पावन श्रीराम जी ने एक राक्षस का उद्धार कर उसको भक्त बना दिया। मैं मानव हूँ, मित्रों! और मानव के रूप में श्रीराम का स्मरण करते रहने वाला दासानुदास हूँ। मैं घोषणा करता हूँ, मुझे राम की सौगन्ध जो मैं राक्षस तथा वानर में मन-वचन-कर्म में भेद मानूँ। मेरे लिए श्रीलंका के राक्षस राज्य के लिए धरती पूजनीय है आकाश आराधनीय

है। मित्रों! श्रीराम ने प्रसन्न होकर लंका का राज्य मुझे वरदान के रूप में दिया है, किन्तु यह राज्य मेरा नहीं, राक्षस जाति का है, समस्त मानव समुदाय का है। श्रीराम...... राजा राम के नेतृत्व एवं मार्गदर्शन में हम वानर और राक्षस आज विश्व, राज्य और समाज का पुण्यभृत शिलान्यास करते हैं।

"धन्य हो.....।" ध्वनि उठी।

"वानर–राक्षस बन्धु–बान्धव।" – महाराज सुग्रीव ने कहा।

19

श्रीराम ने अयोध्या के बाहर सरयूतट पर महाराज सुग्रीव एवं महाराज विभीषण का उनके दल–बल सहित स्वागत किया। किष्किन्धा में हुई वानर–राक्षस मैत्री–सन्धि की ऐतिहासिक संरचना के लिए श्रीराम जी का आशीर्वाद तथा श्रीराम राज्य से संरक्षण प्राप्त करने के लिए वानर और राक्षस जातियों के गण, प्रतिनिधि, दलपति, सामन्त तथा श्रेष्ठ उदात्त नागरिक श्रीराम के निमन्त्रण पर अयोध्या आये थे। विशाल पाण्डाल में कुल गुरु वशिष्ठ जी के मार्गदर्शन में यह स्वागत समारोह हो रहा था। श्रीराम राजा राम के उत्तम परिधान में सजे हुए थे। लक्ष्मण ने कमर कसी थी और भरत ने श्रीराम– नाम की माला गोमुखी में पधरा कर धनुष–बाण से संभाले थे। शत्रुघ्न ने राजसी वेश में श्रीराम के पीछे – पीछे चलकर सभा मण्डल में तुमुल वाद्य–ध्वनियों और शंखनादों के बीच प्रवेश किया था। आर्यावर्त ही नहीं, समस्त पृथ्वी के राजनयिक, सामाजिक एवं सांस्कृतिक इतिवृत्त में यह आज का सम्मेलन युगांतरकारी मिलन था। श्रीराम परम् चिर प्रसन्न मुद्रा में अपने रत्न–जड़ित राजसिंहासन के समान ही सिंहासन पर विराजमान थे। आस–पास ऋषि मण्डल उपविष्ट था। इक्ष्वाकु वंश के रघुकुल के महाराज्य के गण प्रतिनिधियों से दिग्दिशायें सुशोभित हो रही थी।

दौवारिका ने उद्घोष किया– "किष्किन्धा पति महाराज सुग्रीव पधार रहे हैं– महाबाहु लक्ष्मण जी के साथ। "

महाराज सुग्रीव ने मण्डप में प्रवेश करते ही श्रीराम को साष्टांग प्रणिपात किया– "त्राहिमाम, प्रभो!"

श्रीराम सिंहासन से उठे और लपककर महाराज सुग्रीव के पास धमके। सुग्रीव को उठाकर बथ में भरते हुए श्रीराम ने कहा– "मेरे माननीय मित्र! मेरे आदरणीय साथी! मेरे कृत विध सहयोगी, भाई सुग्रीव! आज से आप श्रीराम पंचायतन के सदस्य हो– सदैव बने रहोगे।"

"कृपा प्रभो! राम मेरे!" महाराज सुग्रीव ने अश्रुपात करते हुए कहा- "पतित पावन राम मेरे! क्या कहूँ–शब्द नहीं हैं। राम! तेरे रामबाण ने दिशाओं को निर्भय तथा दिकों को आश्वस्त कर दिया है। राम! तेरी जय हो!"

श्रीराम हँसे– "सुग्रीव! तेरी विजय हो! पृथ्वी पर वानर जाति सदैव से एक गर्वीली, गौरवशाली जाति रही है। देवी सम्पदा की जन्मजात धनी यह वानर जाति पृथ्वी की सौगात है तथा विश्व संस्कृतियों में वानर संस्कृति उत्साह, पुरुषार्थ तथा समर्पण की दिव्य संस्कृति ही रही है। महाराज सुग्रीव! आज आर्यावर्त और उसके सभी अरण्य, उसके सभी आश्रम तथा यज्ञ मण्डप सुरक्षित हो गये हैं। महर्षि विश्वामित्र अपने यज्ञ की रक्षार्थ मुझे तथा महावीर लक्ष्मण को पिताश्री से माँगकर ले गये थे– आज मैं आपको आर्य सभ्यता के उत्कर्ष तथा आर्य संस्कृति के अभय के लिए माँगता हूँ– श्री हरि से माँगता हूँ।"

सुग्रीव ने श्रीराम के चरण थाम लिए– "आज्ञा, रामजी! आदेश दो। मानव सभ्यता और संस्कृति का वैरी हमारा वैरी है। हम वानर श्रीराम-राज्य के मंगलोत्थान के लिए प्रतिश्रुत हैं; किन्तु आज समर्पित होते हैं।"

श्रीराम ने सुग्रीव से भेंटते हुए कहा– "कृत-कृत्य हुआ मैं, राम! महोदय सुग्रीव! माँगों– क्या दूँ?"

सुग्रीव– "आपका प्रेम, राम मेरे!"

श्रीराम ने महाराज सुग्रीव का आलिंगन करते हुए कहा– "हनुमान हमारा वत्स हैं और आप? हमारे बन्धु हैं– रघुकुल के आप सब वानर बान्धव हैं, महाराज सुग्रीव! राक्षसराज महाराज विभीषण जी को अपना बान्धव बनाकर आपने पृथ्वी पर सचमुच ही राम-राज्य का शिलान्यास किया है। आपश्री के नेतृत्व से पृथ्वी की रक्त-रंजित रणभूमियाँ क्रमशः उपवनों में बदल जाएँगी। मनुष्य हिंसा द्वारा नहीं, प्रेम तथा सहकार और साहचर्य द्वारा अपने घर–बाहर एवं राष्ट्र-समाज की समस्याओं का सत्य परक एवं न्यायपूर्वक समाधान खोजेगा। यज्ञ द्वारा ही व्यष्टि एवं समष्टि का कर्म पुनीत, शुद्ध और बुद्ध होगा।"

महाराज सुग्रीव ने श्रीराम के आजानुभुज थामते हुए कहा– "राम-राज्य का शिलान्यास श्रीलंका में हुआ है, राम जी! किष्किंधा में तो राम राज्य का मन्दिर ही निरुपित हुआ है तथा अयोध्या में श्रीराम राज्य का चक्रवर्ती सिंहासन ही उद्भवित हुआ है। पृथ्वी के अरण्यों में वेदमन्त्रों द्वारा ही श्रीराम– राज्य का स्तवन हुआ है। रामजी! आपकी जय हो।"

श्रीराम ने हँसते हुए कहा– "विजय-महाराज विभीषण की।"

महाराज विभीषण ने श्रीराम के चरणों में साष्टांग प्रणाम करते हुए कहा–
"जय ईश्वर की– मरणाधीन जीव की तो सफलता है; जय हो प्रभु की–जय राम
की और श्री रामबाण की।"

श्रीराम ने महाराज विभीषण को उठाकर आलिंगन बद्ध करते हुए कहा–
"पृथ्वी पर जय मनुष्य की ही होती है– पराजय भी मनुष्य की। मनुष्य चाहे तो
धरती स्वर्ग बन सकती है और वह चाहे तो धरती नर्क भी बन सकती है। कर्म
महाराज विभीषण! मनुष्य जीव इच्छा–स्वतन्त्र है, किन्तु कर्म पराधीन है; विधाता
के शाश्वत नियम के अन्तर्गत और अधीन उसे अपने कर्मों का फल भोगना ही
पड़ता है। मैं चाहता हूँ मनुष्य सत्य–साधक हो, न्याय परस्सर हो तथा धर्म– धुरीण
हो।"

महाराज विभीषण– "वेद–वेदान्त, वैदिक वर्णाश्रम धर्म–हम राक्षस यही
चाहेंगे। राम मेरे! हम राक्षसों को आर्य संस्कारों से दीक्षित कीजिए। हम राक्षसों
पर कृपा कीजिए भगवन्।"

"तथास्तु!"– श्रीराम ने कहा– "दशानन रावण मानव इतिहास में एक-दुखद
अपवाद भर हैं। क्योंकि दशानन राक्षसों के नृपति थे, उनके कुकर्मों का बुरा
असर समस्त राक्षस जाति तथा मानव–समुदाय पर पड़ा। आर्य सभ्यता की
अनेक संस्कृतियां, पुराकाल से उद्भवित होकर फलती–फूलती रही हैं। उन
सभी संस्कृतियों का मूल वेद–वेदान्त तथा वैदिक वर्णाश्रम धर्म रहा है और यह
सच्चिदानन्द ज्योति सदैव मानव चित्त को प्रकाशित करती रहेगी। मानव अज्ञान,
मूर्खता, अभाव तथा बर्बरतापूर्वक उद्भवित नहीं हुआ है। मानव सत्य, न्याय तथा
धर्मपूर्वक ही उद्भवित हुआ है। अभाव से भाव और न्यूनता से विपुलता उत्पन्न
हो ही नहीं सकती। यह जगत् भव्य है, सृष्टि दिव्य है–यह मैं प्रतिज्ञापूर्वक कह
सकता हूँ। आर्य महर्षियों की साक्षी से मैं कहता हूँ, मानव जीवन का लक्ष्य परम्
सुख प्राप्त करते हुए परम् सत्य की शोध करना तथा परमात्मा का साक्षात्कार
करना ही है। इस लोकालय की अचूक तथा सर्वसम्भव कर्मभूमि में मानव ही
सभी योनियों का द्रष्टा, पालक तथा योगक्षेमकर्त्ता है। इसीलिए मानव बुद्धिमान
है, मनीषी है, सत्य सन्धक तथा साधनाशील है। अत्याचारियों, अधर्मियों तथा
रागरंग-लिप्त आसुरी वृत्तियों के मानवों ने समय-समय पर पृथ्वी को दूषित तथा
सृष्टि को विडम्बित किया है। किन्तु परमात्मा की सृष्टि में मंगल ही मंगल है। यह
जगत् कल्याणगत है, यह सृष्टि मंगलमय है–दिव्य है। यावत् जीवन शान्तिमय

है, अनासक्ति से पूर्ण है तथा जीवन के प्रत्येक राग का मूल वैराग्य है। पार्थिव देहों से जीव जाना जाता है, किन्तु जीव की मान्यता तो प्रभु सच्चिदानन्द ब्रह्म से ही है– हो सकती है। अतः आर्य–वानर–राक्षस तथा सभी भवयोनियां ब्रह्मसाक्षेप हैं– एक तथा अविभाज्य हैं। यह शाश्वत दिव्य, भव्य जीवन न्यायधर्मिता से पूर्ण– परिपूर्ण तथा अपनी प्रत्येक अभिव्यक्ति में पूर्ण है– परिपूर्ण है तथा परम् पूर्ण होने के लिए ही विधि है, यम है, नियम है। इसीलिए मैं मानवमात्र को नमस्कार कर यही कहता हूँ कि दिव्य भव्य शान्त और अभयपूर्ण अहिंसक जीवन जीओ–यही रामराज्य का सन्देश है।"

◆◆◆

श्रीमती सीता ने त्रिजटा का सहर्ष स्वागत किया और श्रीराम से कहा– "इन्होंने मुझे अपनी वत्सला माना तथा मेरी रक्षा की। महिषी त्रिजटा की मैं चिर ऋणी हूँ–रहूँगी। अशोक वाटिका के मेरे उदासीन दुखी जीवन के सत्य की एकमात्र साक्षी श्रीमती त्रिजटा है। मैं इनका सत्कार करना चाहती हूँ।"

त्रिजटा ने श्रीमती सीता का मस्तक चूमते हुए कहा– "मेरा सत्कार? नहीं– पुत्री। श्रीराम की दयादृष्टि का होना ही मेरा सत्कार होना है। कसौटी तुम्हारी तो थी ही, पर हमारी तो सावधान छद्म तपस्या थी। महान दशानन के क्रोध से तुमको बचाये रखना सबसे बड़ी तपस्या थी, हाँ–वत्सले!"

श्रीमती सीता ने कहा– "सुना रामजी? ये क्या कह रही हैं? अशोक वाटिका का अनन्य शोक मैंने त्रिजटा तथा हनुमान को लेकर ही तरा है। मेरा शोक विनाशक हनुमान है, राम।"

"सीता शोक विनाशिनः।"– श्रीराम ने कहा– "मुझे पुनः पाकर अब तुम्हारा शोक दूर नहीं हुआ?"

सीताजी बोलीं– "तुम्हें फिर से पाकर मैं शेष जीवन के लिए आश्वस्त हो गई। तुम ही मेरे सुख हो, सौभाग्य हो और मैं एक अबला, क्रूर विधाता द्वारा सतायी गई नारी हूँ। तुम मेरा शोक नहीं, दुर्भाग्य दूर कर सकते हो, जो तुमने किया– रावण को मारकर मुझे कारागार से छुड़ाना......."

"पृथ्वी को तमिस्त्र–समुद्र से निकाल कर, सुस्थित करना था।"

सीता ने मुस्कुराते हुए कहा– "मैं, पृथ्वी और तुम तब आकाश! यही–यही राम! यही।"

"आकाश मैं?"– श्रीराम जैसे स्वयं ही बोले– "कभी–कभी मुझे लगता है, सुमुखि! मैं भूताकाश में प्रदीप्त हूँ, चिदाकाश में लहराती हुई ज्योति–शिखा हूँ, चिदाकाश में चिद्घन बिन्द हूँ और हृदयाकाश में अनिर्वचनीय अवकाश स्वरुप हूँ। तुम सीते! हम सभी आकाशों में मेरी संवेदना हो, सहानुभूति तथा संजीवनी हो- जैसे। हाँ, सुश्रोणी। हाँ।"

सीता मुस्कुराई; बोली– "आर्यपुत्र! आपमें मैं पंचभूतों का प्रकाश जैसे देखती हूँ। आप जैसे अणु भी हैं और विराट् भी हैं। ऋषि–मुनि तथा भक्त आपको श्री हरि के अवतार कहते हैं, मानते हैं– ठीक ही है। मैं? मैं तो आपके प्रेम की मुग्ध एक नारी हूँ- आपका प्रजाजन।"

"प्रजाजन......?" राम चिहुँके– "तुम प्रजाजन तो हो ही, किन्तु मेरे लिए–राम के लिए तो मेरी चेतना हो। तुम हो तो मैं हूँ।"

"तुम हो राम, तो मैं हूँ।" सीताजी ने आर्द्र स्वर में कहा।

त्रिजटा ने दोनों की बलैयाँ लेते हुए कहा– "सीता–राम!"

"राम–केवल राम!" सीताजी ने कहा– "मैं तो राममय हूँ। नारी अपने नर को पूर्णतः समर्पित होती है। नारी अपने प्रिय के लिए ही जीती हैं। मैं राम को अपना इष्ट मित्र, सखा, भर्ता तथा त्राता मानती हूँ। मुझ पर राम अपनी यह कृपा बनाए रखो।"

"सीते!" श्रीराम चिहुँके– "तुम्हारी आँखों में आँसू?"

"दशानन के द्वारा अपहृत मैं एक नारी हूँ।" सीता ने कहा– "मैं जानती हूँ आपने कृपापूर्वक मुझे पुनः अंगीकार किया है।"

"नहीं....... सीते, नहीं" श्रीराम ने सिर धुनाकर कहा– "तुम सती–शिरोमणि, पवित्र को भी पुनीत करने वाली अन्तरात्मा स्वरुप शक्ति हो। सच तो यह है, तुमने ही मुझे अपनी करुणा में डुबोए रखा है। रावण द्वारा तुम इच्छा से क्या अपहृत हुई थी? बलात् ही उस कुकर्मी ने तुमको इक्ष्वाकु वंश के अपमान के लिए, मुझे मर्मांतक चोट पहुँचाने के लिए तथा समस्त आर्यावर्त के गौरव को खण्डित करने के लिए ही तुमको छल–बल से हरा था।"

"समाज की मर्यादा, राम!"– सीता ने कहा।

"मर्यादा।" श्रीराम ने कहा– "मेरे पास सीता है, मर्यादा नहीं।"

"और राजा राम के पास?" सीताजी ने पूछ लिया।

राम ने जलद–गम्भीर स्वर में कहा– "सत्य, न्याय तथा धर्म है। राजा राम निस्संदेह समाज की मर्यादा की रक्षा के लिए वचनबद्ध है। किन्तु समाज क्या हृदयहीन है? क्रूर है? अन्यायी है? नहीं, सीते! नहीं। समाज का काल–प्रवाह भगवती गंगा का प्रवाह है। लोक सत्य को जानता है, असत्य को पहचानता है। उचित और अनुचित को समझता है, शुभे!"

त्रिजटा ने नमन करते हुए कहा– "पंचपरमेश्वर प्रभो।"

"हाँ, श्रीमती त्रिजटे!"– श्रीराम ने कहा– "महाराज विभीषण के प्रति जो अपवाद था, उसके सत्य को राक्षसों ने समझा। महाराज सुग्रीव को लेकर जो लोकनिंदा थी; वह अन्ततोगत्वा दूर हो गयी। लोकहृदय स्वाभाविक ही न्याय प्रिय है, शान्तिपूर्वक है तथा सत्कर्म की प्रेरणा से भरपूर है, लोक ही ईश्वर है।"

त्रिजटा ने प्रस्थानोद्यत होकर कहा– "सीता–राम! जोड़ी युग–युग अमर रहो! राजा राम! अमर तपो, करोड़ों दीपावली राज करो। प्रजा को धरा पर स्वर्ग प्रदान करो, प्रभो।"

श्रीराम त्रिजटा को मन्थर गति से प्रस्थान करते हुए देखते रहे। श्रीमती सीता ने कहा– "कौन कहे..... यह राक्षसी है। यह तो आर्या है, भक्तिमती है, प्रभो। इसका शाश्वत कल्याण कीजिए।"

श्रीराम ने सस्मित कहा– "ऐसा ही हो–होगा प्रिये! हम अनायास कभी–कभी विकल हो जाते हैं। आगम भय बना रहता है, मानो हम किसी निर्जन अरण्य में अकेले खड़े हैं। जगत् का यह रूप रीता लगता है, सृष्टि शून्य भासित होती है सीते! जब मैं तुम्हारे प्रगाढ़ आलिंगन में ही सुख पाता हूँ– शान्ति। तुम सीते! कारुण्य–कादम्बिनी हो और तुम्हारे रगोत्फुल्ल विलोल नयनों में जैसे मैं और मेरा जगत् समाया हुआ है।"

सीता मुस्कुराई, बोलीं– "तुम, राम मुझसे पूर्णरूपेण आसक्त हो–मोहान्ध। मैं तो तुम्हारे हृदय–मन्दिर में जलती रहने वाली दीप–शिखा हूँ। ज्योति तो तुम हो राम!"

श्रीराम ने सीता जी को पार्श्व में भरते हुए कहा– "तुम–मैं अभिन्न हैं, एक हैं। सभी संयोगों और वियोगों से परे और पार। यदि तम है तो हम तम हैं और यदि ज्योति है तो हम ज्योति हैं।"

"नाथ!" सीताजी हहर कर बोलीं– "स्वामिन्! दासी को स्वामिनी न बनाओ। मैं तो तुम्हारी विनीत, मूक दासी ही बनी रहना चाहती हूँ। स्वामी तो आप हैं– आप नाथ हैं– स्वामी हैं मेरे सर्वस्व तथा समग्र सौभाग्य हैं।"

श्रीराम ने सीताजी की चिबुक उठाते हुए कहा– "तुम्हारे इन सरोज नयनों का मैं आँसू हूँ– अश्रुपात हूँ। राजा किसका होता है? किसका हो सकता है? राजा ईश्वर का, विधाता का तथा प्रजा का।"

"राजा राम मेरे न भी हों– राम तो मेरे हैं–मेरे ही हैं।" सीताजी ने श्रीराम के विशाल वक्षस्थल में अपना पूर्ण चन्द्रानन भरते हुए कहा– "कभी-कभी लगता है, वन में तपस्विनी बन कर बस जाऊँ और तुम्हारा भजन करूँ। तुम्हारा नाम रटती रहूँ। देह त्याग की अन्तिम साँस तक तुमको ही मन के नयनों से देखती-पेखती रहूँ। राम! मैं तुमसे एक लव, पल, क्षण भी अलग नहीं रह सकती।"

"तुम मेरी साँसों में रमी हुई हो, प्राणों में घुली हुई हो।" श्रीराम ने कहा– "तुमने मेरा मन अपने वश में कर लिया है। तुम मेरे उदासीन चित्त में शाश्वत अनादि ज्योत्सना हो सुख की, शान्ति की, सीते!"

✦ ✦ ✦

श्रीमती राजमहिषी कौशल्या देवी ने अपनी अनिंद्य सुन्दर पुत्रवधू जनकनन्दिनी सीता को जी भरकर देखा और कहा– "क्या हुआ? मन क्यों नहीं लगता? तुम्हारा भरापूरा संसार है– हम सब हैं और फिर राम जो है। चौदह वर्ष तक वन में रही, फिर भी तुम्हारा मन नहीं भरा, पुत्री!"

श्रीमती सीता ने अपने पादारविन्द के अँगूठे को देखते हुए कहा– "मेरे जैसा पीहर और ससुराल और किसी को नहीं मिला। सब भांति सम्पन्न, श्रीमन्त तथा श्रीयुक्त हूँ। महाराज विदेह जनक राजर्षि पिता हैं। श्वसुर चक्रवर्ती महाराज दशरथ और त्रिभुवन ख्यात पति, बहनें, भभियाँ तथा बाल- गोपाल सभी हैं– कनौड़े और सुन्दर-स्वस्थ। किन्तु मेरा चित्त अनायास ही उदास हो गया है। मैं, मैं जैसे किसी आगम भय से भर जाती हूँ। वनवास से अयोध्या लौटने पर भी जैसे मैं वन में ही हूँ। अपनी पंचवटी में हूँ, माँ!"

कौशल्या देवी ने सहसा चिन्तित होते हुए पूछा– "पुत्री! शान्त हो जाओ। भय? किस बात का भय? राजा राम के राज्य में चींटी से लगाकर हाथी तक सभी प्रसन्न

और मगन हैं। ऋषि–मुनि निर्भय होकर अपना कर्मकाण्ड सम्पन्न करते हैं। चारों वर्ण परस्पर बान्धव की भांति स्थित अपने– अपने स्वधर्म कर्म में रत हैं।"

सीताजी ने निसास रखा: कहा– "सर्वत्र सर्व दिशा में सुख है, शान्ति और अभय है। केवल मेरे मन के भीतर विकलता है। राजमन्दिर में मैं जैसे औचक हो गयी हूँ– संभृत, उदास और उचाट मैं क्षितिज के पार चली जाना चाहती हूँ।"

"राम तुमको शान्ति नहीं देता क्या?" कौशल्या ने पूछा।

"वे राम नहीं रहे; राजा राम हो गये हैं।" सीता ने मुस्कुराते हुए कहा– "वनवास में थी, तो राम मेरे पास थे, राम थे; किन्तु राम पंचायतन के राम अब प्रजा के हैं, जगत् के हैं, सृष्टि के हैं। मेरे भी हैं, किन्तु तनिक से रह गये हैं। अहर्निशि राजकाज, भ्रमण तथा वर्णाश्रम धर्म की देख-भाल। यज्ञों की गरिमा उजागर करने के लिए सतत् धर्म सभा में व्यस्त रहते हैं, वह। आर्यपुत्र श्रीराम अब व्यक्तिगत जैसे वीराने हैं। भरे–पूरे तो वे राजा राम हैं, माँ! आपका पुत्र अब राजा, नृपति, राजेश्वर, लोकेश हो गया है और मैं एक प्रजाजन।"

"क्या कह रही हो पुत्री"– कौशल्या ने तनिक तीव्र स्वर में कहा– "पति तो पति ही है। वह राजा होने से क्या पति मिट जाता है? राम को पकड़े रख–जकड़े रख बन्धन में; अन्यथा मैं जानती हूँ, राम छटक जाता है, सरक जाता है- खिसक जाता है और अदृश्य भी होता है। मेरा राम तेरा पति, केवल परमात्मा, प्रजा और राजधर्म से ही नाता रखता है– यह मुझे ज्ञात है। किन्तु पत्नी पति की प्रिया, मित्र, साथी, संगिनी सभी तो है, फिर तुम तो...."

"मैं उनकी माँ हूँ! माता, भक्त हूँ, दासी हूँ, अनुचरी हूँ।" सीता ने कहा– "वे मेरे पति ही नही परमेश्वर भी हैं।"

"राम को परमेश्वर मानेगी तो वह परमेश्वर ही हो जाएगा।"– कौशल्या ने कहा– "उसे अपना पति, अपना नर, अपना जीवन साथी मान, पुत्री! तुमने क्या राम को छोड़ दिया है– मन से?"

"मन मेरा तो उनके चरणों में घायल पड़ा है, माँ!" सीताजी ने कहा– "मेरा मन है ही कितना? तनिक सा....... किन्तु परिपूर्ण मेरा मन उनके नयनों में घुल गया है। न जाने क्यों मुझे लगता है कि राजा राम....... कहीं... मुझे अब क्या कहूँ माँ!"

कौशल्या– "सीता, पुत्री! क्या राम तुझे छोड़ देगा? असम्भव। मैं जानती हूँ– तुम राम की अन्तरात्मा हो।"

सीता ने सिर धुनाया, कहा– "मैं उनकी चरण-रज हूँ।"

"चरण-रज.........?" कौशल्या तमकी– "नारी अपने नर की सखी है, मित्र है, साथिन है। नारी जिस दिन नर की दासी हो गई, उस दिन जगत् की भव्यता लुप्त हो जाएगी और जीवन की गरिमा बिला जाएगी।"

सीताजी ने श्रीमती कौशल्या जी का दीप्त मुखारविन्द निहारा और कहा– "उनकी चरण- धूलि होना ही मेरा सौभाग्य है। पृथ्वी के राजवंशों में मुकुटमणि स्वरूप इक्ष्वाकु वंश है और उसमें भी महान रघुकुल! उसके राघव की चरण- धूलि मैं बनी रहूँ यही चाहती हूँ।"

"किन्तु...... क्यों?" कौशल्या जी ने तीव्र स्वर में पूछा।

"इसीलिए कि वे अब रघुपति राजा राम ही हैं।"– सीताजी ने कहा– "राजा राम व्यष्टि नहीं रहे, माँ! वे समूची समष्टि हो गये हैं। प्रजा, धरती, आकाश, सूर्य, चन्द्र, अग्नि– ये ही उन्हें भासते रहते हैं। आपका रघुवंश मणि सपूत एक रहस्य है– दिव्य-भव्य रहस्य। मैं तो धरती को जानती हूँ, आकाश को नहीं। जीव आकाश की अथाह में कब तक भटकता रहेगा, माँ! मैं तो राम के द्वारा अपनी मुक्ति चाहती हूँ....... मुक्ति।"

"मुक्ति.........?"– कौशल्या।

"जन्म-जन्मान्तरों से।" सीता ने कहा– "इच्छा से मोक्ष और भव बन्धन से मुक्ति। अशोक वाटिका के घोर अंधकार में मैंने जैसे परात्पर श्रीराम को देखा। हाँ माँ! राजा राम–अनन्त, अनादि, मानव समष्टि के समग्र स्वरुप हैं। इसीलिए लोग उन्हें मर्यादा पुरुषोत्तम कहने लगे हैं।"

"तो उनको पूज पुत्री!"– कौशल्या ने कहा– "मुक्ति और मोक्ष की बात क्यों कर रही हो? राम तुम्हारा सौभाग्य है, तो अपने सौभाग्य को भोग-प्रसन्न, निश्चिंत, मगन, मन से ही श्रीराम के साथ रह। साथ ही बनी रह पुत्री! राम को पल भर भी अकेला मत छोड़। समझी.....? राम को तुम्हें वश करना नहीं है, तुमको ही अपने पति को वशीभूत करना है। पूजा-आराधना से पति प्रसन्न तो होता है, वशवर्ती नहीं होता अपने-आपको पूर्णरूपेण समर्पण कर दे। राम की इच्छा को अपनी

इच्छा बना। अभी तो मैं अपने पौत्र–पौत्री का मुँह देखना चाहती हूँ। फलवती हो, कल्याण शोभने।"

सीता ने कौशल्या के चरण छुए और कहा– "मैं अबला हूँ और मुझ पर कलंक लग चुका है। इस स्थिति में मेरी रक्षा करो, माँ! अग्नि में तपी, किन्तु जैसे राम मुझे सुदूर दृष्टि से ही देख रहे हैं। क्या मैं कलंकवती हूँ?"

"नहीं........ पुत्री, नहीं।"– कौशल्या ने सिर धुनाकर कहा– "तुम कलंकिनी तो पृथ्वी की कौनसी नारी निष्कलंक है। तुम शुद्ध हो–बुद्ध हो। तुम सती हो- विभूति हो। तुम निस्संदेह दनुजों के लिए कालरात्रि हो। तुम राघव रामचन्द्र के अजेय धनुष की मानो प्रत्यंचा हो।"

"मैं उनकी अनुचरी हूँ, उनकी प्रजाजन हूँ।" सीता ने कहा– "मैं प्राणपण से उनकी यह मर्यादा निभाऊँगी। सिंहासन पर तो उनकी अर्द्धांगिनी स्वरुप ही बैठती हूँ, किन्तु सिंहासन जैसे मुझे छूता नहीं है।"

"तुम रघुवंश की शिरोमणि महाराझी हो, पुत्री!" कौशल्या ने उदास होते हुए कहा– "प्रतापी रघुकुल की ज्येष्ठ पुत्रवधू और महारानी होने पर तुमको प्रसन्नता होनी चाहिए– गर्व होना चाहिए।"

सीता मुलकी– "गर्व तो मुझे उनका है, माँ! सिंहासन की गरिमा बनी रहकर क्या करूँगी? मैं..... मैं अब उन्हीं के चरणों में विराम चाहती हूँ, थक गई हूँ, माँ! यह जन्म–मरण मुझे अब भाता नहीं है, जँचता नहीं है। यह तो वे मेरे राम हैं, इसलिए जी रही हूँ।"

"क्या हो गया है, तुमको?" कौशल्या ने झुँझलाकर कहा– "राम से मिलने दे, उसको कहूँगी। ऐसा तो क्या राज–काज है, जो तुम्हें पेखता ही नहीं।"

"पेखते हैं।" सीता ने कहा– "परन्तु राजधर्म की दृष्टि से ही पेखते हैं। माँ। वे राजा हो गये हैं। वे न तो अब तुम्हारे पुत्र रहे हैं और.... और न ही मेरे भर्ता। मैं तो उनको जी भरकर देखती रहती हूँ और चुप रहती हूँ। और करूँ भी क्या? रामजी को पृथ्वी की चिन्ता है, आकाश की चिन्ता है। जगत की चिन्ता है। उनके नयनों की गहराई में प्राणिमात्र की चिन्ता मुझे दिखाई देती है। ऋषि– मुनि सब कहते हैं– राम महामानव तो हैं, किन्तु अवतारी पुरुष हैं– मर्यादा पुरुषोत्तम!"

"अपना धन्य भाग्य, पुत्री!"– कौशल्या ने कहा। तभी हनुमान को थामे श्रीराम आते दिखायी दिये। कौशल्या ने तपाक से कहा– "लो, वह आ गया। राम आ गया, सीते! अब मैं उसको समझूँगी।"

"नहीं..... मेरी सौगन्ध!" सीताजी ने कहा– "राजा राम के समक्ष आप, मैं और सब प्रजाजन हैं। राजा प्रजा को कहता है। प्रजा राजा से प्रार्थना करती है।"

श्रीराम ने हनुमान को माँ की ओर धकेलते हुए कहा– "माँ यह हनुमान कहता है, राज कुटुम्ब के लोग उसे मेरी सेवा करने नहीं देते हैं। अहर्निशि यह हनुमान मेरी सेवा करता है, फिर भी कहता है– लोग मेरी सेवा करने नहीं देते। क्या सेवा शेष रह गयी है?"

कौशल्या ने मुस्कुराते हुए कहा– "सीता को तेरी सेवा करने दे। अहर्निशि राजा बना रहता है, तनिक राघव रामचन्द्र भी बन, सुना? सीता उदास है– निराश है।"

श्रीराम ठिठक गये, बोले– "सीता उदास है? क्यों, क्या मुझसे कुछ अन्याय हो गया है?"

"नहीं आर्यपुत्र!" सीता ने तपाक से कहा– "नहीं, आर्य पुत्र! वनवास से लौटने पर न जाने क्यों मेरा मन राजमन्दिर में नहीं लग रहा। आपके पार्श्व में सिंहासन पर बैठी मैं जैसे खो जाती हूँ। तम..... तम के सागर में डूब जाती हूँ– भीत हो जाती हूँ।"

"तुम........ भीत।" श्रीराम चिहुँके– "तुम तो जीवन का अभय हो। तुम तो देवताओं को आश्वस्त करने वाली अमृत विभूति हो। निस्संदेह मुझसे कोई भूल हुई है, हाँ माँ!"

"अपने आवास में तुम राम रहोगे..... राजा राम नहीं। सुना.....?" कौशल्या ने कहा।

"सुना माँ।" श्रीराम बोले।

हनुमान ने किलकारी की – "जय सीता राम"

✦✦✦

श्रीराम ने सीताजी के पूर्ण चन्द्रानन को जी भरकर देखा और बोले– "तुम्हेँ क्या हो गया है, प्रिये! इतनी निराश..... इतनी उदासीन–मन ही मन कातर तुम हो गयी हो।"

सीताजी ने श्रीराम के पार्श्व में सिमटने की चेष्टा करते हुए कहा– "नहीं, तो। तुम हो तो मैं ठीक हूँ- स्वस्थ हूँ। मेरे राम! तुमसे मैं क्षण भर भी अलग–विलग रह नहीं सकती।"

"मुझे ऐसा लगता है, तुम मुझसे छूट जाओगे–वियोग–राम।"

श्रीराम ने सीता को अपने पार्श्व में भरते हुए कहा– "अपना वियोग हो ही नहीं सकता। अपना तो मिलन है– चिर मिलन। देह से विलग हुए तो क्या हुआ? मेरा मन तुम्हारा मन है और तुम्हारा मन मेरा चित्त है। अनादिकाल से सीता–राम एक हैं एक रस हैं–मन–वचन–कर्म से भी जैसे एक हैं। तुम जैसे यावत् जीवन की जिजीविषा हो, चेतना हो और मैं? इस अनादि चैतन्य का उपासक हूँ।"

"तुम...... मेरे उपासक? नहीं, राम" सीताजी ने कहा– "तुम कहाँ और मैं कहाँ? मैं तो तुम्हारी इच्छापूर्ति के लिए एक अनुचरी हूँ। मेरी इच्छा नहीं है, इच्छा मात्र तुम्हारी ही है, राम! तुम जो चाहते हो– मैं करती हूँ। तुम जिस प्रकार मुझे रखते हो मैं रहती हूँ। मैं हूँ ही नहीं, राम! बस तुम ही तुम हो, राम! राम–राम श्रीराम!"

श्रीराम सहसा ठहाका मारकर हँसे, बोले– "सब राम ही राम, वाह! प्रिये! तुम्हारा यह परिहास मुझ में गर्व ही उत्पन्न करेगा– मैं ही हूँ–मैं ही सर्वत्र? क्यों?"

"हाँ, तुम ही तुम हो सर्वत्र।" सीताजी ने श्रीराम के विशाल वक्षस्थल के नीलमणि को कतरन से उलझे–सुलझे बालों को सहलाते हुए कहा– "मैं क्या सारा संसार कहता है, तुम सर्वत्र हो, घट–घट–व्यापी। गुरुदेव वशिष्ठ भी यही कहते हैं। आर्यावर्त ही नहीं, जगत तुमको भगवान का अवतार मानने लगा है।"

श्रीराम ने सीताजी का सिर सूँघते हुए कहा– "यह तो आप्तजनों की कृपा है, किन्तु मुझे भ्रम नहीं है, सीते। मैं मानव हूँ–क्षत्रिय हूँ और अब राजा हूँ। जगत कल्याण और सृष्टि–मंगल के लिए ही जी रहा हूँ।"

सहास्य सीताजी ने श्रीराम के कंज नयनों में निहारा, कहा– "मेरे लिए तब नहीं है" श्रीराम जी ने सीता जी को वक्षस्थल में भरते हुए कहा– "तुम तो मेरी जीवनी हो- संजीवनी। हाँ, मेरी सीते।"

श्रीमती सीता ने श्रीराम के वक्षस्थल में भर जाते हुए कहा– "पंचवटी चलो राम। मंदाकिनी और गोदावरी में नहाएँगे–जलकेलि। यह शयनागार पर्णकुटी के शयन स्थल के सामने निस्तेज है– निष्प्राण। यहाँ–यहाँ मैं तुमको अनुभव ही नहीं कर सकती, हाँ, प्राण मेरे।"

श्रीराम ने सीता को मानो स्वयं में सिमेटते हुए कहा– "चलेंगे, सीते! गोदावरी और मंदाकिनी के प्रभात मुझे भी नहीं भूलते, जब हम दोनों निश्चिंत, निर्भय होकर जलकेलि करते थे- तुम्हारी गण्ड स्थल को जब मैं गेरू से रंग देता था और बाद में वहीं सुखा–सुखा चबेना चबाते थे। कन्द– मूल–फल, सीते! यह राजमन्दिरों का जीवन तो मुझे भी खलता है, परन्तु क्या करूँ? स्वधर्म से बन्धा हूँ, प्राण प्रिये! स्वधर्म! राजा का जीवन–धर्म, संकट का जीवन है आर्ये। यही कुछ क्षण हैं जब ललने! मैं स्वयं को अनुभव करता हूँ।"

"मैं भी......" सीता फुसफुसाई– "राम मुझ में समा जाओ, प्राण! अथवा-अथवा।"

"अथवा......?" श्रीराम ने सीता का प्रगाढ़ आलिंगन करते हुए भर्राए स्वर में कहा– "अथवा क्या?"

"मुझे स्वयं में समा लो– और क्या?" सीता बोली– "अब यह वियोग मुझ से सहा नहीं जाता। मेरे प्राणों में घुल आओ। मेरे रक्त में रम जाओ। मुझे..... मुझे मिटा दो, या फिर मुझे स्वयं में मिला दो, आर्यपुत्र! मेरे कान्त, मेरे भर्ता।"

श्रीराम ने शान्त निष्पंद से स्वर में कहा– "तुम में लीन हो जाना चाहता हूं। संसार का यह आतप, जीवन का यह तेजस भी कभी–कभी मैं जैसे सह नहीं सकता। मैं तुम्हारे सौन्दर्य की मंदाकिनी में डूब जाना चाहता हूँ। तुम्हारे शीलवान यौवनोल्लास में रम जाना चाहता हूँ। तुम्हें पी जाना चाहता हूँ। हाँ, सुमुखि मेरी! सुन्दरी, मुझे अपना लो, कृत कृत्य कर दो मुझे, प्रियतमे!"

सीता जैसे रग–रग में खोल उठी, नस–नस में उमड़ उठी, साँस–साँस में उभर उठी। श्रीराम के अंग–अंग में समा जाने की विस्मृत चेष्टा करते हुए स्वयं ही चीत्कार कर उठी। राम! राम मेरे, प्राण मेरे! राम मुझमें लीन होकर सनातन हो जाओ मैं.... मैं!"

"तुम मेरी प्रकृति... श्री राम।"

"और मैं? मैं तुम्हारी प्रकृति तो तुम मेरे पुरुष ?"– सीता।

श्रीराम ने अपने आजानुबाहुपाश में सीता को बाँध लिया- हुए बोले– "शान्त! चुप सीते! वाणी को स्वयं में ही मूक हो जाने दो। मैं..... मैं तुम में लीन होकर अनादि हो जाना चाहता हूँ। एक हूँ, अनेक होते रहना चाहता हूँ।"

सीता ने श्रीराम को निहारते हुए पुनः कहा– "मुझ में लीन हो जाओ, राम! और नाना होते रहो। मुझे फलवती करो, मेरे भर्ता।"

श्रीराम ने सीता का पुनः पुनः प्रगाढ़ आलिंगन करते हुए कहा– "मैं सीमा में बँधना चाहता हूँ प्रिये, प्रियतमे! मैं व्यक्त..... व्यक्त होते रहना चाहता हूँ। मैं जैसे अनन्त हूँ, सनातन हो जाना चाहता हूँ। तुममें लीन होकर मैं अनादि होना चाहता हूं। हाँ प्राणेश्वरी!"

सीता जैसे श्रीराम के रोम–रोम में समाने लगी, श्रीराम के साँस–साँस में रमने लगी। सीताजी का अंग–प्रत्यंग मुकुलित–प्रफुल्लित हो उठा और उन्होंने श्रीराम के कम्बुकण्ठ को अपने बाहुपाश में बाँध दिया। रोम–रोम में शीतल किन्तु आनन्दमय, सुखमय अग्नि प्रज्जवलित हो उठी। श्रीराम सीताजी की रग–रग में भर उठे–उभर उठे। राम को लगा–अनन्त, विराट, सीमाहीन चैतन्य स्वयं में ही घुटकर, घुलकर सीमित होकर तेजस का कण–कण होने लगा। स्वांस-प्रस्वांस की प्रत्येक पल दिग्दिशाओं के आयामों के परे और पार होकर मानो स्वयं ही आनन्दपूर्ण अनन्त में रम गई। सीता ने श्रीराम को जैसे अपने उदर में सींच लिया और श्रीराम जैसे अपने सभी भवों से रीते होने लगे। दिव्य, शान्त, तेजोमय, महाकाम, स्वयं ही भविष्य की छवि धारण कर सीताजी के रोम–रोम में समा गया।

20

श्रीराम ने तनिक आश्चर्यपूर्वक कहा– "वन में मैंने कहा है न कि समय निकाल कर चित्रकूट चलेंगे। मुनियों के दर्शन करेंगे और मंदाकिनी में स्नान करेंगे– चित्रकूट का पूजन भी करेंगे।" श्रीमती सीताजी ने मुलकते हुए कहा– "समय कब निकलेगा, श्रीमान! राजमन्दिर में मेरा जी घूट्ता है, राम!"

"आश्चर्य है, सीते!!" श्रीराम बोले।

"क्या......?" सीताजी ने पूछा।

श्री राम ठहाका मारकर हँसे, बोले– "तुम।"

"मैं आश्चर्य?" सीताजी हुमुसीं।

"हाँ, तुम ललने!" श्रीराम ने मुस्कुराते हुए कहा- "जब से मेरे साथ अयोध्या लौटी हो, वनों में जाने की रट लगाये बैठी हो। तुमको न जाने क्यों अयोध्या का यह विख्यात राजमन्दिर नहीं भाता। चौदह लम्बे वर्ष वनवास भोग चुकी किन्तु फिर भी वन से मन नहीं भरा, भला?"

सीताजी ने मुँह पिचकाते हुए कहा– "उंहु–नहीं भरा, राम मेरे! इतने विशाल राजमन्दिर में तुमको प्रतिपल टटोलती फिरूँ क्या? तुमको तो राजकक्ष, सिंहासन तथा प्रजा की बात सुनने से छुट्टी नहीं है और मैं एकाकी तुमको देखती रहूँ। फिर पर्णकुटी का जीवन–सादा, पवित्र, शान्ति दा जीवन। क्या जीऊं राजराणी होकर राम श्रृंगार करती रहूँ, भोजन पाती रहूँ और सोती रहूँ। बस? दास–दासियों से घिरी एक सजी–धजी पुतली बनी रहूँ? नहीं राम, मुझसे यह नहीं होगा। वन चलो राम। राजकाज भैया भरत सम्भालेंगे। मैं तो चाहती हूँ पुनः वनवास के मार्गों पर भ्रमण करती रहूँ, वन फल खाती रहूँ और वन फूलों से श्रृंगार कर तुमको रिझाती रहूँ, सुना?"

"सुना–आर्ये सुना!" श्रीराम बोले– "किन्तु राजा के लिए वनवासी जीवन कैसे सम्भव है, प्रिये! तुमको यह क्या हो गया है? वन, अरण्य, यज्ञ, आश्रम की रट लगाए हुए हो।"

"राजमन्दिर में मेरा राम नहीं है।" सीताजी ने कहा– "मेरा राम तो वन में है– पर्णकुटी में।"

श्रीराम ने तनिक ठिठकते हुए कहा– "सीते।"

"हाँ राम! तुम्हीं कहो क्या अब मैं तुम्हारे मन में तनिक भी हूँ? तुम्हारी स्वामिनी प्रजा ही तुम्हारे चित्ताकाश में छाई हुई है– मैं कहाँ हूँ? राम!"– सीता जी ने तनिक रोषपूर्वक पूछा।

"मेरे मन में, सीते!" राम बोले– "प्रजा तो मेरी बुद्धि में है। मेरी निष्ठा में तथा मेरे राजधर्म में बसी है।"

"प्रजा! केवल प्रजा ही तब? हम सब नहीं?" सीताजी ने तनिक तीव्र स्वर में कहा– "प्रेम ही सबसे बड़ा धर्म है– ऐसा मैंने बचपन में सुना है। धर्म तो धर्म है। अपनों से प्रेम ही निभाया जाता है, धर्म नहीं।"

श्रीराम हँसे, बोले– "तुमसे तो मैं प्रेम ही निभा रहा हूँ। वनवास में मैं व्यष्टि था और अब राजा के रूप में समष्टि हूँ– राजा प्रजा जनों की व्यष्टि का समष्टि स्वरूप है- राजधर्म की साक्षात् प्रतिमूर्ति है, प्रिये!"

"तो क्या प्रजा रंजन के लिए आप हमें-मुझे त्याग सकते हो?" सीताजी ने सहसा पूछा।

"ईश्वर न करे-ऐसा धर्म-संकट खड़ा हो जाय।" श्रीराम ने कहा– "जहाँ तक अन्यों के त्यागने का प्रश्न है। राजधर्म के निर्वाह के लिए तथा जनमनरंजन के लिए मैं अपने प्राण भी आवश्यकता हुई तो दे सकता हूँ– किन्तु तुम्हें त्यागने के लिए मैं क्या कहूँ? तुमको मैं त्याग नहीं सकता, सीते! तुम मेरी शक्ति, संजीवनी तथा प्रतिपालिका हो।"

"राम! प्रजा के लिए मुझे त्याग नहीं सकते, तो तब तुम्हारा राजधर्म क्या होगा?" सीता ने सस्मित कहा।

"तुम और मैं एक हैं , अभेद्य हैं – तुम ही जैसे मैं हूँ , सीते !" राम बोले – "किन्तु यह प्रसंग ही क्यों ?"

सीता ने कहा– "अशोक वाटिका की बन्दिनी जो मैं थी, राम! अपवाद तो है ही। क्या अपवाद है शेष?" श्रीराम बमके– "कोटिशः वानर सेना की साक्षी में मैंने तुमको आत्मज्योति के स्वरूप में देखा है। कोटि–कोटि आँखों ने तुम्हारे निर्मल निष्कलंक तेजस्वी मुखारविन्द को देखा है। तुमने अपने सत् से समूचे सतीत्व को प्रमाणित कर दिया है।"

"किन्तु...." सीता।

"किन्तु क्या?" श्रीराम तनिक गर्जे– "मुझे ज्ञात है कि तुमने अशोक वाटिका में केवल मुझे ही भजा है। तुमने रावण की ओर देखा तक नहीं। त्रिजटा ने मुझे सब बता दिया है। सच तो यह है, तुमसे विलग मैंने भी तुमको इतना ऐसा नहीं याद किया। मुझे तुम्हारी खोज की पड़ी थी। प्रतापी इक्ष्वाकु वंश की प्रतिष्ठा का प्रश्न खड़ा हो गया था। प्रतापी महाराज दशरथ के गौरव तथा रघुकुल की गरिमा के लिए मैं चिन्तित था– विकल था– सीते! मैं तुममय नहीं रहा–तुम रही मुझ में।"

सीता ने तनिक म्लान स्वर में कहा– "क्या श्रीलंका की प्रजा ने महाराज विभीषण को भला–बुरा नहीं कहा? कहा। क्या महाराज सुग्रीव अपने मित्र प्रजा की दन्त किटकिट से बच गये थे? यह तो आपका प्रताप था कि ये दोनों प्रजा की निंदा से उबर आए थे। मैं तो अयोध्या की प्रजाजन हूँ। राजराणी हुई तो फिर क्या हुआ? और सर्वोपरि आपका राजा का धर्म। नहीं.....?"

"नहीं।" श्रीराम तमके– "तुम मेरी अद्धार्ंगिनी हो। तुम्हारी प्रतिष्ठा मेरी प्रतिष्ठा है। तुम्हारी निंदा मेरी निंदा है।"

"राजा राम।" सीता ने कहा– "राजा की प्रतिष्ठा ही होती है। निंदा–स्तुति प्रजाजनों की होती आई हैं। बन्धन ब्रह्मर्षियों का, अभिनन्दन समाज–विभूतियों का। राजा तो पृथ्वी पर ईश्वरीय अंशावतार है और फिर आप तो.......।"

"मैं तो?" श्रीराम चमके– चिहुँके।

"आपको संसार श्री हरि का मनुजावतार ही मानता है। मर्यादा पुरुषोत्तम और फिर लोकमत से बढ़कर और कौनसी मर्यादा है, रामजी?"

श्रीराम ने कहा– "सत्य से रहित लोकमत–लोकमत ही नहीं है, सीते! लोकमत, अर्थात्– परम् सत्य का कथन–न्याय का वचन, हां लोकमत में ही सभी धर्म बसते हैं– राजधर्म विशेष कर।"

सीता– "लोक राजा से बड़ा है– अतुलनीय है। लोकमत से ही राजा जन्मता है तथा लोकमत के आधार पर ही अपना राजधर्म पालता है। लोगों ने मेरी निंदा यदि की तो क्या होगा, राम? क्या अपना राजा का धर्म भूल जाओगे?" सीता ने श्रीराम के आजानुभुज थामे और कहा– "नहीं राम मेरे! तुमको मैं अपना राजधर्म भूलने नहीं दूँगी...... नहीं।"

"किन्तु क्या अयोध्या की प्रजा तुम्हारी निंदा करेगी भी?" श्रीराम ने कहा।

"प्रजा है। ईश्वर की भी निंदा स्तुति कर सकती है।" सीता ने कहा– "प्रजा की बोली ब्रह्मा का वचन– कथन है, प्रिय मेरे।"

श्रीराम ने सीता जी को घूरा, निहारा, देखा और कहा– "तुम्हारे विषय में अपवाद उठखड़ा हो तो अघटन घटना ही हो जाय। नहीं..... प्रिय मेरी! नहीं....... ऐसा हो जाय तो मैं क्या करूँगा...... क्या?"

सीता जी ने कहा– "राजा का जो धर्म हो, वही कीजिएगा। इसीलिए मैंने मुक्त मन से सिंहासन पर आपका भव्य पार्श्व नहीं संजोया है। आर्य प्रजा की मर्यादा अटूट है– सनातन है। कारण– अकारण ही परम्परा मात्र नहीं है। वह सत्य की पंक्ति है- लक्ष्मण रेखा है।"

"लक्ष्मण रेखा?" श्रीराम ने साश्चर्य सीता को देखते हुए पूछा– "तुमने लक्ष्मण रेखा का उल्लंघन कर निस्संदेह मर्यादा को भंग किया था। तुमने लक्ष्मण को कटु वचन भी कहा था। द्विवर को द्विवर मानकर चली थीं क्या?"

"मेरी मति भ्रष्ट हो गयी थी, राम।" सीता ने कहा– "न जाने मुझे क्या हो गया था– लक्ष्मण को मैंने न कहने योग्य कटु वचन कहे। लक्ष्मण के चरित्र में मैंने शंका की, राम! मैंने लक्ष्मण का जघन्य अपराध किया था, तभी वह दुष्ट पिशाच मुझे हर ले गया। विधि वाम हो गया था, राम! मैं..... मैं निस्संदेह जैसे राक्षसी हो गयी थी।"

"माया" श्रीराम बोले– "मुझे लगा था जैसे–आगे भी लग रहा है जैसे दिव्य-भव्य पुण्यभृत सीता मेरे हृदय में छिपी हुई है। रावण तुमको नहीं, तुम्हारी काया की छाया को ही हर ले गया था। तुम्हारा मन मेरे पास था, चित्त मेरे पास था, तुम्हारी बुद्धि और अहम् भी मेरे ही पास था– मैं....... मैं, प्रिये! जैसे सीता ही बन गया था– जनकनन्दिनी हो गया था-"राघव मिट गया था जैसे।" "और अब तुम राघव राम, राजा राम हो गये हो?" सीताजी ने पूछा।

"मैं अब मायापति राम नहीं–सीतापति राम हो गया हूँ।" श्रीराम ने सीताजी को पार्श्व में भरते हुए कहा– "मैं.... मैं क्या हूँ, क्या हो गया हूँ। मुझे ही पता नहीं है। मैं जैसे क्षण हूँ, क्षणों का सनातन प्रवाह हूँ। हाँ, पल हूँ– पलक हूँ। जैसे विराट् और अनन्त हूँ, सीते। मैं स्वयं में स्वयं होते हुए भी स्वयं नहीं हूँ। मैं अखिल में,

निखिल में जैसे तुम्हारी स्वप्नमयता हूँ, सीते। मेरी अनन्य, प्रिये! मैं राम नहीं हूँ–
सीता हूँ।"

सीताजी रामजी के पार्श्व में मानो अर्द्धमूर्च्छित सी सीमटीं– "राम......।"

"सीता–राम।" श्रीराम ने अपने कंज–नयन बन्द कर अपने ही अगाध, अतल
में सीता की दिव्य ज्योतिर्मयी छवि मानो देखते हुए कहा।

✦✦✦

उर्मिला देवी ने अपनी दीदी सीताजी को मन्द–मन्थर गति से चलकर आते हुए
देखा। सीताजी थकी हुई हथिनी की मन्द–मन्थर चाल से चली आ रही थीं।
तीक्ष्ण! पलक झुके हुए थे और गण्डस्थल ऊभर कर शिथिला सा गया था। सीता
अपने सरोज–नयनों में ही खोयी हुई थीं। देख रही थीं। चकित–सी वह अपने
आस–पास को देखती जा रही थीं। अपने ही अन्तरात्मा में खोई हुई महाराणी
सीता मानो कंजों की उभरी–उमड़ी नारी मूर्ति थी। स्तनभार से तनिक झुकी हुई
श्रीमती सीता को देखती हुई उर्मिला उठी, हड़बड़ाई, दौड़कर स्वागतार्थ अपने
दोनों मृणाल बाहु फैलाती हुई बोली– "स्वागत दीदी..... आश्चर्य!"

सीताजी मुलकीं– "आश्चर्य? क्या? यही न कि महाराणी सीताजी बिना सूचना
के तुमको मिलने यों चली आई? क्या अपनी भगिनियों के साथ भी मुझे राजसी
औपचारिकताएँ निभानी होंगी?"

"क्यों नहीं?" उर्मिला ने सीताजी को प्रणामपूर्वक नमस्कार करते हुए कहा–
"तुम अयोध्या के महाराज्य-राम राज्य की महाराज्ञी हो और राजा राम की
सिंहासन पार्श्ववर्ती हो। तुम–हम सबकी प्रिय महाराणी हो–सीताजी।"

सीताजी ने कहा– "अच्छा–अच्छा! अब चल, मुझे बैठने भी दे। आज–कल
थक जाती हूँ, उर्मिले! तुम तो वैसी ही हो–सहज–सुन्दर और अपनी ही शान्ति में
मौन। क्यों? देवरजी सानुकूल तो हैं न?"

उर्मिला ने सीताजी को गद्देदार आसन पर बिठाते हुए कहा– "वैसे ही हैं, जैसे
पहले थे– न सानुकूल और न ही अननुकूल-केवल अनुकूल हैं। अयोध्या साम्राज्य
के महासेनापति जो ठहरे-राजा राम के दाहिने हाथ।"

"वह तो है ही।" सीताजी ने हँसते हुए कहा– "राम–लक्ष्मण। जोड़ी है, वनवास
की दीर्घ तपस्या से उद्भवित जोड़ी है। देवर जी कुछ रुष्ट-तुष्ट हैं– रामजी शान्त

सागर हैं। देवर जी सूर्य के समान प्रखर हैं। रामजी पूर्ण चन्द्रमा की भांति शान्त शीतल, किन्तु संजीवन से भरपूर गुणनिधान हैं– राजा राम।"

"रघुपति राघव राजा राम।" उर्मिला ने हँसते हुए कहा– "आज कैसे भूली पड़ी दीदी? मेरी याद कैसे आ गयी?"

"तेरी याद तो आई ही, किन्तु तुझसे भी अधिक देवर जी याद आये।" सीताजी ने सहज मुस्कान के साथ कहा– "मन में आ रही है, कुछ दिवस चित्रकूट की पर्णकुटिया में जाकर रहूँ– तू देवर जी और मैं। क्यों?"

"अच्छा?" उर्मिला ने तनिक आश्चर्यपूर्वक कहा।

"मंदाकिनी"– सीताजी ने क्षितिज के पार देखते हुए कहा– "कमलदल से हिल्लोलित मंदाकिनी मन्द–मन्द संगीत ध्वनि के समान गूँजती हुई और बहती हुई। आश्रमों की पवित्र छायाओं से मुखरित मंदाकिनी, उर्मिले! मन करता है मंदाकिनी में नहाया करूँ। राजमन्दिर के वैभवपूर्ण स्नानागार में स्नान करते हुए मैं ऊब गयी हूँ। जैसे- वह तो जैसे- राजा ही हैं। प्रतिपल–प्रहर राजा ही हैं। वह पास होते हैं, तब भी मैं जैसे उनकी प्रतीक्षा करती रहती हूँ।"

"दीदी।" उर्मिला चिहुँकी।

"राम.... उर्मिले! राम चाहिए मुझे–राजा राम नहीं।" सीताजी ने कहा– "किन्तु राम तो अब मेरे सूने मन मन्दिर में ही हैं। रामजी जैसे अपन सबको भूल गये हैं।"

"नहीं, यह तुम्हारा भ्रम है दीदी" उर्मिला ने कहा– "रामजी को घट–घट की पड़ी है फिर तुमको यह तनिक सा विलगाव लग ही क्यों रहा है? लोग तो सीताराम को एक समान ही मानते हैं।"

"सीता श्रीराम के श्री चरणों में पड़ी एक अनादि शाश्वत नारी है, उर्मिले" सीताजी ने कहा– "मैं सुख की राज्ञी नहीं, दुखों की पत्नी जीवन–वेदना सी हूँ। इसीलिए मुझे राज्ञीपन का अनुभव होता ही नहीं– मैं तो राम की पुजारिन हूँ– भक्त हूँ।"

"हनुमान की भांति?"– उर्मिला ने पूछा।

सीता हँसी– "हनुमान नर हैं, मैं नारी हूँ। नारी अपने नर में समा जाती है– लीन हो जाती है। मैं रामजी को पाकर भी जैसे पा नहीं सकती। रामजी अगाध

रहस्य हैं, उर्मि। वह मेरे प्राणों में रमें हुए है, फिर भी मेरे प्राण विकल हैं, उनके बिना। श्रीराम मेरे चिर विरह हैं उर्मिले। मेरे चिर मिलन नहीं।"

"दीदी।" उर्मिला ने मर्मस्पर्शी स्वर में कहा– "नहीं.... नहीं, यह सम्भव नहीं, असम्भव है। अघटन। तुम दोनों एक हो, अभिन्न हो। तुम्हारे बिना राम नहीं और राम के बिना तुम नहीं। संसार आज तुम दोनों को एक पवित्र नाम कह चुका है– सीता राम। तब तुम क्यों निराश, उदास तथा स्वयं में ही परास्त।"

सीताजी ने मन ही मन तनिक आघात खाते हुए कहा– "राम को संसार की चिन्ता नहीं है, घर–संसार का मोह नहीं है। जिस सत्पुरुष को विवाह के होते ही वैराग्य सूझे, उसको तो योगी, निर्मोही कहना चाहिए। राम केवल प्रजा को ही देखते हैं, अपनों को नहीं। रामजी निश्चिंत हैं– उनको मेरी चिन्ता नहीं है।"

उर्मिला– "स्त्री–पुरुष में यह मनमुटाव मात्र है। तुम दीदी जब राम को भजती हो, उनकी भक्त हो, अनुचरी हो, दासी हो, तब तुमको यह अलगाव अनुभूति कैसे है? अलगाव, विलगाव से संयोग– वियोग तो द्वेत में है, श्रद्धेय।"

सीताजी ने कहा– "राम अनन्त हैं और मैं उनको अपने प्राणों में भर नहीं पाती। राम अच्युत हैं तथा मेरा मन क्षण–क्षण की चपलताओं से भरा उनको पकड़ नहीं पाता–जकड़ नहीं पाता। राम को पाकर भी मुझे लगता है राम को तनिक भी नहीं पाया। मैं राम को स्वयं में समा लेना चाहती हूँ। यही.... यही मिलन है।"

उर्मिला ने शान्त स्वर में कहा– "मुझे तो चौदह वर्षों में एक पल भी नहीं लगा- मैं उनसे दूर हूँ–अलग हूँ– विलग हूँ। मैं उनको, आपके प्रिय द्विवर को अपने मन में पाती थी, अपने आँखों में खुभाए हुए रखती थी।"

"तुझे अभाव प्रतीत नहीं होता था क्या?"- सीता ने पूछा।

"वैसा अभाव नहीं, जैसे अलगाव से उत्पन्न होता है। उनके बिना मैं स्वयं को रीति पाती थी– खाली रिक्त, शून्य। निराश अवश्य थी किन्तु वह मेरी निराशा की रात्रि में मुस्कुराते हुए पूर्णेन्द थे और आज वे सूर्य के समान मुझे आलोकित, प्रकाशित किये हुए हैं।"

"लक्ष्मण तुमको प्रकाशित किये हुए है? कैसे?" सीताजी।

"नर ही नारी को प्रकाशित करता है, उद्घाटित करता है, पूर्ण–परिपूर्ण और सफल–धन्य करता है।" उर्मिला ने कहा– "रामजी तुमको, दीदी! इतना चाहते हैं कि चाहने की ही सीमा बीत चुकी है। चौदह वर्ष तक तुम दोनों आकाश के तारों, निहारिकाओं और आकाश गंगाओं में रहे हो। सघन वनों में ऐश्वर्य और वैभव की इच्छा त्यागकर पृथ्वी पर विचरे हो– यही जीवन की धन्यता है। दीदी! अपने ऐसे भाग्य को सराहो तुम।"

श्रीमती सीताजी ने सहसा प्रसन्नवदन से कहा– "राम मेरे ही हैं, यह मैं जानती हूँ। तभी तो जी रही हूँ, उर्मि। मैं, तुम और भाई वीर लक्ष्मण–तीनों चित्रकूट चलें। वहाँ मैं तुम्हें बताऊँगी कि तुम्हारे लक्ष्मण किस भांति अहर्निशि हमारी सेवा करते रहते थे। एक बार मैंने नथनी बताकर पूछा– यह जानते हो? तो श्रीमान लक्ष्मण बोले– भाभी, मैं तो तुम्हारे चरण ही देखता रहता हूँ, मुख नहीं। सुना? ऐसे हैं मेरे देवर लक्ष्मण। हाँ, कभी–कभी मैं लक्ष्मण पर झल्ला उठती थी। राक्षसों के जनस्थान के सघन वन में कृष्णमृग को फाँद लेना कोई मेरे अत्यन्त प्रिय देवर जी से सीखे। राम को देखते ही मृग चौकड़ी भरते थे।"

"और तुम्हें देखकर मृगी चलने लगती थी। नहीं......?" उर्मिला ने कहा– "दीदी तुम सभी चाल चलने वाली हो। मृगी के भांति तुम 'मृगनयनी' हो। हथिनी की चाल में गजगामिनी हो। रामजी तुम्हारी चाल पर निछावर हैं, नहीं........?"

सीता हँसी– "वह नहीं मैं उन पर निछावर हूँ। सिंह की तरह वे चलते हैं, विशाल स्कन्ध पर धनुष, आजानुबाहु, कंज मुख–कंज नयन। मेरे राम और तेरे ज्येष्ठ जी रामजी। राम को मैंने साँसों में भर लिया है, जैसे प्राणों से पी लिया है। मैं...... मैं तृप्त हो गयी हूँ जैसे।"

"दीदी......" साश्चर्य प्रसन्नवदन उर्मिला ने कहा– "यह बात है? जुग–जुग जीओ तुम राम वल्लभे! माँ कौशल्या को पता है? रामजी को?"

"क्या री......?"– सीता।

"माँ सीता।"– उर्मिला ने कहा।

"जैसे भर गयी हूँ। भरपूर हो गयी हूँ, उर्मि। माँ को कैसे और उनको भी कैसे क्या कहूँ? मेरा उदय जैसे जीवन चैतन्य से भर गया है रे। मैं जैसे द्विजीव हो गयी हूँ। संसार भाता नहीं, जगत रुचता नहीं। सरिता में नहाना चाहती तथा सघन

वनों में घूमते रहना चाहती हूँ– कन्द–मूल खाना चाहती हूँ– बेर, सखी। चल वन चलें। चलेगी न?"

"अवश्यमेव दीदी।"– उर्मिला ने सीता को नमन करते हुए कहा।

"तुम मेरी इष्ट हो सीते। तुम्हारी जय हो!!"

✦✦✦

श्रीमती सीता जी ने श्रीराम को मानो जी भर कर निहारा और कहा– "उर्मिला ने मेरी जय कही हैं, राम!"

श्रीराम ने अगाध प्यार से अपनी दिव्य जीवन–संगिनी को घूरते हुए कहा– "जय तो सदा शक्ति की है– होती है, सुमुखि!"

सीता बोली– "ऊँह। नहीं, जय मेरी नहीं, तुम्हारी–जय राम। मैं उर्मिला से मिलने गयी थी– यह कहने कि चल चित्रकूट चल, लक्ष्मण जी के साथ। जाऊँ? राम! मैं, उर्मिला तथा लक्ष्मण–हम तीनों। कुछ दिवस घूम आएँगे। सच वन फल चखने की जी में आ रही है–बहुत आ रही है।"

श्रीराम ने चिहुँकते हुए पूछा– "क्यों? क्या बात है? पहले तो कभी यों तुम्हारा जी नहीं करता था?"

सीताजी ने श्रीराम का मुँह बन्द करते हुए कहा– "चुप करो। तुम पिताजी जो होने जा रहे हो राम!"

श्रीराम ने प्रसन्न होते हुए कहा– "अच्छा तब यह बात है। माँ को बताया?" वह तो पहले ही, बिना कहे समझ गयी थी।" सीताजी ने सस्मित कहा– "वह माँ है न, माँ बिना बोले ही समझ जाती है। कहना तो पिता को ही होता है। माँ सूचित नहीं होती, वह जान जाती है– सूचना तो होने वाले पिताश्री को ही देनी होती है।"

श्रीराम ने सीताजी को बाहुओं में भर लिया, बोले– "जीओ सुमुखि सीते मेरी! जीओ! पुत्र या पुत्री?"

"तुम जो चाहो, प्राण मेरे!" सीता ने श्रीराम के वक्षस्थल में समाते हुए कहा– "प्रतापी इक्ष्वाकु वंश का रघुकुल सदा दैदिप्यमान होता रहे– यही मेरी कामना है, राम! तुम्हारे वंश से सूर्य–प्रताप की भांति सारी पृथ्वी जगमगा उठे। तुमसे भी बढ़कर तुम्हारे बेटे, नाती–पोते। हाँ, राम!"

"तथास्तु प्राणेश्वरी!" श्रीराम।

"चित्रकूट चलो न? तुम भी चलो।" सीताजी ने कहा– "तुम्हारे हाथ से बेर खाना चाहती हूँ। मधुर फल तुम मुझे खिलाओ– हाँ प्रिय मेरे।"

"लक्ष्मण को साथ लेकर जा सकती हो।" श्रीराम ने कहा– "माँ की आज्ञा ले लेना! समझी....?"

सीताजी श्रीराम के पार्श्व में जैसे सट गयी, हुमुसी– "समझ गई जी।"

श्रीराम हँसे, बोले– "तुम्हें देखता हूँ, मुझे सृष्टि का भान हो जाता है। तुम नारी तो हो ही परन्तु जैसे त्रिपुरा सुन्दरी हो। मेरे तीनों पुर जैसे तुम्हारी इच्छा और प्रसन्नता से ही बने हुए हैं और बने रहेंगे। प्राणेश्वरी, सुमुखि मेरी। तुम मेरी व्यवहारिक स्वप्न और कारण की सम्पूर्ण जैसे चेतना हो।"

सीता- "रहने दो जी! राजा हो–मुझे त्याग दोगे कहीं।"

राम चिहुँके– "सीते!"

"हाँ, राजा राम! हाँ।"

"सीते! व्यंग्य क्यों किया करती हो?" श्रीराम ने कातर स्वर में कहा– "मैं तुम्हारे लिए राम हूँ– राजा राम नहीं। सिंहासन पर मैं राजा हूं, किन्तु अपने आवास पर मैं राम हूँ– राघव राम! मैं तुम्हें त्याग दूँगा? न जाने क्यों, यह विचार तुम्हें हुआ? मैं अपने प्राण त्यागूँ तो तुमको त्यागूँ। फिर अब तो तुम माँ होने जा रही हो। सघन सजल सफल पृथ्वी की भांति तुम सगर्भा हो। राज्य, राष्ट्र तथा कुल की वन्दनीया हो, तुम सीते! मुझ में जैसे तुम्हारा विश्वास ही उठ जाता हो– ऐसा क्यों, प्राणेश्वरी सीते! ऐसा क्यों?"

सीता उठ बैठी। श्रीराम को घूरकर बोली– "वन से लौटी हूँ तब से राम! मैं मन ही मन उदास रहती हूँ, भयभीत हो जाती हूँ, जैसे कोई तुमको मुझसे अलग कर देगा–विलग–राम! चिर वियोग की आशंका से मैं त्रस्त हो जाती हूँ और अब तो मेरा मन नगर में लगता ही नहीं। सघन वन में, दूर एकान्त में पर्णकुटिया बनाकर रहना चाहती हूँ और तुमको पलकों में बाँधकर रखना चाहती हूँ। राम! मैं तुम्हारे बिना रह नहीं सकती, जी नहीं सकती, हाँ राम! कुछ कहते क्यों नहीं?"

श्रीराम ने सीताजी को घूरा, कहा– "राज्य तब त्याग दूँ और तुम्हें लेकर वानप्रस्थ ले लूँ, वन में बस जाऊँ, किन्तु तुम तो अपनी आगम सन्तान के स्वप्न

में मग्न रहोगी और मैं क्या आखेट खेला करूँगा। गाऊँगा और तुमको भी गाने के लिए कहूँगा या ऋषि–मुनि हमें आशीर्वाद बरसाते रहेंगे। वन में मैं करूँगा क्या? क्षत्रिय हूँ, कुटुम्ब है वंश है, समाज है, राष्ट्र है–राज्य है, प्रजा पालन है, जनमनरंजन है"– सीता मुलकी।

"हाँ, है तो। क्षत्रिय का धर्म रक्षण, प्रजापालन तथा धर्मधारण तथा वैदिक कार्य हैं। क्षत्रिय राज्य और समाज का तपस्वी है तथा जनमनरंजन के लिए ही राजकरणीय है। राजा प्रजा का सेवक है, भाता तथा नियामक है, सीते! तुम्हारे साथ वन में बस जाऊँ तो मैं अपने क्षत्रिय धर्म से ही च्युत हो जाऊँगा।"

सीता बोली– "मैं कब कह रही हूँ कि अपना स्वधर्म त्याग दो। तुम राम! पत्नी को ही त्याग दो न– अपने धर्म को नहीं।"

"कोई भी जीव अपने स्वधर्म को त्याग ही नहीं सकता, प्रिये!" श्रीराम बोले– "किन्तु मुझे समझ में नहीं आता तुम मुझे, स्वयं को, तुमको त्यागने की बात क्यों कह रही हो? कोई अपने प्राण, अपनी जीवनी शक्ति को, अपनी अन्तरात्मा को त्याग सकता है। राजा हूँ तो राजकाज में राजधर्म निभाऊँगा– अवश्य निभाऊँगा।"

सीता पूर्ण जागृत होते हुए बोली– "रावण के यहाँ रही हूँ– यह अपवाद मेरे लिए खड़ा हो जाय तो आप क्या करें?"

श्रीराम खड़े हो गये, तनिक अमर्षपूर्वक बोले– "तुमको लेकर त्रिकाल में भी अपवाद खड़ा नहीं हो सकता। मैंने तुम्हें अग्नि में तपाया है। समस्त संसार के सामने परमेश्वरी दुर्गा की साक्षी से तुम्हारी अग्नि परीक्षा ली है। भूल गई?"

"याद है। और इसीलिए पूछ रही हूँ।" सीताजी ने कहा– "लोकमत का क्या भरोसा? लोकमत तो एक चैतन्य है और ब्रह्मचैतन्य की वाणी है। लोक, लोकमत, लोक में यश या अपयश यही ईश्वर की विभूति पाद है। तुमने ही तो यह कहा है मुझे? भूल गये.......?"

"याद है, सीते! याद है।" श्रीराम ने कहा– "ईश्वर न करे और तुमको लेकर कोई अपवाद उठ खड़ा हो। दुर्गे! मुझ पर दया करो और मेरी अनिंद्य, अनन्य सीता का सम्पूर्ण परित्राण करो– योगमाये!"

सीताजी उठ खड़ी हुई और श्रीराम का अर्द्धालिंगन करते हुए बोली– "निश्चिन्त हो जाओ राम मेरे! सीता राजा राम की महारानी है, राघव राम की जीवन संगिनी है। वह इस पद प्रतिष्ठा की गरिमा अक्षुण्ण रखना जानती है– रखेगी।"

"सीते!" श्रीराम ने सीताजी का पूर्ण आलिंगन करते हुए कहा– "तुम तुम न जाने क्या हो? शुभमति हो, धीर गति हो, पृथ्वी की भांति धैर्यवती हो। तुम..... तुम निस्संदेह मेरी प्राणेश्वरी हो।"

21

सीताजी ने महादेवी कौशल्या जी से विनीत स्वर में कहा– "उन्होंने चित्रकूट जाने के लिए सहमति व्यक्त की है और कहा है आप श्रीमती से आज्ञा लूँ।"

कौशल्या देवी ने अत्यन्त स्नेह दृष्टि से सीता को निहारा, कहा– "इस अवस्था में वनवास क्या उचित है? तुमको विश्राम, ध्यान, चिन्तन–मनन की आवश्यकता है। यह उदासीनता त्याग पुत्री! प्रसन्न हो जा बेटी–राम ही तेरे उदर में मानो प्रविष्ट हुआ है। इसीलिए पुत्र–पुत्री पिता के आत्मज कहलाते हैं। तुझे यह विकलता क्यों है? क्या कोई तपस्वी तेरे उदर में आया है आर्ये!"

सीताजी ने लजाते हुए कहा– "वह स्वयं आए हैं। अपने अनन्त प्रेम से परिपूर्ण मानो राम ही मुझ में समा गये हैं। अत्यन्त प्रतापी वीर तथा तेजस्वी पुत्र मैं आर्यपुत्र को भेंट दूँगी। अवश्य माँ, मेरा अन्तःकरण साक्षी है।"

"फिर यह वनगमन की रट क्यों है, सीते?" कौशल्या जी ने पूछा– "राजमन्दिर के विशाल उद्यान में सुघड़, सुन्दर कुटीर बनवा देती हूँ। जब वन जाने की हूक उठे तो उस कुटीर में चली जाया करना, पुत्री!"

सीता स्वयं में खोती हुई– बोली– "सघन पर्वतों, वृक्षों की हरी–भरी घटाएँ, लता–कुंज और मंदाकिनी। वेगवती गोदावरी की कमलों को बहलाती हुई धारा, अरुणरंगी ब्राह्म मुहूर्त–माँ यह सब राजमन्दिर की कुटिया में कहाँ?"

कौशल्या– "राजमन्दिर में भी ब्राह्म मुहूर्त उदित होता है। नदी की जलधारा के बजाय प्रपात है, फव्वारे हैं। स्नान जलाशय हैं, उद्यान के सहस्र–कोटि पुष्पों की रंग–बिरंगी ज्योतियाँ हैं। रमणीय तथा स्फूर्ति प्रद प्रातःकाल है, बेटी यह तुझे रुचिकर नहीं है?"

"सघन वन आश्रम माँ!" सीताजी ने कहा– "आज्ञा दीजिए वीर लक्ष्मण तथा सखी उर्मिला के साथ कुछ दिन चित्रकूट रह आऊँ।"

कौशल्या– "तुम महारानी हो। महारानी सिंहासन से अनुपस्थित रहे– इसके लिए महाराजा से ही आज्ञा माँगनी होगी। तुम राजा राम का अभिन्न पार्श्व हो, राज्ञी।"

"राझी?" सीताजी चिहुँकी– "नहीं माँ आपकी पुत्री।"

"दिव्य पुत्रवधू!" कौशल्या बोलीं।

"आपकी सेविका, श्रीमती!" सीता ने कहा– "मैं दिव्य कैसे हूँ– रावण मुझे हर जो ले गया था– बलात् विवश पर– पुरुष का स्पर्श जो हुआ। हाँ, माँ! हनुमान मुझे उनसे मिलाने अपनी पीठ पर सिन्धु पार ले जाना चाहता था– परन्तु मैंने मना किया। स्वाधीन स्थिति में मैं पलक से भी पर पुरुष का स्पर्श नहीं कर सकती। मैं मनसा वाचा कर्मणा राममय हूँ, माँ!"

"मैं जानती हूँ।" कौशल्या बोलीं– "और इसीलिए तुम पुनीत दिव्य पुत्रवधू हो, बेटी!"

सीताजी ने कौशल्या जी के वक्षस्थल में समाते हुए कहा– "तब हम चित्रकूट जाएँ? आज्ञा है, माते!"

कौशल्या ने कहा– "महाराणी सीते! राजा राम की आज्ञा होने पर ही आप राजमन्दिर छोड़कर अन्यत्र जा सकती हैं। राजा ही अपनी महाराणी का स्वामी तथा उसका रक्षक है। राम से विनती करो पुत्री।" सीता– "कई बार निवेदन कर चुकी हूँ। प्रत्येक बार वे आपको ही बताते हैं। कहते हैं, तुम्हारे लिए तो माँ है मैं नहीं और यह भी कहते हैं कि राजमन्दिर में राणी का ही निवास है– प्रतिष्ठा है। अतः बड़ों की आज्ञानुसार ही बरतना होगा– मर्यादा– पालन।"

कौशल्या ने सस्मित कहा– "अच्छा, तब मैं ही राम से पूछ लूँगी।"

"आभार मातुश्री!" सीता ने कहा– "मुझे पता था, आप कृपा करोगी। माँ! राजमन्दिर के इस भव्य कारागार से मुक्त होकर शेष जीवन जीना चाहती हूँ।"

"राम राज्य छोड़ क्यों नहीं देते? हम दोनों वन में ही भले हैं।"

कौशल्या ने तनिक अमर्षपूर्ण स्वर में कहा– "सीते! यह न भूलो राम इक्ष्वाकु वंश के प्रतापी क्षत्रिय रघुकुल का पाटवी है। वह शिरोमणि मर्यादा पुरुषोत्तम राजा राम है। जगत का कल्याण करना, प्राणियों का योगक्षेम साधना तथा संभृत, सन्तुष्ट और सम्पन्न प्रजा को प्रसन्न करना व रखना– उसका राजधर्म है। राम तुम्हारा पति अवश्य है, किन्तु हम–तुम राजा राम की प्रजा भी हैं। राजधर्म में सभी इतर धर्म समा जाते हैं और ईश्वर की विभूति बन जाते हैं। हाँ सीते!"

सीता– "जी, मातुश्री।"

"चलो, मैं तुमको राम के पास ले जाऊँगी" कौशल्या जी ने कहा– "इतना क्या राजकाज में राम संलग्न है, जो तुमको विश्वस्त करता ही नहीं। क्या वह राजा ही है? तुम्हारा–हमारा कोई नहीं?"

सीता– "यह तो वही जाने–राम जाने, माँ!"

कौशल्या ने अमर्षपूर्वक कहा– "वह मेरा पुत्र और तुम्हारा पति पहले है, राजा बाद में। राजसिंहासन पर आरूढ़ होते ही क्या मानव नहीं रहता– नरेश हो जाता है? नृपति? मेरी गोद में तो राम ही है, जन्मा जब से और पति, पिता, ताऊ सभी है– मानव के गृहस्थ सम्बन्ध तो राजा को भी बाँधते हैं। फिर मानव अन्ततोगत्वा मानव है– कोई है?"

अनुचरी ने प्रवेश करते हुए कहा– "जी, राजमाते!"

"श्रीराम को हमारा सन्देश दो। हम अभी उनसे मिलना चाहती हैं– महारानी सीता जी के साथ। सत्वर जा, सुना?"

"जी, सुना। जैसी आज्ञा श्रीदेवी।" अनुचरी ने कहा।

सीताजी ने तनिक सिर धुनाया, कहा– "आप श्रीमती ही मिलें, मैं नहीं, माँ। मैं नहीं। मैं उन्हें अच्छी भांति जानती हूँ। वह साक्षात् राजधर्म की मूर्ति हैं। मेरे नाथ हैं, स्वामी हैं, पतिपरमेश्वर हैं– सब हैं। परन्तु चक्रवर्ती राजा राम ही सर्वोपरि हैं शुभे!"

कौशल्या ने सीता को देखा, निहारा, घूरा–कहा– "अच्छी बात है। पति–पत्नी के झगड़े में तब हम नहीं पड़ेंगे। मेरी ओर से तुम राम की आज्ञा लेकर वन जा सकती हो। प्रजा को राजा की आज्ञा लेनी ही पड़ती है। फिर तुम तो राजा राम की अर्द्धांगिनी हो, जीवन संगिनी तथा राजधर्म के पालन में समान सत्वाधिकारिणी हो। सीते, पुत्री! तेरा कल्याण हो! तुम स्वयं कल्याण मूर्ति हो, पुत्री!"

✦✦✦

दौवारिका ने श्रीराम को कहा– "राजमाता मिलना चाहती हैं, प्रभो!"

"माँ मिलना चाहती हैं? अच्छा!" श्रीराम ने कहा– "तब हम ही माँ के निवास में चलते हैं, दौवारिका! हमें महादेवी राजमाता कौशल्या जी के आवास का मार्ग बता।"

“जैसी रामजी की आज्ञा प्रभो” दौवारिका ने कहा और आगे–आगे चलने लगा। श्रीराम जी को राजमन्दिर के गलियारों से निकला देखकर राजमन्दिर के चर–अनुचर, दास–दासियाँ सब तनिक आश्चर्यचकित से हो गये। राम जी! रामजी महादेवी से मिलने–दर्शन करने जा रहे हैं। महादेवी ने बुलाया है– वे स्वयं जाना चाहती थीं, किन्तु रामजी ने मन्त्रणा शीघ्र ही समाप्त कर स्वयं ही माँ के दर्शन करने का निश्चय किया। धन्य राजा राम! क्या कहें हम मातृ–भक्त को। आदर्श–आदर्श रामजी आदर्श ही आदर्श हैं– सर्वगुण निधान। राघव राम व्यष्टि तथा समष्टि की सभी मर्यादाएँ पालते हैं, पालन करवाते हैं और लोकमत फिर चाहे वह एक व्यक्ति का ही क्यों न हो, उस पर ध्यान देते हैं प्रजापालन तो है ही किन्तु प्रजा को सन्तुष्ट, संभृत और सम्पन्न करने के लिए और रखने के लिए प्रजा की सलाह भी लेते हैं। ऋषियों की अध्यक्षता में अनेक निर्णायक परिषदें स्थापित की गयी हैं। लोकमत की सतत् समीक्षा कर राजा को परामर्श देने के लिए भी परिषद् हैं– “लोकमत समीक्षा परिषद्।” श्री राजा राम ने अपने राज्य के संकल्पित और उद्घोषित सभी आदर्शों की क्रियान्विति के लिए योग्यतम् नायक और मार्गदर्शक भी नियुक्त किये है। आर्यावर्त की रक्षा तथा उत्कर्ष के लिए महाबाहु वीरवर लक्ष्मण के नेतृत्व में सारी सैनिक पंक्तियाँ स्थापित की गयी हैं। महात्मा भरत वेद–वेदान्त और वैदिक वर्णाश्रम धर्म के धारण, भरण और पोषण के लिए नायक हैं। आर्य–राक्षस तथा वानर संस्कृतियों के समन्वय और संगम के लिए स्वयं राजा राम ने विश्वव्यापी नेतृत्व सम्भाला है। धन्य राजा राम लोकगायकों की वन्दना सुनते हुए राम माता कौशल्या जी के आवास की ओर चले। लोकगायक ने फिर कहा– “कीर्ति पुण्यशालियों की है, किन्तु राजा राम को तो यश है! उत्तीर्ण तो नागरिक होते हैं। पुरुषार्थ परीक्षा में किन्तु जय तो श्रीराम की ही होती है– राम तेरी जय हो।”

“जय सच्चिदानन्द।”– राम ने अपना आजानुबाहु उठाते हुए कहा– “गायक! परमात्मा का गान गाया करो। जीवों के गुणों का गान तो तत्कालिक जीत है। शाश्वत और अनहद गान तो परमात्मा का है।”

“जी, महाराज! राजराजेश्वर राजा राम! धन्य!” लोकगायक ने कहा– “परमात्मा का मनुजावतार तो आपश्री हैं। श्री हरि विष्णु विष्णु!” श्रीराम ने हँसते हुए कहा– “परमात्मा जीव कैसा होगा, गायक! प्रभु तो प्रभु है, विभु है, कवि– ईश।”

लोकगायक ने कहा– "वही सच्चिदानन्द व्यक्त होता है जीव रूप, जगत रूप–ऐसा महर्षिगण कहते हैं, प्रभो।"

"तथास्तु" श्रीराम बोले– "अब जाओ तथा हमारे विश्व मन्दिर में प्रभुगान गाओ, हमारा गीत तो बहुत हुआ। हम चाहते हैं प्रतिपल प्रभु का स्मरण करते रहें–तुम करते रहो– सब करते रहें। हम मुनि नहीं हैं– गायक! अन्यथा ध्यानावस्थित होकर उसे देखते रहते। जय सच्चिदानन्द।"

कौशल्या जी ने श्रीराम को आते हुए देखा तथा उठकर सहर्ष लपकीं और राम को अपनी बथ में समेटते हुए बोलीं– "कितने अरसे बाद मुँह दिखाया है तूने राम!"

"क्यों?" श्रीराम ने माँ के चरण स्पर्श करते हुए कहा– "प्रतिदिन तो चरण–वन्दन करने आता हूँ। उठते ही प्रथम प्रणाम तो आपको ही करता हूँ फिर गुरुदेव को।"

कौशल्या– "वह तो है ही, किन्तु तू राम! मन खोलकर मेरे पास कभी बैठा भी है?"

श्रीराम ठहाका मारकर हँसे– "सभी माताएँ यही चाहती हैं– सीता भी। किन्तु मैं अब गृहस्थ व्यष्टि नहीं, राजा की समष्टि हो गया हूँ। राजा व्यक्ति नहीं होता माँ।"

"जानती हूँ, राम! राजा राम!" कौशल्या बोली– "तुझे राजा पाकर हम सबने अपने पुत्र, पति, बन्धु–बान्धव सभी प्रकार से क्या तुझे खो दिया है?"

"नहीं, माँ! सभी गृहस्थ–सम्बन्ध राजधर्म के विरह समुद्र में तरंगों की भांति समा गये हैं।" श्रीराम ने कहा।

कौशल्या जी ने सस्मित पूछा– "तब तुम केवल राजा राम ही रह गये हो क्या?"

"प्रजा का सेवक।" श्रीराम ने कहा– "पृथ्वी भर के राज्यों को वेद और वैदिक धर्म धारण तथा पालन के लिए प्रेरित करना है, प्रचोदित करना है, माँ! शताब्दियों से हम राजागण अपनी–अपनी सीमाओं में राज्य करते आ रहे हैं– हमें पृथ्वी की विराट सीमा का पता ही नहीं है। पृथ्वी का साम्राज्य आकाश की भांति अनन्त है, असीम है। रघुकुल का सतत् राज्य ही इस विराट विश्व साम्राज्य की धुरी है।

इक्कीस बार क्षत्रियों का निर्मम संहार होने के पश्चात् विश्व साम्राज्य की यह धुरी क्षत्रियों के सशक्त हाथों से बिछल गई। असभ्य जातियों के नायक नरेशों ने प्राणिमात्र का भक्षण तथा प्रजाओं को पीड़ित कर शोषण करना अपने राज्य का दर्प ही बना लिया है। आर्य सभ्यता की दीपावली बुझती चली गयी। यों आर्य ज्ञान और अमृत की संस्कृति का जनक, साधक तथा वाहक रहा है। आर्यजन ऋषि मुनियों की सन्तान तथा वेद–उपनिषद का शिष्य रहा है। मैं आपके अक्षुण्ण आशीर्वाद से इसी ज्ञान और अमृत की शान्त और आनन्ददायी संस्कृति का राज्य चलाना चाहता हूँ। भेद-भाव, शोषण, परपीड़न, अज्ञान और अन्याय का शासन जहाँ भी हो, मैं समाप्त करूँगा। मैंने विश्व–बन्धुत्व तथा अभय, शान्ति और ज्ञान का समदर्शी चक्रवर्ती राष्ट्र उद्भव करना आरम्भ कर दिया है। रघुकुल का यह राम–राज्य विश्व मानव का राज्य होगा। इसको मैं जन मन रंजन का राज्य कहता हूँ।"

कौशल्या जी ने सस्मित कहा– "यह तो सत्युत है पुत्र मेरे! किन्तु हम सब जो हैं तेरे ध्यान के लिए आतुर हैं। सीता इतनी उदास क्यों है? निराश क्यों है?"

श्रीराम ने माँ को घूरा-कहा– "सीता उदास है? निराश? क्यों? वह तो राजमन्दिर त्यागकर वनवास करना चाहती है।"

"परन्तु क्यों?" कौशल्या ने कहा।

"सीता मेरी शक्ति है, संजीवनी है, माँ!" राम बोले– "उसको वनवास कैसे करने दूँ। कुछ दिन वन भ्रमण करने जाना चाहे तो मुझे आपत्ति नहीं है।"

"तुम भी साथ क्यों नहीं जा सकते राम?" कौशल्या ने कहा– "मृगया के लिए सघन अरण्यों में भटकते जो फिरते हो।"

श्रीराम हँसे– "आखेट के लिए वन में जाना ही पड़ता है। क्षत्रिय के धर्म में आखेट द्वन्द्व और युद्ध ये सब जन्मजात दिये हुए हैं। क्षत्रिय वर्ण का यह आधारभूत धर्म कार्य है, अम्बे! किन्तु राजा रहते हुए मैं अपनी पत्नी के साथ वनवास के लिए नहीं जा सकता। सीता तो चित्रकूट की कुटिया में कुछ दिन बसना चाहती है, किन्तु वे भूल जाती हैं कि वह महारानी सीता हैं, पट्टमहिषी हैं। अवश्य वे चित्रकूट में घूमकर पुनः राजमन्दिर में आ जाएँगी। महाराज्ञी सीता को एक प्रहर भी वन में रहने नहीं दिया जा सकता। इसीलिए मैंने उसे आपकी आज्ञा लेने को कहा था– तीर्थ करना चाहे तो जा सकती है……."

"तुम जानो।" कौशल्या ने कहा– "यह राजधर्म मुझको समझ में आ ही नहीं सकता। राजा अपने ही सिंहासन का बन्दी हो गया। उसकी व्यक्तिगत जीवन शैली तब रही ही नहीं। सीता ठीक ही कहती थी– राम रहा ही नहीं, राजा राम ही हो रहे हैं।"

"मर्यादा, माँ!" श्रीराम ने कहा– "लक्ष्मण को कह देता हूँ, सीता को चित्रकूट घूमाकर ले आवे। सीता पग से भारी है– यह मुझे ज्ञात हुआ है। उसकी प्रत्येक इच्छा की पूर्ति करनी ही चाहिये। वन भ्रमण के लिए राज़ी सीता जा सकती है। इस अवस्था में मैं सीता को रिझाए रखना चाहता हूँ।"

"पुत्र या पुत्री?" कौशल्या ने अचानक पूछ लिया।

"यह तो विधाता जाने– हमारे प्रारब्ध में जो लिखा है– वही होगा, माँ! जन्म मृत्यु विधि के हाथ। मैं तो मानता हूँ– माता–पिता, पत्नी–सन्तान, इष्ट मित्र, जामातृ और शत्रु विधाता के लेख अनुसार ही प्राप्त होते हैं।"

"तभी तू मन से उदास प्रतीत होता है मुझे।" कौशल्या ने कहा– "नहीं?"

श्रीराम– "मैं उदास.....? नहीं–माँ नहीं। सीता जो है, तुम हो, लक्ष्मण, भरत, शत्रुघ्न, माताएँ जो हैं, भाभियाँ हैं। सब हैं, फिर उदासीनता किस बात की। भरापूरा हमारा भव्य संसार है | राजा को संभृत जगत चाहिए– भरापूरा, भव्य सम्पन्न परिवार चाहिए। सशक्त सेना, तलछट तक भरा राज्य कोष, अनुभवी मंत्री, उदात्त उदार चित्त के ऋषि–मुनि चाहिए।"

"तुमको सब प्राप्त है, राम!" कौशल्या ने कहा।

"श्री हरि की कृपा है।"– श्रीराम।

✦ ✦ ✦

सीताजी जी उर्मिला तथा वीरवर लक्ष्मण के साथ वन भ्रमण को निकलने से पहले अपने प्राणप्रिय आर्यपुत्र, स्वामी और नाथ श्रीराम जी से एकान्त में मिली। श्रीराम के चरण थामकर उन्होंने कहा– "आप अप्रसन्न हैं, स्वामी?"

"क्यों?" श्रीराम ने कहा– "निश्चिंत वन–भ्रमण करके आओ प्रिये! वन भ्रमण की तुम्हारी यह उत्कंठा मुझे देवात ही प्रतीत होती है। चित्रकूट का वन–प्रान्तर अब राक्षसों के भय से विहीन, मुखर अरण्य कान्तर है। रात्रि को क्या उस सूनी कुटिया में रहोगी? निद्रा आ जायेगी तुम्हें? तुम तो मेरे सुल्हाने से सोती हो, प्रिये!"

"नहीं! नींद नहीं आयेगी। तुम्हारी थपकियों से मैं जागृति से स्वप्न और स्वप्न से निद्रा में चली जाती हूँ। मैं जैसे स्मृति-विस्मृति के परे अपने ही कारण में उपरत हो जाती हूँ और तब......."

श्रीराम ने सीताजी की दिठौनी चिबुक उठाते हुए पूछा– "और तब?"

"और तब मुझे तुम्हारा साक्षात्कार होता है। मैं जैसे तुम में भरी हूँ। उभरी हूँ ...... उमड़ी हूँ, परन्तु लीन हूँ। मैं आनन्द की गहन अतल अनुभूति हो जाती हूँ। सच मानो मुझे श्री हरि का ही दर्शन और स्पर्श हो जाता है।"

"अच्छा?" रामजी मुस्कुराते हुए बोले– "तब रात्रि विश्राम अपने प्रिय के पास– उसके पार्श्व में ही करो। दिन में भ्रमण और रात्रि को घर पर। क्यों? है न?"

सीता ने प्रसन्न होकर कहा– "ठीक तो है। पत्नी को, प्रिय की सौड़ में ही नीन्द्रा आती है। यह पति- साक्षात्कार ही है, क्यों?"

श्रीराम– "साक्षात्कार तो परमात्मा, उस भर्गोदेव का ही होता है। परमात्मा को ही अन्त में जीव देखता है और तब यह जगत बिला जाता है– सृष्टि अदृश्य हो जाती है। सच्चिदानन्द चैतन्य के आलोक में जीव खो जाता है। ब्रह्म में जीव नहीं है, अदृश्य जीव में ब्रह्म है।"

सीताजी ने सहसा पूछा– "मुझे वेदान्त बताओगे?"

श्रीराम बोले– "'शुभ! गुरुदेव से विनती करूँगा, तुमको महर्षि वाल्मीकि रचित योगवशिष्ठ सुनाएँ।"

"योगवशिष्ठ......" सीता जी ने सहसा स्वयं में जागृत होते हुए पूछा– "गुरुदेव का लिखा ग्रंथ है?"

श्रीराम ने सीताजी के चन्द्रानन की निर्मल ज्योत्सना का नयनों द्वारा पान करते हुए कहा– "महर्षि वाल्मीकि द्वारा लिखा दर्शन काव्य है। गुरुदेव महर्षि वशिष्ठ ने तो मुझे सुनाया है और इसके लिए उसका नाम 'योग वशिष्ठ' पड़ गया है। वेदान्त का जैसे वह महाकाव्य हो। उसका नायक ब्रह्म है–सच्चिदानन्द ब्रह्म। कभी-कभी मन करता है पृथ्वी के परे और आकाश के पार चला जाऊँ। सीमाओं के अन्त के पार अनन्त सत्य को देखूँ। ज्ञान सीते! ब्रह्मज्ञान प्राप्ति के लिए साधना करूँ, किन्तु यह राजकाज व्यस्त रखता है। राज्य के प्रश्न और उत्तर जैसे बाण के प्रहार प्रतिहार जैसे हैं। राज्य की समस्याएँ भारी भीगी हुई वस्त

राशियाँ हैं और संघर्ष-प्रति प्रहर की मानो ही रणभूमि है। कभी-कभी सभी सीमाओं के परे और पार मैं अनन्त गहन होकर विस्मृति में लीन होकर केवल तुम्हारा ही ध्यान लगाए जीना चाहता हूँ।"

"तो मैं क्या ब्रह्म हूँ?" सीता ने पूछा।

"ब्रह्म की सच्चिदानन्द चेतना"- श्रीराम ने कहा।

सीताजी ने उलझते-पुलझते हुए कहा- "ब्रह्म योगियों का ध्यान भर है और विरागियों का विषय है। हम-तुम तो गृहस्थ मानव और इसमें भी राजसी मानव हैं। हमें तो धर्म से तात्पर्य है, नीति से, न्याय से वास्ता है। राम! मुझे लगता है, मैं देह नहीं हूँ – शरीर नहीं हूँ। मैं तुम हूँ-राम।"

श्रीराम ने सीताजी को अपने पार्श्व में भरते हुए कहा- "हम एक हैं, प्रिये! पानी में जैसे मीन है– वैसे ही। अब सो जाओ। आजकल अधिक रात तक जगती हो और बात करती रहती हो।"

सीता जी ने कहा- "मैं जैसे कल्पों की नींद के बाद जाग उठी हूँ, राम! रोम-रोम में जागृत मैं अपने प्राणों में उल्लोलित हो रही हूँ। तेज-अत्यन्त तेजस्वी तेज, जैसे दो सूर्य होकर मेरे उदय में भर गया है। मेरे नयनों के आकाश में जैसे दो पूर्ण चन्द्र जैसे सहस्र दल कमल होकर तैर रहे हैं। राम! न जाने मुझे क्या हो गया है? मैं–मैं वह हूँ ही नहीं...... वह।"

श्रीराम ने सीता की पीठ सल्हाते हुए कहा- "तुम्हारे उदर में अत्यन्त तेजस्वी तेज भर गया है। ऐसा लगता है तुमको? तो अनुचित क्या है? उचित ही उचित है।"

"इक्ष्वाकु वंश के रघुकुल का वीर्य तेज है। अखण्ड मण्डलाकार तेज है। हम सब उसी तेज के अंश हैं, रश्मियाँ हैं, ज्योतिर्धर हैं। अपनी भावी सन्तान में वह तेज ही होगा-अवश्य ही-अन्यथा.....।"

"वह राम की सन्तान ही नहीं, क्यों?"- सीता।

"यह सत्य है। मेरे और तुम्हारे जीवन का परम् सत्य है। हम दोनों-सीता और राम सनातन हैं, अनादि हैं और तेजोमय तेज हैं। रघुवंशी जन्मजात तेजस्वी होते हैं, प्रतिभाशाली, सक्षम और धीर-वीर.......।"

सीता ने राम का मुँह अपने समीप कर यक्ष पाणी से बन्द करते हुए कहा– "चुप! मुझे और मत जगाओ, राम! अपने इस तेज–पुंज जागरण में कहीं मैं भस्म न हो जाऊँ?"

"तुम अजर–अमर हो, सीते! सनातन, अनादि, मेरी श्री, सुकृति तथा संजीवनी शक्ति हो। तुम मेरा सत् हो, चित् हो और आनन्द भी हो।"

"नहीं, राम! मैं तुम्हारी सेविका हूँ–दासी–तुम मेरे नाथ हो– स्वामी!" सीता ने श्रीराम के वक्षस्थल पर अपना पूर्ण चन्द्रानन जैसे छिपा लिया। सघन सच्चिथन आभा भरे केश–पाश से उनका पूर्णेन्द मुख मानो ढक गया। राम मानो अपलक नयनों से सघन मेघों से घिरे पूर्णेन्द को टटोलते रहे। रोम–रोम में श्रीराम मानो दिव्यतम सहानुभूति से द्रवित हो उठे– सीता कितनी शक्तिशाली जननी, किन्तु कितनी निरीह, करुणा के अतल उद्वेलन से श्रीराम का हृदय–समुद्र हिलने लगा- श्री राम वैखरी से परा में चले गये- श्रीराम मन ही मन बोले– "सीते! तुमको एक पल के लिए भी नयनों से ओझल नहीं करूँगा.... नहीं सीते! मुझे ज्ञात है, तुम अपवाद उठने के भय से भीत हो, किन्तु क्या अयोध्या महाराज्य की प्रजा इतनी क्षुद्र है? नहीं, राम–राज्य की प्रजा जैसे जागृत प्रजा है- दिव्य शान्त ईश्वरीय चैतन्य से अयोध्या राज्य की प्रजा जैसे प्राण सींदती है। मेरी प्रजा का एक व्यक्ति समस्त और समग्र जनता का सहज–स्वाभाविक प्रतिनिधि है। मेरी प्रजा संख्या के मत– वाद से रुग्ण प्रजा नहीं है। वह समस्त है– समग्र है, पूर्ण है– परिपूर्ण और परम् पूर्ण गहराते हुए चैतन्य की व्यष्टि–समष्टि की अभिव्यक्ति है। हाँ, सीते! निश्चिंत हो जाओ प्राणेश्वरी!"

श्रीराम ने सीता को विशाल पर्यंक पर सुला दिया और नयन भींचकर अपने अन्तरात्मा में मानो किसी अजर–अमर सीता की दिव्य देह को ही मानो खोजने लगे। सीताजी का श्रृंगार–मण्डित देह मानो स्वयं ही क्षणों की छवियाँ श्रीराम के कंज नयनों में मुद्रित करने लगा और देह की सभी सीमाएँ स्वयं ही एक ज्योतिर्मय मण्डलाकार होकर श्रीराम के चित्ताकाश में लहरा उठा। सीता अज्ञात किन्तु चिरज्ञात ज्योति है– ज्योति–पुंज है, कारुण्य–कादम्बिनी है और सभी कलाओं की अधिष्ठात्री है। सीता– सीता–सीते! श्रीराम अपने परावाक् में कहने लगे और समस्त परावाणी पश्यन्ती में ही बदलने लगी। पश्यन्ती के दिव्य आलोक में श्रीराम ने सीता का साक्षात्कार किया। अनादि, अगम्य और अत्यन्त रम्य रमणीय अति तेज स्वरूप सीता मानो उद्धवित हो गई। सुधा मण्डलों को

द्रवित करने वाली सुधा का ही पान करती हुई सुधा की मूर्ति अत्यन्त लावण्यमय श्रृंगार मण्डित अभिराम चिदानन्द स्वरूपा, शिवा। श्रीराम समाधिस्थ हो उठे। इस समाधि के गहन शान्त, निःशब्द पश्यन्ती आलोक में श्रीराम ने देखा। कोटि बाल सूर्यों की आभा मण्डल, अरूणांगि, शोभा अभिराम, चिदानन्द स्वरूप, देवी माया ही सीता है। सीता उन्हीं के मन की, प्राणों की, चित्त और बुद्धि की– अहम् की मायाविनी रहस्यमय, चिद्घन रूप सनातन अनादि माया है। वही, वही श्रीराम जैसे इस दिव्य मायारूप स्वयं से ही अभिव्यक्त हो रहे हैं तथा अनन्त, असंख्य पलों की अनिर्वचनीय छवियों में सीता–राम विलस रहे हैं। श्रीराम को लगा, वही नाना स्वरुप बहुस्याम रूप सीता है-सीता। सीता और राम का एकाकार हृदय ही उस सच्चिदानन्द सत्यनारायण का धाम है। राम को प्रतीत हुआ, निर्विशेष, निरीह निराकार सच्चिदानन्दमय सत्य है– ब्रह्म। और सीता–राम उसी की दिव्यतम, अन्यतम, तेजोमय अभिव्यक्ति है। श्रीराम बार–बार जागृति से स्वप्न और स्वप्न से गहन कारण में डूब कर स्वमग्न हो गये। स्वलीन श्रीराम जैसे क्षणों पर चलते हुए अनन्त के ज्योतिर्मय तट पर पहुँच गये और वहाँ सीमा, माया ने ही उनको अपने प्रगाढ़ आलिंगन में बाँध लिया। सीते! श्रीराम उस प्रगाढ़ आलिंगन में बन्धकर जैसे स्वयं को मुक्त कराने के लिए छटपटा उठे। सीता की मायामयी मूर्ति ने अपने बन्धन को और जकड़ा। राम ने मानो उस श्रृंगार मूर्ति अमित शोभाभिराम सीता से कहा– "मेरे बन्धन से तुम सदा छूटती रहती हो और स्वयं को निर्बन्ध रखती हो। क्यों? प्रिये! क्या हम–तुम दो हैं? अलग हैं? विलग? नहीं, हृदयेश्वरी! नहीं-तुम- मैं ही सीता-राम हैं। मुझे, मुझे बाँधो मत। मैं बन्धकर भी बन्धूँगा नहीं और तुम मेरे बन्धन से छटको भले ही पर छूट नहीं सकती, सीते! तुम मेरे हृदय में अनादि का प्रेम हो, मोह हो, राग हो। मेरी चिरन्तन उदासी को भंग करने वाली तुम प्राण मेरी! मन मेरी! वांग्मय मेरी सीते! तुम ही मैं हूँ।"

✦ ✦ ✦

श्री लक्ष्मण ने सीता जी से कहा– "चित्रकूट कब चलना है? भगवती भाभी! रामजी ने मुझे भला दिया है– आप श्रीमती को।"

"और उर्मिला को नहीं....?" सीता ने कहा– "क्यों जी मैं तुम्हारी भगवती कब से हो गयी?"

लक्ष्मण ठठाकर हँसे, बोले– "जब से लक्ष्मण रेखा आपने उलांघी तब से। यों भी आप मेरी पूज्या, श्रद्धेया ही रही हो। भाभी–देवर का सम्बन्ध है ही कहाँ? सेवक और स्वामिनी का ही सम्बन्ध है।"

"और उनसे....?" सीताजी ने पूछा।

"वे तो मेरे परमात्मा हैं, भाभीजी।" – लक्ष्मण ने कहा।

"और उर्मिला? तुम्हारी आत्मा?"– सीता ने हँसते हुए पूछा।

"उर्मिला मेरी पत्नी है– धर्मपत्नी–जीवन संगिनी!" लक्ष्मण बोले– "वह मेरी गुह्य चेतना भी है। मैं जैसे भूलकर ही उसका स्मरण किया करता हूँ। चौदह वर्षों तक मैं आपके आशीर्वाद से उसकी विस्मृति में ही रहा हूँ।"

"मेरे आशीर्वाद से? यह भला कैसे........?"– सीताजी ने पूछा।

लक्ष्मण ने सस्मित कहा– "सीता – राम को देखकर, आप दोनों की सेवा कर! रामजी से मेरी जैसे अनादि से सेवकाई है।"

"महासेवायती जो हो।" सीताजी ने कहा– "बड़े भाई–भाभी की सेवा क्या सेवकाई है?"

"भूला....। सेवकाई नहीं पूजा है।" लक्ष्मण बोले– "चित्रकूट कब चलना है?"

"कहलवा दूँगी।" सीता ने कहा– "चित्रकूट! भाई मेरे, जब सोचती हूँ, सिहर जाती हूँ। श्रीराम को मैंने चित्रकूट में जाना, अशोक वाटिका में पहचाना तथा यहाँ मैं उनको पुनः पुनः जानने और पहचानने में लगी हूँ। राम! समझ में आते हुए भी समझ में नहीं आते। स्मरण किये जाओ–स्मरण का अन्त ही नहीं आता। तुम श्रीराम की सेवा क्यों करते हो?"

"उनकी कृपा प्राप्त करने, श्रीमती!"– लक्ष्मण ने कहा।

"मैं तो उनकी करुणा चाहती हूँ– करुणा।" सीता बोली– "कृपा तो परमात्मा, गुरु ही करते हैं। तब तुम राम को ईश्वर मानते हो?"

"जो आप मानती हैं।" लक्ष्मण बोले–'राम मेरे तो आत्मा राम हैं। आपके वह क्या हैं? सुनूं तो।'' "राम मेरे कुछ भी नहीं है, मैं ही उनकी हूं'' – सीता बोलीं – "राम मेरे विश्वास हैं – यावत् जीवन का विश्वास हैं। मैं भी सुनूँ – उर्मिला तुम्हारी क्या है?"

"सब–कुछ" लक्ष्मण ने मुस्कुराकर कहा– "उर्मिला मेरी सहन प्रसन्नता है– मन की मग्नता है। भाभीश्री! राम आपके कुछ भी नहीं?"

"राजा राम, भाई मेरे।" सीता ने हँसते हुए कहा।

"तात्पर्य?" श्री लक्ष्मण ने सस्मित पूछा– "क्या कोई मन मुटाव हो गया है आपको अपने....."

सीताजी ने बीच में ही कहा– "प्राणनाथ से? देवर जी, पति–पत्नी के झगड़ों में नहीं पड़ा करते। पति–पत्नी के मन मुटाव अधिकाधिक प्रेम पाने के बहाने भर होते हैं। आपके ज्येष्ठ भ्राता रामजी से मेरा क्या मन मुटाव होगा? मैंने अपना मन उनको अर्पित कर दिया है......।"

"उनका मन, प्राण, बुद्धि, चित्त, अहम्–आप श्रीमती ने वश में कर लिया, यही न?"

सीताजी ने बनावटी अमर्षपूर्वक कहा– "तुम क्या समझोगे इन बातों को। रात–दिन जो अपना धनुष ताने रहता है, बाणों को तीव्र करता रहता है और ज्येष्ठ भ्राता के आदेश–निर्देश में ही दिन रात बसर करता हो–वह कोमल–कान्त हृदय के सन्देश क्या सुने? चित्त के मर्म क्या समझे? फिर नर तो नर है, नारी के ही हृदय होता है नर के वक्षस्थल, समझे?"

लक्ष्मण– "समझ गया भगवती–समझ गया। लक्ष्मण रेखा खींचने के लिए अब मुझे बरत रही हो न।"

"सीता-लक्ष्मण रेखा?– अरे हाँ, वह सचमुच में उर्मिला रेखा थी। चौदह वर्ष तक बेचारी की ओर तुमने देखा तक नहीं। उसे भाला भी नहीं? सच लक्ष्मण मेरे भैया बड़े निर्मम हो। मेरे राम! सदय करुणानिधान तथा कृपा–सिन्धु हैं। तभी तो मैं मचल सकती हूँ।"

लक्ष्मण– "चित्रकूट भाभीश्री?"

सीता– "राम स्वयं मुझे प्रसन्न मन से आज्ञा देंगे तब। इस समय राम मेरे हठ से विवश होकर हाँ कह रहे हैं। मैं उनकी तनिक भी अप्रसन्नता नहीं चाहती। राम मेरे प्रसन्न प्रियतम और राजा राम मेरे नाथ।"

22

श्रुतकीर्ति ने सीताजी से पूछा– "चित्रकूट कब जा रही हो, दीदी! मैं भी चलूँगी। उनसे पूछ लिया है। उर्मिला जी तथा आपश्री के साथ चित्रकूट के सघन अरण्य का आनन्द मैं भी लूटना चाहूँगी।"

सीताजी ने पूछा– "शत्रुघ्न भैया अकेले पड़ जायेंगे।"

"पड़ जायेंगे दीदी तो पड़ जाने दो" श्रुतकीर्ति ने हँसते हुए कहा– "कभी–कभी पति को पत्नी वियोग होना ही चाहिए।"

"नहीं रे श्रुति! नहीं।" सीताजी ने कहा– "पत्नी को पति वियोग हो भले ही, पति को पत्नी वियोग नहीं–ना। पत्नी तो पति की अन्तरात्मा ही होती है। पति तो पत्नी का परमेश्वर ही होता है।"

माण्डवी अब बोली– "कुछ पतिदेव तो पत्नी वियोग ही चाहते हैं, पूज्ये!"

उर्मिला ने पूछा– "भरत जी?"

माण्डवी ने हँसते हुए कहा– "और कौन? वनवास की पूरी अवधि मुझे पास फड़कने नहीं दिया। मैंने बार–बार प्रतिक्षा की, आग्रह किया– दुराग्रह भी, किन्तु मुझे नन्दीग्राम की अपनी कुटिया में रहने नहीं दिया। पति–वियोग क्या है, यह मुझे भलीभांति ज्ञात है।"

"मुझे भी।"– सीता ने कहा– "अशोक वाटिका की वह अँधेरी पीड़ामयी एक पल भी मैं भूल नहीं पाती। यह तो उनका गहन अगाध प्रेम था, जो मुझे निभा लिया। तब पता लगा, पति ही पत्नी का जीवन है, मरण भी। पति के प्रेम और विश्वास पर मैंने अशोक वाटिका में घोर दुर्दिन बिताये हैं। यह तो हनुमान ने मेरी सुधि ली।"

"रामजी ने........।" श्रुतकीर्ति ने पूछा– "आपकी खोज के लिए हनुमान को भेजा था रामजी ने। अपनी मुद्रिका दी हनुमान को। यह क्या सुधि लेना नहीं हुआ? हुआ! रामजी तो रामजी ही हैं। इस पृथ्वी पर रामजी जैसा मानव अन्य कोई नहीं है, न हुआ, न होगा। वानरों को सभ्य बना दिया, अरण्य के आश्रमों को सुरक्षित किया तथा वेद का यज्ञों द्वारा उद्धार किया और अब.....।"

उर्मिला– "और अब पृथ्वी पर शान्ति, अभय, न्याय तथा धर्म के समुत्थान का कार्य कर रहे हैं।"

श्रुतकीर्ति– "अपने रामजी तो आर्य क्षत्रियों को जगाने वाले महान क्षत्रिय हैं। वह कह रहे थे, रामजी तो साक्षात् श्री हरि नारायण का नर अवतार हैं।"

सीता ने कहा– "मैं नहीं जानती। मेरे लिए तो राम ही हैं– मेरे पति, स्वामी, नाथ! मेरे हृदयेश्वर। पति को अपना पुरुष मानकर उसे प्राणों से प्यार करो। हृदय में बिठाकर उसका अनवरत मानसिक पूजन किया करो। पति को ही सुख दो, प्रसन्न करो–प्रसन्न रखो और स्वयं उसकी अनुचरी बनकर सेवा करो। यह हनुमान जो हैं न– मुझे तो उनकी सेवा करने का अवसर ही नहीं मिलता, वह देता ही नहीं। रात–दिवस वहीं उनके पास मंडराता रहता है यह हनुमान..... हनु।"

"तुम्हारा तो वह पुत्र है दीदी।"–उर्मिला ने कहा।

सीता– "पुत्र, वत्स जो भी कहो– हनुमान हमारा सब कुछ है।"

उर्मिला ने कहा– "मैंने सुना है कि श्री हनुमान ब्रह्ममुहूर्त से लगातार अर्द्धरात्रि तक रामजी की सेवा में रत रहते हैं। आप श्रीमती श्रीराम जी के पाँव दबा नहीं पातीं?"

सीताजी ने कहा– "ऋष्यमूक पर्वत से लगाकर अयोध्या, आज दिन तक हनुमान जी रामजी का अनुचर, सेवक, भक्त तथा परम् विश्वास का व्यष्टि हो गया है। अपायनी भक्ति, उर्मिले! तनिक भी स्वार्थ परता नहीं। न कोई वरदान, दान, न ही अपनी किसी इच्छा की पूर्ति के लिए प्रार्थना। निरंकार, निस्वार्थ, निश्छल, निराकार श्रीराम का स्वाँस–प्रस्वाँस के साथ रटन। इतना तो मैं भी भज नहीं पाती। वानर है, पर भक्तों में हनुमान शिरोमणि है। धर्म, राजनीति तथा न्याय शास्त्रों में पारंगत है। वह अवतरे तब से हनुमन्ता साथ हैं। राम–हनुमान बाल साथी भी रहे हैं।"

श्रुतकीर्ति– "सुना है बचपन में हनुमान जी अत्यन्त चंचल थे। बाल हनुमान पौगण्ड हनुमान अरण्यवासियों के लिए भय हो गये थे।"

"नहीं तो?" सीता ने कहा– "माता अंजना ने मुझे बताया था, हनुमान बचपन में उदण्ड थे। ऋषि–मुनियों ने शाप देकर हनुमान को दुरस्त कर दिया। हनुमान

की सभी शक्तियाँ, बल और गुण केवल उनके नाम को सुनते ही जागृत होते है। हनुमान केवल राम–काज के लिए ही जैसे जन्मा हो। सच हनुमानो की भक्ति देखकर मुझे आश्चर्य और असूया होने लगती है।"

माण्डवी– "किन्तु हनुमान आपका स्थान कैसे ले सकते हैं? आपको हनुमान को वरजना चाहिए। उर्मि तुम लक्ष्मण जी से कहो, हनुमान जी का अनुशासन करे।"

सीता– "यह ठीक है मैं ही देवर जी से कहूँगी कि उनकी सेवा सुश्रुषा के लिए सबका कार्य निश्चित कर दे– और समय भी। देखती हूँ तब फिर हनुमान क्या करता है? मैं उसको उद्यान के शिव मन्दिर में राम–नाम का जाप करने को कहूँगी।"

"ॐ नमः शिवाय।" श्रुतकीर्ति ने कहा।

"अच्छा यही सही" सीता बोलीं– "अभी तो चित्रकूट यात्रा स्थगित है, सखियों! अवश्य राजमन्दिर के विशाल सघन रमणीय उद्यान में सवेरे और साँझ मैं भ्रमण करूँगी। तुम सब मेरा साथ दोगी न?"

"अवश्यमेव पूज्ये।"– सब एक साथ बोल उठीं।

उर्मिला ने कहा– "तुम दीदी! अत्यन्त सुन्दर, शान्त और कान्ति से मण्डित दिखती हो। तुम्हारे उदर में मानो सूर्य का तेज और चन्द्रमा की पूर्णिमा ने प्रवेश किया है। पुत्री? क्या?"

सीता ने लजाते हुए कहा– "क्षत्राणी वीर पुत्र ही उत्पन्न करती है। उनको मैं तेजस्वी धनुर्धर, रणभूमि में अद्वितीय योद्धा की ही भेंट करूँगी हाँ, भगिनियों! प्रार्थना करो कि मेरी यह इच्छा पूर्णतः पूरी हो।"

श्रुतकीर्ति ने हाथ जोड़कर प्रार्थना की– "दीदी की इच्छा पूरी करो श्री हरि।"

माण्डवी– "श्री हरि नहीं, रामजी।"

श्रुतकीर्ति– "तब यही सही–रामजी, सीताजी की इच्छा पूर्ण करें। अरे हाँ, कर तो दी है।"

"माता सीता!" माण्डवी बोली– "राम पिता और सीता माता। मानो जगत को माता–पिता मिलने वाले हैं।"

सीताजी ने बनावटी रोषपूर्वक कहा– "माण्डवी! सीताराम अपनी सन्तान के माता–पिता होंगे, जगत के नहीं। जगत का तो नियन्ता और जगदम्बा शिवा–शिव–शिव ही माता–पिता हैं और कोई भी देवता जगत और जीव का माता–पिता नहीं हो सकते। पिताश्री के सारे कथन क्या तुम भूल गई? भाई श्री भरत जी से ही धर्म– दर्शन की वार्ता सुना करो।"

माण्डवी– "भारी किन्तु हल्की, स्थिर किन्तु अस्थिर तुम दीदी देदीप्यमान दिखती हो। क्या सोचा करती हो? क्या अपने उदरस्थ सन्तान के मुख मण्डल की धारणा करती हो? अन्य मनस्क हो गई हो तुम, दीदी।"

सीता– "भगिनी मेरी! मेरे उदर में जैसे घट–घट व्यापी राम ही आ समाया है। मेरे उदर में जैसे देवताओं के आशीर्वाद से मण्डित और ऋषि–मुनियों की कल्याण कामनाओं से पक्व संतान-पुत्र ही है। नयन बन्द कर जब सोचती हूँ तो मुझे वही राम का बाल स्वरुप दृष्टिगत होता है। शान्त, कान्ति से मण्डित पिंड आकृति ग्रहण कर रहा हो जैसे। गर्भ धारण करने पर ही मुझे जैसे प्रभु का विश्वास हुआ– जागृत हुआ। उदर में वही, करुणानिधान ही गर्भ को पकाता और शरीर को बनाता है। मैं और राम तो जैसे परमात्मा की उस अद्त क्रीड़ा की गतिविधि मात्र हैं। मेरी सन्तान ही मेरे पति का साक्षात्कार होगी। हाँ, री।"

श्रुतकीर्ति– "तब तो सीता–राममय जगत मानना होगा, दीदी!"

"राममय" सीताजी ने कहा– "केवल राममय। मुझे कभी–कभी लगता है– मैं हूँ ही नहीं– वे ही हैं, राम। ऋषि–मुनि तो कहते हैं कि राम ही हैं। गुरुदेव वशिष्ठ ने भी कहा है कि राघव तो घट–घट व्यापी राम का मनुज स्वरूप है। मैं उनमें इसी रूप को खोजती हूँ। उसी हरि राम का ध्यान करती हूँ।"

माण्डवी ने कहा– "ये चारों भाई जन्म से ही रहस्य हैं दीदी!"

"कैसे?"– उर्मिला ने पूछा।

"कैसे क्या?" माण्डवी ने कहा– "यज्ञ से जो उत्पन्न हुए हैं। नहीं? दीदी के लिए भी कहते हैं खेत की सीता से उत्पन्न हुई! तो यह रहस्य नहीं हुआ तो क्या हुआ?"

श्रुतकीर्ति– "स्त्री के लिए पुरुष सदा रहस्य ही रहा है। यह तो हम हैं स्त्री जो मनसा–वाचा– कर्मणा स्पष्ट हैं।"

उर्मिला हँसी– "पुरुष तो स्त्री को ही अगम्य रहस्य मानता आया है। पिता तो स्पष्ट है, किन्तु जननी का वात्सल्य अगाध है दीदी! अब आप जननी बनने वाली हो, अगाध हो जाओगी।"

सीता– "जननी।"

उर्मिला– "जननी जगदम्बा, दीदी। पूर्ण व्यष्टि तो जननी ही है। बचपन से ही मैं यह सुनती आ रही हूँ। इसीलिए स्त्री जननी होती है। क्योंकि यह जड़–चेतन जगत परात्पर जननी ही का उत्पन्न किया हुआ है– शिवा।"

सीता– "गौरी! उसको पूजते ही मन वांछित वर मिलता है। मुझे और तुम सब को यही हुआ। राम की एक झलक ने मुझे उनकी कर दिया– त्रिकाल के लिए।"

"और श्रीराम श्रीमती के दर्शन करते ही पलक में मानो तुम्हें बिक गये। एक अपलक क्षण तुमको देखते ही रहे।" श्रुतकीर्ति ने कहा– "स्वयंवर के सभागार में तुम रामजी और रामजी गुरु विश्वामित्र की आँख बचाकर तुमको देखते ही रहे।"

सीताजी खिलखिलाकर हँसी–बोलीं– "चल हट! मेरे तो समूचे भविष्य का प्रसंग था। कहीं और कोई धनुष को तोड़ देता..... तो। भगवती गौरी के आशीर्वाद से ही धनुष सिवाय उनके और किसी से हिला तक नहीं। उन्होंने तो छूते ही धनुष तोड़ दिया। इसको कहते हैं पराक्रम।"

"शौर्य" उर्मिला ने कहा– "और कहीं गुरु विश्वामित्र मेरे उनको पहले भेज देते तो?"

माण्डवी– "तो..... क्या......। लक्ष्मण जी धनुष को हिला तो देते, किन्तु तोड़ भी देते क्या?"

सीताजी ने तपाक से कहा– "नहीं। विधाता का लेख यह नहीं था, सखी! विधाता ने तो हमारी जोड़ी लिख रखी थी। अब मैं चाहती हूँ उनके श्री चरणों में पड़ी रहूँ। रघुवंश को सतत् कर दूँ, फिर बस उनके श्री चरणों में।"

उर्मिला ने कहा– "दीदी! गर्भावस्था इतनी दिव्य और पुनीत होती है, यह तुमको देखकर लगता है।"

सीताजी ने कहा–"अब तुम भी एक–एक कर गृहणी धर्म निभाओ। सन्ततिहीन स्त्री– पुरुष समष्टिमान्य नहीं होते। माता–पिता तथा सन्तान ही समाज है–समष्टि

है। समष्टि मर्यादाओं से बन्धी तथा घिरी रहती है। व्यष्टि सदाचार और सौहार्द्र से ही चलती है।"

श्रुतकीर्ति ने ठहाका लगाया, कहा– "हम चारों रघुकुल को ढेरों सन्तति से ठठकर देंगी। क्यों माण्डवी?"

माण्डवी– "मेरे भर्ता तो सन्यासी हैं– वानप्रस्थ और सन्यासी।"

उर्मिला– "मेरे वो तो वनराज हैं। गृहस्थी की जंजाल उन्हें जैसे भाती ही नहीं।"

श्रुतकीर्ति– "तब मैं और दीदी ही सही।"

"क्या सही?"– सीता ने पूछा।

इक्ष्वाकु वंश के रघुकुल को सन्ततियों से भरा–पूरा करते रहना। श्रुतकीर्ति ने कहा।

सीता जी बोली– "नारी और नर दोनों ही सन्तति को प्राप्त कर समाज, राष्ट्र और राज्य बन जाते हैं। स्त्री की प्रकृति है माता बनना और पुरुष का स्वभाव होता है पिता होना।"

✦✦✦

गुरुदेव वशिष्ठ ने श्रीराम से कहा– "महारानी सीताजी का सीमन्त संस्कार होना है। स्वीकृति हो तो तिथि निश्चित की जाय। महारानी सीताजी का सीमन्त संस्कार रघुकुल के लिए अत्यन्त मंगलमय एवं पुनीत कर प्रसंग है, राजन्।"

श्रीराम ने मुस्कुराते हुए कहा– "जैसी गुरुदेव की आज्ञा, मैं तो जैसे विसर ही गया था। भगवती माँ ने भी स्मरण नहीं करवाया।"

गुरुदेव वशिष्ठ ने मुस्कुराते हुए कहा– "स्वयं महारानी सीताजी ने भी सूचना गुप्त ही रखी। महारानी ने श्रीमान को सूचित कब किया?"

श्रीराम– "बिना बोले ही सूचित किया, गुरुदेव!"

"सीताजी जो हैं।" गुरुदेव वशिष्ठ ने कहा– "वह स्वयं जगदम्बा स्वरुप हैं, राम! मैं हाथ उठाकर कहता हूँ, सीताजी के उदर में रघुकुल का तेज, प्रतिभा और शक्ति ही का परिपाक होने लगा है। सीमन्त संस्कार के यश में तेजस्वी, वीर, प्रतिभाशाली तथा शक्ति सम्पन्न पुत्र रत्न के लिए ही ध्यान होगा और आपके

अमोघ दिव्य-भव्य के लिए हव्य कव्य होंगे। आहुतियों में घट-घट व्यापी राम से ही विनय किया जाएगा, प्रार्थना कि वह स्वयं अपनी सन्तति में पुनः-पुनः प्रकट हों, व्यक्त हों।"

श्रीराम- "पूज्य मेरा नाम राम रखकर मुझको एक विडम्बना में डाल दिया गया है। लोग मुझे घट-घट व्यापी राम ही मान बैठे हैं। जबकि मैं एक आर्य क्षत्रिय नरेश हूँ- नृपति।"

वशिष्ठ महर्षि ने तनिक हँसते हुए कहा- "तुम क्या हो राम-यह हम तपस्वी ही जानते हैं। लोग तो तुम्हें आर्यपुत्र, मर्यादा पुरुषोत्तम ही जानते हैं और वो तुम हो भी। व्यक्तिगत सभी सम्बन्धों के परे समष्टि की पुनीत मर्यादाओं की रक्षा तथा जीवन के आध्यात्म को धर्म कार्य द्वारा बनाए रखना राम-राज्य की एकान्त और एकमात्र विशेषता है। तुम्हारा नाम 'राम' मैंने त्रिकाल का ध्यान करके ही रखा था। मैं जानता हूँ, तुम क्या हो। पुत्री सीता जननी है-तुम क्या हो?"

श्रीराम- "वह तो मुझे रहस्य कहती है। मैं उसके लिए अन्तरात्मा का रहस्यमय राम हूँ। तब मैं कैसे मान लूँ कि सीता मुझे समझती है।"

महर्षि वशिष्ठ- "राम समझ में आता नहीं, अनुभव में आता है। तुम स्वयं को मानव मानते हो तो मानो; हम तुमको महामानव ही मानते हैं। अपने रामबाण से आपने राजन! पृथ्वी पर शान्ति व्याप दी, अभय प्रसारित कर दिया। वेद को जैसे पुनः स्थापित कर दिया। वैदिक धर्म का आह्वान कर वर्णाश्रम धर्म को समष्टि और व्यष्टि में जागृत कर दिया। यह कार्य ईश्वर का अवतार ही कर सकता है। आर्य सभ्यता ईश्वरीय प्रस्ताव है। आर्य संस्कृति दिव्य और भव्य मानव संस्कृति है।"

श्रीराम ने स्वयं में ही डूबते हुए कहा- "महर्षे! आर्यावर्त में और वह भी मानव योनि में जन्म लेना शाश्वत जीवन की अन्यतम पुण्यभृत घटना है। आर्यावर्त और उसकी सभ्यता सर्वांगीण मानवीय संस्कृति है। जीव मात्र अमृत चाहता है, किन्तु मानव जीव अमृत, ज्ञान और आनन्द भी चाहता है। फिर क्या मृत्यु है? मृत्यु जीव के देहान्तरण का अनुभव मात्र है। मृत्यु सत्य नहीं है, जीवन ही सत्य है- जन्म। सीता ने मुझे ही नहीं समस्त मानव कुल को ऋणी किया है। मानव मात्र का उपकार किया है, गर्भ धारण करके। निस्संदेह गुरुदेव सीता का सम्मान होना ही चाहिए। विवाह के पश्चात् उसने क्या सुख पाया है? नहीं। विवाह के पश्चात् मेरा

शमशान वैराग्य, उसके तत्काल बाद वनवास, वनवास में भी राक्षसों के आतंक से भयत्रस्त रही है सीता। यह तो लक्ष्मण की सेवा थी जिसने सीता को विश्वस्त रखा है।"

महर्षि वशिष्ठ– "आपका रामबाण, राजन!"

'रामबाण'– राम चिहुँके– "उसकी अणी, उसकी धार तो मानो सीता की आत्मज्योति ही रही है। हमारे शस्त्रों की सीता धार है, काट है। हमारे शस्त्रों की सीता ही जैसे प्रतिभा है। मैं कुछ भी नहीं हूँ। न रूप हूँ न स्वरुप हूँ। मैं जैसे अनन्त होते हुए भी सीता की एक स्मिति हूँ। पुरुष है ही क्या? बीजारोपणकर्ता पूर्ण नहीं हो सकता? बीज धारण करने वाली व्यष्टि ही सृष्टि है, जगत है, काल का पुण्यधाम है। सीता ने रघुकुल का उद्धार ही किया है। मैं तो मानव मात्र का शुभेच्छु, हितैषी एक अनवरत सेवक हूँ। व्यष्टि का प्रसन्न उत्कर्ष और समष्टि का सन्तुष्ट वैभव ही मेरा इष्ट हैं। इक्ष्वाकु वंश के पूर्ववर्ती नरेशों ने भूमि को ही अपने राज्य की सीमा माना। मैं आकाश को ही मानव राज्य की सीमा मानता हूँ। हाँ, गुरुदेव!"

"तथास्तु, राम! चिरंजीवी हो"– महर्षि बोले– "तुम मृत्युंजय मानव हो। दिव्यता के धाम तथा क्षात्रवट के तीर्थ हो। राम तुम राजा राम हो, हम ब्राह्मणों के विश्वास तथा उद्धारक महामानव हो। तुमको मेरा नमस्कार!"

श्रीराम– "प्रणिपात महर्षे! मानव तो ऋषि–मुनि का ही पुत्र है, पुत्री है। मानव अमृत का पुत्र तथा सच्चिदानन्द का ध्येता है।"

महर्षि वशिष्ठ– "राजमाता से कह आता हूँ, सीता देवी के सीमन्त सत्कार का मंगलारंभ किया जाय। सभी माताओं के अभिनन्दन से सीता का अभिवादन होगा और तब यज्ञ आरम्भ होगा।"

"होगा– यही होगा। इक्ष्वाकु वंश की माताएँ आदि भावी माता का मंगल सत्कार तो करेगी ही। यही हमारी मातृपूजा है।" श्रीराम ने कहा– "सीता माँ बनेगी, यह जानकर ही मैं जैसे पूर्ण हो गया हूँ–परिपूर्ण........। सन्तान ही समाज का मंगलारंभ है। सन्तान ही नागरिक है। सामाजिक होने के लिए माता–पिता होना अनिवार्य है। महर्षे! अब मैं अयोध्या महाराज का राजा ही नहीं, किन्तु नागरिक भी होने जा रहा हूँ।"

महर्षि वशिष्ठ– "तुम सब हो, राम! राजा, नागरिक, प्रजा के लाड़ले, तुम क्या नहीं हो? तुम व्यष्टि के त्राता और समष्टि के विधायक हो। तुम स्वयं राष्ट्र हो राष्ट्रीयता हो। तुम राम स्वयं क्षण हो, क्षण–क्षण हो, अनन्त हो।"

श्रीराम ने महर्षि को प्रणाम करते हुए कहा– "मैं ऋषि–मुनियों का सेवक हूँ, अनुचर हूँ। मैं सत्यनारायण का उपासक राजा हूँ, किन्तु राजा होते हुए भी मैं सीता का जीवन–संगी भी हूँ। सच तो यह है, महर्षे! सीता और मैं–दोनों मिलकर ही 'मानव' होते हैं– हो सकते हैं।"

वशिष्ठ– "सीता जगदम्बा है, तुम राम! जगत् पिता हो।" श्रीराम ने महर्षि के चरण थामे; बोले– "मैं एक मानव, महर्षे! मूलतः मानव ही हूँ। मानवता ही धर्म का स्त्रोत है। मानवीय व्यवहार ही समाज की गतिविधि है। राम–राज्य मानव और उसकी पूर्णोल्लसित मानवता की गतिविधि हो। यही, यही महर्षे!"

वशिष्ठ– "आयुष्मान हो–कल्याण हो, राजन्!"

श्रीराम स्वयं में मानो खो गये। सीता की मुह्यमान छवि से उनके मन के नयन प्रदीप्त हो गये। गर्भभार–नमिता सीता जैसे नमित वल्लरी हो–यों उनके करुणा से भरे चित्त पर लूम उठी– सीते! मेरी प्रिये! प्राणेश्वरी! हृदयवल्लभे मेरी सीते! श्रीराम के अन्तःकरण से "सीतेभार" शब्द ध्वनि परा से पार होती हुई वैखरी में फूट पड़ी। "सीते!" श्रीराम ने पुकारा। श्रीराम की व्याकुल पुकार सोई हुई श्रीमती सीता को जगा गई– 'राम! राम पुकार रहे हैं।' सीता उठ खड़ी हुई और श्रीराम के कक्ष की ओर लपकी।

"क्या बात है, राम!"

द्वार पर ठिठक कर खड़ी सीता को श्रीराम के आतुर–व्याकुल नयन जैसे पीने लगे। पृथुनितम्बिनी, गजगामिनी सीता कटि भार से तनिक नमित, गर्भ की उष्णता से उत्फुल्ल पयोधर मानो कल्प वृक्ष के फल की भांति विकचित नाभि पर अपनी छाया डाल रहे थे और वह मृणाल बाहु, वह केलि स्तम्भ सी सच्चिकन जंघाएँ–यह–यह अनन्य रूप माधुरी। श्रीराम ने लपकते हुए सीता को अपने पार्श्व में भरते हुए कहा– "सीमन्त सीते! तुम्हारा सीमन्त अभिवादन होगा। हाँ महर्षि ने यही आज्ञा की है।"

✦✦✦

सीमन्त संस्कार के यज्ञ की पूर्णाहुति के पश्चात् श्री सीताराम ने सर्वप्रथम राजमाता महिषी श्रीमती कौशल्या देवी को प्रणाम किया। सजल नयनों से श्रीमती राजमाता ने अपने दुलारे पुत्र और दिव्य पुत्रवधू को आशीर्वाद दिया– "आयुष्मान हो! फलो–फूलो। पुत्री सीते! रघुवंश को अपनी सन्तान से देदीप्यमान करो। वीर तेजस्वी नर–केसरी पुत्रों की जननी सिद्ध हो।"

श्रीराम ने आर्द्र कण्ठ से कहा– "माँ!"

कौशल्या ने श्रीराम को बथ में भरते हुए कहा– "राम! प्राण मेरे!"

श्रीराम माँ की सोड़ में जैसे छिप गये, बोले– "माँ! मेरी माँ!" सीता ने माँ–बेटे को जैसे अपलक नयनों से देखा और फुसफुसाई– "माँ! मुझे.... अभय दो।"

"अभय?" श्रीराम ने सहसा जागृत होते हुए पूछा– "सीता! यह क्या? अभय क्यों माँग रही हो? क्या भय है तुमको......?"

"आपका वियोग" श्रीमती सीता ने कहा– "वनवास की पूरी अवधि में यह भय बना रहा और वियोग हुआ। अब यहाँ आने पर और राजा–राणी बनने पर भी अज्ञात आशंका जैसे बनी रहती है। आपसे कहीं अप्रत्याशित वियोग न हो जाए।"

श्रीराम ने आर्द्र स्वर में कहा– "नहीं–नहीं–सीते! नहीं। सच तो यह है तुम हम सबको अभय, शान्ति तथा मंगल प्रदान कर रही हो। माँ के नयनों में देखो– तुम्हारी छवि क्या है? स्वर्ग की देवांगनाएँ ही नहीं, चौदह भुवनों की कोई भी सुन्दरी इतनी पुनीत, दिव्य और शान्त नहीं प्रतीत होती है, जितनी तुम, सीते! तुम रघुकुल की आरती हो। हाँ.... हो।"

सीता– "राम! मेरे नाथ!"

सुमित्रा ने अब जैसे कहा– "अरे तुम मुझे भी देखोगे या नहीं? लक्ष्मण नहीं आया?"

श्रीराम– "लक्ष्मण को मैंने आर्यावर्त के भ्रमणार्थ भेजा है। क्षत्रियों के संगठन का सन्देश लेकर भेजा है। मैं आर्य क्षात्रधर्म का चक्रवर्ती संगठन करना चाहता हूँ। परम्परागत अश्वमेघ यज्ञ तो होगा ही, किन्तु राम–राज्य के चारों वर्णों के धर्मधारण, पालन तथा पोषण के लिए चक्रवर्ती संगठन होंगे। महात्मा भरत यह कार्य सम्पादन एवं संचालन करेंगे।"

सुमित्रा ने हँसते हुए कहा– "मार्गदर्शन एवं नियमन तो हमारे प्रिय राजा राम का ही होगा न?"

श्रीराम– "आप माताओं, ऋषिमण्डल, मन्त्रिपरिषद तथा लोकसभा द्वारा और सहित आपका यह राजा राम आर्यावर्त की यह सेवा करता रहेगा। अब सीता को आशीर्वाद दो माँ!"

सुमित्रा ने कहा– "सीता और उर्मिला दोनों मेरे लिए समान हैं। सीता ने पहल की है तो क्या उर्मिला पीछे रह जायेगी?"

कैकई ने कहा– "उर्मिला सौभाग्यवती हो, पुत्रवती हो! सजल सघन धरती जैसी हो।"

सीता– "महाबाहु लक्ष्मण की समस्त शक्ति उर्मिला के पवित्र उदर में समा जाय।"

"माण्डवी और श्रुतकीर्ति?"– श्रीराम।

कौशल्या ने कहा– "चारों सौभाग्यवती और सफल हों। राम! यह हमारा अमोघ आशीर्वाद है!"

23

"**म**हामात्य तात।"– श्रीराम ने कहा– "हम न जाने क्यों विकल हैं। समय हो गया, प्रजामत जानने के लिए हम छद्मवेश में जा नहीं पाते। राजा को प्रजामत जानते रहना चाहिए। सभाओं और बैठकों में निश्छल मत आता नहीं। नहीं......?"

महामात्य सुमनश्री ने सस्मित कहा– "यही, श्रीमन्! यही। राजा रात्रिचर्या द्वारा छद्म रूप में प्रजामत जानता है। किन्तु यह परम्परा कुछ नरेशों ने पाली नहीं है। महाराज राजा राजराजेश्वर आपके पिताश्री जनसभा, सैनिक मण्डल, गणमान्य नागरिक परिषद तथा ऐसे अन्य सामजिक– सांस्कृतिक सभ्यों की बैठकें बुलाकर घंटों चर्चा करते रहते थे। यह उनका स्वभाव हो गया था।"

"हम छद्मवेश में रात्रिचर्या की परम्परा को सजीव करते हैं।" श्रीराम ने कहा– "आप भी हमारे साथ होंगे धीमान्!"

"जैसी राजराजेश्वर की आज्ञा। कब?" महामात्य ने पूछ लिया।

"हम इंगित करेंगे– अवश्य करेंगे।" श्रीराम ने हँसते हुए कहा– "प्रजामत गंगा के नीर सा पुनीत और सरयू की धारा के समान पवित्र है, तात!"

महामात्य सुमन– "वह तो है ही– यह भी क्या कहना होगा। जिस राज्य के चक्रवर्ती नरेश राघव राम हों– उनकी प्रजा तो अन्य प्रजाओं को भी स्वच्छ एवं पवित्र करने वाली प्रजा है। उसका मत वेदमन्त्र की भांति ही होगा।"

"राज्य का अर्थ प्रजामत।" श्रीराम उत्साहपूर्वक बोले– "राज्य का तात्पर्य लोकमत की सम्पूर्ण स्वीकृति। लोकमत स्वीकार ही किया जाता है। कोई भी उसको अस्वीकार नहीं कर सकता। राजा इसको काट नहीं सकता, टाल नहीं सकता। लोकमत को शिरोधार्य करना राजा के लिए अनिवार्य है– धर्म है।"

महामात्य सुमन ने तनिक सिर झुका कर अभिवादन सा करते हुए कहा– "प्रजा शिक्षित–दीक्षित तो होती नहीं। क्या कभी वह अनुचित–अयोग्य कथन नहीं कह सकती? निंदा–स्तुति ही लोकमत की ध्वनि–प्रतिध्वनि प्रतीत होती है। लोग सोचते नहीं प्रभो! लोग जो अनुभव करते हैं, कह देते हैं– उगल देते हैं।"

"यह लोक के अन्तःकरण का स्वभाव है।" राम ने कहा– "लोग चैतन्य धरती हैं, आकाश हैं, दिग्दिशा हैं– काल की अनुभूति हैं। महाकाल लोक की भृकुटी और मुस्कुराहट में ही अपना साक्षात् करवाता है। मेरे लिए लोकमत परमात्मा का प्रतीक है तथा लोकमत? अपरिहार्य स्वीकृति है।"

सुमन महामात्य– "लोकमत को शास्त्र-सम्मत तथा धर्मधुरीण होना ही चाहिए, राजेश्वर! अन्यथा–अन्याय होने तथा अनीति के प्रसार की आशंका बनी ही रहेगी।"

"लोकमत ही न्याय का स्त्रोत है।" श्रीराम ने कहा– "जनमनरंजन ही सभी नीतियों का उद्गम है। जन प्रसन्न होकर जो आशीर्वाद दे– राजा धन्य हो गया।"

महामात्य सुमन– "श्रुति तो यह है, राजन्! प्रजा से नहीं, राजा से प्रजा धन्य होती है।"

श्रीराम ने तपाक से कहा– " यथाराजा तथाप्रजा कहावत अब नहीं चलेगी महामात्य। यथाप्रजा तथाराजा। राजा की भौतिक, आधी दैविक और अध्यात्मिक शक्ति प्रजा का अतल और गहन चैतन्य है। प्रजा में परमेश्वर व्यक्त है। लोक में जीवन की ऋतुंभरा उदित होती रहती है। लोकमत से ही सत्य सिद्ध होता है। न्याय प्रतिष्ठित होता तथा नीति सफल होती है।"

"जी"– महामात्य ने वन्दन कर कहा– "महर्षि गुरुदेव वशिष्ठ जी से भी परामर्श......"

"हम अवश्य करेंगे।" श्रीराम ने कहा– "नगरचर्या की प्रथा खण्डित तथा निष्प्रभ हो गयी है। उसको मैं पुनर्जीवित करूँगा। चारों दुर्मुखों और शूद्रकों से प्रजामत जानना–जानते रहना, राजकीय परम्परा तथा सुविधा मात्र है, लोकमत की आराधना नहीं। मैं लोकमत की आराधना ही करता हूँ। प्रजा मेरे लिए पूज्य है। राजा की श्रद्धा निष्ठावान प्रजा के नयनों में बसती है। लक्ष्मण नहीं लौटे?"

सुमन महामात्य ने नमनपूर्वक उत्तर दिया– "कदाचित भगवती सीताजी और महर्षि उर्मिला जी ने चित्रकूट की अवधि बढ़ा दी है। आते ही होंगे महाराज!"

"सीता को यह क्या लगी कि वन में जाऊँ..... राजमन्दिर में उसका मन नहीं लगता, तात!"

"कोई ऋषि-मुनि भगवती के उदर में उतर आया है, प्रभो!" महामात्य सुमन ने कहा- "फिर वनवास के लम्बे वास ने एक उन्मुक्त जीवन का संस्कार भी उत्पन्न कर दिया है। राजमन्दिर में राजा रहता है प्रजा नहीं। हम सब आपके सेवक, अनुचर और सम्बन्धी-अन्ततोगत्वा तो आपकी प्रजा हैं।"

"सीता मेरे अन्तःकरण की दिव्यतम विभूति हैं।" श्रीराम ने कहा- " सीता के बिना मेरा मन त्रिभुवन में भी नहीं लगता। सीता मेरे नयनों में शान्त आनन्दमय ज्योति है। मेरे हृदय में भूमा है, तात!"

सुमन- "जी, यथार्थ है।"

श्रीराम- "श्री लक्ष्मण और भरत को मैं एक बार सारे आर्यावर्त भ्रमण के लिए भेजना चाहता हूँ। नरेशों को उद्बोधित करना मात्र ही यथेष्ट नहीं है। लोगों को जगाना होगा। आर्य संस्कृति का ज्ञान, उसका विज्ञान-आर्य धर्म समस्त प्रजाओं को देना होगा। आर्य सभ्यता का सत्य यावत् जीवन का सत् है, तात! यह वेद और वेद का मन्त्र है। महात्मा भरत और महाबाहु लक्ष्मण अरण्यों की प्रजाओं तथा ग्रामों के लोगों को वैदिक धर्म का ज्ञान देंगे। वर्णाश्रम वैदिक धर्म के पालन के लिए भरत शिक्षा देंगे- लोगों को। अश्वमेघ यज्ञ से पहले हम प्रजाओं के यज्ञ करना चाहते हैं। आप इस अभियान के भी आमात्य होंगे।"

"जैसी राजराजेश्वर की इच्छा" सुमन ने कहा- "किन्तु निवेदन है कि गुरुदेव वशिष्ठ भी साथ जाएँ।"

"अवश्य" श्रीराम बोले- "आर्य ऋषियों का एक उदात्त शिष्टमण्डल भी साथ जाएगा। ठीक है।"

महामात्य सुमन- "यद्यपि राजा राम के यश ने ही पृथ्वी को हरा-भरा, सजल और सघन कर दिया है, तथापि राम-राज्य के इस सन्देश का प्रसार आवश्यक है।"

"राम-राज्य।" श्रीराम ने कहा- "अर्थात्-प्रभु का राज्य।"

"प्रभु का राज्य, अर्थात्-राम-राज्य-श्रीराम-राज्य" महामात्य ने कहा- "पृथ्वी पर अब तक उदित और अस्त हुए राज्यों में यह निराला राज्य है। यह श्रीराम-राज्य। अब तक राज्य, राजसिंहासनों और राज्यों की भूमि की सीमाओं के राज्य थे। अपनी धरती की सीमाओं को विस्तृत करना, निर्बल और अशक्त राजाओं

को परास्त करना और उन पर पराजित राज्यों को अपने राज्य में मिलाना। रणभूमि में शत्रुओं का सामना करना, प्रजा से कर वसूल कर राग रंग में उसको व्यय करना– ये ही राज्य के प्रमुख उद्देश्य हुआ करते थे। राजा भूमि का स्वामी और भूमि के आकाश का पति, अन्नदाता, नाथ तथा प्रजा के जीवन–मरण का सत्वाधिकार हुआ करता था। तब राघव राम! आप श्रीमद् प्रभु का राज्य पृथ्वी पर संजो रहे हैं। प्रभु का राज्य तो प्राणिमात्र के योगक्षेम को साधेगा। जीवों का कल्याण ही करेगा और सभी योनियों के जीव परमात्मा की ओर कर्षित हुआ करें, ऐसा ही धार्मिक विधि–विधान करेगा। राम–राज्य तप और यज्ञ का ही राज्य होगा। सदाशिवत्व ही उस राज्य का ध्येय वाक्य होगा– "सरस्वती देवयन्तो हवन्ते!!" यह राम राज्य के यज्ञ का मंत्र है। आमात्य जी!" राघव राम ने कहा– "राम–राज्य सिंहासन का आरूढ़ राज्य नही है– पंचायतन का राज्य है।" "राज्य राज्य पंचायतन", सुमन चिहुँके।

"श्री नारायण हरि!" श्रीराम ने कहा– "राम, भरत, लक्ष्मण और शत्रुघ्न, सुग्रीव तथा हनुमान और सीता–यही राम पंचायतन है।" तभी दौवारिका ने द्वार पर दिखकर कहा– "महर्षि! महर्षि वाल्मीकि पधारे हैं। साक्षात् चाहते हैं, प्रभो!"

श्रीराम लपके और महर्षि वाल्मीकि को प्रणाम कर बोले– "कृपा की महर्षे इस राघव राम पर दया की ऋषिवर!"

महर्षि वाल्मीकि ने अभय वर देते हुए कहा– "रामम् रामानुजम् सीतांम् भरतम् भरतानुजम्। सुग्रीवम् वायुसुतम् च प्रण पापि, पुनः पुनः पुनः।"

"महर्षि!" श्रीराम ने वाल्मीकि के चरण थामते हुए कहा– "दया कीजिये मुझ दीन पर दया कीजिये। आप महर्षि और हमें प्रणाम कर रहे हैं।"

वाल्मीकि ने श्रीराम को उठाते हुए कहा– "तुम राम क्या हो मुझे ब्रह्मा ने बता दिया है। तुम मानवों में महामानव और ऋषि–मुनियों के प्रणाम के पात्र ईश्वर का मनुजावतार हो। हाँ, राम! इसीलिए मैंने रामायण लिखना आरम्भ किया है। मन विषाद से भर गया था राम। केवल राम नाम की रटणा ने ही चित्त में पुनः शान्त प्रकाश किया और इस निश्चल प्रकाश में मैंने तुम्हारे जीवन चरित्र को देख लिया। रामायण पृथ्वी पर मानव व जीवन का काव्य होगा, राम! सीता, राम, भरत, लक्ष्मण, शत्रुघ्न तथा सुग्रीव और हनुमान के चरित्रों का दिव्यगान होगा। इसीलिए तुम्हारा मुख मण्डल देखने आया हूँ।"

"हृदय कमल पर विराजिये, कविवर!" श्रीराम ने कहा।

✦ ✦ ✦

नगर भ्रमण के लिए राघव राम ने कीर्तन करते हुए लोगों के एक समुदाय में चुपचाप बैठते हुए आमात्य सुमन से कहा– "यह लोग हैं। दिनभर श्रम करते हैं, पुरुषार्थ में लगे रहते हैं और रात्रि में मिल बैठकर प्रभु का गान करते हैं।"

"यही तो, यही......" सुमन ने कहा– "लोगों में गुण-अवगुण, उचित-अनुचित सभी– कुछ व्यक्त होता है।"

राम ने प्रभुनाम की धुन में एकस्वर होने की चेष्टा करते हुए कहा– "नारायण नारायण हरि ॐ।"

कीर्तनकार ने अपनी करताल बजाई– "पावन पावन हरिनाम। हरि ॐ हरि ॐ। जय हो। पुण्यों की जय हो और पापों की पराजय हो। हरि ॐ।"

धुन शनैः शनैः गहरी और प्रभुनाम की शब्द तरंगें गगन में फैलकर व्योम के अगाध में समाने लगीं। हरि ॐ की शब्द ध्वनि ने अपनी ही प्रतिध्वनियों के सहारे व्योम में डूब कर आकाश के अनहद के साथ एकमेक होने लगी। श्रीराम स्वतः ही अनन्त के विराट् में डूब गये। श्री हरिः ॐ हरि–श्रीराम मन ही मन रटने लगे। "प्रभो! तेरी जय हो"श्रीराम ने चिदाकाश में पुकार की– परित्राण कर मेरे देवाधिदेव–उद्धार कर। यह रमणीय चमत्कृत चमत्कारी माया, यह अज्ञान का भ्रम और अध्यास से बुना आवरण हटा प्रभो! अपना साक्षात्कार करा सच्चिदानन्द तू ही तो है, तू ही था, तू ही रहेगा– मैं नहीं, मैं? मैं तो भवयोनियों में भटकता माया का छला तथा काल से क्षण–सिमित एक देह चैतन्य हूँ। शरीरधारी नामरूप हूँ। मानव–भोग की अनन्त कोटि इच्छाओं का गहन भवाब्धि। लोग मुझे तू समझते हैं, किन्तु तू तो मुझमें गुह्य है। हाँ, सीता को देखकर, स्पर्श कर लगता है तू अपनी चिदानन्दमयी शक्ति के श्रृंगारमय विलास में अभिव्यक्त है। सीता ही तेरा सगुण स्वरुप है, परात्पर शक्ति स्वरुप तू ही है। तू अनहद की शब्द ध्वनियों में प्रतिपल गूँजता रहता है-है। ओमकार! मेरे भूताकाश! चित्ताकाश! तथा चिदाकाश में गूँजता रहे, गाजता रहे–अनन्त मुरली बनकर हे प्रणव! बजता रहे। राम! राघव राम सहसा चमककर जाग उठे। राम स्वतः ही शब्द ध्वनि मानो हृदयाकाश भेद कर आकाश में, व्योम में , गगन में, अन्तःकरण में स्वयं ही पुकार उठी।

तभी एक पुकार उठी- "पंचों! करो-न्याय।" उपस्थित लोग स्तम्भ से रह गये। न्याय..... पंचों...... न्याय शब्द ध्वनियां गूँजती रही।" सहसा श्रीराम ने पूछा– "न्याय? क्या? क्या बात है?"

चन्द्रप्रकाश धोबी ने कहा– "बात क्या है? बात है, तभी तो आया हूँ। प्रतिरात्रि को पंच बैठता है और हम नागरिकों की सुनता है। यह राजा राम का दरबार नहीं है। सुना, यहाँ पंचपरमेश्वर बैठते हैं। पंचों! क्या कहूँ? वह कलमुँही मानती ही नहीं।"

"कौन कलमुँही? कटु शब्द क्यों कहते हो भला!"

'कटु' चन्द्रप्रकाश खीजते हुए बोला– "करेला कड़वा होता है या नहीं। क्यों बना करेला कड़वा? कई औषधियाँ कड़वी होती हैं। परन्तु क्या तुमको समझाना होगा कि कड़वी औषधियाँ अत्यन्त गुणकारी होती हैं। कटु क्यों बोलता हूँ, तो बोलता हूँ जी। तुमको मेरे जैसी स्त्री मिली होती तो पता पड़ता। कटु वाक्य तो क्या.... दण्ड की ही आवश्यकता बनी रहती। उल्टी चलती है। अब मुझे त्यागकर पुनः मेरे साथ बसने को आना चाहती है। क्या यह मर्यादा भंग नहीं है?"

"मर्यादा? क्या?" - महामात्य सुमन ने पूछा– "चारों वर्णों की वैवाहिक मर्यादायें तनिक भिन्न हैं। ब्राह्मणों में सप्तपदी के साथ–साथ गान्धर्व विवाह भी विदित है। किन्तु क्षत्रियों तथा वैश्यों में सप्तपदी का शास्त्रोक्त विवाह ही प्रतिष्ठित है। अवश्य शूद्रों में गान्धर्व विवाह और सप्तपदी विवाह दोनों चल गये हैं। राजा राम ने तो सभी वर्णों के लिए एक पत्निव्रत तथा शास्त्रोक्त सप्तपदी विवाह निर्णीत कर दिया है। पता नहीं तुमको क्या?"

"पता है जी" चन्द्रप्रकाश बोला– "तभी तो न्याय माँगने आया हूँ। मुझे त्यागकर स्वेच्छा से परपुरुष के साथ रही स्त्री को पुनः कैसे स्वीकार कर सकता हूँ। शूद्र हूँ तो क्या....? मर्यादा तो शूद्र में भी है। राजा राम ठीक हैं। दशरथनन्दन श्रीराम क्या कहते? एक पत्नीव्रत तथा सप्तपदी का जीवन संग। कहने को तो उत्तम व्यवस्था है, किन्तु करने को? रामजी राजी ..... और क्या!! पंचों! कहो क्या मैं राजा राम हूँ? नहीं हूँ जी। मैं शूद्र नागरिक चन्द्रप्रकाश हूं। पर–पुरुष के पास रही स्त्री को मैं अपनी गृहस्थी में नहीं रख सकता। मुझे उसने त्यागा तो मैंने भी उसे त्याग दिया। मैं राजा राम नहीं हूँ जो रावण के यहाँ रही अपनी पत्नी को पुनः अपने पार्श्व में बिठा लिया। यही नहीं अयोध्या के पवित्र राजसिंहासन पर भी

राजमहिषी के नाते सुशोभित किया। राजा–राजा है। मर्यादा भंग करे तो उसको दण्ड कौन दे? विधाता..... और कौन......।"

महात्मात्य सुमन ने बीच में ही काट करते हुए कहा– "महाराजाधिराज राजा राम पर व्यंग्य करते हुए आप लजाते नहीं?"

चन्द्रप्रकाश ने मुँह बिचकाते हुए कहा– "मैं क्यों लजाऊँ? लजाएँ राजा राम। रावण के यहाँ रही अपनी पत्नी को उन्होंने आर्य गृहस्थ की सिद्धि मर्यादा के विरुद्ध घर में रख लिया। मैंने तो उसे कह दिया, मैं राजा राम नहीं हूँ जो परपुरुष स्पर्श से निन्दित पत्नी को पुनः रख लूँ। बड़े मर्यादा पुरुषोत्तम कहलाते हैं राघव राम। अन्यों को शिक्षा देने तथा अनुशासित करने में रखा क्या है? जब स्वयं पर बीते तब पता लगता है– कौन कितने गहरे पानी में है।"

महामात्य सुमन ने श्रीराम की स्थिर अपलक मुख मुद्रा को देखते हुए कहा– "अग्नि परीक्षा ली थी रामजी ने। कोटिक वानर सैनिकों की साक्षी में भगवती सीताजी ने अग्नि का आह्वान किया था। सूर्य और चन्द्र साक्षी हैं। सुना?"

"सुना।" चन्द्रप्रकाश बोला– "इन्द्रजाल मुझे नहीं आता महोदय! मैं निर्भय नागरिक हूँ। अपने धर्म में स्थित हूँ। मैं कठिन परिश्रम कर आजीविका अर्जित करता हूँ। अवश्य कभी–कभी संजीवनी सुरा पी लेता हूँ। मेरा दाम्पत्य तनिक चिन्ताओं से भरा रहा है। वह अनुशासनहीन तथा उल्टी गंगा जब परपुरुष के साथ भाग गई तो मैंने राहत की साँस ली। जंजाल टूट गया महाशय! अब वह पुनः मेरे पीछे पड़ गई है। मैं राजाराम की प्रजा हूँ, राजा राम नहीं हूँ।"

श्रीराम ने महामात्य को इंगित किया– "चलो उठो।"

महामात्य ने हँसकर कहा– "राजा राम तो राघव रामचन्द्र ही हैं, बन्धु! दशरथनन्दन राम, राघव राम......"

"श्री हरि का मनुजावतार" चन्द्रप्रकाश ने व्यंग्य स्वर में कहा– "ब्रह्म स्वयं, नहीं........?"

महामात्य सुमन लपके– "तुम!"

"आप......" चन्द्रप्रकाश ने कहा– "राजा राम के राम-राज्य में प्रत्येक नागरिक– 'आप' हैं, 'तुम' नहीं। केवल रामजी के लिए वह 'तुम' है– 'तू' है।"

सुमन– "तो भगवती श्रीमती राजमहिषी सीताजी सती नहीं हैं– यह कहना चाहते हो.......?"

"जी नहीं।" चन्द्रप्रकाश ने कहा– "कोटिशः वानर सैन्य के समक्ष अग्निदेव की साक्षी से जो स्वयं को निष्कलंक और पवित्र सिद्ध कर चुकी है, उनको भगवती सीता को मैं असती कैसे कह सकता हूं और मान सकता हूँ। सरयू के पुनित जल की अंजलि रख कर कहता हूँ, सीताजी सती शिरोमणि हैं– राममय हैं और रामवल्लभा हैं।"

"तब" सुमन ने पूछा।

"तब और अब, किन्तु और परन्तु कुछ भी नहीं।" चन्द्रप्रकाश ने कहा– "प्रश्न सनातन मर्यादा की रक्षा का है। सभी वर्णों की यह सनातन मर्यादा है कि पराये घर में रही अपनी स्त्री को पुनः स्वीकार नहीं किया जा सकता। पूछ लीजिए पंचों से। कहो पंचों मैं सत्य कह रहा हूँ, या नहीं?"

वयोवृद्ध पंच ने कहा– "ठीक कह रहा है यह, महाशय ! किन्तु इस अटल मर्यादा की रक्षा के लिए हम राजा राम से कुछ भी नहीं कह सकते। राजा राम मर्यादा पुरुषोत्तम हैं। आज नहीं तो कल मर्यादा की रक्षा उनको करनी ही है– 'करनी होगी'– यह हम नहीं कहते– नहीं। भगवती सीता आर्य गृहस्थी का उल्लेख है, उदाहरण है और हम सबकी मातुश्री हैं। हम उनको प्रणाम करते हैं, महाशय जी। आपका परिचय?"

सुमन ने कहा– "रामराज्य का एक सेवक।"

✦✦✦

श्रीराम ने अपने विशाल राजकक्ष में चक्कर काटते हुए सहसा रूक कर कहा– "तात सुमन!"

"जी" सुमन ने शान्त किन्तु गम्भीर स्वर में कहा– "लोग हैं–कहते हैं। लोगों के मत को ज्यों का त्यों स्वीकार कर लेना राजा के लिए अनिवार्य कब था, भवान्?"

"लोकमत से राजा प्रतिश्रुत हैं, तात!" श्रीराम ने कहा– "लोकमत चाहे वह एक का हो– अनेक का हो–सबका हो–पूर्णरूपेण मत है। एक व्यक्ति भी अपना मत साहसपूर्वक व्यक्त करता है तो वह समस्त लोकमत के महत्व का होता है। मैं लोकमत को गिनती से विभाजित नहीं करता और न ही ऐसे गुणन को

स्वीकार करता हूँ। एक भी व्यक्ति का मत मेरे लिए तो समस्त और समग्र प्रजा का मत ही होगा। सुना?"

सुमन ने कहा– "प्रभो! बात सुनी–अनसुनी करनी चाहिए।"

"मर्यादा तात! मर्यादा"– राजा राम ने कहा।

"मर्यादा का विवेक राज्य विवेक है, प्रजा का विवेक नहीं।" सुमन ने कहा– "सूर्य और चन्द्र की साक्षी है– भगवती पवित्र है, पुनीत है– सती शिरोमणि है।"

"सीते!" राम ने उच्छ्वास भरते हुए कहा– "तुम! क्या करूँ? तात सुमन! मर्यादा तो मुझे निभानी ही होगी। सनातन से प्रचलित गृहस्थ की मर्यादा का उल्लंघन मैं नहीं कर सकता। सीता अशोक वाटिका में रावण के यहाँ रही है। अग्नि साक्षी से मैंने सीता का स्वागत किया, किन्तु आर्यों की वर्ण मर्यादाओं का मुझे पता नहीं था। सभी वर्णों में पर पुरूष की छाया, यही तात सुमन! यही।"

"किन्तु भगवन्" महामात्य सुमन ने कहा– "यह सरासर अन्याय है। यदि दुष्ट बलात ही सभी को पकड़कर उठा ले जाए तो उसमें उस अबला का क्या दोष है। स्त्री यों सबला है, किन्तु अपने पुरुष की शक्तियाँ सहायता के बिना अबला ही है भगवती सीताजी....."

"अबला नहीं है, सुमन जी तात!" श्रीराम ने कहा– "हमारी महारानी सीताजी मुझसे भी अधिक शक्तिमती है, शक्तिशाली है, आत्मशक्ति की प्रतीक है, महाशया सीता तात इसलिए भी अकारण और अन्यायपूर्ण तर्कवाद सुना जाना चाहिए। यही राम राज्य का विवेक है, सुमन तात!"

"तो क्या?" सुमन चिहुँके– "तो क्या आप....."

श्रीराम ने जलद गम्भीर स्वर में कहा– "हम महारानी सीता का त्याग करेंगे तात! मैं समाज की इस अक्षुण्ण सनातन मर्यादा का स्वप्न में भी भंग नहीं कर सकता– इस अटल रेखा का उल्लंघन नहीं होने दे सकता। मैं राम बाद में हूँ और राजा पहले हूँ। तात सुमन! मैं राजा राम हूँ– राजा राम।"

"किन्तु राजन् न्याय तो अनिवार्य है!" सुमन ने कहा– "न्याय व्यक्तिगत विवेक है, परम्परा सामाजिक अटल विवेकशून्य ही सही, अटूट प्रथा है।" राजा राम ने कहा– "मुझे क्या ज्ञात नहीं, सीता मुझसे भी अधिक पवित्र है, पुनीत और पुनीतकर है। सीता पुण्य है, समूची पवित्रता है, पुनीत मानवी है, तात!"

"तात सुमन! क्या मैं यह नहीं जानता?" श्रीराम ने सिर धुनकर कहा– "मैं जानता ही नहीं, मानता भी हूँ कि सीता पुण्य का प्रवाह है, सत् की अग्नि है और इस जगत की शक्ति है, मेरे लिए तो सीता परात्पर शिवा है– राजराजेश्वरी महासाम्राज्ञी दुर्गा है हां, तात! सीता पुण्य को भी पुनीत करने वाली गंगा की गहन अगम पवित्रता है– संजीवनी अमृत शक्ति है–है मैं राघव राम यह कहता हूँ।"

"तब फिर राजन! यह विषाद क्यों? यह गहन द्वन्द्व?" महामात्य सुमन ने पूछा– "कुछ लोग कहते हैं– कहने दीजिए– सुन लीजिये। सुन लिया और क्या है? मर्यादा! मर्यादा सामयिक व्यवहार है– तत्कालिक यथार्थ, प्रभो! राघव! यह विषाद, यह निराशा दूर कीजिए और अश्वमेघ यज्ञ की दिशा में रूचि-सम्पन्न हूजिये।"

"अश्वमेघ यज्ञ?" राघव राम बोले– "कैसे होगा तात्?"

"क्यों?" सुमन ने पूछा।

"हम सीता का त्याग जो कर रहे हैं।" राम ने कहा– "हाँ और हम एक पत्नीव्रती हैं। नहीं, तात! अश्वमेघ यज्ञ को लेकर क्या पुनर्विचार करना होगा?"

"अश्वमेघ यज्ञ का श्रीमान का शिव संकल्प समस्त आर्यावर्त में विज्ञप्त हो चुका है।" सुमन बोले– "अश्वमेघ यज्ञ किये बिना सार्वभौम चक्रवर्तीत्व प्राप्त नहीं होता, श्रीमान! राघव राम का सार्वभौम चक्रवर्ती राजा–महाराजा–राजराजेश्वर राम प्रतिष्ठित होना ही है। तभी वेद–वेदान्त–वैदिक वर्णाश्रम धर्म का जगती में उद्धार सम्भव हो सकेगा। जी!"

श्रीराम ने निसास रखते हुए कहा– "हम राजा राम नहीं; केवल राघव राम ही रहना चाहते हैं तात! भरत-भरत को राजा बना दो। मैं तो पहले भी ज्येष्ठ होने के नाते भी राजसिंहासन नहीं चाहता था। मैं तो ऋषियों की संगति चाहता हूँ। मुनियों की प्रेरणा तथा दार्शनिकों का मार्गदर्शन तथा शास्त्रज्ञों का दिशा बोध ही चाहता हूँ। सीता है तो मेरे पास सब है, त्रिभुवन है, त्रिकाल है, चौदह भुवन और उनके राज्य हैं; सीता मेरे जीवन की सती–श्रीमती है–प्राण है, तात।"

"यह मैं नहीं, संसार जानता है कि सीता–राम एक हैं।" सुमन ने कहा– "एक, एकाकार, सत्चित आनन्द की ज्योति स्वरुप हैं। मानवता, अर्थात्–सीताराम, धर्म; अर्थात् सीताराम, राज्य अर्थात्–सीताराम, धरती और आकाश, अर्थात्– सीताराम।"

राम ने सुमन का वन्दन करते हुए कहा– "मैं और सीता आपके बालक हैं तात!"

महामात्य सुमन ने श्रीराम के चरण थाम लिए– "त्राहिमाम प्रभो, राम! आप और भगवती सीता चौदह भुवनों के नाथ हो, त्रैलोक्य के स्वामी हो, ब्रह्म–सच्चिदानन्द सगुण ब्रह्म हो। इस जगत और सृष्टि की, काल की व्यवहारिक सत्ता हो।"

श्रीराम ने स्वयं में ही डूब जाते हुए कहा– "सीता और मैं स्वप्न हैं। स्वप्न में स्वप्न जो स्मृति में भभककर बिला जाता है। काल–महाकाल तात! महाकाल सदाशिव ही सगुण–निर्गुण ब्रह्म हैं। यह जगत उसकी मौज का संकल्प विकल्प है। यह सृष्टि उसका चिद्विलास है।"

"सत्य है, स्वामिन!" सुमन बोले– "तब लोकमत से कुण्ठित होने की आवश्यकता है क्या? सब–कुछ जब ब्रह्म ही है– यह इदम् ब्रह्ममय है तब......"

श्रीराम ने कहा– "ब्रह्म की व्यवहारिक सत्ता सत्य–असत्य, उचित अनुचित, योग्य– अयोग्य तथा लोकमत से सिद्ध, मान्य और स्वीकृत मर्यादाओं का काल स्वरुप है तात!"

"सीता को त्यागना ही होगा। श्री हरि मुझे शक्ति दे, साहस प्रदान करे। मैं अपने प्राणों को ही जैसे त्यागूँगा, हाँ–तात्!"

"नहीं, प्रभो! नहीं।" सुमन ने सहसा गर्जकर कहा– "सीता–सती सीता–भगवती सीता त्याज्य नहीं है– ग्राह्य है। सम्पूर्ण और सदैव के लिए ग्राह्य है सर्वस्वरूपा, सर्वदेशा भगवती सीता त्यागी नहीं जा सकती। नहीं, राम नहीं!"

श्रीराम ने सिर धुनकर कहा– "मैं सीता को नहीं स्वयं अपने को ही त्याग रहा हूँ, तात!"

"स्वयं को?"– सुमन।

"सीता के सिवाय मैं हूँ ही नहीं, तात!" श्रीराम ने कहा– "मैं सीता को अपने अन्तरात्मा में समा लूँगा और स्वयं को महाकाल को अर्पित कर दूँगा। राजा राम–राजा राम महाकाल का निनाद भर है- निनाद, तात!"

✦✦✦

श्रीमती सीता श्रीराम के पार्श्व में सो रही थीं और श्रीराम जाग रहे थे। उनके कंज–नयनों में निद्रा भी थी और नहीं भी। शान्त, निश्चिंत और सभी भारों से उन्मुक्त सीता मानो त्रिकाल को सिरहाने लेकर सो रही थी। श्रीराम एक धार सीताजी के स्वाँस–प्रस्वाँस को मन ही मन गिनते जा रहे थे और काल को जैसे नापने की असफल चेष्टा किये जा रहे थे। दिग्दिशाओं का मौन श्रीराम के अन्तःकरण में भरकर घनीभूत हो रहा था और श्रीराम स्वयं अपने ही नाम की ध्वनि में लीन हो गये थे। 'सीते!' श्रीराम ने मानो आकाश से कहा– "तुम, तुम इतनी निश्चिन्त और निरीह हो-सीते! परन्तु मैं क्या करूँ इस से तो अच्छा होता, मैं तुम्हारा राम ही रहता। राजा राम–लो करो से राज्य और त्यागो अपना हृदय, अपना प्राण।" सीता गहरे साँस लेती हुई राम–नाम की ध्वनि–प्रतिध्वनि स्वरूप अनन्त में बिला गयी। 'राम!' सीता ने परा में राम को पुकारा और उनके चिदाकाश में श्याम–राम की कंजारुण मूर्ति प्रकट होने लगी। 'राम' साँस के साथ प्रवाहित संजीवनी–'राम' प्रश्वास के साथ प्रतिध्वनि–राम......राम.......राम.....।

श्रीराम सीताजी को अर्धरात्रि के धुंधले अँधेरे में चुपचाप निहारते रहे। त्यागना ही होगा तब, सीते! अवश्य मुझे समाज की सनातन मर्यादा का पालन करना होगा ही। क्या मैं नहीं जानता कि तुम रावण के सम्पर्क के लिए विवश थी। लक्ष्मण–रेखा को लाँघना ही आर्य लीक को लाँघना था। क्या हो गया था तुम्हें? तुमने मुझे एकाकी राक्षसों से युद्ध करते हुए देखा है– चित्रकूट में और फिर दण्डकारण्य के लम्बे मार्ग में देखा है। फिर मायामृग कैसे मुझे भयभीत कर मृत्यु के मुख में डाल सकता था? वह मायावी मारीच था, सीते!

मायावी रावण के भय से भीत होकर ही उसने यह दुष्कर्म किया था। वह रावण के हाथों से नहीं मेरे हाथ से मरना चाहता था। मारीच ने अन्त समय मुझे स्वयं को समर्पित किया था- सीते! किन्तु तुमने लक्ष्मण को अत्यन्त कटु वचन कहे थे। लक्ष्मण तो तुम्हारा मानस पुत्र है, सीते! पर दुर्भाग्यवश तुम्हारी बुद्धि ही भ्रष्ट हो गयी थी। हर लिया गया था विवेक अन्यथा तुम लक्ष्मण की अलीक रेखा को लाँघकर उस छद्म भिक्षुक को अन्नदान देने का प्रयास नहीं करती। अतिथि सत्कार– हाँ, अतिथि सत्कार! किन्तु क्या मायामृग को देखने के बाद तुमको सावधान नहीं हो जाना चाहिये था? तुमने ही स्वयं को उस अधम के आगे अनायास प्रस्तुत किया था और आज यह अपवाद......। अयोध्या की गरिमामयी प्रजा तुमको असती नहीं, किन्तु च्युत मानती है– च्युत-भ्रष्ट मानती है– मन ही

मन मानती है, कहती नहीं और कह भी दिया है एक नागरिक ने प्रिये! तुम अरण्य-प्रवास से शान्त-प्रसन्न तथा आशावान लौटी हो। तुमने जैसे मन से मुझे ही अपना तन, मन, धन दे दिया है। तुमने मुझे अपना सर्वस्व ही तो प्रदान किया है और तुम अब रघुवंश के भाग्य तथा भविष्य की मातामही हो। तुम रघुवंश की सनातन प्रतापी सन्तति की जननी होने जा रही हो। तुम जैसे सृष्टि जननी हो, सीते! किन्तु मैं-मैं अब तुम्हारा राम ही नहीं हूं, प्रजापालक, प्रजा का सेवक राजा राम हूँ– राघव राम। मैं मनसा–वाचा–कर्मणा जनमनरंजन के लिए प्रतिश्रुत हूँ– वचनबद्ध हूँ। मर्यादा भंग मैं होने नहीं देता तो मैं स्वयं मर्यादा का भंग कैसे करूँगा सीत!

उस विशाल कक्ष में आलोकित अँधेरा मानो उमड़–उभर कर गहराया। कक्ष में शून्यमयी शान्ति व्याप्त थी और श्रीराम जी को सीताजी के स्वाँस-प्रस्वाँस के आरोह अवरोह का अनसुना गीत ही सुनाई दे रहा था। श्रीराम अपलक-मुग्ध एक–टक सीताजी की दिव्य-भव्य श्रृंगार-सजी देह को देखते रहे और गगन से व्योम और व्योम से आकाश और आकाश के अतल अवकाश में आते–जाते रहे। श्रीराम जाग्रत समाधि में स्थित हो गये।

"सीते!"– श्रीराम का रोम–रोम पुकार उठा मानो।

24

महामात्य सुमन मानो दौड़कर महर्षि वशिष्ठ के पास गये। शीघ्रतापूर्वक नमन कर बोले– "महर्षे रक्षा करो! रक्षा, ऋषिवर।" महर्षि वशिष्ठ ने अपने आकाश के समान स्वच्छ, निर्मल और पवित्र आभा से भरे नयन तनिक विस्फारित किये, चिहुँके– "क्या बात है, वत्स सुमन।"

"राजा राम। महर्षे।" सुमन ने कहा– "त्याग रहे हैं भगवती सीता को त्याग। हाँ, प्रभो! मैं–मैं क्या करूँ? महामात्य हूँ। निष्पाप, पवित्रता की मूर्ति भगवती सीता को एक नागरिक के अपवाद पर त्यागने की सोच रहे हैं, राजा राम। जी, हाँ–ऋषिवर।"

महर्षि वशिष्ठ चौंके– चिहुँके– "क्या कहा? त्याग किसका?"

महामात्य सुमन ने स्वाँस को स्थिर करने की चेष्टा करते हुए कहा– "राजा राम सीताजी का त्याग करने की सोच रहे हैं– जी हाँ। श्रद्धेय पूज्य एक नागरिक ने नगर-भ्रमण में कहा था कि सीताजी रावण के यहाँ रही हुई हैं, अतः मर्यादानुसार आर्य गृहस्थ से त्याज्य हैं। मैं भी था–राजा राम के साथ।"

"छद्म वेश में?" महर्षि ने तनिक तीव्र स्वर में पूछा।

"जी। छद्म वेश में–हम दोनों ही थे।" महामात्य ने कहा– "नागरिकों के पंच बैठे थे। ताप रहे थे। तभी उस धोबी नागरिक ने न्याय के लिए पुकार की।"

"न्याय... किस बात का न्याय?" महर्षि सहसा उठ खड़े हुए। तनिक गरजकर बोले– "भगवती सीता ने क्या अन्याय किया है? क्या पाप किया है, सती सीता ने? रघुकुल ने रावण को मारकर आर्य जाति का उद्धार ही किया है। तब वस्त्र स्वच्छ करने वाला नागरिक दुहाई देता सामाजिक मर्यादा की रक्षण की और राम ने सुन लिया? आश्चर्य है!"

सुमन– "आश्चर्य ही तो, देव! नगर भ्रमण के तुरन्त बाद रामजी अत्यन्त गम्भीर हो गये हैं। वह चिर प्रसन्न मुस्कान मन्द हो गई है। कुछ सोचते रहते हैं, डूबे रहते हैं। मानो दिग्भ्रमित से हो गये हैं। इसीलिए मैं श्रीमद् की शरण में आया हूँ। और किसके पास जाऊँ?"

"महादेवी कौशल्या जी, सुमित्रा जी–गतिमान कैकई जो हैं। भरत हैं, लक्ष्मण स्वयं हैं और शत्रुघ्न हैं। किन्तु राम अकेले–एकाकी यह निर्णय कैसे कर सकते हैं? कैसे? महामात्य मैं आपसे पूछता हूँ, तात!"

"नहीं कर सकते।" सुमन ने कहा– "राजा राम मन्त्रिमण्डल तथा ऋषिमण्डल द्वारा और सहित राजकर्त्ता हैं। व्यक्तिगत राम होते तो किसी से नहीं पूछते–पाछते, किन्तु राजा राम–राम पंचायतन सहित हैं। मर्यादा भंग हुआ है या नहीं–इसका निर्णय राज्य के तन्त्र–मन्त्र द्वारा ही होगा–होना चाहिये, किन्तु...."

"किन्तु क्या?"– वशिष्ठ ने शान्त होते हुए पूछा।

"रामजी अत्यन्त अटल प्रतीत होते हैं– दुःखी भी।" महामात्य सुमन ने कहा– "सीताजी को त्यागने के विचार मात्र से श्री राम क्लान्त, म्लान और खिन्न हो उठे हैं। जी.... हाँ.....।"

''स्वाभाविक है'' महर्षि वशिष्ठ ने गम्भीर स्वर में कहा– "किन्तु श्रीराम ने यह विचार भी कैसे किया? क्यों किया? शत कोटि वानर सैन्य की साक्षी में सीताजी को श्रीराम ने अंगीकार किया है। सभी ने-ऋषिमण्डल तक ने यह अंगीकार स्वीकार किया है। माताओं तथा ऋषियों ने इस अंगीकार को अपना आशीर्वाद दिया है तब आश्चर्य होता है।"

"आप ही राजा राम का यह विषाद दूर कर सकते हैं, महर्षे!" महामात्य सुमन ने चिन्तित स्वर में कहा– "आप ही हम सब की इस विचित्र, विषम और असाधारण स्थिति में हमारी आशा हैं, गुरुदेव, पूज्य, श्रद्धेय! अयोध्या के दिव्य–भव्य राज्य का उद्धार कीजिए–परित्राण– सीताजी का परित्राण कीजिए।"

महर्षि वशिष्ठ ने सिर धुनाया और कहा– "तात् किन्तु मैं श्रीराम से कह ही सकता हूँ। राजा राम मनस्वी नहीं है, किन्तु अटल, दृढ़ निश्चयी हैं। व्यष्टि और समष्टि की आधारभूत अटल तथा सनातन मर्यादाओं का मन वचन कर्म से पालन करते हैं– करवाते हैं।"

"सीताजी गर्भवती हैं– जननी वट हैं।" महामात्य सुमन ने अधीर स्वर में कहा– "फिर उनका क्या दोष है? दुष्ट, क्रूर तथा बलशाली रावण उनको धोखा देकर हर ले गया, अपनी वाटिका में बन्दी बना लिया। परपुरुष! रावण किस अर्थ में पर–पुरुष माना जा सकता है?"

"रावण आततायी था" महर्षि वशिष्ठ ने कहा– "मैं स्वयं श्रीराम जी के पास जाता हूँ। समझा दूँगा!"

"समझाने से काम नहीं बनेगा, श्रद्धेय!" सुमन बोले– "राजा राम को ऋषिमण्डल का आदेश चाहिए।"

महर्षि वशिष्ठ बोले– "राजा राम को हम सलाह दे सकते हैं– मार्गदर्शन कर सकते हैं– आदेश नहीं। आज्ञा तो राजा की ही होती है।"

सुमन ने सिर धुनाकर कहा– "लिखा विधाता का–आदेश राजा का–आज्ञा माता–पिता एवं गुरूजनों की। हाँ–यही महर्षे! सीताजी का त्याग नहीं होगा– नहीं।"

"विधाता तेरी क्या इच्छा है?"- महर्षि स्वयं से ही बोले।

✦✦✦

महर्षि वशिष्ठ को देखते ही श्रीराम चिहुँके– "महर्षे! श्रीमद् आपश्री इस समय?" महर्षि वशिष्ठ ने श्रीराम का विनीत प्रणाम स्वीकार करते हुए कहा- "राम! कभी-कभी तुमसे मिलने के लिए मैं आकुल–व्याकुल हो जाता हूँ। ध्यानस्थ होकर भी मैं तुमसे मिलने को विकल हो जाता हूँ। आज भी ऐसा ही हुआ है।"

श्रीराम ने महर्षि का पाद–पूजन करते हुए कहा– "मेरा अहोभाग्य, देव! मैं गुरुदेव की इस कृपा का पात्र हो सका– यही मेरे इस जीवन की अन्यतम सफलता है। आप श्रीमद् मेरे गुरुदेव भी हैं, मैं आपके योग वाशिष्ठय का शिष्य भी हूँ– श्रोता। यह अचानक और अनायास कृपा क्यों, प्रभो!"

महर्षि वशिष्ठ ने शान्त स्वर में कहा– "सुमन आये थे– आपके महामात्य। बड़े ही विकल तथा हतप्रभ थे।"

"तात सुमन आये थे– आपके पास?" श्रीराम ने स्वयं में खो जाते हुए कहा– "समझा.......।"

"क्या समझे, राम।" महर्षि वशिष्ठ ने कहा– "तुम राजा हो। समाज सहित और समाज द्वारा हो। भूमि का भार तुम्हारे कन्धों पर है और आकाश तुम्हारी आँखों में है। तुम्हारे कंज–नयनों में सृष्टि है राम। राज्य की स्वीकृति के बिना तुम अपने देह भी त्यागना चाहो तो त्याग नहीं सकते।"

श्रीराम मुस्कुराए और बोले– "देह त्याग की पल विधाता द्वारा अभिनिश्चत् है, गुरुदेव! अपनी इस कंचन काया का त्याग विधि के हाथ में है, किन्तु राघव रामचन्द्र राजा राम के नाते मैं जगत को त्याग सकता हूँ। चाहूँ तो घर–बाहर, राजसिंहासन, सब सर्वस्व त्याग सकता हूँ और संन्यासी हो सकता हूँ।"

"राजा संन्यासी नहीं हो सकता– वानप्रस्थी हो सकता है।" महर्षि वशिष्ठ ने मुस्कुराते हुए कहा– "फिर तुम तो गृहस्थ हो, रघुकुल के उत्तराधिकारी राजा राम हो। तुम किसे त्याग सकते हो? तुम इस धरती के कण को भी त्याग नहीं सकते–पत्नी–त्याग की बात तो दूर रही, राम!"

"सीता?" श्रीराम ने सिर धुनकर कहा– "सीता–त्याग तो होगा, गुरुदेव! यह मेरे राजा होने का प्रायश्चित होगा–विधाता का दण्ड होगा-जो मेरे लिए जीवित मृत्यु के समान होगा। अवश्य होगा। मैंने तात् सुमन से अपने सीता–त्याग का विचार कहा था। राज्य का प्रधानामात्य होने के कारण ही मैंने उनको मेरा यह गुह्य विचार व्यक्त किया था। महामात्य सुमन को आपसे यह मेरा ऊहापोह क्यों कहना चाहिये था? क्यों?"

"इसलिए कि मैं ऋषिमण्डल का अध्यक्ष हूँ, राजा राम का राजपुरोहित हूँ और राम का गुरु हूँ– इसलिए।" महर्षि वशिष्ठ ने कहा– "एक धोबी के बकने से तुम अपनी जीवन–संगिनी–धर्मपत्नी का त्याग करोगे? यह सीता के साथ तुम्हारा घोर अन्याय होगा– पातक होगा, राम!"

"गंगा में शव भी पवित्र हो जाता है, गुरुदेव।" श्रीराम ने कहा– "समाज की मर्यादायें सत्य की त्रिपथा गंगा की लहरें हैं, वे मिटाई नहीं जा सकतीं और न ही शान्त की जा सकती हैं। एक धोबी प्रभो! अयोध्या के राम राज्य का एक भी प्रजाजन समस्त प्रजा का प्रतिनिधि है। आपके आशीर्वाद से मैंने एक मन्थरा द्वारा उत्पन्न स्थिति का सामना कर पिता के वचनों को सर्वश्रेष्ठ धर्म मानकर उसका पालन किया है। वनवास की घोर अवधि के मध्य तथा उसके बाद भी मैंने राज्य स्वीकार नहीं किया था। राज्य मैंने प्रजा की इच्छा तथा आज्ञा से ही स्वीकारा। इस प्रजा के एक नागरिक का मत मेरे लिए वेदाज्ञा के समान है। सत्य संख्या पर निर्भर है क्या? अवश्य सीता को अग्नि की साक्षी से मैंने स्वीकार किया, किन्तु आर्य राष्ट्र की सनातन प्रवाहवान मर्यादा की रक्षा का क्या, गुरुदेव महर्षि वशिष्ठ–प्रजा मत उचित, योग्य तथा बुद्धि सम्मत क्या नहीं होना चाहिये, राम!" प्रजा का मत उचित, नान्य तथा बुद्धि सम्भव होना ही चाहिए, राम!"

"प्रजामत तो चाहे वह एक अल्प हो या बहु हो, एक हो या अनेक होंगे। उसे वाणी का पश्यन्ती मत मानता हूँ। मेरे लिए वह अनहद का वाक् है। उचित, अनुचित योग्य आदि तो बुद्धिमानों द्वारा प्रदत्त विशेषण है। तब मेरे मत में प्रजामत निरीह है, निर्विशेष्य है, महर्षे!"

महर्षि वशिष्ठ– "भगवती सीता के प्रति ऐसा घोर अन्याय करते हुए राम, तुमको संकोच नहीं होता? अपनी ऐसी दिव्य, शान्त, धीर–गम्भीर और गुणनिधान जीवन–संगिनी के त्याग का विचार मात्र ही अन्तरात्मा के सत्य के विपरीत है रामजी।"

"सीता मेरी सर्वस्व है, प्रिय है, प्रियतमा है।" श्रीराम ने कहा– "मैं सीता के कारण हूँ, सीता के लिए हूँ कि सीता राम की है– राजा राम की नहीं है। राजा राम भी एक प्रजाजन है। फिर मैं आर्य जाति की एक भी सनातन सदीप से चली आ रही मर्यादा का भंग राजा होकर कैसे कर सकता हूँ? नहीं कर सकता गुरुदेव! आप ही कहें क्या राष्ट्र की मर्यादा भंग कर दी जाय? क्योंकि मैं राजा हूँ। राजा की राशी विशेष स्थिति है क्या? न्याय के लिए सभी समान हैं।"

"सीता–त्याग न्याय है क्या?"- महर्षि ने पूछा।

"वह न न्याय है और न ही अन्याय।"– श्रीराम बोले।

"तब वह क्या है? मैं सुनूँ तो......।"– महर्षि वशिष्ठ।

"परिस्थिति का अकाट्य सत्य है।" राघव राम ने कहा– "फिर सीता समझेगी। सीता मुझसे भी अधिक गम्भीर है, बुद्धिमान और सत्य सन्धक है। वह स्वयं नहीं चाहेगी कि मैं उसके मोह में डूबकर आर्य मर्यादा को भंग करूँ या होने दूँ। हाँ, गुरुदेव मैं सत्य कहता हूँ।"

"सीता से कहा........?"– वशिष्ठ।

"अपने अन्तःकरण में सीता को लीन कर दूँ तो तब कह दूँगा।" श्रीराम ने कहा– "कहना क्या है? आज्ञा दूँगा। अभी मैं आत्मा के गहरे नीर में डुबकी लगा रहा हूँ। गुरुदेव! सब छूट जाय–सीता नहीं छूटती। नहीं प्रभो!" श्रीराम ने सिर धुनाया– "समझ में नहीं आता, मैं क्या करूँ? राज्य त्याग दूँ, पर कैसे? राज्य त्यागना प्रजा की आज्ञा की अवमानना करना होगा। आर्य सभ्यता के महाराज्य का यह पवित्र उत्तरदायित्व स्वीकार कर कैसे त्यागूँ? यह पलायन होगा, गुरुदेव!

मैं क्या करूं? मैं आपकी शरण में हूँ। मुझे..... मुझे दिशा-बोध प्रदान कीजिये, प्रभो!"

महर्षि वशिष्ठ ने सिर धुनाकर कहा- "आज राजा क्या है, दिखा? समझ में आ गया। -राजा राम! तुम्हारी जय हो।"

"जय सीता की हो। श्रीराम ने हल्की सी चीत्कार के साथ कहा। वही.... वही मुझे इस अंधकार से प्रकाश की ओर ले जाएगी। हाँ, गुरुदेव सीता मेरी आत्मज्योति है।"

"आत्मज्योति?"- वशिष्ठ ने पूछा।

"हाँ महर्षे! मेरी अन्तरात्मा- मेरी परमात्मा!" श्रीराम ने कहा।

❖ ❖ ❖

सीताजी ने अपनी मीठी तन्द्रा से सहसा जागते हुए कहा- "क्या बात है? मैं देख रही हूँ आप अन्य मनस्क हैं, उन्मन हैं। आपका मुख मण्डल गम्भीर उदासीनता का वाहक हो गया है। क्या मुझसे कोई त्रुटी हो गयी है? भूल हुई?"

श्रीराम ने सीताजी के पूर्ण चन्द्रानन को निहारते हुए कहा- "नहीं..... नहीं...... सीते! भूल तो मुझ से हुई है।"

सीताजी धीरे-धीरे उठ बैठी, बोली- "क्या भूल हुई है आपसे? मैं भी सुनूँ? नहीं....?"

"राजा बनना मेरी भूल थी।" श्रीराम ने निसास रखते हुए कहा- "राजा तो लक्ष्मण या शत्रुघ्न ही बन सकता था- भरत या मैं नहीं। यह राजश्री मुझसे झेली नहीं जाती। राजा का जीवन सतत् त्याग का जीवन है। अपना सर्वस्व त्याग दो, प्राण त्याग दो, अन्तरात्मा त्याग दो- कोई निजी सुख स्वीकार नहीं कर सकते, प्रिये!"

सीताजी ने यों ही पूछ लिया- "आपकी अत्यन्त आत्यन्तिक प्रिय कौन है? जिसको भी त्यागना पड़ सकता है।"

"तुम, सीते!" श्रीराम ने धीरे से कहा- "तुम मेरी प्राण, मेरा जीवन, मेरा आत्यन्तिक सर्वस्व।"

"मुझे? क्यों? क्यों त्यागोगे आप मुझे?"- सीता ने पूछा।

"राजा किसे रखता है और किसे त्यागता है, प्राण मेरी।" श्रीराम ने सिर धुनाकर कहा– "राजा के लिए प्रजा, जनमनरंजन करते रहना उसका परम् धर्म है। प्रजा के रंजन के लिए तुमको भी कदाचित् त्यागना पड़ सकता है, सीते!"

सीता खिलखिलाकर हँसी– "तो चिन्तित क्यों हो? त्याग देना।" "नहीं सीते! तुमको त्यागना? नहीं–तुमको त्यागने की बजाय मैं राजसिंहासन त्यागना पसन्द करूँगा।"

"राजसिंहासन जनता की आज्ञा से स्वीकार किया है। फिर राज्य आपका निजी है नहीं– राज्य प्रजा का है। आप तो उसके नियामक और त्राता हैं एवं धाता हैं। राज्य आप चाहें तब भी त्याग नहीं सकते–हाँ, मुझे चाहो तो त्याग सकते हो।"

"नहीं, सीते! नहीं।" श्रीराम ने सिर धुनाकर कहा– "लोग जो कहते हैं, उन्हें कहने दो। सुनता रहूँगा।"

"क्या कहते हैं लोग मुझे लेकर? क्या–राम।" सीता ने सम्पूर्ण जागृत होते हुए कहा– "लोग, प्रजा, जनता, राजा रहस्यमय शब्द हैं, अगम अर्थों से भरे। हाँ, प्रिय मेरे! क्या कहते हैं, मुझे लेकर लोग? यह न कि मैं रावण के घर रहकर आयी हूँ। आर्य मर्यादा की दृष्टि से पुनः घर में ग्रहण करने के लिए पात्र नहीं रही–यही न? क्या?"

"लोगों को कहने दो सीते! हम सुनते रहेंगे।" श्रीराम ने कहा– "रावण के घर तुम बलात् ले जाई गई थीं। तुम्हारी यह दिव्य-भव्य काया सिकुड़कर अशोक वाटिका में स्थित रहीं। किन्तु तुम सम्पूर्णतः मेरे पास, मेरे मन में रहीं। हनुमान ने मुझे सब बता दिया है–त्रिजटा ने भी। उस दुष्ट आततायी, क्रूर, अधर्मी, अन्यायी दस्यु द्वारा भयत्रस्त किये जाने पर भी तुम मेरा नाम लेती रहीं– मुझे ही स्मरण करती रहीं। तुम्हारी उस अगाध विरह वेदना से मेरा रोम-रोम तब तक झुलसा रहा, जब तक तुम पुष्पक विमान में सज धज कर मेरे पार्श्व में नहीं बिराजीं। कहने दो उस धोबी को– मैं सुनता रहूँगा, हाँ सीते!"

"राजा प्रजा की सुनकर सत्य स्वीकार करता है और न्याय करता है।" सीताजी ने शान्त गम्भीर स्वर में कहा– "राजा प्रजा की इच्छापूर्ति का धाता, विधाता, त्राता तथा कर्त्ता है। राम! इसीलिए मैं कहती थी कि तुम राम नहीं रहे– राजा राम ही हो गये हो। "

"किन्तु तुम्हारा त्याग? असम्भव।" श्रीराम ने तनिक तीव्र स्वर में कहा– "तुम रघुकुल की वधू, राजमहिषी तथा महारानी हो। तुम सामान्य आर्य गृहस्थिनी नहीं हो। तुम राघव राजा राम की राणी हो। न मैं तुम्हारा त्याग कर सकता हूँ और न ही तुम मेरा त्याग कर सकती हो। अन्तिम साँस तक और उसके भी परे हम अविभाज्य हैं, अभिन्न हैं, हम तादात्म्य हैं– हम सीताराम कहे जाते हैं।"

"किन्तु अब केवल राजा राम ही रह जाएँगे" सीताजी ने कहा– "धोबी की बात मान लीजिये। आर्य गृहस्थ की यह सतीत्व की अमोघ मर्यादा का पालन कीजिये, महाराज।"

"चुप रहो, सीते!" राम चिल्लाए– "मौन हो जाओ। कहीं यह दिशाएँ चौदह भुवनों को कह देंगी की राम सीता को त्याग रहा है– चुप रहो और ईश्वर के लिए मूक हो जाओ। यह वज्राघात सह लूँगा। मैं राज्य छोड़ दूँगा। त्रिताप से भरी यह राजाग्नि कैसे सहूँ? सीते! मैं शान्ति चाहता हूँ, निवृत्ति का अगाध आनन्द चाहता हूँ– जो तुम्हीं मुझे दे सकती हो।"

"मैंने तो राम तुम्हें वेदना ही दी है।" सीता जी ने कहा और रोते हुए बोलीं– "राम! मुझे क्षमा कर दो और........ और त्याग दो।"

"नहीं" राम गरजे– "चुप हो जाओ सीते! समय के शून्य में ऐसे ऐसा कथन तनिक गूँजकर बिला जाते हैं, चीत्कारें काँपकर शम जाती हैं। अगाध स्वयं ही सहम कर चले जाते हैं। तुम को नहीं, मैं स्वयं को ही त्याग दूँगा।"

सीता ने राम के पार्श्व में सिमटते हुए कहा– "राम ! चलो, पुनः वनवास चलें। यह राज्य तो पंचाग्नि है।"

"अन्तःकरण की यह अग्नि है, सीते! यह राज्य निस्सार है। प्रजा क्या? मैं स्वयं से पूछता हूँ प्रजा क्या?"

"राजा का जीवन–मरण" सीताजी ने कहा– "राज्य और राजा का समूचा समग्र समस्त अस्तित्व। सत्य, न्याय, धर्म।"

"राज्य" श्रीराम चिहुँके– "राजा– कुछ समझ में नहीं आता, प्रिये! यह जगत ही मुझे निस्सार–असार प्रतीत होता है। यह जन्म–मरण, यह पुनः जन्म, यह कालचक्र सीते! क्या है? वेदान्त सुनना सरल है, किन्तु वेदान्त के सोपान जीवन में उतारना असम्भव है। मैं वह हूँ– तत् त्वमसि! सुनते ही बुद्धि जैसे जाग उठती

है, किन्तु पुनः सोने लगती है। गुरुदेव कहते हैं, यह सब जगत वही ब्रह्म है। यह बुद्धि ब्रह्म है, ज्ञान ब्रह्म है। जो कुछ है, हो रहा है, होगा– ब्रह्म है, किन्तु मैं इस सत्य को ग्रहण करके भी ग्रहण नहीं कर पाता हूँ। मेरी बुद्धि शून्य हो जाती है और मुझमें असीम उदासी छा जाती है। तब तुम्हीं मेरे मन का अवलम्ब हो, मेरे चित्त की प्रसन्नता हो, मेरी बुद्धि का विश्वास हो। तुम ही मेरा जीवन हो जैसे। तुम प्राणेश्वरी! मेरे लिए जाने क्या हो– क्या हो सीते!"

सीता ने श्रीराम को भुजपाश में बाँधते हुए कहा– "तुम मेरी आत्मा, मेरे परमात्मा, मेरे परमेश्वर हो। सोच त्याग दो स्वामिन्! और अपना कर्त्तव्य, असम्भव को सम्भव करो। मुझे त्यागना हो तो त्याग दो, किन्तु राष्ट्र की सनातन मर्यादा मन–वचन–कर्म से भंग न करो। सत्य तो स्वयं ही स्वीकार्य है।"

"सत्य!" श्रीराम स्वयं से बोले– "तुम्हारा त्याग क्या सत्य होगा? नहीं।" राम सहमे, पुनः बोले– "एक व्यक्ति का पूर्वाग्रह ग्रसित कथन काल के सत्य का वचन बन सकता है क्या? उस धोबी को मैं समझा दूँगा– हाँ, यह करूँगा।"

"तुम राजा राम हो। त्रैलोक्य में सत्य संधान और न्याय धारण के लिए विख्यात हो।" सीता ने कहा– "राम के राज्य में पत्थर भी तर जाते हैं। योगी तुम्हारा नाम रटते हैं, मुनि तुम्हारा ध्यान करते हैं। तुमको श्री हरि का मनुजावतार ही जगत मानने लगा है। एक स्त्री के लिए तुम......"

"मैं क्या?" श्रीराम ताड़ूके– "एक स्त्री? तुम केवल एक स्त्री ही नहीं हो जनकदुलारी! तुम मेरी श्री हो, सुकृति और यश हो। राम–राज्य के मंगल का स्रोत तथा समूचे आर्य राष्ट्र की गरिमा हो। तुम श्री हो, हीं हो, क्लीं हो।"

"मैं तो केवल तुम्हारे चरणों में पड़ी दासी हूँ।" सीताजी रो पड़ीं। "मैं.... मैं एक विवश अबला हूँ राम!"

"नहीं....." श्रीराम ने सीताजी को अपने अंक में भर लिया।

"मेरे राम!" सीताजी ने सुबकते हुए कहा और अर्द्धमूर्च्छित सी हो गयी। श्रीराम घबरा उठे– "हनुमान! सुना, हनुमान तुम्हारी भगवती माँ मूर्च्छित हो गयी। आना तो....."

सदैव जागृत, सदैव सन्नद्ध हनुमान लपके हुए आए।

✦✦✦

अपने निजी कक्ष में उपविष्ट श्रीराम के चरण छूकर हनुमान ने आर्द्र स्वर में कहा– "प्रभो! यह क्या सुन रहा हूँ? भगवती को, माँ सीता को आप त्यागने का विचार कर रहे हैं? आश्चर्य! आश्चर्यों का आश्चर्य, भगवन!"

श्रीराम ने हनुमान के विवर्ण मुख मण्डल को देखा और कहा– "तो? जो देखो वह मुझसे प्रश्न कर रहा है। उत्तर मैं किस–किसको दूँ। मेरे पास उत्तर है ही नहीं। तुम पूछ रहे हो? तुम क्या राजधर्म नहीं जानते? अपनी स्त्री को क्या, राजा को प्रजा के लिए अपने प्राण भी त्यागने होते हैं। राजा त्याग है– बलिदान है।"

हनुमान ने श्रीराम के चरण थाम लिए, कहा– "मुझे त्याग दीजिये भगवन! मुझे, किन्तु भगवती माँ सीता को नहीं। उनके बिना यह विशाल राजभवन सूना हो जायेगा। माताएँ मुर्झा जाएँगी और मैं तो आपको मुँह तक दिखा नहीं पाऊँगा।"

श्रीराम ने गम्भीर किन्तु तीव्र स्वर में कहा– "और मैं किसको अपना मुँह दिखा पाऊँगा? अन्तरात्मा को नहीं, अयोध्या की प्रजा को मैं अपना मुँह दिखा पाऊँगा। इस समय मैं आत्मविश्वासपूर्वक अयोध्या की प्रजा को अपना मुँह दिखा नहीं पाता–न प्रजा में विचर ही सकता हूँ– इस समय हनुमान। मैं अपनी प्रिय, प्राणप्रिय प्रजा को देख नहीं सकता, सुन नहीं सकता, हिल–मिल नहीं सकता। इस समय मैं अपने ही अन्तःकरण का बन्दी हूँ। सुना?"

"सुना, प्रभो! सुना।" हनुमान ने कहा– "किन्तु भगवती माँ सीता।"

"सीता......?" श्रीराम मन्द स्वर में गुर्राए– "त्यागना ही पड़ेगा हनुमान! और तब मैं एक अविराम शून्य प्रतिघोष होकर इस देह में रहूँगा। राज करता रहूँगा– जनमनरंजन करता रहूँगा। प्रजा अपने पिता–माता तुल्य राजा की सतत् बलि चाहती है। लोग राजा को सतत् भोग की व्यष्टि समझ बैठे थे– ऐश्वर्य का अर्थ ही राज्य है, वैभव भोग ही राजा है। हम शताब्दियों से प्रजापालन, रक्षण और जनमनरंजन नहीं कर रहे थे– राज्य भोग रहे थे, हनुमन्ते! उसका अटल अनिवार्य प्रायश्चित मुझे ही करना होगा–मुझे ही। और सीता–त्याग ही यह प्रायश्चित है। सीता को पुनः ग्रहण कर मैंने आर्य राष्ट्र की अटल मर्यादा का विस्मरण ही कर दिया था।"

"उस धोबी को"– हनुमान सहसा गर्जे, किन्तु चुप हो गये।

"सावधान!" श्रीराम ने रोम–रोम में जागृत होते हुए कहा– "मेरे प्रिय प्रजाजन के विरुद्ध एक भी शब्द कहा है तो–तो मुझे न जाने क्या दण्ड देना पड़े। शान्त

हो जाओ, हनुमान! सीता नयनों से ओझल हो जायगी तो तुम इसके दिव्य पूत तुम हनुमान जो हो– होंगे।"

"मैं" हनुमान ने सिर धुनाकर कहा– "भगवती माँ की गोद के बिना मैं जैसे जीवित नहीं रह सकता। मैं भगवन्! आपके चरणों में और माँ सीताजी की गोद में ही जीता हूँ। राम एक अशिक्षित– अदीक्षित व्यक्ति की निन्दा सुनकर आप अपनी प्राणेश्वरी–हृदयेश्वरी को, महाराणी को त्याग देंगे–नहीं प्रभो! नहीं, मैने आपसे आज दिन तक कुछ नहीं माँगा। आज माँगता हूँ......।"

"क्या?" श्रीराम ने पूछा।

"मेरी माँ भगवती सीता।" हनुमान ने रोते हुए कहा।

श्रीराम के कंज नयन अपने ही आकाश में खो गये। हनुमान को अपलक निहारते हुए राजा राम ने शान्त जलद–गम्भीर स्वर में कहा– "सीता किसी की नहीं है और है तो वह केवल मेरी है हनुमान! तुम सीता के सिवाय और माँग लो– स्वर्ग, चौदह भुवन, चिरंजीवी जीवन–जो चाहो, वह माँग लो। सीता मेरे लिए, मेरे मोक्ष के लिए–मेरे पास ही रहने दो।"

"तो तब मुझे ही त्याग दो, भगवन्!" हनुमान ने आर्त स्वर में कहा– "मुझे ही त्याग दो। भगवती माँ के अन्तरात्मा की पुनीत वह्नि में मुझे ही आहूत कर दो आप!"

"तुम्हें त्याग दूँ?" श्रीराम चिहुँके– "तुम हो क्या? तुम तो मुझे ही रटते हो, मुझको ही भजते हो। तुम राममय हो गये हो और मैं तुममय। कौन किसको त्यागेगा, हनुमान! सीता के कारण मैं जगत में हूँ, सृष्टि में विचर रहा हूँ और तुम्हारे कारण मैं भगवद् पाद हो गया हूँ। तुमने मुझे मानव से भगवान ही बना दिया है और हनुमान भगवान–भक्त ही हैं और क्या है भगवान? मानव भक्त हैं और भक्त ही भगवान हैं, हनुमन्ते! मेरे वीर–तुम्हारी जय हो!"

हनुमान ने श्रीराम के चरणों में गिर पड़ते हुए चीत्कार की- "त्राहिमाम्– माहिमाम, प्रभो!"

"तथास्तु!" श्रीराम ने कहा– "सीता मेरी आत्मा है। इससे न संयोग है और न वियोग है अब। सीता शाश्वत जीवन के सच्चिदानन्द की पूर्णिमा है, जो मेरे हृदयाकाश में जगमगाती रहेगी। सीता अनहद् का मुरली–रव है–बजता ही रहेगा। इस जगत के आकाश में तथा पृथ्वी की दिग्दिशाओं में गूँजता ही रहेगा।"

25

राजमाता कौशल्या चौंक उठीं– "क्या? सीता का त्याग–राम कर रहे हैं– क्या कहा?"

हनुमान ने प्रणामपूर्वक कहा– "हाँ..... माँ। किसी धोबी ने कहा है कि राजा राम ने रावण के यहाँ........"

"सुन चुकी हूँ इस अपवाद को...... सुन चुकी हूँ......।" कौशल्या देवी ने कहा– "परन्तु महाराणी सीता का त्याग? असम्भव! यह कैसे हो सकता है?"

हनुमान ने कहा– "मर्यादा....."

"मर्यादा?" कौशल्या बमकीं– "मर्यादा प्रजा के लिए है, राजा के लिए नहीं। राजा ईश्वर का अंशावतार जो है। वह सत्य को धारण करता है, न्याय को पालता है तथा धर्म का पोषण करता है। राष्ट्र की रक्षा और प्रजा का कल्याण करता है। अपनी रानी को किसी की निन्दा करने पर त्यागता नहीं है। सीता त्यागी नहीं, बसाई जाती है। सुना? जाकर राम को मेरा यह सन्देश दे दो... सुना?"

"जी माँ।" हनुमान जी ने कहा– "किन्तु रामजी ने मौन व्रत धारण कर लिया है।"

"मौन व्रत?" कौशल्या जी ने तीव्र स्वर में कहा– "क्या हो गया है राम को? दिवसों से उदास, उन्मन अन्यमनस्क! कहाँ तो उसे प्रसन्न रहना चाहिये तथा सीता को अपने प्रेमपूर्ण विश्वास में लेना चाहिये। उसे पता नहीं है क्या कि गर्भवती स्त्री को माता–पिता, पति तथा पूरे घर का विश्वास, स्नेह और आशीर्वाद चाहिये। आज मेरे रघुकुल का भाग्योदय होने जा रहा है और राम मानो बहक गया है। हनुमान! मेरे राम को क्या हो गया है? वत्स! तुम ही उसको समझा सकते हो।"

"धोबी की बात सुनकर रामजी मानो विजड़ित हो गये हैं।" हनुमान ने कहा– "हमने समझाया, किन्तु राम का विषाद भंग होता ही नहीं है। गुरुदेव ने समझाया, किन्तु राम मानो पाषाण की मूर्ति बन गये हैं।"

"मैंने राम को कभी कुछ नहीं कहा, किन्तु आज कहूँगी। सीता उसकी पत्नी है, जीवन– संगिनी है, धर्मपालन में अर्द्धांगिनी है, किन्तु वह मेरी भी वत्सला है।

मैं महाराज जनक को क्या मुँह दिखाऊँगी? उसका अनुशासन क्यों नहीं किया जाता है?"

"रामजी" हनुमान जी ने कहा– "राजा तो राम हैं और प्रजा का अनुशासन राजा ही कर सकता है। हम–आप भी राजा राम की बहुत हुआ तो हम रामजी के सम्बन्धी होने के नाते–उनके अपने जन हैं किन्तु रामजी अब राजा राम ही रह गये हैं।"

"सीता–त्याग का विचार कर रहा है, राम, मेरा पुत्र होकर।" कौशल्या ने सिर धुनाकर कहा– "इससे तो अच्छा होता मैं उसकी प्राप्ति के लिए यज्ञ ही नहीं करती। नहीं! सीते! तुम कहाँ हो, पुत्री!"

सीताजी द्वार पर दिखीं, बोलीं– "यह रही, यहाँ माँ! द्वार पर।"

"सीते! राम को क्या हो गया है?" कौशल्या ने तपाक से पूछा।

"मैं क्या जानूँ– आप उनकी माँ हैं, आप ही जानें" सीता ने कहा– "किसी धोबी के कहने पर मेरा त्याग करने का विचार कर रहे हैं।"

"तुमको कहा?" कौशल्या ने पूछा।

"कहा नहीं....... मैंने जान लिया।" सीताजी बोलीं– "तो माँ चिन्ता की क्या बात है? मुझे त्यागने से ही इनको शान्ति मिलती हो, राजधर्म का उत्कर्ष होता हो, तो मुझे त्याग दें। प्रसन्न मन से मुझे त्यागें–मैं इतना ही चाहती हूँ। यों ही मेरा मन राजमन्दिर में नहीं लगता। अरण्य–सघन सजल सफल अरण्य, आश्रम, यज्ञ, अरण्य की सरल मन प्रजा, पशु–पक्षी! सूर्योदय, चन्द्रोदय, तारे, नक्षत्र ब्राह्ममुहूर्त, प्रभात, दोपहर, संध्या और फिर रात–तारों से जगमगाती निशा।"

"सीते!" तीव्र स्वर में कौशल्या ने पुकारा।

"हाँ, माँ यह मैं और मेरे उदर में जो है, वह भी कह रहा है।" सीता ने कहा– "रामजी ने मुझे त्यागने का विचार किया तो मेरे लिए यह उनकी आज्ञा ही हुई। उनकी इच्छापूर्ति करना मेरा सतीत्व है– धर्म है। उन्होंने पिता का वचन वनवास जाकर निभाया, राज–त्यागकर माता–पिता की इच्छापूर्ति की। तो क्या मैं अपने पति, प्राणेश्वर, मेरे परमेश्वर की प्रसन्नता के लिए अन्तःकरण की शान्ति के लिए स्वयं वनवास नहीं कर सकती? कर सकती हूँ– करूँगी।"

हनुमान ने सहसा कहा– "रामजी ने आपको त्यागा तो मैं.... मैं।"

"शान्त हनुमन्ते!" सीता ने कहा– "तुम उनके सेवक हो, अपनी मर्यादा में रहो, हनु!"

"मैं उनका भक्त हूँ, पुजारी हूँ, उनका दास हूँ: दूत हूँ।" हनुमान ने कहा– "मैं रामजी को बरजूँगा–अवश्य माते!"

"सीता!" कौशल्या ने कहा– "हनुमान ही राम को बरज सकता है। हनुमन्ते! तुम यह कर दो। यही मैं चाहती हूँ।"

"जो आज्ञा, माँ! राजमाते! आपकी जय हो" हनुमान ने कहा।

सीता ने सहसा रो पड़ते हुए कहा– "यह आपने क्या किया? हनुमान की उन्होंने नहीं सुनी तो.......। भक्त और भगवान में युद्ध छिड़ जायेगा। हनुमान और उनमें कोई अन्तर नहीं रहा। वह और हनुमान–भक्त और भगवान एक एकाकार हैं। मैं दूर पड़ गयी हूँ माँ!"

"तुम राम से दूर पड़ नहीं सकती, सीते" कौशल्या ने कहा– "सीता राम एक के भी एक हैं। अनेक में एक और एक में अभिन्न हैं। फिर हनुमान तुम्हारा मानसिक वत्स है, वह तुम्हारा दुःख देख नहीं सकता। कभी–कभी सेवक स्वामी की मन की आँखें खोल सकता है।"

"हनुमान राम को बरजेगा, सत्य के दर्शन कराएगा। हनुमान सबको राम दिखाता है तो वही हनुमान राम को सीता दिखाएगा।"

सीता ने कौशल्या के चरण छूए, कहा– "मैं उनकी आज्ञा मानूँगी। यह मेरे शेष जीवन का परम् धर्म है, माँ!"

"तुम्हारा कल्याण हो पुत्री" कौशल्या ने आशीर्वाद दिया।

❖❖❖

भरत लपके हुए श्रीराम के पास पहुँचे, अधीर स्वर में बोले– "यह क्या सुन रहा हूँ? कौशल्या माताजी ने मुझे बुलाकर कहा....."

"यही न कि मैं सीता–त्याग का विचार कर रहा हूँ।" श्रीराम ने गम्भीर स्वर में कहा– "राजा हूँ! अनेक प्रश्नों का स्वयं ही उत्तर खोजता रहता हूँ। अनेक समस्याओं की जालें काटता रहता हूँ। सोच–विचार राजा का स्वभाव है। तुमने नन्दीग्राम में क्या यह अनुभव नहीं किया?"

भरत ने आर्द्र स्वर में तनिक फुत्कारपूर्वक कहा– "किन्तु भाभीजी का त्याग! ऐसा क्यों सोच रहे हैं, प्रभो!"

"सोच लिया भरत!" श्रीराम ने क्लान्त स्वर में कहा– "राष्ट्र की मर्यादा की रक्षा तथा जनमत के आदर के लिए मुझे अपनी यह देह भी त्यागनी पड़ सकती है– फिर सीता को त्याग कहाँ रहा हूँ? घर से बाहर भेज रहा हूँ। पर–पुरुष के यहाँ रही स्त्री को आर्य गृहस्थ पुनः ग्रहण नहीं करता। यह सनातन मर्यादा है। इसको मैं क्या विधाता भी तोड़ नहीं सकती– नहीं।"

भरत ने सिर धुनाया– "यह सरासर अन्याय है, अनीति है। मैं आपका धर्माधिष्ठाता हूँ। मैं कहता हूँ यह अधर्म होगा, एक व्यक्ति के कहने पर? गंगा जल से भी अधिक शुद्ध और सरयू के पवित्र नीर से भी कहीं अधिक पुनीत है– भगवती भाभी। बलात् ही विवश होकर उन्हें अशोक वाटिका में रहना पड़ा था। उनके हरण के लिए सभी दोषी थे– हैं, लक्ष्मण भी।"

"लक्ष्मण? दोषी? और..... और मैं भी क्या?" श्रीराम ने तीव्र स्वर में कहा– "भरत भैया! तुम कहना क्या चाहते हो?"

"भाभीजी का हठ मानकर आप मायावी मृग के पीछे भागे– यह आपकी भूल थी। भूल ही नहीं अविवेक था। नहीं.......? फिर लक्ष्मण रेखा खींचकर आपके पीछे भागे–यह भयंकर भूल थी।"

"हो गयी" श्रीराम बोले– "जो हो गया, वह हो गया, भरत! परन्तु सत्य यह है कि तुम्हारी भाभी मेरी जीवन संगिनी अर्द्धांगिनी अशोक वाटिका में बलात् ही सही, पर रही। रावण की छाया उन पर पड़ी। यह अटल सत्य है, भरत! मैं राजा हूँ। पर–घर रही स्त्री को ग्रहण नहीं कर सकता, हाँ ग्रहण नहीं कर सकता। कोई भी आर्य वर्ण यह नहीं करता।"

"चाहे वह बलात् अवस्था में हुआ हो?"– भरत ने कहा।

"सत्य निरीह है, निर्विशेष है" श्रीराम ने कहा– "सत्य का कोई कारण नहीं होता, तभी वितर्क और कुतर्क भी नहीं है। सत्य सत्य है और उसे स्वीकार करना परिहार्य है, भैया भरत!"

"मैं कहता हूँ राजा राम! यह आपका घोर अन्याय होगा।"– भरत ने कहा।

"अन्याय करके भी सनातन आर्य गृहस्थ की अखण्ड मर्यादा का उद्धार करूँगा।" राम ने कहा– "सीता को पुनः वनवास जाना ही होगा। यों भी उसका मन राजमन्दिर में नहीं लगता, भरत!"

भरत ने विह्वल होते हुए कहा– "वनवास जाना ही होगा? तो क्या आपने निश्चय कर ही लिया है?"

"निश्चय–सा ही है।" राम बोले– "राजा की भांति तो यह मेरा निश्चय ही समझो, भरत! किन्तु राम का मन नहीं मानता। सीता–त्याग के विचार मात्र से मेरा हृदय काँप उठता है।"

भरत ने डूबते को तिनके का सहारावत कहा– "मैं उस धोबी को समझाऊँगा। उससे ही कहलाऊँगा भगवती सीता को आप न त्यागें। प्रत्येक सिद्धान्त की नीति होती है, प्रत्येक नीति का अपवाद होता है और नियम का विनियम भी होता है। धर्म की गति अत्यन्त सूक्ष्म होती है, रामजी! धर्म का सत्य ही होता है और व्यवहार में सत्य ही धर्म है।" राजा राम ने कहा– "श्रीलंका से लौटने पर सीता राजमन्दिर में मुरझाई रही है। म्लान पूर्णेन्द की भांति उसका आनन मैं देखता रहा हूँ। किन्तु अभी चित्रकूट–भ्रमण कर वह उत्फुल्ल हो गयी है– प्रसन्नचित्त और मुकुलितवदन।"

भरत ने निसास रखते हुए कहा– "वह तो गर्भ के सुखद भार के कारण, भैया जी! गर्भवती होना नारी के लिए तो सृष्टि– यज्ञ ही करना है। यह सृष्टि उसके जन्म–मरण सब गर्भाधान ही तो। क़ाल स्वयं ही जैसे गर्भ धारण करता है। इसीलिए फलवती होना स्त्री का परम् धर्म माना गया है।"

श्रीराम ने कहा– "सीता पूर्ण स्त्री है– सम्पूर्ण नारी है, भरत! सीता सीता है। किन्तु वह महारानी होते हुए भी 'राजा' नहीं है। राजा की पार्श्ववर्ती रानी होते हुए भी वह राजा का अभिन्न अंग नहीं है। राजा की धर्मपत्नी केवल रानी है– केवल रानी।"

भरत ने तनिक तीव्र स्वर में कहा– "यह तर्क मात्र है।"

"किन्तु तर्क ही सही....." राम बोले– "आर्य मर्यादाओं का धारण और पालन करना ही आर्य राजा का राजधर्म है।"

"धर्म" भरत चिहुँके– "धर्म की गतिविधि, स्थिति-परिस्थिति तथा व्यष्टि और समष्टि के मंगल की अनिवार्य आवश्यकता पर निर्भर है। धर्म अधर्म हो नहीं सकता।"

"तो क्या सीता-त्याग अधर्म होगा?" राम ने पूछा।

"अन्याय होगा, राम! अन्याय" भरत ने कहा– "और मैं शक्तिभर आपको बरजूँगा।"

"भरत!" राम ने तीव्र स्वर में कहा– "राजा से विवाद नहीं होता। इस पृथ्वी पर राजा ईश्वर के तुरन्त पश्चात् है। मैं स्वयं को नहीं समझता, किन्तु अपने राजधर्म को पूर्णतः जानता हूँ। समझे.....?"

"जी..... समझा" भरत ने विनीत स्वर में कहा– "राजधर्म के पालन में क्या सदैव न्याय ही होता है? अन्याय नहीं? एक शूद्र की दन्त किटकिट को अकाट्य सतर्क न्यायमत मानकर दिव्य भाभीश्री को त्यागने का विचार करना, रामजी! मुझे तो अधर्म ही प्रतीत होता है।"

"धर्म-अधर्म बुद्धि से नहीं, कर्त्तव्य करने से ही अवगत होता है, हृदयंगम होता है।" श्रीराम ने कहा– "राजा जनमत की आलोचना नहीं करता, समीक्षा नहीं करता, उसको सत्य-असत्य करार नहीं देता। जनमत को राजा अनिवार्यतः मानता है। राजधर्म का आधारभूत सारतत्व बिना ननुनच किये प्रजामत को शिरोधार्य करना है। भरत! तुम धर्म मूर्ति हो। धर्म की आराधना राजा प्रजामत को पालकर ही करता है। फिर सीता को मैं त्याग कहाँ रहा हूँ– अपने सहवास से मुक्त कर रहा हूँ। सोचो भरत! मैं यदि मर्यादा भंग करूँगा तो सब– चारों वर्ण अपनी-अपनी मर्यादा भंग करेंगे और आचरण की संकटता उत्पन्न हो जायेगी।"

भरत ने साहस बटोरते हुए पूछा– "विभीषण तथा सुग्रीव! उनकी प्रजा ने भी तो उनको लेकर दन्त किटकिट की थी। वहाँ तो आपने प्रजा को समझाया था। यहाँ भी प्रजा को विश्वास में लेकर समझाया क्यों न जाय, स्वामिन्!"

श्रीराम– "आर्य जाति नहीं है, शाश्वत प्राकृतिक दिव्य-भव्य चतुर्वर्ण हैं। आर्य का उद्गम ज्ञान है, आर्य की जाति वेद है तथा आर्य का राष्ट्र सत्य, न्याय तथा धर्म का अपराजित राष्ट्र है। आर्य मर्यादा शाश्वत है, सनातन व्यवहार का साथ है, भरत!"

भरत ने तनिक तीव्र स्वर में कहा– "राम! मैंने मन–वचन–कर्म से सदैव आपकी इच्छापूर्ति की है– आपकी आज्ञा मानी है। आप मेरे देव हैं–देवाधिदेव हैं, किन्तु भाभीश्री के त्याग की आपकी इच्छा....."

"यह मेरी इच्छा नहीं, भरत!" राम तनिक ताड़ुके– "यह मेरी अटल विवशता है। मैं देह त्यागकर के भी सीता को त्याग नहीं सकता और सीता मुझसे अलग होकर भी मुझे त्याग नहीं सकती। सीता–त्याग मेरा राज कर्त्तव्य है। मर्यादा का पालन करना है। प्रजा का रंजन करने तथा उसके राष्ट्र की आधारभूत आमनायों की घोषणा करना है। सीता को मैं अन्यत्र भेज रहा हूँ– मुझसे दूर और नयनों से ओझल, भरत!"

"मेरी प्रार्थना है– और सोचें अपने राजधर्म की एक बार और अन्तिम बार समीक्षा करें, राम!" भरत ने कहा– "यही मेरा अटल किन्तु विनीत निवेदन है।"

"अच्छा?" श्रीराम ने कहा– "प्रतिपल, प्रतिक्षण यही तो कर रहा हूँ, भरत! सीता–त्याग का विचार करता हूँ, किन्तु सीता त्यागी नहीं जाती मेरे भाई। नहीं त्यागी जाती। सीता का मन मैं हूँ और वह मेरी जागृति है, स्वप्न है, मेरी सुषुप्ति है।"

✦✦✦

श्रीराम ने आधी रात के अँधेरे सुनसान में स्वयं से ही कहा–मन ही मन कहा– क्या करूँ? सभी विरोधी हैं, सभी। गुरुदेव वशिष्ठ और भरत, माँ सब। लक्ष्मण सदैव की भांति आज्ञांकित है। स्वयं मैं मन से थोड़े ही चाहता हूँ कि सीता को त्याग दूँ। किन्तु उस धोबी का व्यंग्य जैसे मुझे लील गया है। पर–पुरुष के सम्पर्क और सान्निध्य में रही कोई भी आर्य ललना पुनः ग्राह्य नहीं है– नहीं रही। आर्य गृहस्थ की यह अखण्ड अनिवार्य अटल मर्यादा है– उसको तो पालना ही होगा। राजा के लिए यह अनिवार्य अपरिहार्य कर्त्तव्य है। है, राम! तुमको सीता का त्याग करना होगा। राम-राज्य वर्णाश्रम धर्म की वैदिक आस्थाओं, विश्वासों तथा परम्पराओं के अक्षर धारण, पालन तथा पोषण का ही राज्य है। अवश्य, यही, राम! यही। श्रीराम उठ बैठे- "सीते! सीते!" शब्द ध्वनि गूँजी। दिशाओं के शून्य ने सजग होकर प्रत्युत्तर दिया सीते! ध्वनि-प्रतिध्वनि "सीते!"

सीता ने सहसा जागते हुए कहा– "राम! क्या है?"

"कुछ नहीं।" श्रीराम ने कहा– "नींद नहीं आती।"

सीता सजग होते हुए बोली– "क्यों? अपनी सभी चिन्ताएँ मुझे सौंप दो राम!"

"चिन्ता?" श्रीराम ने कहा– "चिन्ता नहीं, सीते! मैं शून्य हो गया हूँ। मन नहीं लगता– राजकाज से चित्त जैसे उचट गया है।"

"रोग?" सीता ने पूछा– "राजवैद्य को बताते क्यों नहीं?"

श्रीराम ने तनिक हास्य के साथ कहा– "रोग नहीं, सीते! मैं पूर्ण स्वस्थ हूँ, किन्तु जैसे मैं अब जीना नहीं चाहता।"

सीता घबरा गई– "राम! तुम मृत्यु की सोच रहे हो? क्यों?"

"मृत्यु ही अच्छी इस राजा के जीवन से तो।" श्रीराम ने निसास रखते हुए कहा– "मृत्यु? स्मृति-विस्मृति से परे अगाध निद्रा-काल-शयन सीते! मृत्यु की अनुभूति मुझमेँ नहीं है, मैं.... मैं शाश्वत, अगाध चैतन्य हूँ– सच्चिदानन्द स्वरुप हूँ। अतः मैं मर सकता नहीं, किन्तु शाश्वत, चिरन्तन जीवन की यह जागृति जैसे मुझे सह्य नहीं। मैं सहन नहीं कर सकता।"

"क्या सहन नहीं कर सकते मेरे प्राणेश्वर!" सीता ने पूछा।

"तुमको जैसे अब मैं सहन नहीं कर सकता" राम ने कहा– "तुम्हेँ मैं पूर्णरूपेण आत्मसात करना चाहता हूँ और वह होता नहीं। तुम विश्वास हो, अविश्वास भी हो। तुम संयोग भी हो, वियोग भी हो, सीते! तुम मेरा जन्म और मरण हो। तुम मेरे जीवन का दिवस भी हो और जीवन की रात्रि भी हो। प्राण मेरी! तुम मेरे लिए न जाने क्या हो– क्या नहीं हो?"

"तो मैं हूँ तो!" सीता ने कहा– "फिर तुम इतने उद्विग्न क्यों हो, नाथ!"

"राजा राम जो हूँ।" राम ने कहा– "क्या करूँ सीते! तुम ही मार्ग बताओ, मैं क्या करूँ?"

"अपना राजधर्म पालो और क्या करो?" सीता ने सम्पूर्ण जागृत होते हुए कहा– "राजा को राणियों की कभी कमी रही क्या? मुझको त्याग दो, राम! तुम्हारी यह विकलता मुझसे देखी नहीं जाती। इससे तो अच्छा था, मैं वन में आती नहीं, जाती ही नहीं।"

"विधाता!" राम बोले– "यह समस्त जगत विधाता की क्रीड़ा है। यह सृष्टि परमेश्वर की लीला है। यह....... यही परमेश्वर की इच्छा विधाता है, प्रिये। हम–

तुम–प्राणिमात्र इसी अमोघ शाश्वत सनातन इच्छा की परिपूर्ण पूर्ति के लिए जीव हैं, प्राणी हैं, सीते! क्या तुम्हें मैं सदैव के लिए त्याग सकता हूँ? तुम्हारा परित्याग केवल विधाता ही करवा सकती है।"

सीता बोली– "राज्य-त्याग भी तब तो विधाता ने ही करवाया था। उसे छोड़ वनवास भी तब विधाता की ही करतूत थी? मेरा हरण भी तब विधाता की ही माया थी?"

"अवश्य।" श्रीराम ने कहा– "मेरा और तुम्हारा यह भव भी तब विधाता की इच्छापूर्ति और आदेश मानने– मानते रहने का भव है।"

"परन्तु क्यों नाथ"– सीता ने पूछा।

"इसीलिए कि हम–तुम–सीता–राम विधाता की ही कृति हैं।" श्रीराम ने कहा– "सभी प्राणियों के प्रारब्ध विधाता उनके कर्मों के आधार पर और अनुसार लिखती है। मेरे और तुम्हारे प्रारब्ध जैसे हैं ही नहीं। प्रजा की इच्छा ही मेरा प्रारब्ध है और राजा राम की आज्ञा तुम्हारा प्रारब्ध है जैसे। नहीं-मैं तुम्हें त्याग नहीं सकता। राज्य छोड़ दूँगा, भरत को राजगद्दी पर बिठाकर तुम्हारे साथ दण्डकारण्य में निवास करूँगा। आर्य सभ्यता और संस्कृति का प्रचार-प्रसार करूँगा। जातियों को वैदिक वर्ण के स्वरुप में संस्कृत करूँगा– हाँ, सीते! यही। यह राज्य नागाधिराज से भी अधिक बोझ है– मन में, चित्त में, प्राणों में।"

सीता ने श्रीराम का अर्द्धालिंगन करते हुए कहा– "शान्त हो जाओ प्रिय मेरे । मैं तुमसे अलग–विलग कहीं भी नहीं जा रही। तुम मुझे भले ही त्याग दो, किन्तु मैं तुमको नहीं त्याग सकती, नहीं छोड़ सकती, नहीं। देह का विलगाव त्याग नहीं है। मन से त्यागना ही त्याग है। तुम्हारा मन मेरे पास है और मैं तुम्हारे पास हूँ।"

"सीता–राम!"- राम ने सहसा प्रसन्न होते हुए कहा।

✦✦✦

कैकई बिना सूचना किये श्रीराम के पास आ पहुँची। हड़बड़ाकर श्रीराम उठे– "माँ! आप? इस समय?"

कैकई ने श्रीराम का प्रणिपात स्वीकार करते हुए कहा– "इस समय-उस समय की स्थिति हो, तब तो तुम्हारा प्रश्न उपयुक्त है। किन्तु इस समय मैं तुमसे लड़ने–झगड़ने आई हूँ। माँ कौशल्या जी क्या कह रही हैं? भरत क्या कह रहा

है, महामात्य सुमन तथा गुरुदेव क्या कह रहे हैं? तुम राजा राम अपनी पत्नी राज्ञी का त्याग करने की सोच रहे हो! तुम्हारी मति तो मारी नहीं गई है, राम!"

"तुम्हारे आशीर्वाद से सुस्थ हूँ– स्वस्थ हूँ, माँ!" श्रीराम ने कहा– "तब सभी आपके पास मेरे विरुद्ध गुहार लेकर पहुँचे हैं। किन्तु मैंने आपके क्रोध जैसा कुछ भी तो नहीं किया है।"

"नहीं किया है?" श्रीमती कैकई बमकीं– "सीता को त्यागने का विचार नहीं कर रहे हो तुम? बोलो– उत्तर दो।"

"तुमने राजा बनाया है, माँ! तो राजा की भांति सोचता हूँ– सोचता रहता हूँ।" श्रीराम ने कहा– "सीता-त्याग हाँ, श्रद्धेया! सोच तो रहा हूँ। किन्तु कितना क्या नहीं सोचना पड़ता है राजा को। शत्रु, मित्र, कोष, सैन्य, मन्त्री, इष्ट मित्र, राजधानी, राजमन्दिर, प्रजा और उससे सम्बन्धित सभी प्रश्नों के उत्तर खोजने पड़ते हैं। लेखनी और असिधारा-यही राजा की मानसिक ऊहापोह है मातुश्री! सीता-त्याग, हाँ, सोच रहा हूँ। धर्माधिष्ठाता-धर्मपाल महात्मा भरत को ही मुझे आर्य गृहस्थ भी उस मर्यादा के प्रति सावधान करना चाहिये था– उस धोबी को नहीं। धोबी का व्यंग्य सुनकर मैं कितने दिन राज्य कर सकूँगा, श्रीमती!"

"किन्तु राम!" कैकई ने फुत्कार किया– "तुम्हारी मति तो......"

"मारी नहीं गयी है।" राम ने कहा– "मेरी मति राजधर्म है। मेरी धृति प्रजा की इच्छापूर्ति है, मेरी गति जनमनरंजन है और मेरी आज्ञा आर्य संस्कृति की शिला है। फिर सीता का मन भी राजमन्दिर में नहीं लगता है। वह अरण्यवास करना चाहती है। मैं उसके साथ अरण्यवास करने नहीं जा सकता। हाँ, यह दूसरी बात है कि मुझे दुबारा वनवास दिया जाय।"

"कौन देगा? मैं?" कैकई चिल्लाई।

"तुमने माँ मुझे वनवास दिया तो अन्त में राज भी दिया।" श्रीराम ने सस्मित कहा– "राज राजा का था, किन्तु सीता नितान्त मेरी ही– मेरी। मैं उसे मर्यादा पालन के लिए त्याग भी सकता हूँ।"

"तो तुमने निश्चय कर लिया है।"- कैकई ने तीव्र स्वर में पूछा।

श्रीराम ने सिर धुनाया– "केवल सोच रहा हूँ माँ! ईश्वर को भूल सकता हूँ, त्याग सकता हूँ- प्रभु से दूर-दूर जा सकता हूँ, किन्तु सीता से नहीं...... नहीं

माँ! सीता मेरी अनन्या है। मैं जैसे आकाश हूँ, सीता जैसे पृथ्वी है। सीता मुझसे अभिन्न हृदय है। त्याग त्यागने के लिए यह देह है, माँ! और देखने के लिए अन्तःकरण है।"

"दार्शनिक पण्डित जैसी बातें न करो राम!" कैकई बोली– "सीता राजमन्दिर में तुम्हारे पास ही रहेगी। तुम्हारे साथ घुटने से घुटना मिलाकर राजसिंहासन पर बैठेगी। यह मेरी आज्ञा है राम!"

श्रीराम हँसे, बोले– "अयोध्या के राजसिंहासन पर बैठने तुम्हारी आज्ञा मान ली अब आपकी कोई आज्ञा नहीं हो सकती। सीता मेरी समस्या है, मेरा धर्म है , मेरा न्याय है और यदि अधर्म है, तब भी वह मेरा है। फिर सीता–त्याग तथा राजसिंहासन का त्याग करना है। वनवास जाने की आज्ञा मैंने पल भर में शिरोधार्य की थी और क्षण में राजसिंहासन त्याग दिया था, किन्तु सीता तो मेरा जीवन है, मेरी श्री है, सुकृति है– मेरी सृष्टि है। अवश्य राज्य मेरा जगत है, प्रजा मेरी आराध्य है, माँ!"

कैकई ने श्रीराम का घटाओं में डूबता हुआ चन्द्रानन निहारते हुए कहा– "प्रत्येक जीवन का आराध्य परमात्मा है। प्रजा? जीवों–प्राणियों का समूह मात्र है। प्रजा जिसको तुम कहते थे– वह तो भीड़ है– भीड़। अपने अन्तःकरण में देखो और सोचो, अपनी दिव्य वधु का परित्याग का विचार कर तुम घोर प्रज्ञापराध कर रहे हो।"

"प्रज्ञापराध?" श्रीराम ने रोम–रोम में जागते हुए पूछा– "मैंने ईश्वर के प्रति इस घड़ी तक मन–वचन–कर्म से कोई भी अपराध नहीं किया। प्रज्ञापराध–जैसे मैं जानता ही नहीं। मैं जैसे जीवन के प्रत्येक क्षण पर आरूढ़ हूँ, किन्तु उसमें आसक्त नहीं हूँ। आसक्त हूँ तो केवल सीता में। हाँ, माँ! सीता के बिना मैं एक पल भी जी नहीं सकता।"

"अच्छा.......! तब उसे त्यागकर कैसे जीओगे तुम, राम?" कैकई ने सस्मित पूछा– "उस धोबी को दण्डित करो और सीता के त्याग का विचार ही त्याग दो, समझे!"

"प्रजाजन को निरपराध दण्डित करूँ?" श्रीराम चिहुँके– "यह तुम माँ, क्या कह रही हो? अपनी सन्तति में इतना मोह क्या ठीक है? तुम ज्येष्ठ राजमाता हो। भरत–महात्मा भरत की जननी तथा मेरी भव्यनिष्ठ हो।"

“मैं जो हूँ.... हूँ, रामजी” कैकई ने कहा– “सीता त्याग नहीं होगा। यदि यह हठ तुमने नहीं छोड़ी तो तुमसे जीवनभर नहीं बोलूँगी। न तुमको देखूँगी और न ही तुम मुझे देख सकोगे।”

“माँ!” श्रीराम ने कैकई के चरण थाम लिये– “पाहिमाम्! माँ!”

“पाहिमाम्!” कैकई ने बमकते हुए कहा– “सीता भी जननी बनने जा रही है। उसके उदर में इक्ष्वाकु वंश की दिव्य गरिमा तथा रघुकुल का तेज समा गया है। राम! तुम्हारी भावि सन्तति निस्संदेह तुम्हारे मनोरथ के अनुसार ही होगी। राजा राम! तब तुम को पिता, पति, भाई आदि का महत्व प्रतीत होगा। प्रजा! प्रजा का यह हठ बहुत हो चुका, राम!”

“राम के लिए तुम माँ और सीता हो, किन्तु राजा राम के लिए धरती पर प्रजा है और आकाश में सूर्य–चन्द्र हैं।”

श्रीराम ने कहा– “निस्संदेह मैंने स्वयं सीता के उदर में मानो प्रवेश किया है। चिरन्तन जीवन के शील, उसकी शक्ति तथा सौन्दर्य के लिए मैं ही अपने आत्मज स्वरुप जन्म लूँगा, किन्तु राजा तो अजन्मा है, अजन्मा तापसी है।”

26

अयोध्या के एक विशाल एवं विस्तृत राजमन्दिर के एक सघन उद्यान में अस्थित श्री शिव मन्दिर में हनुमान जा बैठे। नीलकंठ शिव की भव्य मूर्ति मानो साक्षात् ज्योतिर्लिंग ही थी। सुन्दर सुघड़ नन्दी मानो शिव का प्रिय वाहन था। हनुमान ने अपनी उदासीन दृष्टि से शिव वाहन नन्दी को निहारा और सहसा ध्यान मग्न से देखते रहे। "ॐ नमः शिवाय। ॐ नमः शिवाय! हे शिव–शम्भो! अब तेरा ही आसरा है– तेरा ही सहारा।" हनुमान ने सिर धुनाया और फिर स्वयं ही चकित से स्वयं से बोले– "रामजी! क्या हो गया है, राम तुझे! क्या?" हनुमान ने मानो दिशाओं को ललकारते हुए पूछा– "क्या हो गया है मेरे राम को। भगवती माँ का परित्याग क्यों? एक धोबी के द्वारा अभियोग लगाने से। शूद्र कहीं का....... अभियोग लगाता है कि सीता रावण के घर रही; अतः पुनः ग्रहण के लिए अपात्र है। आर्य गृहस्थ की यह मर्यादा विचित्र है- अनर्थमूलक है और स्वयं ही अपात्र, अयोग्य मर्यादा है, किन्तु रामजी को कौन समझाए। राम राजी तो जग राजी। राम अप्रसन्न तो विधाता वाम।" हनुमान ने ऊर्ध्व साँस भरकर शिव की मूर्ति से ही कहा– "भगवन! अपनी शरण में ले। रामजी की शरण में जाकर देख लिया। राम तो न राम हैं और न ही मानव। राम तो निर्दय, हृदयहीन 'राजा'–भर हैं। ऐसे प्रभु को क्या कहूँ शिव शम्भो!" हनुमान की पुकार प्रतिध्वनियाँ बनकर शिव मन्दिर के घटाटोप गुम्बद में गमक उठीं। "शिव शम्भो!...... शिव शम्भो!!" हनुमान की यह किलकारी राजप्रासाद के गगन में गमकी–गूँजी। विजया की तरंग में हिल्लोलित पुजारी को लगा, मानो किसी ने उनको लगातार थप्पड़ मारकर जागृत किया हो। चिहुँके– चमके– "हैं! एं? कौन? "पुजारी जी लपक कर मन्दिर के मण्डप आये, बाले- ''आप? इस समय? आप? रघुपति दूतम् आप?"

हनुमान जी ने पुजारी को घूरते हुए कहा– "हाँ..... मैं। हनुमान, रामजी का दूत.... क्यों?"

पुजारी ने सिर हिलाकर कहा– "बात क्या है, श्रीमान जी! क्या मैं आपकी सहायता कर सकता हूँ?"

"जी........ नहीं।" हनुमान ने कहा– "मेरी सहायता यम और विधाता ही कर सकते हैं– आप नहीं। आप तो मन लगाकर भोलेनाथ की पूजा करते रहें। भोलेनाथ! बम भोले!!"

"शिव–शम्भो! भोलेनाथ! देवाधिदेव–महादेव!" पुजारी जी ने कहा– "आपने आज त्रिपुंड किया है? वाह! देदीप्यमान........।"

"क्यों मैं त्रिपुण्ड क्यों न करूं? भोलेनाथ शिव मेरे रामजी के आराध्य देव है तो मेरे भी हुए! हुए या नहीं, कहिये!"

"चराचर के आराध्य त्रिपुरारि शिव हैं!" पुजारी जी ने कहा- "शिव! सदाशिव, शिव-पार्वती-उमाशंकर, शिवशयम्भो! सभी देवताओं के देवाधिदेव नटराज शास्त्र, शस्त्र अस्त्र तथा मंत्राधिपति शिव ही एकमात्र परमेश्वर है, वानरणामधीश!"

हनुमान ने सहसा किलकारी करते हुए कहा- "रघुपति राघव राजा राम!"

"पतित पावन सीताराम!" पुजारी ने गर्जना की- "राम जी तो ब्रह्म का सगुण मनुजावतार हैं, श्रीमान जी! तो शिव परम् ब्रह्म हुए! हुए या नहीं?"

"अवश्य हुए" हनुमान ने कहा- शिव और राम एक, एकमेक अभिन्न! राम शिव का ऐश्वर्य स्वरूप है और शिव राम का ज्ञान स्वरूप है।"

"और सीता, पार्वती, उमा?" पुजारी जी ने पूछा

"राम ज्ञान, सीता ज्ञान का ऐश्वर्य!" हनुमान बोले- 'शिव ज्ञान, पार्वती उमा ज्ञान की सगुण सच्चिदानंद शक्ति!"

"परम् रहस्यमय! मय!" पुजारी जी ने कहा- "मुझे तो शिव पूजा ही रूचती है- वैदिकों की यह दार्शनिक वार्ता मेरे पल्ले नहीं पड़ती!"

"तब आप ज्येष्ठ पुजारी कैसे हैं?" हनुमान ने पूछा- 'मैं राम जी से कहूंगा कि पुजारी जी वेदों के ज्ञाता नहीं हैं!"

"ना क्यूं भोले, ना! वेद तो मेरे कुटुम्ब में परम्परा से मुखभासीत हैं!" पुजारी जी ने कहा- 'किन्तु पूजा के लिये अनिवार्य वेद मंत्र मुझे याद हैं और पूजा मैं वेदमंत्रों द्वारा ही करता हूं! पुष्पांजलि मैं ही राघव राजा राम को प्रतिदिन अर्पित करता हूं!"

""अच्छा? तब तो आप धन्य हैं!" हनुमान ने कहा-

'किन्तु आज राघव राम जी ने पुष्पांजलि अन्यमनस्क होकर ही गृहण की!" पुजारी जी ने कहा- 'दिवसों से देख रहा हूं राम जी राजी नहीं हैं!"

''राजा राम! राज के सुख भी बड़े और दुख भी बड़े!'' हनुमान ने कहा- ''साधारण प्रारब्ध भोगी जीवों के सुख क्षण के और दुःख भी क्षण के! अन्यमनस्क! मैं भी देख रहा हूं! परन्तु आप हम कर ही क्या सकते हैं? मैं तो घबरा गया हूं और इसीलिये शिव जी के समक्ष आ बैठा हूं।''

''व्रत?'' पुजारी जी ने पूछा।

''जप, भवान्! महामृत्युज्जय जप!'' हनुमान ने कहा- ''मेरी दिव्य मां सीता जी की जय के लिये- हां!''

बात क्या है?'' पुजारी जी ने पूछा।

''वही- और क्या बात है। धोबी के द्वारा निन्दा! रामजी विचार रहे हैं सीता का त्याग। सोचते ही मुझे हड़कम्प हो जाता है! क्या करें, श्रीमद्! क्या?''

''धोबी के द्वारा निंदा करने पर अपनी जगजननी स्वरूप पत्नी का त्याग! असोचनीय, अशोभनीय!'' पुजारी जी ने सिर धुना-धुना कर कहा- ''शूद्र! शूद्र की मति ब्राह्मण-बुद्धि नहीं हो सकती!''

''ठीक कहा, पूज्य!'' हनुमान हंसे ''और राजा के तो मति होती ही नहीं; होती भी है तो वह मारी जाती है! प्रजा-प्रजा-प्रजा! राजा के लिये प्रजा ही सब कुछ और सर्वोपरि है! प्रजा पहिले, परमात्मा बाद में, भवान! यह राजा राम का कथन है और राष्ट्र को वचन है!

''राष्ट्र! क्या?'' पुजारी जी बोले- ''लोग और क्या? संकल्प तो शिव का-शिव-संकल्प! लोगों का मत? चलता- केवल मत और क्या? शास्त्र-वाक्य ही सब वाक्यों का प्रमाण है! महारानी सीता अग्निदेव की साक्षी में 'सती-साध्वी' निखर कर आई थीं! क्या वानर सेना लोग नहीं थे, साक्षी भूत? थे- किसी भी वानर ने कुछ कहा? मौनम् सम्मतिलक्षणम्! परन्तु आप यहां क्या कर रहे हैं?''

''राम से मेरा झगड़ा हो गया है!'' हनुमान बोले- ''ऐसा प्रभु क्या काम का जो इतना हृदय हीन हो- निष्ठर हो!''

पुजारी जी ने तनिक तीव्र स्वर में कहा- ''राम निष्ठर? तब फिर सदय और कौन होगा? रामजी तो दयानिधि हैं- करूणा सिन्धु हनुमन्ते! यह क्या कह रहे हो?''

"ठीक ही कह रहा हूं- रामजी निर्दय है! प्राणियों पर दया कर रहे होंगे, किन्तु अपनी अर्धांगिनी को लेकर तो वह पाषाण हैं। भगवती माँ सीता का त्याग करने का विचार करना ही उनकी वज्र हृदयता का प्रमाण है! मैं कहता हूं शिवशम्भो! राम निष्ठर हो गया है- मेरा राम राजा की प्रतिष्ठा का आसक्त एक मानवीय राजा हो गया है! पुजारी जी, राम को तो अब नये सिर से खोजना होगा!"

और सीता जी के त्याग का विचार छोड़ दे तो? पुजारी ने पूछा

"तो? तो क्या? राम जैसा राम नहीं और राजा राम जैसा राजा नहीं!" हनुमान ने कहा- "किन्तु आप, श्रीमद्! राम जी को नहीं जानते जितना मैं जानता हूं! राम मेरी रग-रग में बह रहे हैं- मेरा रक्त हैं! राम मेरे प्राणों में सिहर रहे हैं- हृदय में धड़क रहे हैं! छाती चीर कर दिखा दूं कि सीता-राम मेरे हृदय में छुपे हुए हैं; गड़े हुए हैं- भरे हुए हैं!"

पुजारी जी- "सभी यही कहते हैं कि राम मेरे हृदय में बसा हुआ है। भक्तों की ऐसा कहते रहने की रीति हो गयी है। किन्तु अन्तःकरण में राम छिपा हो, गड़ा हो, भरा हो तो वाह! क्या कहने? मुक्ति पीछे–पीछे फिरेगी।"

"मैं मुक्ति नहीं चाहता, राम चाहता हूँ– सीता– राम!" हनुमान बमके– "मुक्ति लेकर क्या करूँगा? शून्य, एकाकी, अकेला हो जाऊँगा। दिव्य तेज हूँगा, किन्तु छविमान, अर्थवान, हृदयवान जीव नहीं रहूँगा। मैं परमात्मा नहीं चिरन्तन जीव ही बने रहना चाहता हूँ, राम–नाम रटते रहना चाहता हूँ। हाँ, यही भगवन्! यही।"

पुजारी जी ने साश्चर्य हनुमान जी को देखा, कहा– "जीव बने रहोगे तब तक भव–बन्धन में बँधे रहोगे। प्रत्येक भव में राम ही मिलेगा–यह नहीं होगा। आपको इस भव में राम मिल गये तो क्या भविष्य के भवों में भी राम मिलते ही रहेंगे? नहीं। सुग्रीव जी मिले तो मिले, राम नहीं। राम तो मुक्त पुरुष को ही मिलते हैं। राम योगियों के लिए ही अगम्य हैं।"

"आपने राम को देखा है?" हनुमान ने पूछा।

"मैं तो भोलेनाथ का नन्दी हूँ, हनुमन्ते!" पुजारी जी ने सिर हिलाते हुए कहा– "राम आपके, शिव मेरा।"

"राम किसी का भी नहीं रहा, पुजारी जी।" हनुमान ने मुंह बिचकाते हुए कहा– "राम राज का हो गया है। राज! मेरा बस चले तो यह राज्य उठा दूँ।

राजसिंहासन को समुद्र में फैंक दूँ। हाँ, राम तू कहाँ है। राम मेरे! प्रभो! तू कहाँ है? भगवती माँ का उद्धार कर शिव शम्भो!"

❖ ❖ ❖

श्रीराम ने लक्ष्मण से कहा– "क्या करूँ लक्ष्मण? समझ में सब आता है, पर शिव संकल्प नहीं कर पाता। सच, मैं सिंहासन पर बैठे रहने का पात्र स्वयं को नहीं पाता। सीता मेरे जीवन की अत्यन्त विषम, असाधारण, विशिष्ट पहेली हो गयी है। विधाता ने उसका हरण करवाकर तथा मुझे रावणारि बनाकर मुझे अन्तिम साँस तक पंचाग्नि में तपते रहने के लिए छोड़ दिया है। यज्ञ की वह्नि-ज्वाला हो गया है मेरा रात–दिन, भैया! क्या करूँ? आकाश मूक है, पृथ्वी अचल है, दिग्दिशाएँ स्तब्ध हैं, लक्ष्मण!"

"राजा को ही संकल्प, निश्चय, निर्णय, शिव संकल्प इत्यादि करना होगा। हम तो मत– सम्मत कर सकते हैं, प्रभो!" लक्ष्मण ने कहा– "द्विविधा की स्थिति तो राजा के लिए अधर्म जनक है। बात क्या है? यही न कि धोबी द्वारा निन्दा किये जाने पर आप भाभीजी को त्यागना चाहते हैं– यही न? तो त्याग दीजिये। यह ऊहापोह, यह जी जलन क्यों है? नहीं त्यागना चाहते तो उस धोबी को दण्ड दीजिये।"

"दण्ड?" श्रीराम ने कहा– "क्यों?"

"इसलिए कि उस शूद्र ने महाराज़ी इक्ष्वाकु वंश के रघुकुल की दिव्य–भव्य कुलवधू पर कलंक चेपा है। दण्ड नहीं दें तो राजा–राणी की ऐसी निन्दाएँ होती ही रहेंगी।"

"निंदा, नहीं– .... धोबी जो कह रहा है, वह सत्य है।"– राम ने कहा।

"पृथ्वी पर आर्य गृहस्थ की यह शाश्वत सी अटल, अपरिहार्य मर्यादा है। निन्दा या स्तुति पर राजधर्म का निर्वाह क्या होता है? होगा? नहीं........। नहीं। लक्ष्मण सीता को त्यागना ही होगा। शुभस्य शीघ्रम्।"

"रामजी!" लक्ष्मण ने बमकते हुए कहा– "नहीं राम, नहीं। मैं जीवित हूँ, तब तक नहीं प्रभो।"

"तुम अमर रहो लक्ष्मण!" श्रीराम बोले– "किन्तु अब अधिक यह चर्चा चले– यह ठीक नहीं है। मुझे वज्र– हृदय होना ही होगा। हे! शिव शम्भो! मुझे साहस दे। तेरा संकल्प दे– शिव संकल्प।"

"भाभी को त्याग का संकल्प शिव संकल्प नहीं हो सकता।" लक्ष्मण बमके– "मैं भाभीजी को ले जाने वाले रथ को रोक लूँगा। उसके भुक्के उड़ा दूँगा, रामजी!"

"तुम ऐसा कुछ भी नहीं करोगे।" राम ने कहा– "तुम स्वयं सीता को महर्षि वाल्मीकि के आश्रम की सीमा में छोड़ आओगे। सुना?"

लक्ष्मण को काटो तो खून नहीं। दिग्मूढ, स्तब्ध, औचक लक्ष्मण ने कहा– "नहीं–नहीं, राम! नहीं...... मैं नहीं जाऊँगा।"

"महासेनापति! यह राजाज्ञा होगी, सुना?" राम ने तीव्र स्वर में कहा– "मैं इंगित करूँ तब तुमको ही जाना होगा।"

"यह अत्याचार होगा, रामजी! मुझ पर अत्याचार।" लक्ष्मण ने तीव्र अमर्षपूर्वक कहा– "मैं आपकी आज्ञा कभी टालता नहीं– टाल सकता नहीं। किन्तु मैं भी मनुष्य हूँ, शक्ति का पुतला नहीं, हृदयहीन जड़ नहीं। आप महामानव हैं, तो मैं भी मानव हूँ– आपका भाई। अपनी श्रद्धेया भाभीश्री को घोर वन में कैसे छोड़ आऊँ? कैसे, प्रभो!"

"महर्षि वाल्मीकि के आश्रम का वन घोर नहीं है।" श्रीराम ने कहा– "जानकी को अरण्य, सघन वन, आश्रम, वन के पशु–पक्षी अत्यन्त रूचिकर हैं। महर्षि वाल्मीकि इस युग के आदि आप्तजन हैं, आदि कवि हैं और वेदान्त–सरस्वती हैं। सीता उनकी दिव्य छाया में मंगलमय रहेगी। वाल्मीकि के आश्रम की सीमा में अपनी भाभी को छोड़कर बिना देखे वापस हो जाना। मुझे पता है, सीता के प्रति तुम्हारी अपार श्रद्धा है।"

"मैं आपसे भी भाभीजी को बड़ा मानता हूँ।"– लक्ष्मण बोले।

"अरण्य में शान्त, अनासक्त तथा अपराजित बने रहने पर ही जानकी चौदह भुवनों की नारियों में श्रेष्ठतम नारी होगी। सीता–त्याग किसी दिव्यतम आविर्भाव की भूमिका है, लक्ष्मण! जगत को पुनः जगदम्बा चाहिये, अम्बा चाहिये, दुर्गा चाहिये, मेरे भाई!"

"आप? आप क्या हैं, राम!" लक्ष्मण ने सिर धुनकर पूछा।

"राजा"– श्रीराम ने कहा।

"राम! राज छोड़ दो, किन्तु सीता को मत छोड़ो। नहीं.... नहीं, राम!" लक्ष्मण ने तीव्र अमर्षपूर्वक कहा– "आप आगे–आगे और मैं पीछे से बाणों से पृथ्वी को नापता चलूँगा। एक ऐसा राज्य बसाइये जहाँ सम हो, अभय हो–क्रूर परम्पराएँ और दासता नहीं हों। जहाँ सभी समान हों, अभय हो, शान्ति हो, मंगल हो।"

"राज्य धर्म–संस्था नहीं है, लक्ष्मण" राम बोले– "राज तो राज्य है। सत्ता, शक्ति, दण्ड क्या राजा को स्वर्ग मिलता है? नहीं।"

"पिताजी को तो स्वर्ग मिला है"– लक्ष्मण।

"महाराज दशरथ ने पुत्र–वियोग में प्राण दिये हैं– स्वर्ग उसी तप का वरदान है, लक्ष्मण!" – राम ने कहा।

"और वही पुत्र आज अपनी गंगा से भी अधिक पवित्र पत्नी को लोक निन्दा के भय से त्याग रहा है। विधि–विडम्बना, प्रभो!" लक्ष्मण बोले।

"विधी विडम्बना अवश्य।" राम ने कहा– "तुमको मेरी आज्ञा माननी होगी। उपयुक्त समय पर संकेत करूँगा।"

"मैं श्रद्धेया माता स्वरुप सीताजी को वन्दन कैसे करूँगा, राम?" लक्ष्मण ने तीव्र स्वर में कहा– "मन करता है एक बार और लंका को ध्वस्त कर दूँ। राक्षस जाति का बीज ही मिटा दूँ, हाँ, राम मेरे!"

"यह क्या कह रहे हो लक्ष्मण" राम ने तनिक गर्जना सी की– "राक्षस जाति का बीज मिटा दोगे– क्यों? एक रावण के कारण तुम यह घोर अराजक अन्याय करोगे, लंका को जला दोगे? तुम लंका को जला नहीं सकते, लक्ष्मण! लंका अयोध्या के समान ही पुनीत नगरी है। अयोध्या, किष्किन्धा और लंका–ये महानगरियाँ मानव जाति के धर्म, न्याय तथा ऐश्वर्य की महानगरियाँ हैं। महाराज विभीषण मेरे संरक्षण में हैं- आश्रित नहीं हैं और महाराज सुग्रीव मेरे मित्र, सखा और सहायक हैं।"

"और हम लोग?" लक्ष्मण ने फुत्कार करते हुए पूछा।

"मेरे भाई, मेरे बन्धु–बान्धव–राम–राज्य के स्तम्भ।" राम ने कहा– "राम– राज्य अकेले मेरे पैरों पर खड़ा नहीं है। राम–राज्य केवल मेरी बाहुओं पर टिका

हुआ नहीं है। मैं तो राजा के नाते एक मध्यस्थ हूँ। राम–राज्य के मेरे पश्चात् दूसरे स्तम्भ तुम हो, लक्ष्मण!"

"मैं.....?" अवाक होते हुए लक्ष्मण ने पूछा।

हाँ, तुम–रामानुजम्।" राम बोले– "तीसरा स्तम्भ सीता है, चौथा भरत और पाँचवा शत्रुघ्न, भरतानुजम, छठा–सुग्रीव और सातवाँ हनुमान वायुसुतम्–हम सब मिलकर एकीकृत होकर राम–राज्य का धर्मचक्र चला रहे हैं। हम न्याय की प्रतिष्ठा कर रहे हैं, सत्य की रक्षा तथा व्यष्टि एवं समष्टि की सनातन आर्य मर्यादाओं की रक्षा कर रहे हैं। राज्य व्यष्टि तथा समष्टि की सनातन आर्य मर्यादाओं का पालन, पोषण तथा रक्षण करता है।"

"मर्यादा सत्य है?"– लक्ष्मण ने पूछा

"तब सत्य और क्या है? जो सनातन है– अनादि है– वही सत्य है, लक्ष्मण! तुम्हीं बताओ सत्य क्या है?"

"आपकी इच्छा ही धर्म है तब? आपकी आज्ञा ही सत्य है तब?"– लक्ष्मण ने सिर धुनाकर पूछा।

"हाँ, लक्ष्मण.....।" – श्रीराम ने कहा।

✦✦✦

उर्मिला ने वीरवर लक्ष्मण से सहज किन्तु कुछ दबे स्वर में पूछा– "क्या यह सच है?"

"क्या?" लक्ष्मण ने तीव्र स्वर में पूछा– "सच?.... क्या सच? सब इन ऋषि–मुनियों की चलाई हुई बातें हैं। चित्त–भ्रम–और क्या? जगत है; किन्तु यह–मुनिजन कहेंगे– नहीं है, है भी तो क्षणिक है, असार है, निस्सार सृष्टि भी माया है– सच केवल वह धोबी ही प्रमाणित हुआ, उस धोबी को मेरा बस चले तो......"

"बस... बस।" उर्मिला ने कहा– "अयोध्या के प्रत्येक प्रजाजन को राजा राम ने अभय प्रदान किया है। लोकमत अभय से ही तरंगित होता है– ऐसा मुझे दीदी ने कहा है।"

"भाभीजी ने....?" लक्ष्मण बोल पड़े– "तब उनको पता है, रामजी उनके पतिपरमेश्वर उनको त्यागने का विचार प्रायः कर चुके हैं। पता चला है?"

उर्मिला ने दर्प से पूर्ण अपने पति का मुख मण्डल निहारते हुए कहा– "वह स्वयं यह चाहती हैं कि राजा राम का यह धर्म संकट मिटा दें।"

"वह स्वयं चाहती हैं कि रामजी उनका त्याग कर दें?" लक्ष्मण ने उर्मिला को घूरते हुए पूछा– "आश्चर्य है! जैसा पति, वैसी ही पत्नी।"

"सीताराम जगत के लिए आदर्श हैं" उर्मिला ने कहा– "सभी सीता राम कहने लगे हैं। कोई मेरा और आपका नाम साथ नहीं लेते। लेते हैं क्या?"

"तुम्हारा अपहरण नहीं हुआ– तुम राक्षस रावण के चंगुल में नहीं फँसी और मैं राम नहीं हूँ– रामानुज हूँ। फिर राम–राघव राम राजा हैं, पृथ्वीपति हैं– चक्रवर्ती। आकाश उनके नयनों में है, पृथ्वी उनके चरणों में। फिर 'उर्मिला– लक्ष्मण' जँचता भी तो नहीं।"

"आपका नाम पहले"– उर्मिला ने ठठाकर हँसते हुए कहा।

लक्ष्मण ने पूछा– "आज तो प्रसन्न हो?"

"आपकी छाया को देखकर ही मैं प्रसन्न हो जाती हूँ।" उर्मिला ने कहा– "चौदह वर्षों की एक पल भी आपने मुझे नहीं सोचा? सोचा क्या.......? रामजी को निर्दय कहते हो....... वह तो वन–वन भटकते हुए दीदी के लिए रोए हैं।"

"मैं भी तब तुम्हारे लिए रोता क्या?" लक्ष्मण ने हँसते हुए कहा– "तुम स्त्री न जाने क्या हो? देवता भी तुम्हारे रहस्य का पार नहीं पा सकते। अटूट बन्धन हो पुरुष के लिए तुम...."

"माया" उर्मिला ने कहा– "कह दो मैं असार हूँ, क्षणिक हूँ– निस्सार हूँ मोहमयी, अंधरागमयी, हाड़–माँस की पुतली हूँ। कह दो।"

"तुम जो भी हो–उर्मिला हो–मेरी पत्नी– धर्मपत्नी।"– लक्ष्मण।

"धर्मपत्नी ही?.... बस?....... प्रिया नहीं?" उर्मिला ने भवें उचकाते हुए कहा– "रामजी तो सीताजी का मन ही मन जाप करते हैं। पल भर अलग–विलग नहीं हो सकते।"

"त्यागने के बाद पता चलेगा। जो अपनी स्त्री को त्याग दे, वह कौनसा पति– परमेश्वर है? भक्त भगवान को त्याग नहीं सकता। मैं चाहूँ, तब भी राम को त्याग नहीं सकता।"

"मुझको त्याग सकते हो?" उर्मिला ने हँसते हुए पूछा।

"नहीं। न तुमको और न राम को" लक्ष्मण ने सिर धुनाकर कहा– "मैं सीताजी को वन में छोड़ने नहीं जाऊँगा। राम की यह आज्ञा नहीं मानूँगा। नहीं मान सकता, उर्मिले! नहीं।"

"हम रामजी के दर्शन कर उनसे विनय करेंगे कि दीदी को त्यागने का विचार त्याग दो।" उर्मिला ने कहा– "आप तो सदैव रामजी के आत्यन्तिक अनुग्रह में रहे हैं। चौदह वर्षों की लम्बी अवधि तक एकमेक होकर खड़े रहकर आपने सीता राम की सेवा की, तब आप ही उनका विरोध करें– यह अनुचित होगा।"

"तब मैं क्या करूँ? रामजी मुझी को सीताजी को वन में छोड़ आने को कहेंगे।"– लक्ष्मण बमके।

"अच्छा। यह तो दुविधा होगी।" उर्मिला ने कहा– "किन्तु मेरा मन कह रहा है कि रामजी दीदी का त्याग नहीं करेंगे। सोचते रहेंगे और फिर शान्त हो जाएँगे। रामजी दीदी को सर्वाधिक प्रेम करते हैं-आदर भी करते हैं।" रामजी तो कहते हैं– सीता है तो राम है।"

"रामजी अब केवल महाराज चक्रवर्ती राजा राम हैं, भगवती।" लक्ष्मण ने कहा– "राजा किसका हुआ है? हो सकता है? अपने अन्तःकरण के प्रति भी वह उदासीन होता है। राजा वही करता है जो प्रजा को भाए।"

"तब आप राजा क्यों नहीं बन जाते?" उर्मिला ने सहज ही कहा।

"मैं राजा.... और तुम रानी–वाह री!" लक्ष्मण ने ठठाकर हँसते हुए कहा– "राजा हो जाऊँगा तो तुम्हें त्यागना होगा। नहीं......?"

"तुम हो तो मुझे कौन हर ले जाएगा?" उर्मिला बोली।

मैं था, तो भाभीजी को भी कोई हर नहीं ले जा सकता था, किन्तु भाभीजी नहीं मानीं। रामजी को जैसे वह जानती ही नहीं हो, यों बोलीं- "रामजी भय में हैं। तुम जाओ, रामजी की रक्षार्थ जाओ। कहाँ मैं और कहाँ रामजी। मैं क्या रक्षा करता। किन्तु स्त्री जो ठहरीं– हठी। स्त्री, अर्थात्–हठ बालहठ, राजहठ और स्त्री हठ। रामजी हठ ले बैठे हैं– सीता-त्याग। तुम्हारे प्रति राम अत्यन्त सहृदय हैं– तुम ही मनाओ।"

"मैं" उर्मिला चमकी– "मैं तो रामजी के सम्मुख हतप्रभ हो जाती हूँ। मूक"

"नहीं री प्रिय मेरी!" लक्ष्मण ने कहा– "राम के समक्ष होते ही अन्तःकरण में शान्त ज्योत्सना छा जाती है। सभी भार मानो कपूर की गन्ध के समान उड़ जाते हैं, जगत का त्रास शान्त हो जाता है। चिन्ताएँ अन्तरात्मा की यझ वाहिनियाँ हो जाती हैं। राम के सम्मुख होते ही मैं जैसे देह को बिसरने लगता हूँ। मैं–मैं नहीं रहता।"

उर्मिला ने सहज ही पूछा– "राम क्या ईश्वर हैं, भगवान?"

लक्ष्मण ने कहा- "भगवान हैं तो रामजी भगवान के भी भगवान प्रतीत होते हैं। सच, राम महामानव स्वरुप साक्षात् परमात्मा ही हैं। मैं तो मनसा–वाचा– कर्मणा राममय हो जाता हूँ। ऐसा लगता है। जन्म–जन्म से मैं राम को ही खोज रहा था और इस जन्म में मेरा राम से साक्षात् हुआ। साक्षात् ही नहीं, उनकी एक निष्ठ सेवा का सौभाग्य प्राप्त हुआ है।"

"मुझे भूलकर नहीं।"– उर्मिला।

"तुम मेरी स्त्री हो राम नहीं।" लक्ष्मण बोले- "जीव नर–नारी रूप जीव है– भव जीता है। भगवान तो भगवान हैं।"

"क्या?"– उर्मिला।

"यह तो मैं नहीं जानता। मैं केवल राम को ही जानता हूँ और मानता हूँ।"– लक्ष्मण ने निसास भरते हुए कहा।

"तुम हनुमान हो क्या?" उर्मिला ने हँसते हुए पूछा।

"मैं तो श्रीराम का भाई हूँ, दशरथ पुत्र क्षत्रिय लक्ष्मण।" लक्ष्मण ने सस्मित कहा– "हनुमान होऊँ तो लंका जलानी पड़े–समुद्र लाँघना पड़े, मुष्टी मारनी पड़े, किलकारी करनी पड़े। मैं आर्य मानव हूँ, वानर नहीं।"

"श्रीराम भी तो आर्य मानव हैं।" उर्मिला ने कहा– "फिर लोग रामजी को सत्यनारायण का अवतार कहते हैं और तुम्हें केवल रामानुज ही कहते हैं। क्यों, जी? इसीलिए कि श्रीराम राजा जन्मे हैं और राजा हैं– महामानव हैं। उन्होंने दशानन रावण को मारा है– लंकागढ़ जीता है। मैं राजा राम का सेवक मात्र हूँ। माँ सुमित्रा जी का पुत्र और तुम्हारा....."

"स्वामी! नाथ! सर्वस्व!" उर्मिला ने कहा– "श्रीराम जी से झगड़ा मत करना। राजा हैं, महामानव। तुम भी महामानव हो– भगवान परशुराम को तुमने ही

ललकारा था– नहीं.....? यही सुन–सुन कर तो वरमाला तुम्हारे कण्ठ में डाली थी। हाँ...... जी।"

"धन्य हूँ मैं जो तुमने मुझे अपनाया।"– लक्ष्मण हँसते हुए बोले।

"मैं माँ से कहती हूँ, वे ही रामजी को समझा देंगे।" उर्मिला ने कहा– "श्रीराम माँ सुमित्रा जी का बड़ा आदर करते हैं।"

"यही ठीक है।" लक्ष्मण बोले– "माँ सुमित्रा! क्या कहने? हमारी माँ सुमित्रा आर्य माताओं के लिए उदाहरण स्वरुप हैं, साक्षात् दुर्गा हैं। मेरी साक्षी नहीं, उर्मिले! किन्तु तुम अपनी ओर से माँ को बताओ, रामजी सीता भाभी पर अप्रसन्न हैं। धोबी का कथन वेद–वाक्य हो गया तब?"

✦✦✦

सुमित्रा ने भँवे तरेरते हुए कहा– "क्या कह रही हो, उर्मि! राम सीता को त्यागने जा रहा है? असम्भव–असोचनीय! मैं अभी श्री राम के पास जाती हूँ। राजा हो गया तो वह समझता क्या है? अपनी जीवन संगिनी को क्या त्यागा जाता है? एक जन के द्वारा निन्दा होने से अपना गृहस्थ यों मेटा जा सकता है क्या? पति–पत्नी जीवन के गृहस्थ–रथ के दो पहिये हैं, उर्मि! लक्ष्मण क्या कहता है?"

"वह तो घोर विरोध में हैं तथा भारी अमर्ष से भर गये हैं।" उर्मिला ने कहा– "श्रीराम उनकी सुनकर भी नहीं सुनते–उलटा यह कहा कि तुम ही सीता को वन में छोड़ने को जाओगे। सीमा आ गई, माँ!"

"लक्ष्मण ने मान लिया?"– सुमित्रा ने पूछा।

"राजा राम की आज्ञा मानना अनिवार्य है, माँ!" उर्मिला ने कहा– "राजाज्ञा विधाता का कथन ही होता है। माता–पिता का मार्गदर्शन, गुरु की कृपा तथा राजा की आज्ञा-यही तो।"

"मुझको पता है राजा की आज्ञा न मानने पर दण्ड–मृत्युदण्ड है।" सुमित्रा ने कहा– "मैं श्रीराम के पास जाती हूँ– तू चलती है?"

"मैं" उर्मिला ने कहा– "नहीं माँ! राम न माने तो मैं सहन नहीं कर सकूँगी। राजा इतना हठी भी होता है क्या?"

"राजहठ।" सुमित्रा ने कहा– "मैं कहूँगी– राम! सीता–त्याग का विचार त्याग दे और उस धोबी को निन्दा करने के लिए दण्ड दे। मैं कहूँगी।"

उर्मिला ने आशान्वित होते हुए कहा– "आपकी अवश्य ही सुनेंगे।" सुमित्रा ने निसांस रखते हुए कहा- "लक्ष्मण मेरी इच्छा पूरी करता है। मेरी प्रत्येक आज्ञा मानता है। वन में जाने के लिए मैंने उसे बुलाकर कहा– राम वन जा रहा है सीताराम, तुम अयोध्या में क्या कर रहे हो? राम के बिना क्या तुम अयोध्या के सूने राजमन्दिर में रहोगे? आखेट खेलोगे और घुड़सवारी करोगे? जाओ– सीताराम की सम्भाल और सेवा के लिए इसी समय वनवास ग्रहण करो और मेरे पूत ने सिर झुकाकर मान लिया था। उस लक्ष्मण की प्रार्थना राम सुनना नहीं चाहते। आश्चर्य!"

"श्रीराम हम सब पर कृपा करो।"– उर्मिला ने कहा।

श्रीराम द्वार पर जैसे सहसा आविर्भूत हो उठे। सुमित्रा जी ने हड़बड़ाकर कहा– "राम! तुम? लो तुमको हम याद कर ही रहे थे। मैं आना चाहती थी, तुम्हारे पास।"

"श्रीराम के पास माँ नहीं जायेगी। राम ही माँ के पास आएगा।" श्रीराम ने कक्ष में धीर– गम्भीर गति से आते हुए कहा– "सहसा मुझे आपके दर्शन की हूक उठी माँ! यह राजकाज बड़ा व्यस्त व्यापार है। कितना चाहता हूँ कि आप और माँ की गोद में तनिक सुस्ता लूँ, सीता के साथ उद्यान भ्रमण करूँ, कुछ खेलूँ कुछ हँसूँ। किन्तु ब्राह्ममुहूर्त से लगातार रात्रि के प्रथम प्रहर की समाप्ति तक यह सभा– वह मन्त्रणा–वह गोष्ठी। प्रजा से सतत् सम्पर्क एवं राज्य के तन्त्रों को अहर्निशि देखते रहना, गुरुदेव से परामर्श लेना, ऋषिमण्डल से राजकीय निवेदन आदि। स्वयं के जीवन के लिए जैसे विधाता एक पल भी नहीं प्रदान करती। बोझ–बोझ–बोझ..... हाँ, माँ!"

"लक्ष्मण कहाँ है? साथ नहीं आया?" सुमित्रा ने पूछा।

श्रीराम– "आजकल लक्ष्मण मुझ से कतराये रहता है। मेरा अनुज है तो क्या हुआ– वह सुमित्रानन्दन है। मुझ से रुष्ट है।"

"तुमसे रुष्ट?" सुमित्रा बोली।

"लक्ष्मण अपनी भाभीजी से जैसे अलग–विलग रह नहीं सकता।" श्रीराम ने कहा– "उर्मिला से वह चौदह वर्ष अलग रहा, किन्तु सीता के चरण वन्दन किये बिना वह पानी भी नहीं पीता। देवर–भाभी का यह पुनीत कर स्नेह अद्वितीय है।"

"जैसे राम–लक्ष्मण का"– सुमित्रा ने कहा।

"उर्मिला के प्रति वह वनवास भर में वह उदासीन ही रहा।" राम बोले– "लक्ष्मण की यह उदासीनता निष्ठरता की सीमा तक पहुँच गयी थी। हाँ, माँ! यह तो उर्मिला ही है, जो चुपचाप सहन करती रही।"

"जैसे तुम उदासीन नहीं हो।" सुमित्रा जी ने कहा– "तुम कुटुम्बियों–परिजनों से उदासीन नहीं हो तो और क्या हो? तुमने तो हमें जैसे भुला ही दिया है। राजा– राजा राम क्या राजयोग है?"

"राजयोग।" श्रीराम ने कहा– "राज करना योग ही है, माँ!"

"जीवन जीना भी योग है राम!" सुमित्रा ने कहा– "कर्मयोग।"

"सत्य है, माँ!" श्रीराम ने कहा– "कर्मयोग कुल मिलाकर राजयोग है। मैं कभी–कभी चाहता हूँ, राजा मिटकर भक्त बनूँ। सुखी, शान्त और सन्तुष्ट राजा कभी नहीं हो सकता। हम राजकर्त्ता साधु की धुनि की अहर्निशि जलती हुई लकड़ी हैं– धूणी की लकड़ी–एक पल का चैन नहीं। चिन्ता–सतत् आत्मदाह, माँ! मैं तो आपके दर्शन इसलिए करना चाहता था कि अब राज पुनः भरत को सौंप दूँ– आशीर्वाद लेने आया था। यह राज अब मुझसे सम्भव प्रतीत नहीं होता।"

"क्या कह रहे हो राम! राज्य पुनः भरत को?" सुमित्रा ने कहा– "राज्य पुनः भरत को सौंप दूँ? क्या राज कोई वृषभ है, पशु या वस्तु है जो जब जी में आए तब हर किसी को सौंपा जा सकता हो। राज तुमको मैंने नहीं, महारानी कैकई ने नहीं, दीदी कौशल्या ने नहीं, गुरुदेव ने भी नहीं, प्रजा ने तुम्हेँ सौंपा है तथा विधाता ने दिया है।"

"विधाता!" राम ने स्वयं में खो जाते हुए कहा– "विधाता से मैं लड़ सकता नहीं। मैं रावण से नहीं हारा, विधाता से हार गया। सीता त्यागनी ही पड़ रही है माँ!"

सुमित्रा ने झपटते हुए कहा– "क्या कहा? सीता को त्याग देगा? क्यों?"

"क्या सीता पशु है, या वस्तु है? तुम्हारी दासी है? सीता त्यागने की तुम्हारी बात मुझे उर्मिला ने अभी–अभी कही। इस संसार में त्यागने के लिए अपनी देह है, राम!"

"देह त्यागने की घड़ी प्रारब्ध में विधाता ने लिख दी है माँ!" राम ने कहा– "मैं सामान्य आर्य गृहस्थी नहीं हूँ, राजा हूँ और राजयोग का हठी हूँ। मुझे आर्य संसार की परम्परागत मर्यादाओं का मन–वचन–कर्म से पालन करना ही होगा।"

"एक धोबी के कहने से, निन्दा करने से?" सुमित्रा ने सक्रोध पूछा– "व्यष्टि हो या समष्टि परमात्मा का चैतन्य है।" राम ने कहा– "धोबी...... तो क्या हुआ? प्रत्येक वर्ण परमात्मा के अन्तःकरण की अभिव्यक्ति है। धोबी अयोध्या साम्राज्य का समावृत जन है और राज्य का स्वामी है। मैं राज्य का स्वामी नहीं हूँ, माँ! सेवक हूँ, प्रजा का अनुचर मात्र।"

"परन्तु सीता का क्या दोष है?"– सुमित्रा ने पूछा।

"महाराणी सीता होना–राजा राम की धर्मपत्नी होना"– श्रीराम ने कहा।

"राम! क्या कह रहा है तू, मेरे राम!" सुमित्रा जी चिल्लाई– "क्या तेरी बुद्धि भ्रष्ट हो गयी है?"

"नहीं माँ–शुद्ध–बुद्ध हो गयी है।" श्रीराम ने कहा– "मैं जानता हूँ, जानता ही नहीं– मानता भी हूँ। समस्त वानर सेना तथा वानर यूथपति, सामन्त तथा महाराज सुग्रीव, हनुमान आदि सब मित्र वानर साक्षी हैं, सीता सती है, शुद्ध है, बुद्ध है। अग्नि देवता ने सीता को शुद्ध–बुद्ध तथा पवित्र प्रमाणित किया है। आकाश में देवताओं ने साक्षी दी है- आशीष दी है। पृथ्वी ने प्रमाण दिया है, किन्तु अयोध्या महाराज्य के शाश्वत आर्य गृहस्थ की मर्यादा मुझे ज्ञात नहीं थी। पर–पुरुष की छाया पड़ने पर भी आर्य गृहणियाँ पुनः स्वीकार नहीं की जातीं– नहीं की जा सकतीं और इसीलिए मुझे विधाता से हार कर सीता का त्याग करना ही होगा। क्या करूँ माँ सोचता हूँ, राज्य छोड़ दूँ और सीता के साथ पुनः वनवास चला जाऊँ। व्यक्तिगत अपवाद सह लूँगा, किन्तु राजा के नाते निन्दा और स्तुति से मुझे बचकर ही रहना होगा माँ। बचकर ही रहना होगा।"

सुमित्रा ने सिर धुनाकर कहा– "आर्य गृहस्थ की सनातन मर्यादा! ठीक है, किन्तु सीता शुद्ध–बुद्ध सती शिरोमणि है; सिद्ध हो चुकी है। उस राजराज्ञी को केवल एक जन की निन्दा करने से तुम मर्यादा के नाम पर त्याग करो– यह तुम्हीं सोचो–क्या न्याय करना है? राजा न्याय करता है, न्याय!"

"कभी सनातन की अक्षुण्णता के लिए अन्याय भी करना पड़ता है। राजा का न्याय, समाज की मर्यादाओं तथा सनातन परम्पराओं की स्थिति पर निर्भर करता है।"

श्रीराम ने कहा– "आर्यत्व की मर्यादायें सत्य सिद्धान्त पर आधारित हैं। आर्य जाति ज्ञान, सत्य तथा प्रकाश की प्रेमी जाति है– दिव्य शाश्वत राष्ट्रीयता है। फिर सीता स्वयं राजमन्दिर में रहना नहीं चाहती।"

"अच्छा! चित्रकूट घूमने गई तो तुम रुष्ट हो गये हो?" सुमित्रा जी ने तीखे स्वर में पूछा– "सीता यहाँ राजमन्दिर में सदैव की भांति पूर्ववत् राज्य-राज्ञी की भांति रहेगी। सुन लो राम।"

"सुन लिया माँ!" राम बोले– "मैं कब चाहता हूँ, सीता को त्याग दूँ। कब चाहता हूँ– नहीं चाहता माँ! राम सीता के बिना जी नहीं सकता, किन्तु वह राम वनवास काटकर राम बना नहीं रह सका। आप सबने, समाज ने, राष्ट्र ने मुझे राजसिंहासन पर बिठा दिया। मैं नहीं चाहता था किन्तु प्रजा की इच्छा तथा लोक की आज्ञा होने पर मुझे राजा बनना पड़ा।"

"तो क्या हुआ?" सुमित्रा जी ने कहा– "राजा होने पर तुम क्या व्यष्टि मिट गये? राम नहीं रहे? क्या सब सम्बन्ध लुप्त हो गये?"

"लुप्त कुछ नहीं हुआ मिट कुछ नहीं गया। राम, पति, बान्धव तथा सम्बन्धी राम–सब 'राजाराम' के सार्वभौम सम्बोधन में लीन हो गये। राम अनन्त समष्टि हो गया। यही राजा का सत्य है। यही राजा के जीवन का अमिट सिद्धान्त है। आर्य राष्ट्र की मर्यादायें फिर वह चाहे व्यष्टि की हो या समष्टि की, तोड़ नहीं सकता, अन्यथा कर नहीं सकता। मैं बहाने बनाकर राज कर नहीं सकता। विधाता और ईश्वर मुझे देख रहा है, माँ!"

"तू निर्दयी है, राम!" सुमित्रा ने कहा– "तू चला जा। जा अपने सिंहासन पर बैठकर सत्य के छुरे से सबका हृदय चीरा कर। सुना? तूने आज हम सबको विवश कर दिया है। विधाता तुझे ही देख रही है क्या? हमें भी देख रही है। राम तुमसे विनती करती हूँ-"

"क्या..... माँ?"– राम ने पूछा।

"सीता को नहीं, मुझे, उर्मिला और लक्ष्मण को त्याग दे।" सुमित्रा ने कहा– "माताओं को त्याग दे। सगे-सम्बन्धियों को तिलांजलि दे दे। किन्तु सीता को मत त्याग, राम! मत त्याग।"

27

चन्द्रकान्त धोबी ने शत्रुघ्न को वन्दन करते हुए कहा– "मुझे पकड़कर क्यों बुलवाया है, प्रभो! मैं तो आपकी दीन प्रजा हूँ। इंगित पाते ही उपस्थित हो जाता।"

शत्रुघ्न ने उसे घूरते हुए कहा– "तुम्हेँ तो मेरा वश चले तो भूगर्भ में भेज दूँ।"

चन्द्रकान्त धोबी ने शत्रुघ्न को बार–बार नमन करते हुए पूछा– "ऐसा मेरा कौनसा अपराध है? दुर्भाग्य और क्या? स्त्री ने त्याग दिया और पुनः मेरे पवित्र घर में घुस आई। दुर्भाग्य! किन्तु मैंने उसे पुनः ग्रहण नहीं किया, राजन्! आजकल वस्त्र लोग स्वयं धोने लग गये हैं। बहुत कम हम धोबियों के पास आते हैं। सारा धंधा राजमन्दिर के विपुल वस्त्रों की धोवन से चलता है। जी, हाँ महाराज। राजा राम बड़े दयालु हैं– दीनबन्धु। हम शूद्र तो दीन हैं ही– नहीं?"

"शूद्र तो शूद्र ही है।" शत्रुघ्न ने कहा– "वैश्य, क्षत्रिय और ब्राह्मण वर्ण के सेवक और सहायक! यह बताओ, तुमने भगवती स्वरूपा हमारी भाभी राजमहिषी की निन्दा की? बताओ। इसीलिए तुमको बुलाया गया है। राजा रामजी के समक्ष तुमको प्रेषित किया जायेगा।"

चन्द्रकान्त ने साश्चर्य कहा– "मैंने तो श्रीराम जी के समक्ष सीताजी की निन्दा कभी स्वप्न में भी नहीं की। राजमहिषी साम्राज्ञी सीताजी को मैं नमस्कार करता हूँ। मैं भला रामजी से सीताजी की निन्दा करने के लिए क्यों मिलने लगा और मिलता भी तो कैसे? श्रीराम–भगवान राम कहां और मैं उनका एक दीन–हीन प्रजाजन कहाँ? श्रीमन् किसी ने जान–बूझकर मेरे लिए आपके मस्तिष्क में भ्रम उत्पन्न कर दिया है, महाराज प्रतिपादक श्री।"

"चुप करो। भाषण मत दो।" शत्रुघ्न ने कहा– "महाराज श्रीराम जी ने कानोंकान तुम्हारी निन्दा वार्ता सुनी है।"

"रामजी ने?" चन्द्रकान्त ने चमकते हुए कहा– "जब छद्मवेश में दो तेजस्वी स्वरुपधारी वे ही थे? मुझे सन्देह तो हो गया था, जी हाँ! श्रीराम जी स्वयं एक ययाति के वेश में तो नहीं थे?"

"यह रामजी से पूछना। अपनी स्त्री से तुम्हारा क्या झगड़ा है? झगड़ा था तो उसे लेकर तुम धर्म सभा में क्यों नहीं उपस्थित हुए? तुमने धर्माध्यक्ष की स्वीकृति के बिना अपनी स्त्री को घर से निकाल दिया? ऐं?"

"मैंने नहीं निकाला– वह स्वयं चली गई थी।" चन्द्रकान्त ने कहा– "तो गई, मैं मन मसोसकर रह गया। जी, मैं अपनी गृहस्थी को यों डाँवाडोल होते देख रहा था। किन्तु कुछ अर्से बाद वह स्वयं आई, मेरे घर में रहने लगी। श्रीमन् मैं आर्य शूद्र पर–पुरुष की छाया में रही उस स्त्री को कैसे ग्रहण कर सकता था? महाराज राम तो चक्रवर्ती सम्राट हैं। मैं ठहरा एक शूद्र, किन्तु श्रीमन् मर्यादा तो सबको प्रिय होती है, जी हाँ।"

"चुप रहो जी तुम...... क्या नाम है तुम्हारा?" शत्रुघ्न ने क्रोधपूर्वक पूछा।

"चन्द्रकान्त आर्य" चन्द्रकान्त ने अपना नाम बताते हुए कहा– "जी शूद्र हूँ तो 'आर्य' उपविशेषण लगाता हूँ।"

"शिक्षित हो?" शत्रुघ्न ने पूछा।

"वस्त्र धुलाई की कला में निपुण हूँ, दिक्षित हूँ– अनुभवी।" चन्द्रकान्त ने कहा– "फुर्ती से वस्त्र धोता हूँ और चुटकी में सुखा देता हूँ। जी, हाँ।"

शत्रुघ्न ने सहसा हँसते हुए कहा– "फूँक से पर्वत हिला देते हो।"

"फूँक से पर्वत उड़ाने की बात का जो प्रश्न आपने पूछा, तो पर्वत तो भूकम्प से ही हिलते हैं, या मारुती वायु ही हिला सकती है।" चन्द्रकान्त ने सिर हिला-हिलाकर कहा– "मैं तो मनुष्य हूँ और वह भी शूद्र। वैश्य को राम–राम करना होता है। क्षत्रिय को जय परशुराम तथा ब्राह्मण को जय गुरुदेव वशिष्ठ की कहना पड़ता है। ये बड़े वर्ण जो ठहरे–समाज के कर्त्ता–धर्त्ता तो यही हैं। हम तो सेवक हैं जी।"

शत्रुघ्न ने कहा– " यह तुम्हारा भ्रम है। महात्मा भरत ने चारों वर्णों को समाज की एक ही बिछात पर समान माना है और श्रीराम जी की स्वीकृति से और गुरुदेव वशिष्ठ जी की अनुमति से ऐसे निर्देश भी दिये हुए हैं। स्वयं को तुम ही दीन–हीन मानते हो, तो कोई क्या करे? क्या राजा रामजी के व्यवहार में कोई भेदभाव है? ऊँच–नीच है?"

"राम! राजा राम? जी नहीं।" चन्द्रकान्त ने कहा– "राजा राम तो देवता पुरुष हैं– साक्षात् श्री नारायण हरि के मनुजावतार हैं। मैं क्या सभी–अखिल जगत यही कह रहा है। रावण को मारा है– श्रीराम जी ने। बड़ी बात है। वह मदान्ध, अत्याचारी, अधर्मी दशानन। सुर, असुर, नाग, नर–किसी से भी वह हारा नहीं, वह हमारे रामजी से हार गया–पराजित। उसने रामजी की धर्मपत्नी का ही हरण कर लिया। यह उसका घोर कुकर्म था, भवान्! जी, हाँ।"

शत्रुघ्न ने कहा– "तब तुम निन्दा क्यों करते हो रामजी की? क्यों? चलो श्रीराम जी के पास और जो कुछ कह रहे हो– वही उनसे कहो। तुमको यह सूचित करने के लिए हमने बुलाया था कि रामजी को समझाओ-"

"मैं समझाऊँ?" चन्द्रकान्त ने कहा– "क्या?"

"कि वे सीताजी का त्याग न करें।" शत्रुघ्न ने कहा।

"परन्तु सीताजी के त्याग का किसने कहा?"– चन्द्रकान्त।

"तुम्हारी निन्दा से रामजी ने ही यह विचार किया है।" शत्रुघ्न बोले– "तुमने ही तो कहा था कि तुम रामजी जैसे नहीं हो, जो पर–पुरुष के घर रही अपनी पत्नी को ग्रहण कर लोगे – नहीं ?"

"जी, कहा था और कहता हूँ। मर्यादा का प्रश्न है भगवन्!"– चन्द्रकान्त ने कहा– "किन्तु मैंने कब माँग की थी कि रामजी सीताजी का त्याग कर दें। कभी नहीं की और न कभी करूँगा।"

"अच्छा!" शत्रुघ्न ने कहा– "तो चलो रामजी के पास।"

"रामजी के पास? नहीं श्रीमान, नहीं।" चन्द्रकान्त ने घबराते हुए कहा– "उनका आतप सहन नहीं कर सकता। मैं तो कभी–कभी दूर से गुरुदेव वशिष्ठ जी के दर्शन कर लेता हूँ। राजा और ऋषि के समक्ष जाने का हम शूद्रों का वास्ता ही क्या हो सकता है। वैश्य के लिए राजा तनिक दूर से ही सेवनीय है। क्षत्रीय के लिए पास से तथा ब्राह्मण के लिए अत्यन्त निकट से राजा सेवनीय है। जी, हाँ यों राजा मध्य सेवनीय है।"

"जी हां, मध्य सेवनीय"

"मध्य सेवनीय?" शत्रुघ्न ने रमुज में पूछा– "तुम तो शूद्रों में ब्राह्मण प्रतीत होते हो।"

"शूद्रों में ब्राह्मण? जी?" चन्द्रकान्त ने प्रसन्न होकर कहा– "ब्राह्मण बनने का दुर्लभ सौभाग्य कहाँ? अब तो अगले भव में ही ब्राह्मण बनूँ तो भला हो। राजा-महाराज सिंहासन से उठकर अगवानी करेंगे, प्रणाम करेंगे और आशीर्वाद माँगेंगे। किसी पण्डित ने कहा कर्म करो ब्राह्मण के–ब्राह्मण बन जाओगे। किन्तु मेरी वृत्ति तो सेवकाई की है। जी।"

शत्रुघ्न ने तनिक सुखद आश्चर्य से कहा– "हम तुमको श्रीराम जी के समक्ष ले चलते हैं। तुम महाराज्य की सर्ववर्ण सभा के सभासद होने के पात्र प्रतीत होते हो, बहुश्रुत हो–नहीं?"

चन्द्रकान्त ने कहा– "अर्से तक ऋषि मुनियों के वस्त्र धोये हैं, वैश्यों के वेश भी धोये हैं और युवा हुआ तब से अयोध्या के राजघराने के वस्त्र तो मैं अपने कुटुम्बियों के साथ धोता हूँ। सबको सुनता हूँ, सोचता भी रहता हूँ और फिर भी श्री नारायण हरि को याद करता रहता हूं। यह तो स्त्री कमारजा मिली अन्यथा मैं अत्यन्त सुखी शूद्र गृहस्थ था। अब एकाकी और तनिक संतप्त हो गया हूँ। शूद्र हूँ न– राजा नहीं हूँ, न ब्राह्मण हूँ– न क्षत्रिय हूँ, न वैश्य हूँ। शूद्र तो समाज का चरण तथा राष्ट्र का सेवक है।"

शत्रुघ्न ने मुस्कुराकर कहा– "राष्ट्र के सेवक जी! चलिये। श्रीराम जी पास चलिये, महोदय!"

✦✦✦

अपने राज कक्ष में श्रीराम गम्भीर, किन्तु सहज मुद्रा में बैठे थे। प्रतिहार ने द्वार पर दिखकर कहा– "महाराज! श्रीमान शत्रुघ्न जी एक जन के साथ श्रीमान के दर्शन चाहते हैं।"

"शत्रुघ्न" राम चिहुँके– "ससम्मान लिवा लाओ। साथ में जो भी जन हो, उसको भी।"

"जी, प्रभो!" प्रतिहार ने कहा– "जैसी राजराजेश्वर की आज्ञा।"

"आज्ञा।"– श्रीराम स्वयं से ही चिहुँके– "राजा का प्रत्येक कथन राजाज्ञा नहीं होती। राजा का कथन भी होता है। राजकक्ष में यों ही राजाज्ञा प्रसूत नहीं की जाती। राजसभा में राजाज्ञा, समझा?"

"जी प्रभो!"– प्रतिहारी ने प्रसन्न स्वर में कहा– "समझ गया।"

श्रीराम ने तनिक उत्सुकतापूर्वक द्वार की ओर देखा। विशाल और विस्तृत रजत-स्वर्ण मण्डित द्वार था। रत्नजड़ित वह विशालकाय द्वार जैसे धरती और आकाश को छू लेना चाहता था। रजत के पाटों में स्वर्ण-खचित, रत्नजड़ित वह द्वार जैसे राम-राज्य का ही द्वार था। उस विशाल द्वार पर शत्रुघ्न चन्द्रकान्त के साथ दिखे। शत्रुघ्न आगे-आगे थे जो उस द्वार में मानो जड़ीभूत हो गये और एक युवा चित्र बन गये। श्रीराम ने शत्रुघ्न को देखते ही कहा– "आओ, शत्रुघ्न आओ! दिवसों से अपने ज्येष्ठ भाई की सुधि ली तुमने।"

"आपकी सुधि हम अनुज क्या लेंगे?" शत्रुघ्न ने कक्ष में प्रवेश करते हुए कहा– "आप ही हमारी सुधि लेते हैं। फिर आप राजकाज में अहर्निशि व्यस्त रहते हैं। हनुमान तक आपका सान्निध्य बहुत कम पाते हैं। बड़ी देर रात्रि को केवल भगवती भाभी आपके चरण दबाने का सौभाग्य प्राप्त करती है।"

"राजकाज– अवश्य" श्रीराम ने कहा– "राज करना मेरा धर्म है......"

"क्षमा करें। यह तो आपका स्वभाव है।" शत्रुघ्न ने कहा– "क्षत्रिय रणभूमि और राज्य के लिए ही अवतरित होता है।"

"नहीं, शत्रुघ्न नहीं। क्षत्रिय न्याय की प्रतिष्ठा तथा सत्य-संस्थापन के लिए शक्तिवान अवतरण है। क्षत्रिय परमात्मा के शौर्य का वर्ण है।" श्रीराम ने कहा – "बैठो। साथ में कौन है?"

शत्रुघ्न ने पीठ पर बैठते हुए कहा– "चन्द्रकान्त धोबी।"

चन्द्रकान्त ने साष्टांग प्रणाम करते हुए पुकार की– "दुहाई है महाराज! शूद्र हूँ–शूद्र। परन्तु वैदिक सनातन धर्म की आपकी इच्छा का पालन करता हूँ। अपने धर्म में संस्थित हूँ, प्रभो! अभय!"

"तथास्तु!" श्रीराम ने कहा– "अभय?....... दिया। अभय क्यों, जन?"

चन्द्रकान्त धोबी ने कहा– "अभय, प्रभो! शूद्र को अभय ही माँगना चाहिये। सेवक– दास जो ठहरा, प्रभु!"

श्रीराम ने सस्मित कहा– "शूद्र सहायक और सेवक होते हुए भी अन्य वर्णों की भांति प्रतिष्ठित है शूद्र को भगवान का चरण माना गया है और वह है भी। मानव मात्र समान हैं, एक हैं, तब कौन किसका दास है? होगा? हो सकता है? मानवता का एक शाश्वत लक्षण दासत्व के विरुद्ध विद्रोह करना है। तुमको कौन

दास कहता है? कौन ब्राह्मण तुमको हैय कहता है? कौन क्षत्रिय तुमको नीच समझता है? कौन वैश्य तुमको दास कहता है? हमें बताओ, महाशय! हम उस पतित को दण्ड देंगे।"

"श्रीमान तो पतित पावन हैं।" चन्द्रकान्त ने कहा– "अहल्या श्रीमान के चरणों के स्पर्श मात्र से पवित्र हो गयी। गुरुदेव वशिष्ठ ने हमें बताया था। महात्मा भरत ने भी कहा था।"

श्रीराम ने कहा– "स्त्री जननी है, वह कभी पतित नहीं मानी जा सकती। स्त्री ही दुर्गा है, जगदम्बा है– भवानी है।"

शत्रुघ्न ने सहसा कहा– "सीता है।"

"सीता?" श्रीराम चिहुँके– "मेरे लिए सीता सती सीता है। किन्तु इन महाशय के लिए वह सती भगवती नहीं है। क्यों जी, है क्या?"

चन्द्रकान्त ने काँपते हुए कहा– "तब सैनिक के वेश में श्रीमानेश्वर ही थे क्या? मैंने तो यों ही कहा था– बस यों ही। फिर शूद्र के कहने पर क्या? कथन तो क्षत्रिय का, वचन वैश्य का तथा मन्त्र ब्राह्मण का।"

श्रीराम - "महाशय तुमने ठीक ही कहा था।"

"ठीक ही कहा था मैंने प्रभो! त्राहिमाम्–त्राहिमाम्!" चन्द्रकान्त ने श्रीराम के चरणों में गिरते हुए कहा– "क्षमा! क्षमा!! प्रभो, अभय!"

श्रीराम ने कहा– "शान्त! महाशय, शान्त! अभय मैंने दे दिया है। क्षमा.....? क्षमा क्यों माँगते हो? आपने जो कुछ भी कहा वह सनातन मर्यादा की रक्षा में मेरी चूक होने से रुष्ट होकर ही कहा था। आपका वह कथन निन्दा नहीं थी, वह सत्य का उवाच था।"

"राम प्रभो!" चन्द्रकान्त ने आरी खाते हुए कहा– "आपकी गौ हूँ राम, रक्षा करो।"

श्रीराम ने कहा– "आप जन हैं, पृथ्वी के शाश्वत जन हैं। अयोध्या के राजसिंहासन के अधिकारी तथा राजा राम के स्वामी हैं। प्रजा ही राज्य और राजा की स्वामिनी है– होती है– होगी। अतः आपने मुझे जागृत किया, सावधान किया है और मैं सोच रहा हूँ, आपकी बात मान लूँ। सीता को त्याग दूँ।"

"नहीं–नहीं प्रभो! अनर्थ हो जायेगा।" चन्द्रकान्त चिल्लाया– "अनर्थ। मेरी स्त्री तो शूद्रिनी है। महाराणी सीता दुर्गा हैं, जगदम्बा का अवतार हैं। सीता भगवती सीताजी हैं, नहीं.....? मैं क्षमायाचना करते हुए अपना वाक्य वापस लेता हूँ और प्रणामपूर्वक कहता हूँ कि महाराणी सीता सती हैं, साध्वी हैं, जगदम्बा हैं, हमारी आदरणीया, माननीय महाराणी हैं।"

"कहा हुआ वाक्य और दिया हुआ वचन वापस लिया नहीं जा सकता, शब्द ब्रह्म जन।" श्रीराम ने कहा– "फिर आपने तो आर्य गृहस्थ की चिर प्रचलित मर्यादा की ही सुधि ली थी। अवश्य आपकी बात को सुनकर मुझे आघात लगा था और मैं जैसे अपने कर्त्तव्य के प्रति जाग हो गया था। आर्य नरेश और वह भी मैं आर्य संस्कृति की सनातन मर्यादाओं का उल्लंघन कैसे कर सकता हूँ। आर्य सभ्यता की भव्य परम्पराओं को कैसे मिटा सकता हूँ? अतः आप क्षुब्ध न हों महाशय!"

चन्द्रकान्त ने पुनः पुनः नमस्कार और वन्दन करते हुए कहा– "सीताजी हमारी मातेश्वरी हैं, महाराणी हैं, साम्राज्ञी हैं और आप निष्कलंक राजा राम की धर्मपत्नी हैं। उनका त्याग नहीं........ नहीं प्रभो! मुझे त्याग दें, अपने राज्य से निष्कासित कर दें, किन्तु सीताजी को नहीं।"

श्रीराम ने गम्भीर स्वर में कहा– "सीता को मैं अपने निरन्तर सान्निध्य में रखना चाहता हूँ, महाशय! आपकी प्रार्थना मैंने सुन ली है, किन्तु निर्णय तो मैं विधाता- ईश्वर और अन्तःकरण से पूछकर ही करूँगा। आपने अपनी पत्नी को त्याग दिया है क्या?"

"हम शूद्रों में स्त्री बसाई जाती है, प्राप्त की जाती है, प्रभो!" चन्द्रकान्त ने कहा– "किन्तु पर पुरुष के पास रही स्त्री को पुनः ग्रहण नहीं किया जाता।"

"क्यों?"– श्री शत्रुघ्न ने पूछा।

"कुल के बड़ों ने ही यह परम्परा स्थापित की है।" चन्द्रकान्त ने कहा– "प्रत्येक वर्ण की कुलानुसार अपनी मर्यादाएँ-परम्पराएँ होती हैं।....... नहीं?"

शत्रुघ्न ने कहा– "अवश्य होती हैं।"

"किन्तु यह सारी परम्पराएँ अन्ततोगत्वा राज्य की परम्पराएँ हो जाती हैं। यह सारी मर्यादाएँ राज्य की आम्नाएँ हो जाती हैं। आपका आभार महाशय चन्द्रकान्त!" श्रीराम ने साक्षात् समाप्त करते हुए कहा।

✦✦✦

चन्द्रकान्त के प्रस्थान कर जाने पर कक्ष में गम्भीर मेघ ही जैसे छा गये हों। श्रीराम ने उदासीन, किन्तु सजीव मुद्रा में नतमस्तक शत्रुघ्न की ओर निहारा और कहा– "शान्त मेरे भाई! क्या मुझे यह ज्ञात नहीं है कि सब लोग सीता–त्याग के मेरे विचार से चिन्तित, उद्विग्न और निराश हैं। सभी– माँ, भाई, सगे–सम्बन्धी सभी जैसे मेरे विरुद्ध हो गये हैं। स्वयं निन्दक भी नहीं चाहता कि मैं सीता का त्याग कर दूँ। मुझसे अभय लेकर गया है। परन्तु यदि मैं दशरथनन्दन राम ही होता तो तुम सबकी भावना को शिरोधार्य कर लेता कदाचित, किन्तु मैं राजा राम हूँ और आर्य संसार का नियामक– नियन्त्रक एवं सर्वोच्च राजकर्त्ता हूँ। मैं समाज की एक भी मर्यादा का जिसको समाज मानता है, मानता आ रहा है, उसका उल्लंघन नहीं कर सकता। राजा समाज की सर्वोच्च मर्यादा है, अटूट परम्परा का वाहक तथा राष्ट्र का रक्षक है। आर्य सभ्यता जड़-चेतन जगत के सत्य सिद्धान्तों की ज्ञानवान, ज्ञानजन्य तथा ज्ञान प्रणीत सभ्यता है– वैदिक धर्म ज्ञान की सर्वांगीण, सम्पूर्ण प्रतिभा और क्षमता का पारमार्थिक व्यवहार है और वैदिक वर्णाश्रम धर्म की जड़-चेतना की अव्यक्त से व्यक्त होने, होते रहने की सूक्ष्म तथा संश्लिष्ट प्रक्रिया तथा पद्धति–दोनों है। भरत को हमारा सन्देश दो कि वह धर्म सभा आहूत करें– मैं उसको सम्बोधित करूँगा।"

"राम! भैया!" शत्रुघ्न ने विवर्ण मुख मुद्रा में कहा– "मुझे त्याग दो– भाभीजी को नहीं।"

"नहीं शत्रुघ्न! क्या मैं सीता को मन से त्यागना चाहता हूँ? त्याग सकता हूं? तुम क्या श्रुतकीर्ति को स्वयं से विलग कर सकते हो? मैं तो सीतामय हूँ, शत्रुघ्न!"

"तब फिर.....?" शत्रुघ्न ने कहा– पूछा।

"विधि–विधाता! मेरे भाई!" श्रीराम ने फिर सिर धुनाकर कहा– "विधाता के आगे ईश्वर का भी जोर नहीं है। विधि के लेख ईश्वर भी मिटा नहीं सकता। हमारे भाग्य विधि के शिलालेख हैं– मेरे भाई! मन के ये सूखे पत्ते आँसुओं के भाग्य के शिलालेख लिखते रहते हैं और ये लेख मन ही मन गल जाते हैं। तुम सब सीता–

त्याग नहीं चाहते और मुझ पर अत्यन्त रुष्ट हो तो मैं राज्य त्याग दूँगा और भरत को, भरत न माना तो लक्ष्मण को और लक्ष्मण न माना तो तुमको राजसिंहासन पर बिठा दूँगा। और सीता के साथ वन में चला जाऊँगा। वानप्रस्थ ले लूँगा।"

"जी..... नहीं।" शत्रुघ्न ने तीव्र स्वर में कहा– "उस निन्दक का उपयुक्त अनुशासन कीजिये, भवान्! आपने उन परम्पराओं को नहीं स्वीकार किया है जो अन्यायी, जीर्ण और असमय की और अप्रासंगिक हो गई हैं। पर पुरुष की छाया जिस स्त्री पर पड़ी हो उसका पूर्ण ग्रहण मनसा–वाचा– कर्मणा वर्जित है, पर यह परम्परा आपके शब्दों में मर्यादा आज और अभी अप्रासंगिक तथा अधर्म मूलक है। हाँ, अवश्य है।"

"समाज की प्रत्येक मर्यादा तब तक प्रासंगिक है, जब तक स्वयं समाज इसको नहीं बदलता– उसमें संशोधन परिष्करण आदि नहीं करता।"– श्रीराम ने कहा।

"भरत को मेरा सन्देश दो भाई! और शान्त हो जाओ। भगवती तारा तब मंगल ही करेगी।"

शत्रुघ्न ने तीव्र अमर्षपूर्वक कहा– "यह जो श्रीमान सोच रहे हैं, क्या मंगलजन्य है? अभय प्रभो!"

श्रीराम ने जलद–गम्भीर स्वर में कहा– "यह सृष्टि मंगलमय और मंगलजन्य है। वह परात्पर परमेश्वरी तारा स्वयं शिवा है। कल्याण, मंगल और आनन्द की मूर्ति है। वह सर्वमंगला सर्वार्थ साधिका भी है। सीता को मैंने उसको समर्पित कर दिया है। तुम सोचते क्यों नहीं? योगी परमात्मा का ध्यान नहीं छोड़ सकता और राजा अपना राजधर्म! कभी–कभी न्याय के चरमोत्कर्ष के लिए दिखता हुआ अन्याय भी करना पड़ता है।"

"अन्याय अन्याय ही है– दिखता हुआ अन्याय करना भी अन्याय करना ही है। भाभीश्री का त्याग करना घोर अन्याय है। सविनय किन्तु दृढ़तापूर्वक मैं प्रश्न करता हूँ, सीताजी का दोष क्या है? क्या किया ऐसा जिससे आप निन्दक के कथन को सुनकर उनका त्याग करना चाहते हैं? फिर निन्दक स्वयं ने सीताजी को जगदम्बा स्वरुप माना है, प्रभो!"

"प्रजा राजा के सम्मुख कभी विरोध नहीं जताती।" श्रीराम ने कहा– "राजा प्रजा को प्रसन्न रखना चाहता है तो प्रजा भी राजा को प्रसन्न रखना चाहती है।"

"प्रजा........?" शत्रुघ्न हुमसे।

"परात्पर परमेश्वरी शिवा की सन्तान इस पृथ्वी पर भव-योनियों के रूप में वही राजराजेश्वरी व्यक्त हो रही है- होती है, वही जन्म-मरण देती है, वही रक्षा करती तथा तारती है- तारा! प्रजा आश्चर्य नहीं है, इतिहास नहीं है, न्याय-अन्याय की छवि भी नहीं है। प्रजा सत्य है, यह जगत-ब्रह्म की व्यवहारिक सत्ता है; तो प्रजा ब्रह्म की लीलामयी सृष्टि है। पृथ्वी प्रजा, प्रजा जगत और प्रजा ही काल है।"

शत्रुघ्न ने कहा- "प्रजा मानव व्यक्तियों का समूह नहीं है क्या?"

श्रीराम- "प्रजा स्पष्ट ही मानव-समुदाय है। मानव के सिवाय जीव-योनियाँ प्रजा कैसे हो सकती हैं- वह प्राणी है, जीव।"

"परमात्मा मानव रूप में ही व्यक्त होता है" श्रीराम बोले- "किन्तु प्राणियों- और जीवों में भी वह रहता है। यह सब इदम् ब्रह्म ही है। मेरी बात समझो, मेरे भाई! हम सब देह नहीं हैं, आत्मा हैं- सच्चिदानन्द आत्मा। सीता क्या देह ही है, नहीं? वह सच्चिदानन्द की शक्तिमयी मानव स्वरूप अभिव्यक्ति है। सीता को तुम अपनी भाभी की भांति जानते हो, किन्तु मैं सीता को समस्त सृष्टि की चेतना ही मानता हूँ- सीता का त्याग व्यवहारिक कर्म होगा किन्तु वास्तव में सीता तो मैं स्वयं हूं ऐसा मुझे लगता है। सीता-त्याग के विचार मात्र से तुम सब विव्वहल हो गये, तो सोचो; मुझ पर क्या बीत रही होगी? सीता-त्याग का अर्थ है, मैं अपना शेष जीवन आकाश के शून्य में ही बिताऊँगा, भाई मेरे! किन्तु मैं यह विषाद भरा वियोग प्रभु का स्मरण करते हुए बिताऊँगा। अवश्य ही सीता को त्यागने के कर्म का प्रायश्चित भी मैं करूँगा।"

शत्रुघ्न- "रामजी! आप तो महान हैं और हम छोटे-मोटे जीव हैं। भाभी का त्याग करने का आपका मानस हमें समझ में नहीं आता।"

श्रीराम- "मुझे भी समझ नहीं पड़ती शत्रुघ्न!"

"आप जैसा महापुरुष केवल निन्दा के डर से यह घोर कर्म करेगा?"- शत्रुघ्न ने सभी संकोच त्यागकर कहा।

"राजा राजा है, महापुरुष या महामानव नहीं।" श्रीराम ने कहा- "राजा समुद्र के समान अथाह और विशाल ईश्वरीय चैतन्य है। सत्य की सत्ता का वह प्रतीक है और न्याय बुद्धि का वह अतल आगार है। राजा ईश्वर की प्रेरणा से ही राज करता

है। सीता को लेकर मैं ईश्वर के आदेश की प्रतीक्षा कर रहा हूँ। मैं सभी बन्धन दूर कर, सभी तर्क छोड़कर तथा सभी कारण धकेलकर ईश्वर के संकेत की प्रतीक्षा कर रहा हूँ। सीता मेरे जीवन की विधि है। वह परमेश्वरी शक्ति है मेरी– मैं उसका दास हूँ, वह मेरी राजराजेश्वरी है।”

“ईश्वर के संकेत की?” शत्रुघ्न आर्द्र कण्ठ से हुमसे– “ईश्वर!”

श्रीराम ने शत्रुघ्न के अरुण आभा से दमकते हुए विवर्ण मुख मण्डल को अत्यन्त स्नेहपूर्वक निहारते हुए कहा– “ईश्वर ही तो परमात्मा, ब्रह्म–वही है; वही था; वही रहेगा–हम–तुम नहीं, नहीं शत्रुघ्न! सीता नहीं; मैं नहीं; और यह जगत प्रलय में लील हो जाएगा। केवल देवाधिदेव शिव ही बने रहेंगे।”

शत्रुघ्न ने श्रीराम के शान्त संध्या की आभा से भरे मुखारविन्द को देखते हुए कहा– “आज मैं आपको मना न सका। यह मेरे जीवन का अन्तिम दुर्भाग्य है, प्रभो!”

श्रीराम ने मानो समाधि भंग करते हुए कहा– “सीता–त्याग का विचार ही मेरे इस भव के लिए नहीं; सभी आने वाले भवों के लिए अन्तिम दुर्भाग्य है। जब से सृष्टि उद्-भवित हुई है, तब से किये गये कर्मों का समूचे जगत के समस्त संचित का फल मैं जैसे माँगूंगा हाँ, भाई मेरे!”

शत्रुघ्न – “तो सीताजी का त्याग करेंगे ही आप, राम!”

“जैसी विधि की इच्छा... जैसा प्रारब्ध का लेख...” श्रीराम ने आर्द्र कण्ठ से कहा– “इससे तो प्राण ही त्यागना अच्छा! सीता निष्कलंक, पवित्र है, पुनीतकर है। वह प्रेम और मंगल की मेरे अन्तरात्मा की अधिष्ठात्री है। किन्तु मैं क्या करूँ? इसीलिए राजा के प्रायश्चित करने का विधान शास्त्रों ने किया है। राजा जैसे मूल में पापी है– पवित्र पापी।”

“नहीं... रामजी नहीं।” शत्रुघ्न ने कहा– “मैं आपसे अबोला लूँगा, यदि भाभीजी को आपने धोबी के कहने से त्यागा हो तो।”

श्रीराम– “तुम्हारा मुझसे रूठना– मेरा दूसरा दुर्भाग्य होगा। शान्त हो जाओ, शत्रुघ्न! भरत से कहो हम धर्मसभा को सम्बोधित करेंगे। धर्म की गति–अत्यन्त सूक्ष्म है शत्रुघ्न! भाई मेरे! धर्म की वक्रगति नहीं है– सूक्ष्मातिसूक्ष्म गति है। क्योंकि यह परात्पर काल महाकाल की गतिविधि है।”

''महाकाल?''- शत्रुघ्न

"प्राणियों के प्रारब्धों का शाश्वत उद्घाटन काल की विधि है और जीवों के जन्म–मरण का शाश्वत चक्र–कर्मचक्र महाकाल की गति है। सीता और मैं–तुम सभी महाकाल की इस धर्मभृत गतिविधि की अभिव्यक्तियाँ मात्र हैं। स्वयं का स्वयं से भ्रम। हाँ, और क्या?"

"राम!"– शत्रुघ्न।

"सीता!" श्री राम स्वयं से ही चिहुँके।

"सीताराम!" शत्रुघ्न ने प्रतिध्वनि की– "आप उभय पूज्य हैं, श्रद्धेय हैं, किन्तु हम मानवों के लिए परे और पार हैं। मैं आपको समझ ही नहीं पाया–नहीं समझ सका राम–आपको नहीं समझ सका।"

श्रीराम– "स्वयं को समझो, शत्रुघ्न! स्वयं को जानो।"

28

महात्मा भरत ने आकर विनीत प्रणामपूर्वक कहा– "आज्ञा, महाराज!" श्रीराम ने भरत की गम्भीर मुख–मुद्रा को निहारते हुए कहा– "यह क्या भरत! मुझसे रुष्ट हो क्या?"

भरत ने उसी गम्भीर तटस्थ स्वर में कहा– "मैं आपका सेवक हूँ, राम–पंचायतन का एक आमात्य हूँ, राम–राज्य का धर्माधिष्ठाता भी हूँ, परन्तु....."

"परन्तु क्या भरत!" श्रीराम ने पूछा– "सीता–त्याग का विचार छोड़ दूँ यही न? मैंने सीता को अब तक–इस क्षण तक त्यागा नहीं है। केवल धर्म संकट में पड़ गया हूँ। राष्ट्र की आज्ञाएँ और समाज के सनातन मर्यादा की रक्षा करना–प्राणपण से रक्षा करना राजा का कर्त्तव्य ही नहीं, धर्म भी है। तुम धर्म की जीवन्त आत्मा हो। धर्म तुमसे और तुम धर्म से हो। मेरे पक्ष को समझो– क्या मैं सीता त्यागना चाहता हूँ– व्यक्तिगत कारणों से? कदाचित् नहीं, कदापि नहीं। सीता और मैं एक हैं, अभिन्न हैं, हमारा आत्मा का तादात्म्य है, भाई मेरे! किन्तु तुम्हीं ने मुझे राजसिंहासन पर बैठने के लिए विवश किया है। राजा राम तुम्हारे मनोरथों की पूर्ति के लिए है। मुझे राज्य नहीं चाहिये, समाज चाहिये, राष्ट्र चाहिये, धर्म चाहिये और अनादि शाश्वत और सनातन वैदिक वर्णाश्रम धर्म चाहिये, वेद चाहिये, वेदान्त चाहिये।"

भरत ने विनीत स्वर में कहा– "सब कुछ तो आपने प्राप्त कर लिया है, राम मेरे। आप स्वयं वेदान्त पुरुष कहे जाने लगे हो। अरण्य के तापसी आपको ईश्वर का अवतार ही मानने लगे हैं। अरण्य की प्रजाएं आपका शिव, देवाधिदेव शिव स्वरूप महान मनुज मानती है। ऋषि–महर्षि वेदमन्त्रों द्वारा आपका गान करते हैं। देवता आपकी स्तुति और ब्रह्मा–विष्णु–महेश आपका स्तवन करते हैं। आप, अर्थात्–राम, राजा राम नहीं। राजा राम तो राजधर्म का अनुचर तथा राष्ट्र के अनुशासन एवं समाज की मर्यादाओं से कुण्ठित राजा भर हैं। राजा राम समाज को, राष्ट्र को चाहिये–मुझे नहीं, हमें नहीं। हम आपके कुटुम्बी हैं, बन्धु–बान्धव, सगे–सम्बन्धी हैं। हमें राजा राम नहीं–राम चाहिये– राम।"

"राम वनवास के शान्त निष्पाप और शौर्यवान समय में बिला गया है। वह सीता की अग्नि परीक्षा में स्वाहा होगा भाई मेरे। अब तो केवल राजा राम ही रह

गया है शेष–राजा, निर्दय, निष्ठर राजा–चक्रवर्ती राघव राम।" श्रीराम ने आर्द्र स्वर में कहा– "धर्मसभा की अनुमति तथा ऋषिमण्डल की सहमति प्राप्त कर मैं सिंहासन त्याग दूँगा। तुम पुनः राजा भरत बनो, भाई! यह सिंहासन मेरे बस का नहीं, मैं सीता को त्याग नहीं सकता– नहीं। तुम धर्ममूर्ति हो, महात्मा हो– तुम ही धर्म और न्याय का सर्व कल्याणकारी राज्य चला सकते हो– मैं नहीं..... मैं नहीं.....। भरत यह राजधर्म जीवन का यज्ञ है– शास्त्र यज्ञ जिसमें श्रुतियाँ हव्य तथा शास्त्र कव्य बन जाते हैं। यह राजधर्म आघात सहते रहने का जीवन– व्यापार है। राजा रहकर मुझे मर्यादा की रक्षा करनी ही होगी, भरत!"

भरत ने तीव्र स्वर में कहा– "नहीं, रामजी नहीं। शूद्र की निन्दा और स्तुति केवल सुनने के लिए ही होती है, झेलने के लिए तो ब्राह्मण का आशीर्वाद और वैश्य का अर्पण ही होता है।"

श्रीराम– "सभी वर्ण परमात्मा की चेतना की अभिव्यक्ति हैं मानव जीव ही नहीं, जड़ चेतना की अभिव्यक्ति प्रक्रिया, पद्धति–महाप्रकृति का स्वभाव वर्णाश्रममय है। जड़ में-चेतन में वर्ण मिल जाएँगे। इस जगत का प्रत्येक नाम– रूप आश्रम में ही रहता है तथा अपनी भव–यात्रा करता रहता है। हाँ, भरत हाँ।"

भरत ने पूछ लिया– "जड़–चेतन में भी वर्णाभिव्यक्ति प्रभो!"

"हाँ....." श्रीराम ने कहा– "मुझे यह प्रत्यक्ष दीख रहा है। पाषाण को ही लें। एक पाषाण देवमूर्ति में ढलकर देवता बन जाता है। पूज्य बन जाता है। एक पाषाण मार्ग में पड़ा रहकर मार्ग का पत्थर हो जाता है। वही पाषाण आयुध बनकर मानो क्षत्रिय हो जाता है। वानर के शस्त्र तो वृक्ष और पाषाण ही हैं। लंका युद्ध में उन्होंने बाण चलाना आरम्भ किया है। बल, वार्ता, सेवा और सर्वोपरि विद्या। सोचो भरत! महाप्रकृति अव्यक्त से जब व्यक्त होती है, तो वर्णाश्रममयी– वर्णमयी ही होती है।"

"वर्ण तब अलग–अलग, परस्पर विरुद्ध हैं क्या?" भरत ने पूछा।

"वर्ण परस्पर भिन्न–भिन्न प्रतीत होते हैं और संश्लिष्ट हैं। प्रत्येक वर्ण में चारों वर्ण निहित रहते हैं।" राम बोले– "अतः वर्णों की संगति तथा सहज विधि के बिना मानव जीवन संभृत, सम्पन्न, ज्ञानवान व प्रसन्न रह नहीं सकता। समाज व्यष्टि का गुणन नहीं है– वर्ण की व्यष्टि-समष्टि अभिव्यक्ति है। इसीलिए मैं धर्मसभा का

मत जानूँगा। धर्मसभा, अर्थात्-वर्णों के कर्त्तव्यों के अनुशासन करने तथा समाज की मर्यादाओं का संस्करण करने वाली ज्ञानरूढ़ अधिकृति।"

भरत ने कहा– "राम! धर्मसभा क्या मत देगी?"

"जो भी दे।" राम बोले– "मैं इसे देखूँगा। धर्मसभा के मत को अन्त में मैं ऋषिमण्डल में रखूँगा।"

"अन्तिम निर्णय?"– भरत ने पूछा।

"मेरा अन्तःकरण, भरत!" श्रीराम ने कहा– "सीता से कहूँगा कि धर्मसभा में अपना वक्तव्य दे। सीता को अपने बचाव का पूरा सत्व प्राप्त है। महाराणी तो वह राजा राम की है, किन्तु राजा राम की वह एक सत्वाधिकारी प्रजाजन भी है। फिर सत्य के निर्णय लादे नहीं जाते। सीता धर्मसभा को जो कहेगी, समाज का सत्य मानो उस पर निर्भर करेगा। समाज की प्रत्येक सनातन मर्यादा की कसौटी ईश्वर की इच्छा तथा व्यष्टि का सत्य है। नान्य व्यवहार और उपयुक्त अनुशासन पर ही अवलम्बित है, भरत!"

भरत ने कहा– "राम अब मैं क्या कहूँ? आपका अनुज हूँ, किन्तु राजा नहीं हूँ। मैं राजा होता तो धर्मसभा तो क्या ईश्वर से भी नहीं पूछता। निन्दक को राज्य बहिष्कृत कर देता।"

"धर्म समाज की मर्यादाओं का चैतन्य समन्वय है, भरत! यह नहीं भूलो।" राम ने कहा– "धर्म व्यष्टि की मुक्ति और मोक्ष का मार्ग है– आत्मा का पंथ है। आत्मा पंथ पर समदर्शी ही यात्रा कर सकता है। नीच–ऊँच, राग–द्वेष, भेद मूलतः आत्मधर्म नहीं पालने से ही उद्द्वित होते हैं। भेद–भीति– यही निन्दक की राज्य बहिष्कृत करने का राजा को कोई अधिकार नहीं है। स्तुति और निन्दा राजा की दो कानों से नहीं, एक कान से ही सुननी होती है। प्रजाजन द्वारा की जाती स्तुति राजा की योग्यता का प्रमाण-कथन है और निन्दा राजा की अयोग्यता और अपात्रता का निष्कर्ष है।"

भरत ने सिर धुनाया और कहा– "भाभीजी को....."

"सीता को धर्मसभा में अपना पक्ष रखने का सहज ही सत्व प्राप्त है।" श्रीराम ने कहा– "धर्मसभा के अधिष्ठाता होने के नाते तुम ही सीता को धर्मसभा में आहूत करोगे।"

"परन्तु धर्मसभा क्यों राम?" भरत ने तीव्र स्वर में कहा– "क्या आवश्यकता है? जब आप एक निन्दक की बात को ही सर्वोपरि मानते हैं, वेद–मन्त्रों से भी अधिक शिरोधार्य करते हैं, जब हम सबकी प्रार्थना, निवेदन उस निन्दक के कथन की तुलना में व्यर्थ है, तब....."

श्रीराम ने गम्भीर स्वर में कहा– "निन्दक के कथन को नहीं, समाज की मर्यादा– सनातन मर्यादा की अनिवार्य पालना को ही लेकर मैं सीता को त्यागने की सोच रहा हूँ। किन्तु सभी का मत जानकर ही निर्णय करूँगा–धर्मसभा ऋषिमण्डल और अन्त में प्रजामत......"

भरत ने बीच ही में कहा– "सीताजी को अपना पक्ष रखने का अवसर..... तुम दोगे, मैं नहीं" श्रीराम ने कहा– "निस्संदेह मैंने आर्य गृहस्थ की विवाहिता स्त्री को लेकर चली आती मर्यादा को अज्ञानतावश भंग किया है। मुझे इस मर्यादा का पता न था भरत! आर्य गृहस्थ बहुपत्नियों का भरा पूरा गृहस्थ रहा है। बहुपत्नी गृहस्थ! मुझे समझ में आता नहीं-जंचता नहीं। किन्तु मैंने स्वयं के लिए एक पत्नीव्रत स्वीकार किया। समाज से कुछ भी नहीं कहा। मैं चाहता हूँ एक पत्नी और अनेक पत्नियों की स्थिति को धर्मसभा में लिया जाये। इस स्त्रैण परम्परा को परिष्कृत किया जाय। एक पत्नीव्रत का आरम्भ पुनः किया जाय, भरत!"

"जैसी राजा राम की इच्छा।" – भरत ने कहा।

✦✦✦

भरत ने धर्मसभा के साथ-साथ मन्त्रिमण्डल, ऋषिमण्डल, गणमान्य नागरिकों और चारों वर्णों के प्रवक्ताओं को भी आमन्त्रित किया। समस्त और समग्र जनमत मिल जाए और यह संक्रामक जी–जलन सर्वदा के लिए दूर हो– यही भरत का एकान्त मंतव्य था। भरत ने श्रीराम से निवेदन किया– "मैंने सबको आमन्त्रित कर लिया है।"

"सबको?" श्रीराम ने पूछा– "माताओं को भी?"

"सबको श्रद्धेय" भरत ने कहा– "मैंने भगवती भाभी श्री सीता को भी आहूत किया है। आपका यह विषादपूर्ण मनोमन्थन अब सहा नहीं जाता। निस्तार होना ही चाहिये।"

"त्राहिमाम् पाहिमाम् दुर्गे" श्रीराम ने कहा– "हे भगवती! तारे, मुझे और सीता को शक्ति दे, धैर्य दे, अपराजित संकल्प प्रदान कर। मैं तेरी शरण में हूँ, भगवती!"

भरत हठात्, चकित श्रीराम को भगवती दुर्गा तारा की प्रार्थना करते देखते रहे। श्रीराम के बन्द सरोज नयनों से शान्त–गम्भीर आभा–ही विकीर्ण हो रही थी। राम तन्मय–मनोमय थे और जैसे भगवती शिवा के चरण थामकर मन ही मन आर्त प्रार्थना कर रहे थे। "माँ मैं सीता का योगक्षेम चाहता हूँ, मंगल चाहता हूँ। निस्संदेह मुझे आर्य समाज की मर्यादाओं की भी प्राणपण से रक्षा करनी होगी। राजा के अनिवार्य कर्त्तव्य से मैं भाग नहीं सकता। राज्य छोड़कर भी मैं वन में पलायन नहीं कर सकता। भगवती! सीता त्याग करने की मुझे अटूट शक्ति दे। स्थिति-प्रज्ञता दे। माँ, मैं तेरी शरण में हूँ। सीता के प्रति मेरे इस प्रज्ञापराध को समाप्त कर दे। क्षमा.... माँ!"

भरत ने पुकारा– "राम!"

श्रीराम ने नयन खोले। भरत की पुकार पर राम मानो तिर आये–उभर आये– "भरत! भैया!"

"धैर्य राम! श्रद्धेय राम मेरे!" भरत ने कहा– "अब मुझे जैसे ज्ञात हो रहा है, राजधर्म कितना कठिन है- दुस्साध्य है, दुरूह है, विलक्षण है। इस पृथ्वी पर मानव के राज्य संघर्ष से पूर्ण तथा हार–जीत से भरे हैं– दोलाएमान। केवल रामजी! आपका राज्य ही अविचल है।"

"अविचल....?" श्रीराम ने कहा।

"अविचल....." भरत बोले– "समाज की मर्यादाओं की रक्षा के लिए राजा अपनी जीवन संगिनी का त्याग करना चाहे और डिगे नहीं, वही तो पृथ्वी पर अविचल राज्य है।"

"वेदान्त राजयोग है, पृथ्वी राजधर्म है, मानव वेद–वेदान्त और वर्णाश्रम धर्म का सनातन पंथी है। परमात्मा के परम् धाम की ओर गतिमान यात्रिक मानव है, भरत! सीता को आहूत क्यों किया, भरत! वह कोटिशः वानर सेना के समक्ष, सूर्य की साक्षी में अपनी गहन सतीत्व को सिद्ध कर चुकी है। नहीं......... मैं नहीं चाहता, वह दुबारा अपमानजनक स्थिति सहन करे। सीता की बजाय मैं स्वयं धर्मसभा में आहूत हूँगा। मैं, राम आहूत हूँ। राजा राम के समक्ष अपराधी राम, दशरथनन्दन राम, भरत का भाई राम।"

सहसा लक्ष्मण द्वार पर दिखे। तीव्र स्वर में बोले– "यह सभा का आह्वान क्यों? क्यों, रामजी? भगवती भाभी को क्या आप सभी धरती में गाड़ देना चाहते हैं? भाभी सीता आपकी सभा में नहीं आएँगी। मैं दूसरी लक्ष्मण रेखा खींचकर भी उनको नहीं आने दूँगा। सीताजी का यह घोर अपमान मैं सह नहीं सकता। मैं लक्ष्मण प्रतिज्ञापूर्वक कहता हूँ- भाभीश्री का अब और अपमान नहीं होने दूँगा।"

"लक्ष्मण......!" राम गरजे– "शान्त!"

"शान्त" लक्ष्मण गरजे– "शान्ति कहाँ है? पृथ्वी की अचलता और आकाश की शान्ति आपने हर ली है, राम! हम सब मनुष्य मात्र आज दिग्दिशाओं में अपराधी की भांति आपके समक्ष सिर झुकाए खड़े हैं। हमारा वध क्यों नहीं कर देते, राम! यह यातना असह्य है, राम! अभय!"

"तथास्तु लक्ष्मण!" राम बोले– "अभय दिया! भरत सीता सभा में आहूत नहीं होगी। मैं स्वयं को सीता के बजाय सभा में आहूत करता हूँ।"

"स्वयं को आहूत" भरत चिहुँके।

"धर्मसभा के अधिष्ठाता तथा ऋषिमण्डल के अध्यक्ष के समक्ष एक प्रज्ञापराधी की भांति मैं स्वयं को उपस्थित करूँगा।" राम ने कहा– "अपराधी सीता नहीं है.... मैं हूँ– राम।"

"श्रीराम"– भरत चिहुँके– "यह..... यह क्या?"

"क्या? मेरे जीवन का अकाट्य सत्य–और क्या?" श्रीराम ने कहा– "निरपराध, निष्कलंक, शुद्ध-बुद्ध और पुनीत महिला शिरोमणि सीता को त्यागना ही होगा, किन्तु सीता अपराधी की भांति किसी भी सभा में आहूत नहीं होगी–सीता के बजाय मैं। मैं राजा राम राजाराम के समक्ष उपस्थित हूँगा। अपराध मैंने किया है– सीता ने नहीं। वनवास से लौटने के बाद मुझे राजसिंहासन स्वीकार करना ही नहीं चाहिये था। राज्य तुम्हारा था– तुम्हारा, मेरा नहीं, मैं तो तुम्हारा ज्येष्ठ भ्राता हूँ। क्षत्रिय रामचन्द्र दशरथनन्दन। मुझे राज्य से क्या लेना–देना था? क्या?"

"इस इक्ष्वाकु वंश की कुल परम्परानुसार राज्य के ज्येष्ठ पुत्र का ही उत्तराधिकार होता आया है।" भरत ने कहा– "यह तो मेरी माँ की हठ थी– हठ– स्त्री हठ। कोई भी वचन राज्याधिकार की मर्यादा को भंग नहीं कर सकता। पिताश्री को मुझे अपना राज्य प्रदान करने का अधिकार था ही नहीं। सर्वसम्मति

से अयोध्या का राज्य महाराज दशरथ ने आपको प्रदान किया था। राज्याभिषेक का संकल्प हो चुका था।"

"राजाओं के क्या संकल्प.......।" श्रीराम ने सिर धुनाते हुए कहा– "या तो होते ही नहीं और होते भी हैं तो बड़ी कठिनाई से होते हैं। राजा दण्ड है–दण्ड कर्त्ता है और प्रजा का रक्षक भर है। राजा क्या न्याय करेगा–कर सकता है? सीता के प्रति क्या मैं न्याय कर सकता हूँ? नहीं.....। सीता को त्यागने के लिए मैं जैसे विधाता द्वारा विवश किया जा रहा हूँ।"

"आपको कोई विवश नहीं कर सकता, श्रीराम!" भरत ने कहा– "सीता–त्याग का विचार आपका है। समस्त जगत से पूछ लीजिये, कोई आपसे सहमत नहीं है। यह अखिल-निखिल कथन है, रामजी! एक प्रजाजन के कथन से सत्य मिट नहीं जाता, न्याय अन्याय नहीं हो जाता। मैं चन्द्रकान्त धोबी को ही धर्मसभा में आहूत कर दण्डित करने का आह्वान करूँगा।"

"नहीं......" राम ने तीव्र स्वर में कहा– "मेरे लिए प्रजा का एक जन समस्त प्रजा है। समग्र जगत है।"

"यह चरम भावुकता का मत हो सकता है, प्रभो!" भरत ने कहा- "एक–एक है–अनेक अनेक है।"

श्रीराम ने भरत को घूरते हुए कहा– "अनेक है क्या? एक ही है एक। संस्था सिमटकर एक में समाहित हो जाती है और एक शून्य में लीन हो जाता है। प्रजामत अनेक नहीं हैं, एक है– समस्त और समग्र एक हैं।"

"यह वेदान्त या सामाजिक दृष्टिकोण है। एक वेदान्त–पुरुष का ही निष्कर्ष है, रामजी! ब्रह्म की व्यवहारिक सत्ता अनेक है– नाना। देह-शरीर भव।" श्रीराम बोले – "चन्द्रकान्त धोबी की निन्दा नहीं है। उसका मत है और वह समाज के व्यवहारिक सत्य पर अवलम्बित तथ्य है। परपुरुष की छाया में तनिक भी रहने वाली अपनी गृहणी को पुनः स्वीकार नहीं किया जाता– नहीं किया जायेगा, यह अविचल मत है– मत-सम्मत है।"

"किन्तु यह अकाट्य है क्या?"– भरत ने पूछा।

"प्रजामत न काट्य है और न ही अकाट्य–वह अविचल है भरत।"

"जैसे राजा राम का निर्णय।" भरत ने कहा– "तब आप स्वयं ही जनसभा में आहूत हूजिये भवान्। धर्मसभा के अधिष्ठाता के नाते मैं भरत आपको आहूत करता हूँ।"

"आपके आह्वान को शिरोधार्य करता हूँ।" श्रीराम ने कहा– "यह आह्वान मुझे अंधकार से प्रकाश की ओर खींच ले जाएगा। यह कटु, किन्तु धर्मभृत प्रसंग राजा राम की परीक्षा है। यह मेरे लिए, राम और राजा राम के लिए भव सागर तरने की अन्तिम कामना की कांक्षा का अवसर है। भरत! तुम धर्ममूर्ति हो– मेरी यह भव पीर हरो, भरत।"

"रामजी!" भरत ने श्रीराम के चरण थामे– "मैं तो एक धर्मभीरू मानव हूँ। राजा राम की भव पीर तो श्री नारायण हरि ही हर सकते हैं।"

श्रीराम ने अपने कंज नयन बन्द करते हुए आर्त पुकार की– "भगवती तेरे! शरणागत हूँ। मेरी भव बाधा हरो भगवती।"

✦✦✦

सुखदेव वशिष्ठ ने मन्त्रिमण्डल और ऋषिमण्डल की संयुक्त बैठक में गम्भीर किन्तु तीव्र स्वर में कहा– "महोदयों, धर्माधिकारी तथा धर्मसभा के अधिष्ठाता महात्मा भरत ने मुझे सूचित किया है कि महाराज राम स्वयं को धर्मसभा में प्रज्ञापराधी की भांति प्रस्तुत करने जा रहे हैं। यह सुनकर मैं हठात् हो गया– चकित हो गया। महाराज राजराजेश्वर राजा राम राजा हैं और राजा को किसी भी स्थिति में अपराधी माना नहीं जा सकता। राजा ईश्वरीय दिव्यता से मण्डित न्यायमूर्ति एवं धर्मधारण धर्मधुरीण हैं।"

भरत ने शान्त स्वर में कहा– "भगवती भाभीश्री सीताजी को धोबी की निन्दा सुनकर त्यागने के ऊहापोह में महाराज राम डूब गये हैं और ऐसा लगता है, अत्यन्त विकल हैं, कातर और उद्विग्न हो गये हैं। स्थिति प्रज्ञ, शान्त–गम्भीर और चिर प्रसन्न राम हमारे महाराज राम जैसे बदल गये हैं– कुछ के कुछ हो गये हैं। विषाद और उदासीनता की मूर्ति हो गये हैं। मौन–मूक बने रहते हैं तथा जैसे किसी से भी उनका कोई वास्ता नहीं रहा है। अलग–थलग हमारे वरेण्य राजा राम एक कातर मानव हो गये हैं। भगवती भाभीजी के हरण के बाद श्री लक्ष्मण जी ने मुझे बताया कि रामजी भाभी के वियोग में ऐसे ही कातर हो गये हैं। लता–

वेलियों, पशु-पक्षियों, पर्वतों तथा नदी नालों से सीताजी को पूछते फिरते थे। न खाते थे, न पीते थे। रामजी वियोगी हो गये थे। नहीं, लक्ष्मण!"

लक्ष्मण जी ने सिर हिलाकर जताया– "सत्य है। रामजी एक विरही पति हो गये। शत सहस्त्र राक्षसों को परास्त करने वाले धनंजय राम एक वियोगी कवि हो गये थे। अवश्य मेरी विनंती सुनकर धैर्य भी धारण कर लिया करते थे। पृथ्वी और आकाश की दिशाओं में भाभीश्री को ही जैसे खोजा करते थे।"

हनुमान जी ने बीच ही में कहा– "धन्य राम! आपकी जय हो!"

गुरुदेव वशिष्ठ ने टोका– "हनुमान जी! यह मन्त्रिमण्डल और ऋषिमण्डल की बैठक है।"

"जानता हूँ गुरुदेव" हनुमान ने कहा– "किन्तु रामजी मन्त्रिमण्डल, ऋषिमण्डल, धर्मसभा आदि सभी तन्त्रों और मन्त्रों से ऊपर महामानव श्री हरि हैं। राम! आपकी जय हो! अभय-गुरुदेव!"

"तथास्तु" गुरुदेव वशिष्ठ ने कहा– "मर्यादा का पालन हो।"

भरत जी ने कहा– "श्रीमद्! धर्मसभा अब जनसभा के स्वरूप में ही आहूत हो।"

"महाराज सीताजी को आहूत करना नहीं चाहते, किन्तु सीताजी के बजाय स्वयं को अपराधी की भांति प्रस्तुत करना चाहते हैं।"

"यह असम्भव है। राजा अपने तन्त्रों से उपरत है। राज्य के सभी तन्त्र राजा से ही गतिविधि पाते हैं। सभी मन्त्री राजा की प्रतिभा से ही ज्वलन्त होते हैं। फिर सीताजी को आहूत करने की आवश्यकता ही क्या है?" गुरुदेव वशिष्ठ ने कहा– "यह अनुचित विचार था और है।"

भरत ने कहा- "जनसभा में स्वयं का स्पष्टीकरण देने का सत्व प्रत्येक प्रजाजन को है, महात्मन्।"

"किन्तु सीताजी महाराणी हैं– साम्राज्ञी, राजा राम जी की जीवन संगिनी-अर्द्धांगिनी। वे विशिष्ट राजमहिषी हैं। अतः महात्मा भरत उनको आहूत करना उनका विधिवत अपमान करना है।"

"राजा और उसकी राझी दोनों मिलकर साम्राज्य के रथ के चक्र होते हैं। अतः सीताजी आहूत नहीं हो सकतीं और न ही की जा सकती हैं। जब तक राजमहिषी सीताजी राझी हैं– साम्राझी हैं तब तक वे श्रद्धेया हैं, पूज्यनीया हैं, आदरणीया और वन्दनीय हैं।"

लक्ष्मण– "वह तो हैं ही, किन्तु रामजी उनके त्याग की रट जो लगाए हुए हैं।"

"रामजी को न जाने क्या हो गया है?" महामात्य सुमन ने कहा– "इतना उद्विग्न उन्हें पहले कभी नहीं देखा– इतने कातर और विकल!"

भरत ने कहा– "राम की राम ही जाने, पर मैं तो निराश हो गया हूँ, किंकर्त्तव्य– विमूढ़ हो गया हूँ।"

गुरुदेव वशिष्ठ ने अन्यमनस्क भाव से कहा– "श्रीराम अवतारी पुरुष हैं– यह हम जानते हैं। पृथ्वी का भार हल्का करने तथा श्रीराम पंचायतन के राम राज्य की स्थापना के लिए श्री नारायण हरि मनुज स्वरूप में अवतरित हुए हैं। ऋषियों ने समाधि में इस अवतरण का प्रत्यक्ष किया है, किन्तु मनुजावतार धरती और आकाश का यह इष्ट राम, श्रीराम दिव्य गहन रहस्य ही है।"

"सत्य रहस्य ही है, गुरुदेव!" लक्ष्मण ने कहा– "रामजी इस सभा में पधारे ही नहीं।"

भरत ने कहा– "रामजी केवल मत-सम्मत ही जानना चाहते हैं। हम ही सोच लें। श्रीराम सीताजी के त्याग का निश्चय कर चुके हैं। ऐसा मुझे लगता है।"

गुरुदेव वशिष्ठ ने कहा– "इक्ष्वाकु वंश के दीर्घतम इतिहास में किसी भी राजा ने एक व्यक्ति की टिका सुनकर अपनी अर्द्धांगिनी राझी का बहिष्कार नहीं किया– नहीं किया। राझी राजा का अभिन्न अंग है, अंश है। मैं श्रीराम से कह चुका हूँ– सीता-त्याग के विचार को ही त्याग दें–अब आप लोग कहें।"

ऋषि अत्री ने कहा– "जब आप यह कह ही चुके हैं, तब हमें और क्या कहना है। महाराणी सीता को त्यागना आवश्यक नहीं है। वर्णों के सभी गृहस्थों की सभी मर्यादा राजकुल मानकर चले– यह सम्भव एवं शक्य नहीं है। हमारा प्रस्ताव है कि इस शूद्र को इस सभा में बुलाया जाय और उसे कहा जाय कि हम मन्त्रिगण, ऋषिमण्डल के आप्तजन उसकी निन्दनीय टिप्पणी की भर्त्सना करते हैं– अपना दुर्भाग्यपूर्ण कथन वह वापस ले।"

लक्ष्मण ने कहा– "प्रतिहार! उस शूद्र को उपस्थित करो।"

प्रतिहार ने कहा– "जैसी महासेनापति की आज्ञा।" और पुकारा– "चन्द्रकान्त शूद्र उपस्थित हो।"

चन्द्रकान्त ने द्वार पर दिखते हुए कहा– "जी, यह लीजिये, आ उपस्थित हुआ। महाशयों! और महोदयों! मैं अपना कथन वापस लेना चाहता हूँ। किन्तु थूका हुआ चाट नहीं सकता। मैं क्षमाप्रार्थी हूँ और अब महाराणी सीताजी को लेकर एक भी कटु शब्द कहीं भी नहीं कहूँगा–अवश्यमेव प्रभो!"

लक्ष्मण जी ने ताड़ुकते हुए कहा– "महारानी भगवती सीताजी की इस प्रकार निन्दा करने का साहस तुम्हें किस प्रकार हुआ? यह तो रामजी का सहज संरक्षण है, जो तुम अब तक दण्ड से बचे हुए हो।"

चन्द्रकान्त ने गुरुदेव वशिष्ठ को साष्टांग प्रणाम करते हुए कहा– "अभय गुरुदेव! मैं शूद्र चन्द्रकान्त आपकी शरण में आया हूँ। महात्मा भरत! आपकी शरणागति में हूँ। महाबाहो लक्ष्मण वीर! मैं आपकी कृपा का भिक्षुक हूँ। राम! तेरी जय हो! मैं प्रतिज्ञापूर्वक कहता हूँ– भगवती सती महाराणी सीताजी को बलात् हर लिया गया था। दशानन रावण के यहाँ अवश्य ही बलात् रखी गयीं। महाराज राम ने उन्हें अग्नि भरे पुनीत साक्षी से ग्रहण किया–यह सब सत्य है। किन्तु आर्य गृहस्थ की सनातन मर्यादा यह है कि परपुरुष की छाया को छुई हुई स्त्री को पुनः ग्रहण नहीं किया जा सकता। मैं तो केवल इस अटूट मर्यादा का उल्लेख अपनी त्यक्त स्त्री के प्रसंग में कह रहा था। मुझे क्या ज्ञात कि रामजी छद्मवेश में सुन रहे हैं। रामजी चाहें तो अपनी महाराणी को पूर्ववत् रखें। समर्थ को कोई दोष नहीं लगता, पूज्य!"

भरत ने कहा– "सत्युत है। तुम जा सकते हो।"

चन्द्रकान्त ने कहा– "प्रभो! मैंने सीताजी के त्याग की माँग नहीं की है। यह तो रामजी का स्वयं का ही विचार है। रामजी हमारे हृदय– सम्राट भी हैं, हमारे चक्रवर्ती नरेश भी हैं। राजाराम! वह चाहें जो निर्णय करें। हम वर्ण के लोग तटस्थ ही हैं। यह वर्ण पंचायत का विषय नहीं है | राजा का–राज्य का विषय है। अभय प्रभो!"

लक्ष्मण ने तीव्र स्वर में कहा– "दिया! अब भाग जाओ।"

सहसा महर्षि वाल्मीकि ने मौन भंग करते हुए कहा– "आप सबकी सहमति हो तो मैं श्रीराम के दर्शन करूँ और उनको समझाऊँ। शूद्र चन्द्रकान्त के बूते के बाहर की परिस्थिति है। मैं श्रीराम का अन्तःकरण जानता हूँ। उनका हृदय मुझे ज्ञात है। श्रीराम-सीता-राम क्या हैं- मैं जानता हूं। मैं इन दिनों भगवती सरस्वती की प्रेरणा और प्रकाश से रामायण का गान लिख रहा हूँ। ब्रह्मा ने प्रेरणा दी है मुझे– मैं श्रीराम को समझा दूँगा। समझाऊंगा।"

गुरुदेव वशिष्ठ ने तुरन्त कहा– "अवश्य, अवश्यमेव! ऋषिवर! आपश्री ने तो हम सबका धर्म संकट ही मिटा दिया। आप धन्य हैं, आदिकवि श्री।"

"सीता–राम!" महर्षि वाल्मीकि बोले– "सभी काव्यों का अजर–अमर स्रोत यह दो शब्द, जो एक ही हैं– सीता राम!"

29

प्रतिहार ने पुकारा– "महाराज श्रीराम जी की जय हो! आदिकवि महर्षि वाल्मीकि जी दर्शन करना चाहते हैं।" श्रीराम मानो गहरी निन्द्रा से जाग उठे हों। यों जाग्रत होते हुए चिहुँके– "महर्षि कविवर वाल्मीकि?" और श्रीराम द्वार की ओर लपके। अन्तरंग राजकक्ष के स्वर्ण द्वार पर चित्रित से महर्षि वाल्मीकि ने श्रीराम को दण्डवत प्रणाम से उठाते हुए कहा– "राम तुम्हारी जय हो। महर्षि वशिष्ठ ने बुलाया था– परामर्श के लिए; सो आया था। सोचा अपने रामायण गान के चरित नायक श्रीराम का मुखारविन्द देखता चलूँ।"

श्रीराम ने महर्षि वाल्मीकि को श्रद्धा और आदरपूर्वक अन्दर लिवा लेते हुए कहा– "महर्षे! बड़ा ही अनुग्रह किया श्रीमद् ने। मैं चरित नायक राम आपके आदिकाव्य का........." महर्षि वाल्मीकि ने श्रीराम द्वारा चिन्हित आसन पर बैठते हुए कहा– "रामायण! तुम्हारा और सीता का जीवन चरित-गीत है। मन हो आया, पृथ्वी पर धर्मात्मा, सत्य-सन्धक, न्याय-मूर्ति और सर्वगुण-निधान पुरुष पर काव्य सृजन किया जाय। ब्रह्मा ने हमें प्रेरित किया–राम नाम ले, राम गान लिख। तब से लिख रहा हूँ। एकान्त में समाधिस्थ सा लिख रहा हूँ और आज अब अटक गया हूँ।"

महर्षि का पादप्रक्षालन करते हुए श्रीराम बोले– "अटक गये हैं......?"

"श्रीराम!" महर्षि बोले– "तुमने अटका दिया है। सरस्वती द्वारा प्रेरित लेखनी स्वतः ही रूक गयी है। तुम सदैव चिर प्रसन्न, दिव्य-भव्य श्री हो, हीं हो, क्लीं हो–एं हो-सभी बीज मन्त्रों के मूल स्रोत हो, राम! हाँ, मैंने समाधि में तुमको देख लिया है– परख लिया है।"

"कविवर महर्षे!" श्रीराम ने कहा– "मैं तो एक मानव मात्र हूँ। परमात्मा? श्री हरि विष्णु का मैं मनुजावतार? नहीं तो। मैं एक स्वयं ही भरापूरा शून्यकार हूँ।"

"राम!" महर्षि वाल्मीकि बोले– "अपना स्वरुप बिसरो मत। स्वयं ही अपनी पश्यन्ती में देखो। तुम पुरुष हो, सीता मूल प्रकृति है। तुम मनुजावतारी इसलिए हो क्योंकि मानव ही सृष्टि का केन्द्रीय जीवन-चैतन्य है। यह जगत जीवों और प्राणियों की जीवन लीलाओं का रंगमंच है, राम! मानव जीव-चैतन्य ही इन विविध, विभिन्न, विलक्षण, विचित्र योनियों में परमत्व की समग्र प्रेरणा संवेदनशीलता लिए

हुए है। शाश्वत जीवात्मा का अनादि भाव है। प्रत्येक मानव जीव शिव है और शिव राम में समाहित है– राम! तुम विषाद त्यागो, द्वन्द्व से उपरत होकर स्वयं को देखो, अपना आत्म साक्षात्कार करो राम!"

"जी, महर्षे।" श्रीराम ने सिर धुनाकर कहा– "प्रतिनिमिष मैं स्वयं को देखता रहता हूँ। मेरे अन्तःकरण में जैसे त्रिकाल गूँजता–गाजता है। मैं पृथ्वी सहित अनाहत आकाश में डुलता रहता हूँ। महर्षे! मैं सृष्टि के सौन्दर्य से भरपूर एक अनादि आभामय तम हूँ– तम। क्या कहूँ न जाने कैसे यह राजा का भवधारण करना पड़ा है, महर्षे!"

महर्षि वाल्मीकि ने सस्मित कहा– "पृथ्वी का भार मिटाने और राम-राज्य स्थापित करने के लिए श्री हरि विष्णु के मनुजावतार राम तुम अवतरे हो। समाधि में मैंने तुम्हारे परमधाम को जैसे देख लिया है। प्रभु इस समय मेरे सामने पृथ्वी पर अयोध्या के राजकक्ष में हैं। राम! स्वस्थ हो जाओ और सत्य तथा न्याय पर आधारित राजकार्य करते रहो।"

"जनमनरंजन महर्षे!" राम ने कहा– "राम राज्य का एक और समस्त अर्थ, तात्पर्य और लक्ष्य जनमनरंजन करना ही है। समाज की मर्यादाओं की रक्षा, राष्ट्र की आम्नाओं का धारण तथा प्रजा पालन के लिए-तपस्या यही राम राज्य का लक्ष्य है।"

महर्षि वाल्मीकि ने श्रीराम को पलकों से मानो नमस्कार करते हुए कहा– "ठीक है रामजी! सत्युत है। पृथ्वी के अनादिकाल के चले आते राज्य सामयिक राज्य प्रशासन के सत्तारूढ़ प्रबन्ध ही रहे हैं। राजा नृपति रहा है। नरेश लोगों का सत्ताधीश नायक! किन्तु आपका राज्य-राम राज्य ईश्वरीय अंश से अवतरित मनुजावतार पुरुषोत्तम का ही राज्य है। पृथ्वी पर ईश्वर का दिव्य, भव्य, शान्त संभृत और सम्पन्न स्वावलम्बी राज्य स्वाधीन तथा स्वानुशासित राज्यकरण। अचूक तथा अटूट जनमत पर अवलम्बित आपका राम–पंचायतन का राज्य शाश्वत वैदिक वर्णाश्रम पंथ का वेद–वेदान्त के सिद्धान्तों का सर्वोच्च और कालजयी राज्य है। आप मर्यादा पुरुषोत्तम हैं। यह अब जगती तल पर विश्रुत हो चुका है। किन्तु....."

श्रीराम ने महर्षि के गम्भीर भव्य मुख मण्डल को घूरते हुए पूछा– "किन्तु क्या महर्षे?"

"यही राज महिषी राझी सीताजी के त्याग........"

"हाँ, यही" श्रीराम तपाक से बोले– "मैं श्रीमद् को सलाह के लिए पुकारने ही वाला था, परन्तु आप तो जैसे अन्तर्यामी निकले। समाज की अटूट परम्परा अक्षुण्ण मर्यादा की रक्षा राजा राम को करनी होगी। व्यक्तिगत सम्बन्धों से उपरत होकर मैं आज कई महिनों से अन्तःकरण के द्वन्द्व में डुल रहा हूँ। धोबी ने निन्दा नहीं की, मुझे जाग्रत किया, सावधान किया। यह उसका मुझ पर उपकार है। महाराज्य के नागरिकों की भांति उसने अपने राजा राम को आगाह किया है। साहसपूर्वक उसने परम्परागत सत्य को मुझे दिखाया है। राजा होते हुए भी मुझे सिद्ध परम्पराओं और सत्य मर्यादाओं को भंग करने का अधिकार नहीं है, महर्षे!"

महर्षि वाल्मीकि बोले– "सो तो नहीं है। राजा समाज की मर्यादाओं का संरक्षक तथा राष्ट्रीय परम्पराओं का संस्थापक है। किन्तु राम! सीता निर्दोष है– शुद्ध-बुद्ध तथा पुनीत पतित पावनी राजमहिषी और पृथ्वी की पुत्री है। उसका त्याग आप कैसे कर सकते हैं तथा जनमत को शिरोधार्य करने और केवल मर्यादा की रक्षा करने का प्रश्न नहीं है, यह मानव अन्तरात्मा का प्रश्न है, राम! सीता-त्यागकर आप सदैव के लिए भगवती वत्सला सीता के प्रति अन्याय करेंगे। उसका हृदय भेद देंगे, राम!"

श्रीराम- "सीता को त्यागना ही होगा महर्षे! मैं विवश हूँ।"

"किन्तु लोगों से पूछे बिना ही यह घोर कर्म करोगे, राजन!" महर्षि वाल्मीकि बोले– "सीता-त्याग इक्ष्वाकु वंश के लिए शुभ नहीं होगा; राम! इस समय सीता गर्भवती है और आपकी सन्तान की सृष्टि की साधना में रत है। वह सरयू जल से भी स्वच्छ और गंगा के नीर से भी शुद्ध है। उस जीवन संगिनी का त्याग करोगे? नहीं....... राम! नहीं।"

श्रीराम– "किन्तु महर्षे! मैं राजा हूँ–समाज का रक्षक और राष्ट्र का धारक, धर्म का पोषक प्रजापालक हूँ। मुझे प्रजा को प्रसन्न और सन्तुष्ट रखना होगा।"

महर्षि वाल्मीकि– "सो तो आप कर ही रहे हैं। आपके दिव्य और मंगलमय कर्मों तथा अक्षय गुणों के वर्णन से आपका गान भरपूर भरा है। कभी सुनाऊँगा राम! रामायण लिखते समय जैसे मैंने किसी परात्पर सरस्वती चिति से ओतप्रोत

हो जाता हूँ। राम, तब मेरे सभी भव बन्धन कट जाते हैं। मेरे भव बाधा अणूठ हो जाती है। इस दिव्यातिदिव्य चेतना का स्रोत वत्सला सीता है, रामजी! सुना?"

"सुना......" श्रीराम ने कहा– "मैं विधाता के लेख से बन्धा हुआ हूँ। राम राज्य की सिद्धि तथा शाश्वत नैतिक सफलता के लिए सीता को मैं राजमन्दिर में रख नहीं सकता।"

"तब त्याग क्यों नहीं दिया, राम!" महर्षि वाल्मीकि ने पूछा।

"संकल्प तो है, परन्तु साहस नहीं है। सीता मेरा प्राण है। वह मेरी अनन्य प्राणेश्वरी है, महर्षे! मैं उसे कैसे त्याग सकता हूँ?"

महर्षि वाल्मीकि ने सिर धुनाया– "तुम सीता को त्याग नहीं सकते, अब रख भी नहीं सकते। सीता को त्यागने का तुम्हारा संकल्प ही सीता के हृदय के अन्तःकरण को चीर देगा। राम! सीता–त्याग के संकल्प के साथ ही तुम सीता को अपने साथ रखने का साहस ही समाप्त कर चुके हो। सीता को अपने शेष जीवन में साथ रखने की क्षमता तुममें अब नहीं रही।"

"महर्षे!" श्रीराम ताडुके– "सीता मेरे मन में, बुद्धि में, चित्त में, मेरे प्राणों की चेतना है। वह मेरी परात्परी शक्ति है, ऐश्वर्य की चिति है।"

"मैं जानता हूँ महाराज राम! मैं कितना जानता हूँ......" महर्षि वाल्मीकि बोले– "किन्तु रामजी! विधाता न जाने क्या चाहती है? इक्ष्वाकु वंश के प्रतापी रघुकुल में आप भरत, लक्ष्मण और शत्रुघ्न जैसे भाइयों का उद्भव त्रिकाल के लिए उदाहरणीय हो गया है और रहेगा। आपकी कीर्ति, आपका राम–राज्य का यश तथा आपकी राम पंचायतन का न्याय, सत्य और धर्म का शासन मानव जाति के लिए एक उदाहरण बना रहेगा, किन्तु......"

"किन्तु महर्षे!" – श्रीराम चिहुँके।

"सीता" महर्षि ने सिर धुनाया और कहा– "उसको आप अपने पास अपने पार्श्व में बसा नहीं सकोगे। आप कालजयी महाबाहु हो, पर सीता को परास्त नहीं कर सकोगे। निस्संदेह सीता आपकी है भगवन्! ऐश्वर्य–राज्य शक्ति है, किन्तु इस चेतना शक्ति को क्या अपनी मुट्ठी में बाँधे रख सकोगे? नहीं। सीता आपकी भोग्या होते हुए भी पृथ्वी की वत्सला है। सीता जैसे मेरी पुत्री है। उसको त्यागो मत राम, उसको मुझको सौंप दो।"

"आपको?" श्रीराम ने सहसा मानो निश्चिन्त होते हुए कहा- "राजा राम का परित्राण करने के लिए आप महर्षि ने कृपया यह सुझाया है, किन्तु सीता को त्यागना ही होगा। सहसा मेरा जैसे निश्चय हो गया है। सीते! समाज की श्री की रक्षा के लिए और राष्ट्र की मति-धृति के लिए, प्रजापालन तथा जनमनरंजन के लिए तुम्हेँ त्यागना ही पड़ेगा।"

"नहीं, राम! तुम यह अन्याय क्यों करोगे, जब मैं तथा मेरा विशाल आश्रम है। अब जनकपुरी नहीं वाल्मीकि का आश्रम ही सीता का पीहर है। हाँ, राम! सीता अपनी अनादि वत्सला अपनी आत्मजा पुत्री को उसके सच्चे पीहर ले जाने के लिए ही आया हूँ।"

श्रीराम ने कहा- "पहले मैं सीता-त्याग का अपना राजकीय संकल्प पूरा कर लूँ- तब बाद में।"

"राजा राम!" महर्षि चिहुँके- "तुमको जानकर भी जानना है, प्रभो। तुम.... तुम राम....... न जाने क्या हो? राजा हो जाने के बाद न जाने क्या से क्या होते गये हो? इतने निर्मम मैंने पहले तुम्हेँ कभी नहीं पाया था, रामजी!"

"अतीत बिला जाता है, वर्तमान लड़खड़ा जाता है और भविष्य मुँह बाँधे ताकता रहता है।" श्रीराम ने कहा- "राम राज्य की स्थापना की मेरी महत्वाकांक्षा का दुःख है- सीता-त्याग। यह दशरथनन्दन, रामचन्द्र, राघव राम की साम्राज्य-लिप्सा की इतिश्री है, महर्षे।"

महर्षि वाल्मीकि ने निसास भरते हुए कहा- "तुम्हारा गान, राम! आज्ञा का गायन है। मर्यादा पालन के दुरूह तप का आतप है। रामजी! मेरी रामायण समूची पृथ्वी और आकाश का तुम्हारा गुणानुवाद है। अच्छा, मैं चलता हूँ। भगवती वत्सला सीता की प्रतीक्षा करूँगा। तुम्हारा कल्याण हो राघव राम!"

✦✦✦

सीताजी ने ध्यानावस्थित से श्रीराम से कहा- "सुनते हो?"

श्रीराम ने सहसा जागृत होते हुए कहा- "अनादिकाल से तुमको ही तो सुनते आ रहा हूँ, जैसे! राम-राज्य की स्थापना के बाद पृथ्वी को आकाश से क्या कहना शेष रह गया प्रिये!"

“प्रिये!” सीताजी ने आर्द्र अमर्षपूर्वक कहा– “मैं आपकी प्रिये? अब भी क्या मैं आपकी पत्नी शेष हूँ– मुझको त्यागने का संकल्प कर चुकने के बाद भी मैं आपकी प्रिय हूँ?”

श्रीराम ने सिर धुनाकर कहा– “तुम मेरी स्वाभाविक वृत्ति हो। तुम मेरे जगत साक्षात् करने की मति हो, तुम राम राज्य की कृति हो। तुमको राजमन्दिर से विलग करने का संकल्प तो मैं कर चुका हूँ, त्यागने का नहीं। मैं स्वयं को त्याग सकता हूँ– तुमको नहीं।”

“क्यों नहीं?” सीता ने तनिक तीव्र स्वर में कहा– “आज कई महिनों से आप उद्विग्न रहते हैं, अन्यमनस्क बने रहते हैं, यन्त्रवत् कामकाज करते रहते हैं। समाज की मर्यादा की रक्षा करने के आपके राजकीय कर्त्तव्य का मुझे ज्ञान है, राम! आप स्वयं को जितना नहीं जानते, उससे भी कहीं अधिक मैं आपको जानती हूँ– मैं आपका अनुभव करती हूँ– मैं आपकी अनुभूति जो हूँ। यह जग–हँसाई तब फिर क्यों? लक्ष्मण जी से कहो–चुपके से कि वे मुझे घोर वन में छोड़ आएँ। राजा राम! एक सामान्य मानव की भांति यह जी– जलापा क्या कर रहे हैं, नाथ!”

श्रीराम– “तुमको कहने का साहस ही जैसे मुझ में नहीं रहा, सीते!”

“साहस? राजा को रणभूमि में साहस की आवश्यकता होती है, कर्म करने के लिए संकल्प की। जब मुझे त्यागने का संकल्प कर ही लिया है तो लोगों से पूछने और मुझे जग हँसाई का पात्र क्यों बनाया जा रहा है? मुझे त्यागने के आपके राजा के कर्त्तव्य से मुझे चोट नहीं पहुँचेगी, किन्तु यह जग हँसाई? मन होता है धरती में समा जाऊँ।”

श्रीराम ने मन ही मन मानो देखते हुए कहा– “क्षमा, सीते! सत्य कहती हो! यह जनसभा के आह्वान का संकल्प त्याग दिया है।”

प्रतिहार द्वार पर दिखायी दिया– “महाराज राम की जय हो!”

श्रीराम ने आज्ञा दी– “भरत जी और लक्ष्मण जी को हमारा सन्देश दो– सत्वर अभी, इसी समय।”

“पृथ्वीपति की जो आज्ञा”– प्रतिहार ने कहा और उल्टे चरण चल दिया।

"मेरे नाथ! मेरे स्वामी! मेरे सर्वस्व राम!" सीता ने कहा– "तुम मुझे त्याग देना, किन्तु मैं तुमको त्याग नहीं सकती– नहीं त्यागूँगी। मेरे उदर में तुम ही सन्तान के रूप में पक रहे हो। तुम्हारे लिए मेरा त्याग सहज हो सकता है, किन्तु मेरे लिए तुम्हारा त्याग असम्भव है। क्या किसी नारी ने अपने नरनारायण को मन–वचन– कर्म से त्यागा है?"

श्रीराम– "तुम, तुम सीते!"

"तुम...... तुम राम!" सीताजी ने कहा– "आपकी निश्चिन्तता और प्रसन्नता के लिए मैं बार–बार अपनी बलि दे सकती हूँ। अशोक वाटिका में मैं तिल–तिल दही थी– जली थी, नाथ!"

"रावण!" श्रीराम ने दाँत पीसकर कहा।

"राम।" सीता ने चीत्कार किया– "राम शान्त हो जाओ। स्थितिप्रज्ञ और स्वस्थ होकर मुझे त्याग देना। मैं बिना राम – राम के ही चल दूँगी।"

"महर्षि वाल्मीकि जी ने दर्शन दिये थे।" श्रीराम ने कहा।

"वाल्मीकि...... आदिकवि?" सीता ने पूछा– "तब मुझे उनके आश्रम की सीमा में ही छोड़ आएँ लक्ष्मण जी तो अच्छा रहेगा। मैं तो अयोध्या के राजमन्दिर के बाहर सरयू तट पर ही धरती में समा जाती, किन्तु क्या करूं। मेरे उदर में आप भरे हैं। आपकी सन्तान श्री शक्ति, जय स्वरुप पक रहे हैं, रामजी। मेरे उदर में समग्र इक्ष्वाकु वंश ही उबल रहा है, रघुकुल मानो प्रदीप्त है।"

"तुम्हारे उदर में जगत और ब्रह्म, ब्रह्म और जीव तथा जीव और ब्रह्म के चैतन्य ही घनीभूत हो रहे हैं तथा स्वरुप पकड़ रहे हैं। सीते! तुमने मेरा मरण सुधार दिया है– मोक्ष का मार्ग प्रशस्त कर दिया है।"

भरत जी लपके हुए आए– "रामजी! याद किया? क्या आज्ञा है, प्रभो!"

"जनसभा क्या..... अब कोई भी सभा आहूत नहीं होगी।" श्रीराम ने कहा– "सीता की आज्ञा है और मैंने उसको स्वीकार किया है। वास्तव में सीता–त्याग की जन वार्ताएँ असंगत हैं।"

"किन्तु अप्रासंगिक नहीं है प्रभु!"– भरत जी बोले हैं।

"प्रासंगिक? क्या? प्रारब्ध ही प्रासंगिक है भरत।" श्रीराम ने कहा– "प्रारब्ध के लेख ही त्रिकाल के लिए प्रासंगिक हैं– होते हैं। यह जगत और सृष्टि विधाता के अटल लेख का ही वाचन है भरत, भाई मेरे!"

भरत ने तनिक आश्चर्याभिभूत होकर कहा– "तब सब–कुछ नियति, प्रारब्ध ही है। मनुष्य की कर्म स्वातंत्र्यता आदि का फिर कोई ठिकाना रहता ही नहीं है।"

"कर्म–स्वातन्त्र्य?" श्रीराम ने अपनी सघन, तीक्ष्ण, बंकट भवें तरेरते हुए कहा– "कर्म स्वातन्त्र्य कहाँ है? कैसे है? कहाँ और कब है? भाई मेरे! मैं तो अब प्रतिष्ठित चक्रवर्ती सम्राट हूँ, किन्तु क्या स्वाधीन कर्म कर सकता हूँ? समाज है, राष्ट्र है, राज्य है, परम्पराएँ हैं, मर्यादाएँ हैं तथा सर्वोपरि लोकमत हैं। यह लोकमत कारण–अकारण, तथ्य सहित और तथ्य रहित हैं। ईश्वर का जैसे कोई प्रमाण नहीं है, वैसे ही लोकमत का कोई कारण नहीं है। इसलिए लोकमत से ही हमें व्यक्तियों के प्रारब्ध इंगित होते हैं। मेरा प्रारब्ध देखो, भरत! अपनी देवता स्वरुप भाभी का प्रारब्ध देखो। सीता को सुख मिला ही कहाँ है? राजपुत्री रही, राजरानी बनी, वनवास की तापसी रही और दुष्टाधिराज राजा रावण की बन्दिनी भी रही और अब साम्राज्ञी होने पर लोकनिन्दा का मुक्त भोगी भी होना पड़ रहा है। कहीं पर भी कर्म स्वातन्त्र्य दिखता है, सीता और मुझे लेकर?"

"तब भैया?" भरत ने निराश होते हुए पूछा।

"इच्छा स्वातन्त्र्य ही जीव की प्रकृति है– स्वभाव है।" श्रीराम ने कहा– "जीव इच्छा करने में स्वतन्त्र है– स्वाधीन, किन्तु कर्म करने में तो वह नियति का दासानुदास है।"

"मानव नियति का दासानुदास?" भरत चिहुँके।

"मैं तुम्हारा राजा राम" श्रीराम ने कहा और सिर धुनकर पुनः बोले– "अपना निर्णय मैं शीघ्र ही दूँगा–लोगों को विज्ञप्त करूँगा। सीता–त्याग गुप–चुप नहीं होगा। चौड़े–धाड़े होगा और बलात् नहीं होगा। सीता में मेरा अमोघ विश्वास है। वही मेरे इस क्रूर धर्मसंकट का निस्तार करेगी– परित्राण।"

"भाभीश्री आपका परित्राण करेंगी?" भरत ने अभिभूत होते हुए कहा– "अर्थात्।"

"अर्थात्– वही मुझे इस धर्म संकट से उबारेगी। मुझे राजा राम को त्यागकर वनवास ग्रहण करेगी।" श्रीराम ने कहा– "भरत! यह हमारे जीवन का अन्तिम उदात्त कार्य होगा। हमारी जन्म– जन्मान्तरों की कसौटी होगी। न राम सीता को त्यागेगा और न ही सीता राम को त्यागेगी। राम–सीता हैं– बने रहेंगे। मैं सीता से ओझल हो जाऊँगा और सीता मेरे नयनों से दूर–दूर–अदृश्य हो जायेगी विधि का यह विधान कितना आश्चर्यजनक है, दुरूह और रहस्यमय है। सीता मेरी आत्मा है और मैं सीता का मन, ध्यान। राजा राम! और बनो राजा। राजा बनकर सिंहासन पर सुशोभित होना नहीं है– यावत् जीवन के कल्याण तथा योगक्षेम के लिए अभय शान्ति तथा चिरन्तन प्रसन्नता के लिए संन्यास धारण करना है। सीता त्याग हम दोनों के लिए चिर विरह का मंगलारंभ होगा भरत! राजा राम मर्यादा की रक्षा कर एक क्रूर अन्यायी नरेश हो जायेगा और सीता? त्रिभुवन सुन्दरी परात्पर जगदम्बा! राम की अधिष्ठात्री देवताओं की देवता और परंब्रह्म की मौन आल्हादिनी हो जायेगी।"

भरत ने सहसा कहा– "नहीं भैया! राम सीतामय और सीता राममय–सीता– राम।"

✦✦✦

"जनसभा नहीं होगी।"– यह समाचार वायुवेग से फैल गया। राजा राम ने मना कर दिया। जनता का अभिप्राय तो स्वयं ही स्पष्ट है। रामजी ने कहा है कि एक जन का मत ही अनेकों के सम्मिलित मत का प्रतीक है। मूल बात मर्यादाओं की रक्षा की है और सदियों से चली आ रही मर्यादाएँ अक्षुण्ण हैं, अभंग हैं। रामजी स्वयं मर्यादा पुरुषोत्तम हैं। आर्य ऋषियों ने श्रीराम जी को मर्यादा पुरुषोत्तम घोषित किया है। राजा राम सामान्य कोटि के नरेश–नृपति–महाराजा नहीं हैं। पृथ्वी पर ईश्वर के प्रतिनिधि हैं। प्रभु के प्रतीक हैं। राम लोक को ही अपना इष्ट मानते हैं। प्रजारंजन करना कष्ट एवं दुःख दूर करना, जनमनरंजन करना भी रामजी का राज्य–ध्येय है। देखना, रामजी अन्त में आर्य गृहस्थ की मर्यादा की रक्षा करेंगे। तब इतनी चर्चा–वार्ता क्यों है? किसी के प्रश्न के उत्तर में लोग कहते हैं– "राम अन्ततः योगी–यती नहीं हैं–मनुष्य हैं। सर्वगुण निधान श्रीराम सर्वगुण निधान मनुष्य हैं। देखा नहीं? राग के समय राम वैरागी प्रतीत होते हैं और वैराग्य के समय मानो राग–प्रसन्न दिखते हैं। श्रीराम! तेरी जय हो!! तेरी माया अपरम्पार है। तुम अब क्या करोगे–कहा नहीं जा सकता। तुम्हारे विचार तुम्हारे अपने हैं।

तुम्हारी मति भृत से भरी हुई ऋतुंभरा है। तुम्हारी धृति स्वयं धर्म है। लोग कह उठे– अच्छा ही हुआ जनसभा का आह्वान वापस ले लिया। महात्मा भरत ही नहीं, स्वयं सीताजी अड़ गयी। सीताजी ने साफ कह दिया, मैं जनसभा में नहीं आऊँगी और उसका कहा नहीं मानूँगी..... नहीं। तब भला महाराज रामजी क्या करते? माताओं ने मना किया, भाइयों ने मना किया। यह वार्ताओं का क्रम अब क्रूर हो गया है, प्रभो!" महर्षि वशिष्ठ ने कहा– "महाराज राम! जो भी निर्णय करना हो, आप ही अपनी अन्तरात्मा से पूछकर करें? शास्त्र आपके आगे सफल नहीं हुए, शस्त्र बूढ़े हो गये और ये सतत् वार्तिएँ मानो वंध्या हो गईं। सीताजी चुप हैं– मूक हैं, मौन हैं और अपने कक्ष में बैठी ध्यानस्थ हैं और आप राम! प्रलय के प्रभंजन की भांति नहीं, उष्ण बयार की भांति अपने मन में भ्रमण कर रहें हैं। उद्वेगों से तरंगित और भयभीत विषाद में डूबे राम! आप स्वयं मूढ़ हो गये हैं। अपनी यह विजड़ता जानो और इसको तोड़– फोड़ कर जो भी निर्णय करना हो– कर दें। आज्ञा करें, राम!"

30

"**रा**म!" आधी रात में आभामय अंधकार में श्रीमती सीता जाग गईं। पास ही सोये श्रीराम भी जाग उठे। "क्या हुआ सीते!"

सीता बेबाक सी जागीं– "क्या हुआ? कुछ नहीं....... सपना।"

श्रीराम ने उठ बैठते हुए कहा– " शान्त सीते! सपनों से भयभीत नहीं हुआ जाता-नहीं। सपने केवल देखने के लिए होते हैं। सो जाओ, सीते! रात्रि बीत चुकी है। नया सवेरा होने ही वाला है।"

"आप..... तुम सोये नहीं?" - सीता ने पूछा।

"अनिद्रा......." श्रीराम ने कहा– "जाग्रत अवस्था जैसे मेरी अवस्था हो गई है। स्वप्न चल दिया, केवल स्मृति ही शेष बची है और कारण जैसे रित गया है। भाग्य के सारे लेख जैसे यथार्थ कर दिये हैं। अब केवल एक शिलालेख ही लिखना शेष है।"

"मेरे त्याग का नहीं?" – सीता ने पूछा।

"हम परस्पर एक–दूसरे को त्याग नहीं सकते। हम बिछुड़ सकते हैं, अलग रह सकते हैं।" राम बोले– "समाज की मर्यादा की अक्षुण्णता तथा असंदिग्ध रक्षार्थ मुझे तुमको विलग करना ही होगा। किन्तु मैं तुम्हेँ दुखी कर नहीं सकता। राज्य त्यागना पड़े, तन त्यागना पड़े, किन्तु तुम सुखी रहो– प्रसन्न रहो– यही मैं चाहता हूँ। यही चाहता रहूँगा।"

सीताजी उठ बैठी– "कहो तो अभी चली जाऊँ?"

"अभी? नहीं–नहीं।" राम उठ खड़े हुए– "मैं तुमको अभी जाने के लिए नहीं कह रहा हूँ। तुम कहो तो राज्य छोड़कर मैं अभी चला जा सकता हूँ। तुम रहो इन राजमन्दिरों में। या सीते! हम दोनों ही वानप्रस्थ लेकर वन में चल दे– पंचवटी।"

सीता ने गम्भीर स्वर में कहा– "नहीं.... राज्य तुम्हेँ वंशानुगति से मिला है, प्रजा की इच्छा एवं आज्ञा से मिला है। राज्य आपकी सतत् तपस्या है। पृथ्वी के सौभाग्य के लिए ही, प्राणियों के सुख सम्पादन के लिए, तथा जीवों के कल्याण

के लिए आप राजा नियुक्त हुए हैं। राजा राम ईश्वर की इच्छा तथा विधाता की अधिकृति से है– मुझ सीता से नहीं। और फिर मैं राझी तो बाद में बनी, पहले तो सीता ही थी और हूँ– रहूँगी। राम! धरती में भले ही समा जाऊँ- मैं आपकी हूँ, आपकी ही रहूँगी। जगत में, जगत के परे और पार कालाधीन और कालातीत-मैं आपकी रहूँगी। मुझे वाल्मीकि ऋषि आश्रम में भेज दीजिये।"

"नहीं, नहीं!" राम ने सिर धुनाकर कहा– "मैं ही...... मैं ही हिमालय चला जाता हूँ– संन्यासी होकर, सीते ! तुम रहो यहाँ राजमन्दिर में और........ और क्या कहूँ सीते! ऐसा धर्म संकट कभी भी किसी भी कल्प में नहीं आया। प्राण त्यागूँ तो तुमको त्यागूँ।"

सीता ने कहा– "राम! सब झिझक बन्द कर दो। सब अशान्ति दूर कर सम और शान्त हो जाओ; मेरे पति– मेरे नाथ! और मुझे वन में भेज दो। मैं इसके लिए तैयार हूँ, तैयार रहूँगी।"

"सीता!" राम चिल्लाए।

"आपका यह ऊहापोह, यह जी–जलन, यह उद्वेग मैं देख नहीं सकती, राम! नहीं।" सीता ने कहा– "आप मुझे आज्ञा कीजिये, राजा राम!"

"मैं चौदहों भुवनों को आज्ञा कर सकता हूँ– तुमको नहीं" श्रीराम ने विषादपूर्ण स्वर में कहा– "मैं अपने–आपको क्या आज्ञा दूँ? सीते! मैं तुमसे हूँ, तुम्हारे लिए हूँ और मैं राजा होते हुए भी अन्त में तुम्हारे लिए 'राम' हूँ।"

"अनादि" सीता ने कहा– "राम स्वरुप भी मैंने तुमको महापुरुष या पुरुषोत्तम के स्वरुप में ही भजा है। हम विलग नहीं हो सकते..... नहीं। किन्तु आप मेरे दुःख के लिए चिन्ता में नहीं घुलें– मैं अब स्वस्थ हूँ। मेरे सतीत्व में आपका अमोघ विश्वास ही मेरे लिए यथेष्ट है। मैं आपका चिर विरह भुगत लूँगी। मेरे उदर में आप ही तो समाये हुए हो। मेरा पत्नीपन तो सफल हो चुका– धन्य होना शेष है।"

"राजा राम और प्रजाजन को धन्य होना शेष है, सीते! मैं तो जैसे एक क्षण में सिमट गया हूँ। अपनी अनन्त ज्योति को भूल सा गया हूँ। मैं तुमको बिसर कर ही त्याग सकता हूँ। अपने से विलग कर सकता हूँ। मैंने जनमत को जान लिया है।"

"क्या?"– सीता ने पूछा।

'' कि मैं समाज की इस मर्यादा की रक्षा करूं- तुमको स्वयं से विलग कर लूं।''

श्री राम ने कहा- '' किन्तु यह जानकर भी मैं जैसे विवश हूं, कुण्ठित हूं। राजा कुण्ठित मन से निर्णय नहीं करेगा। विषाद में डूबे कातर हृदय से निश्चय नहीं करेगा। राजा पूर्ण वेदना में लीन होकर ही निर्णय करेगा। वह मैं नहीं कर सकता सीते!''

''तब?'' सीताजी ने पूछा।

''तब यही शेष है कि तुम निर्णय करो और राजा राम की लोकलाज रखो।'' श्रीराम ने कहा- ''लोकलाज ही तो। दण्ड और लोकलाज की पूर्ण स्वीकृति से ही न्याय और धर्म का शासन चलता है। राजा राम लोकलाज की रक्षा के लिए अन्याय भी कर सकता है- सह सकता है। किन्तु सीते! तुमको लेकर मैं जैसे राजा रहा ही नहीं। एक उद्विग्न, कातर, संवेदना और सहानुभूति से पूर्ण एक संतप्त मानव मात्र रह गया हूँ। मैं टूट सकता हूँ, विलग हो सकता हूँ, सीते! किन्तु तुमको त्याग नहीं सकता। मुझे त्याग दो, सीते!''

''मैं......? आपको त्याग दूँ?''- सीता जी ने भौंचक होते हुए पूछा।

''राजा राम को त्याग दो, दिव्य मेरी!'' श्रीराम ने सिर धुनकर कहा- ''मैं और अपने राम को लेकर महर्षि वाल्मीकि के आश्रम में बस जाओ। रघुकुल और प्रजा जब अपनी भूल समझ लेंगे- महर्षि तुम्हें पुनः ले आएँगे अयोध्या में।''

''मैं अयोध्या से निकलकर वापस अयोध्या नहीं आ सकूँगी, राम! मेरा राम आकाश में और मैं पृथ्वी में समा जाएँगे, रामजी!''

''नहीं.....'' श्रीराम ने कहा- ''लोकमत है, अपने-आप जैसे समझ जाता है तथा न्याय करता है। भरत और प्रजा ने इसी भांति मेरे साथ न्याय किया है। परम्परानुसार राजसिंहासन मेरा था- अन्त में मुझे ही सौंपा, 'सीते!' पर राज्य और प्रजा के अटूट सम्बन्ध का दिव्य द्वन्द्व है- उसको तुम ही शान्त कर सकती हो। तुमसे प्रार्थना करता हूँ कि तुम मेरा मोक्ष साधो, सीते!''

''राम!'' सीताजी चिहुँकी- ''तुम्हारा मोक्ष? मैं साधूँ?..... मैं? तो तुम्हारी स्त्री हूँ और तुम पुरुषोत्तम हो- राजा राम हो। तुम्हारा मोक्ष तो तुम ही साध सकते हो। प्रत्येक जीव को अपना बन्धन-मोक्ष स्वयं ही साधना होता है। ..... नहीं?''

श्रीराम ने कहा– "तुमने मुझे बाँधा है, तुम ही मेरा यह बन्धन काटोगी। मैं तो जड़, मूढ़ तथा प्राणहीन एक मूर्ति–सा बन गया हूँ। मैं जिसे अपना ही ज्ञेय बन गया हूँ। हाँ, सीते! तुम-तुम परम् ब्रह्म गुरुवर्य की कृपा हो– अनुग्रह शक्ति हो। मेरे अन्तःकरण में प्रकटो, प्रिये!"

"प्रिये.......? जब मुझे त्यागने जा रहे हो तब यह सम्बोधन?" सीता ने कहा– "मैं तुम्हारी प्रिय नहीं रही, अप्रिय भी नहीं रही। तुम मुझे मन ही मन देखते रहे और मैं तुम्हेँ मन ही मन भजती रही। संसार का मिलन और वियोग हमें संसार की रीति के अनुसार नहीं मिला, नाथ मेरे!"

"नाथ?"– श्रीराम ने पूछा।

"राजा ही प्रजा का नाथ होता है। अब मैं राजा राम को ही देख रही हूँ– सम्बोधित कर रही हूँ। मैं बता दूँगी राम–मैं अब अयोध्या का यह वैभवशाली विशाल राजगृह त्यागकर वनवास ग्रहण करूँगी। वन में बसने की मेरी गहन इच्छा की पूर्ति का यह अभयपूर्ण, शान्त अवसर प्रस्तुत कर राम! राजा राम! आपने अपने समाज की मर्यादा ही नहीं निभाई है– मुझे भी भवबन्धन से मुक्त कर दिया है। आभार! राघव राम!"

✦ ✦ ✦

समाचार फैल गया। राजा राम सीता का त्याग कर रहे हैं। राजमन्दिर तथा अयोध्या नगरी में सनसनी फैल गई। सीता..... महाराणी सीता का त्याग! एक धोबी के कहने से? यह तो सरासर अन्याय है। लोग नृत्यघरों में, नाट्य गृहों में, यज्ञ मण्डपों में जैसे बिजली गिरी हो–यों स्तब्ध रह गये। भीड़ की भीड़ मानो लहरों में सर्वत्र बिखरी हुई, किन्तु जुटी हुई दिखाई देने लगी। चन्द्रकान्त धोबी ने सगर्व घोषणा की, मान गया राघव राम! मान गया, तुम निस्संदेह राजा हो। आखेट खेलने वाले और रागरंग में लिप्त तथा सत्ता में आसक्त नरेश–नृपति नहीं हो। तुम पतित पावन राजा राम हो। मैं भी आज कहता हूँ, तुम राम ईश्वर के मनुजावतार हो। मैंने अपने घर में अपनी स्त्री को पुनः घुसने नहीं दिया था, किन्तु मेरा जी जानता था। वह भी मुझे अत्यन्त प्रिय थी, पंचों! किन्तु क्या करता? जाति–धर्म पालने के लिए; सामाजिक मर्यादा बनी रहे– इसके लिए मुझे अपनी प्रिय पत्नी के लिए भी घर के द्वार बन्द कर देने पड़े। वाह! रामचन्द्र जी! राघव मेरे, धन्य हो!

अयोध्या ही नहीं, आस–पास के क्षेत्रोँ में तथा पड़ोसों के नागरिकों की सभाएँ हुईं। अन्तिम सभा में प्रस्ताव पारित किया गया– महाराज राम अपना निर्णय त्याग दें। सीताजी का त्याग न्याय-संगत नहीं है। धर्मपूर्वक नहीं है। यह नारी–जाति का अकारण अपमान करना है। नागरिकों की यह सभा राजा राम को यह घोर कर्म करने से बरजती है।

सभी वर्णों का शिष्ट मण्डल राजा राम के राजकक्ष के द्वार पर आ डटा। शिष्ट मण्डल के नेता ने शान्त किन्तु गम्भीर मुख मुद्रा में राजा राम को निहारा तथा स्वस्ति वचन बोलते हुए कहा– "हम सब राजेश्वर महाराज से कुछ निवेदन करना चाहते हैं। अभय, प्रभो!"

"दिया....... तथास्तु! कहो–क्या कहना है?" राजा राम ने जलद–गम्भीर स्वर में कहा- ''क्या कहना हैं आप सबको? कहने के लिए शेष रह ही क्या गया है? कुछ नहीं, फिर भी कहो।''

शिष्ट मण्डल के नेता पण्डित-वेद वागीश जी ने प्रणाम पूर्वक कहा- "महिमन्! आपको नमस्कार है! सभी वर्णों तथा जनपदवासियों की ओर से प्रार्थना है कि महाराणी सीता के त्याग का संकल्प न करें। जिस मर्यादा की रक्षा की बात की जा रही है, वह शूद्र वर्ण में प्रचलित है और वर्ण भी उसका आदर करते हैं किन्तु विवाह महर्षि–राजर्षि महात्मा मनु की स्मृति से ही है, व्यवहृत है, प्रभो!"

श्रीराम ने कहा– "सत्य कथन के लिए वाचा मुक्त है तथा सत्य कहने के लिए आत्मा स्वाधीन है, श्रीमान! महाराणी सीता के परित्याग का संकल्प मेरा नहीं, विधाता का है। सीताजी का त्याग, मैं ईश्वर के आदेश से ही कर रहा हूँ।"

"ईश्वर के आदेश से?" नेता वेदवागीश जी ने पूछा।

"सीता पृथ्वी की पुत्री है और मेरी ऐश्वर्य शक्ति है।" रामजी बोले– "यह मेरी मूल प्रकृति है। अतः हमारे संयोग-वियोग अखिल-निखिल के सत्यनारायण प्रभु की इच्छा इंगित और आज्ञा से ही होता है। उदाहरणार्थ मुझे राज्य पिता के वचन के पालन के लिए क्षण में त्यागना पड़ा। यह प्रसंग कितना ही कटु और अन्यायपूर्ण लगे, ऐसा ही विधि द्वारा लिखित भाग्य का प्रसंग है, महाशयों।"

वेदवागीश जी ने स्वस्ति कहते हुए कहा– "जय हो, प्रभो! किन्तु।"

किन्तु– परन्तु ननुनच आदि की अवधि समाप्त हो चुकी है। श्रीराम ने कहा– "किन्तु इस सौहार्दपूर्ण विरोध के प्रवाह में बहकर भी मेरा संकल्प ज्यों का त्यों स्थिर, कांप रहा है। मैंने स्वयं को महाराणी सीता के समक्ष उपस्थित कर दिया है। उनका निर्णय ही चलेगा। संकल्प मेरा, निर्णय सीता का।"

शिष्ट मण्डल के सदस्य एक साथ बोल पड़े– "महाराणी सीताजी संकल्प करेंगी– राजा राम के लिए?"

श्रीराम ने सस्मित कहा– "वह मेरी अद्धाँगिनी, जीवन संगिनी तथा मेरी ऐश्वर्य शक्ति है– चिति है। सीता–त्याग देह–त्याग इस जीवन–साथ का विच्छेद होगा।"

"नहीं, श्रीमान् नहीं!" वेदवागीश जी ने कहा– "हम कहते हैं, सीताजी जैसी भगवती के जीवन–सत्व का त्याग राजा राम नहीं करेंगे। वर्णाश्रम धर्म की लौकिक मर्यादाएँ हैं तो हैं। उनको न आपने और न ही श्रीमती महाराणी सीताजी ने भंग किया है। निन्दक को ही दण्ड मिलना चाहिये, प्रभो!"

राजा राम ने कहा– "राजा प्रजा की प्रत्येक मर्यादा का रक्षक है; परम्परा का द्रष्टा है। मेरी दृष्टि में सभी वर्ण समान हैं। वे परस्पर सहायक और सहयोगी हैं। चार वर्ण होते हुए भी अन्तरंग दृष्टि तथा प्रबुद्ध बुद्धि से वह अभिन्न हैं। जीव की मोक्ष जिज्ञासा तथा चेतना के लिए सीढ़ियाँ हैं। अतः वर्णों की परम्परा से स्वीकृत, अधिकृत एवं व्यवहृत मर्यादाएँ राज्य की थाती हो जाती हैं। राजा को उसके प्राणपण से रक्षा करनी होगी– करनी ही होगी। अतः निन्दक को दण्ड नहीं, उसके राजा को दण्डित किया जाना चाहिये, जिसने मर्यादा की रक्षा सावधानीपूर्वक और जागरूकता के साथ नहीं की है और उसका भंग किया है। मैं....... राजा राम वर्णों की सभा में आज एक अनायास अपराधी हूँ। मेरा उद्धार जानकी– जनकनन्दिनी भगवती सीताजी ही करेंगी।"

"किन्तु कैसे? प्रभो!" लोगों ने पूछा।

"स्वयं राम को त्यागकर।" श्रीराम ने कहा– "राज्ञी अपने पति राजा को त्याग देगी और स्वयं के आत्म गौरव तथा राजा का विवशता से उद्धार करेगी। भगवती अब इस विषय की चर्चा नहीं चाहतीं। बहुत चर्चा हो चुकी और काफी समय बीत चुका है। लोगों! राजा का सत्वाधिकार का कथन, वचन और वाचन है- मैं मानता हूँ और जानता हूँ, परमात्मा की इच्छा और आज्ञा राजा का मन है। बुद्धि है, चित है तथा अहम् है।"

वेदवागीश बोले– "तब राजा ईश्वर का स्वरुप है?"

श्रीराम ने हँसकर कहा– "राजा पृथ्वी पर ईश्वर का प्रतिनिधि मानव है। वह रणभूमियों का विजेता, राजकक्षों का चतुर, राजकाज का मायावी तान्त्रिक तथा कर्म काण्ड का मान्त्रिक मात्र नहीं है। वह परम् ब्रह्म की इच्छा और आज्ञा का अनुचर है। राजा की मति में गायत्री है, राजा की बुद्धि में वेदान्त है तथा चरित्र में धर्म है।"

वागीश– "हमारा अन्तिम निवेदन है कि आप भगवती जगदम्बा स्वरुप सीताजी को नहीं त्यागें और निन्दक को क्षमा कर दें।"

राजा राम ने कहा– "सीता-त्याग ईश्वर की इच्छा तथा विधाता का आदेश है। मैं राज त्याग सकता हूँ किन्तु अपना संकल्प नहीं त्याग सकता। प्रजारंजन –जनमनरंजन के लिए प्रियंवदा सीता का त्याग अनिवार्य हो गया है। राम-राज्य- मन-वचन-कर्म से धर्म का राज्य है, लोगों।"

◆◆◆

सीताजी ने श्रीराम को कहा– "क्या कहा लोगों ने?"

श्रीराम ने अपार स्नेहपूर्वक सीताजी को निहारा, कहा– "लोग तो नहीं चाहते।"

"तब?" सीता ने कहा– "मैं इस दुविधा को समाप्त करना चाहती हूँ। बहुत हो चुका। आपको मूक संघर्ष में अधिक रत मैं देख नहीं सकती।"

"मैं तो तुमको जैसे देख नहीं सकता" राम बोले– "यह राज का वैभव– सब तुम्हारे सामने नगण्य है प्रिये!"

"प्रिये...?" सीता चिहुँकी– "तुम मुझे त्यागने का संकल्प कर चुके हो, राम।"

"देह से... मन से नहीं।" राम बोले– "मैं मर्यादा की रक्षा कर रहा हूँ– तुमसे विच्छेद नहीं कर रहा।"

"मर्यादा की रक्षा, राजा राम! पूर्णतः कीजिये।" सीताजी ने कहा– "मन- वचन-कर्म से मुझे त्यागकर ही राम-राज्य की यह मर्यादा रक्षित की जा सकती है।"

"नहीं सीते!" राम बोले।

"मैं अपने राम के साथ ही जाऊँगी। त्याग दूँगी राजा राम को–अवश्य ही। मर्यादा अपमानजनक हो, आत्म गौरव को बुझाने वाली हो, अत्यन्त अन्यायपूर्ण हो, उसकी रक्षा करना जब राजा राम अपने सर्वोपरि कर्त्तव्य मानते हैं, तब मुझे, एक प्रजाजन को राजा का ही त्याग करना चाहिये।"

"सीते!" राजा राम चौंककर बोले– "तुम राजा राम का त्याग करोगी?"

"क्यों नहीं, जब राजा राम राजराझी का त्याग कर सकते हैं तो मैं एक अबला नारी अपने प्रियतम पति को अपने अन्तरात्मा में समा कर राजा का त्याग क्यों नहीं कर सकती। मैं स्वयं वन में चली जाऊँगी। आपका सीता त्याग हो चुकेगा रामजी।"

"नहीं..... नहीं।" राम ने तीव्र स्वर में कहा।

"आपने ही मुझे आपका परित्राण करने के लिए कहा था।" सीता ने कहा– "तो मैं आपकी इच्छापूर्ति कर राजा राम की मर्यादा को शिरोधार्य कर रही हूँ। लक्ष्मण जी से कहिये, मुझे वन में छोड़ आएँ। तुम्हारे तेजस्वी ओजस को अपने उदर में भरे मैं शान्त वनवास ग्रहण करती हूँ। कौशल्या माँ और सुमित्रा जी तथा कैकई माँ का आशीर्वाद चाहिये।"

"सीते! मुझे...... मुझे क्षमा करना।" राम बोले– "सीते! मैं क्या करूं?"

"राजा अखूठ हो गया है, अब ज्यादा ही चलेगा।" सीताजी ने कहा– "मैं आपको इस धर्म संकट से उबार दूँगी। मैं ...... सीता।"

श्रीराम ने सीताजी को सहसा नमस्कार करते हुए कहा– "तुम सीते! महान हो, दिव्य– दिव्यातिदिव्य हो। आज मैं लघुतम व्यक्ति हो गया, भले ही फिर मैं राजा हूँ। राजा से प्रजा महान है। होती ही है, यह आज तुमने सिद्ध कर दिया।"

"प्रजा–प्रजा ही है।" सीता ने कहा– "प्रजा निर्विशेष परम् तत्व है, सत्य है। यही आपने मुझे बताया है। राजा प्रजा के सत्व को ही चरितार्थ करता है। फिर राम! मेरे चिन्तन प्रिय! तुमसे अलग कौन है? तुमसे विलग कौन हो सकता है? तुम जैसे सर्वत्र हो, सर्वदा हो। मैंने तुमको अपने मन में विराट् पुरुष की भांति ही देखा है..... पेखा है। मैंने तुमको प्रेम ही नहीं किया– अपने अगाध प्रेम से भजा है। मेरा समस्त जीवन–शेष और अशेष जीवन तुम्हारा एकान्त मौन वेदना से पूर्ण भजन है, राम! हाँ, मैं त्रिकाल की साक्षी से कहती हूँ। अपने धन्य राजा राम का

मत रखने के लिए मैं ही राजमन्दिर को त्याग दूंगी-त्याग देती हूं। मुझे घोर वन में भेज दो। अकेली, निरीह, मैं, अनाथ सघन अरण्य में सर्वत्र तुमको खोजती रहूँगी। तुमको, राम! तुम मेरी आत्मा हो। तुम मेरे परमात्मा हो–परमेश्वर।"

और सीताजी अर्धमूर्छित सी ढल पड़ीं। श्रीराम ने लड़खड़ाती हुई सीताजी को अपने समर्थ बाहुओं पर ढाब लिया।

"सीते! शान्ता!" सीता चमककर उठीं। रोम–रोम में सिहरते हुए बोल उठीं– "राम! मुझे मोक्ष दो– मुक्ति। मैं तुम्हारे बन्धन से मुक्त होना चाहती हूँ। मनुज स्वरुप तुम्हारे अपार सौन्दर्य में मैं डूब चुकी हूँ। तुम्हारे सरस रूप में मैं मोहित हो गयी हूँ। जगत से अन्धी मैं तुम्हारे सच्चिदानन्द अनन्त में डुल गई हूँ। मैं, मैं जैसे तुम्हारी दया चाहती हूँ। तुम्हारी करुणा में स्वयं को खो देना चाहती हूँ। राम राम! भव बाधाओं से मेरी रक्षा करो। नहीं, तुम से अलग–विलग मैं भव लेना नहीं चाहती।"

"तथास्तु!" श्रीराम ने अपने अनन्त में जागते हुए कहा– "तुम जो चाहो वही होगा, सीते! अपना यह भव चिर वियोग का ही प्रतिफल जीवन है। क्या किया जाय?"

सीताजी पूर्ण स्वस्थ उठ बैठीं। बोलीं– " मैं जानती थी कि अपना मिलन तो तात्कालिक है। अपना वियोग ही सत्य है और अपने जीवन का अशेष सत्य है। किन्तु मैं क्या तुम से अलग–विलग हो सकती हूँ– तुम मेरे विरुद्ध हो सकते हो? राम! क्या तुम मुझ को सचमुच ही त्याग सकते हो?"

"मेरी मूल प्रकृति!" राम बोले– "जीवन के क्षणों की प्रकृति मिलन और वियोग है। सृष्टि में मिलन क्षणिक है और मिलन की स्मृति चिरन्तन है, सीते! मिलन का स्वप्न बाँधता नहीं है, चिर वियोग की स्मृति ही बाँधती है। स्वप्न की स्मृतियाँ ही भव–बन्धन है, मेरी परमेश्वरी!"

सीता– "राम! आज इस भव में अन्तिम बार मुझको सुला दो। मैं गहन निद्रा चाहती हूँ। स्वप्नहीन, स्मृतिहीन, घनीभूत निद्रा चाहती हूँ। मैं तुमको अपनी गहन निद्रा में आत्मसात कर लेना चाहती हूँ और फिर जागकर वन में चली जाना चाहती हूँ। अवश्य राम! तुम क्या–मैं तुमको त्याग दूँगी, राजा राम!"

❖❖❖

सीताजी महादेवी राजमाता राजमहिषी कौशल्याजी के श्रीचरण थामकर बोलीं–
"तब मैं जा रही हूँ माँ। मुझे आशीर्वाद दो माँ! मुझे विदा दो, पूज्ये! और अपनी
ममता से भर दो।"

कौशल्या जी ने सीताजी को उठाकर हृदय से चाँपते हुए कहा- "नहीं, पुत्री
मेरी, वत्सले! नहीं। यह स्वप्न है तू मेरी सीते! हमसे विदा हो नहीं सकती– नहीं....
नहीं.... नहीं।"

सीता ने माता कौशल्या के उन्नत वक्षस्थल में अपना सरोज वदन भर लिया,
हुमस कर बोलीं– "विदा ही दो माँ! राम–राज्य की लाज रखने के लिए मेरा
राजमन्दिर त्यागना अनिवार्य हो गया है। राजा राम के इस राजधर्म में मेरा क्या
काम? क्या हूँ मैं इस राजभवन में एक नागरिक, एक निरीह जन–एक स्त्री, एक
महिला। मुझे आपका अमोघ आशीर्वाद चाहिये माँ! माँ मेरे उदर में राजा राम
की सन्तान पक रही है। उसके लिए माँ! तुम्हारा आशीर्वाद चाहिये।"

कौशल्या ने सिर धुनाते हुए कहा– "तेरे उदर में इक्ष्वाकु वंश का समस्त
इतिहास ही पक रहा है। तेरे जठर में रघुकुल का तेज ही विनन्दित हो रहा
है। तू मेरी सीते! सदैव के लिए रघुकुल की अनिंद्य कीर्ति हो गयी है। तू ही इस
राम–राज्य की वज्र शिला है। तू सृष्टि की करुणा और ममता की ज्योत्सना हो
गयी है, सीते !"

सीता ने सुमित्रा जी के चरणों में नमन किया, कहा– "अपने सपूत नररत्न
लक्ष्मण जी से कहो कि मुझे वन में छोड़ आएँ। लक्ष्मण रेखा लाँघने का यह मेरा
प्रायश्चित ही होगा, माँ।"

सुमित्रा ने सीता को बाहुओं में भर लिया, कहा– "सीता, तूने लक्ष्मण रेखा
क्या, राजमन्दिर त्यागकर सभी सीमाएँ तोड़ दी हैं। राजा राम! क्या सूझी रामजी
को?" सीता ने कहा– "राजा को सूझता नहीं, विधाता सूझाती है, माँ! राजा राम
अमर तपो।"

श्रीमती कैकई ने सीता के दोनों हाथ थाम लिये; कहा– "तू नहीं जायेगी, सीते!
नहीं, कौन तुझे राजमन्दिर से निष्कासित कर घोर वन में भेज सकता है? कौन
है वह?"

सीता ने कहा- "वह हैं। वह-राजा राम, चक्रवर्ती महाराज रामचन्द्र, दशरथनन्दन, मेरे पति परमेश्वर, मेरे नाथ, मुझ अशरण के शरण, मेरे राम। उनकी इच्छा मात्र की पूर्ति मेरा जीवन धर्म है, माते।"

"किन्तु यह क्या न्याय है?" कैकई ने चिल्लाकर कहा- "नहीं-नहीं, यह स्त्री जाति के प्रति घोर अन्याय है। किसी भी राजा को अथवा पति को अपनी स्त्री-पत्नी की निन्दा से भयत्रस्त होकर त्याग करने का सत्व नहीं है राम! राम को बुला भेजो, मैं उसको अन्तिम बार बरजूँगी। राम को मेरी आज्ञा माननी ही होगी। मेरी आज्ञा से राम ने वन जाना स्वीकार किया था। आज मेरी आज्ञा से तुझे त्यागने का संकल्प त्यागना ही होगा।"

श्रीराम द्वार पर दिखे- "मैं उपस्थित हूँ माँ!" और श्रीराम कक्ष में आकर माताओं के श्री चरणों में झुके, बोले- "सीते! रथ तैयार है। लक्ष्मण प्रतीक्षा कर रहा है।"

सीता ने श्रीराम को प्रणाम किया- "तब...... तब.... मैं......"

कैकई ने चीत्कारपूर्वक कहा- "नहीं राम, सीता वन में नहीं जायेगी। तुम सीता-त्याग नहीं करोगे। नहीं.... राम!"

श्रीराम ने जलद-गम्भीर स्वर में कहा- "यह राम-राज्य का निर्णय है- आदेश है। समाज की मर्यादा की निष्कलंक रक्षा के लिए, धारण के लिए सीता का त्याग अनिवार्य है और सीता ने स्वयं इस राजाज्ञा को शिरोधार्य किया है। क्यों, सीते!"

सीता ने कहा- "मैंने तो मेरे राम की इच्छापूर्ति की है। राजा राम का धर्म संकट दूर किया है। मैं समाज की मर्यादा जानती हूँ, किन्तु उसके धारण आदि का मेरा स्वधर्म नहीं है।"

"सीते!" राम ने आर्द्र स्वर में पुकारा- "मुझे क्षमा कर दो सीते! मैं तुम्हारा अपराधी हूँ, किन्तु समाज और राष्ट्र के सामने राजा हूँ- राजा राम हूं।"

"राम! मैं इस समय किसी भी भांति का विवाद नहीं चाहती। मैं राजमन्दिर त्याग रही हूँ, मैं अयोध्या को त्याग रही हूँ। मैं जनकपुरी को त्याग रही हूँ। किन्तु राम! मैं तुमको त्याग नहीं रही। तुम मेरे प्राणेश्वर हो, जीवन चैतन्य हो और मैं तुम्हारे अगाध चैतन्य समुद्र की एक-एक विल्माई हुई तरंग हूँ। हनुमान लक्ष्मण से कहो, मैं अभी आई।"

और श्रीमती सीताजी श्रीराम के चरणों में गिर पड़ी। श्रीराम ने अपने चरण डिगाते हुए कहा– "सीते! उठो। अभी कातरता त्यागकर स्वस्थ्य हो जाओ। शान्त चित के साथ राजाज्ञा को मानो। भवितव्य को स्वीकार करो। मुझे ज्ञात है, तुम मुझे त्याग नहीं रही। मैं राजा राम ही तुमको त्याग रहा हूँ।"

हनुमान ने चिल्लाकर कहा– "सर्वदा के लिए नहीं, मेरे नाथ! मेरे स्वामी! दया करो।"

श्रीराम ने कहा– "अयोध्या महाराज्य की समस्त प्रजा जब मुझसे कहेगी, जब समस्त प्रजा मुझे आज्ञा करेगी कि तुम्हें पुनः ग्रहण करूँ तब मैं प्रजा की आज्ञा शिरोधार्य करूँगा। हनुमान अब सीता को रथ की ओर ले जाओ। महर्षि वाल्मीकि सीता की नदी किनारे प्रतीक्षा कर रहे हैं।"

"महर्षि वाल्मीकि....."– सीता चिहुँकी।

"हाँ, सीते !" श्रीराम ने कहा– "महर्षि वाल्मीकि ने तुमको अपनी पुत्रीवत् स्वीकार कर लिया है। अब शान्त-निश्चिन्त जाओ।"

श्रीराम ने सीता को प्रणाम किया। आर्द्र किन्तु जलद गम्भीर स्वर में पुनः कहा– "मैं अपने आँसुओं से तुम्हारे चरण कमल धो रहा हूँ और तुमसे क्षमा–याचना कर रहा हूँ। मुझे क्षमा कर दो और अपना स्वधर्म पा लो सीते!"

"जैसी राजा राम की आज्ञा"– सीता ने कहा।

हनुमान जी ने चिल्लाकर कहा– "राम! सीताजी आज जगजननी हो गईं। राम-सीता आज भगवती शिवा हो गयी हैं। मैं हाथ उठाकर कहता हूँ– आज से, इसी घड़ी से संसार राम के आगे सीता पुकारेगा। संसार आज से अकेले राम को नहीं, सीता-राम को भजेगा।"

कैकई ने पूछा– "और तुम हनुमान?" और मुस्कुरा दीं।

हनुमान ने कहा– "रघुपति राघव राजा राम।

पतित पावन सीता राम।।"

26 मार्च 1990

✦✦✦